MATAR A PABLO ESCOBAR

D0792543

Mark Bowden

MATAR A PABLO ESCOBAR

La cacería del criminal
más buscado del mundo

Traducción de Claudio Molinari

Título original: *Killing Pablo*
Autor: Mark Bowden

Composición: David Anglès

© 2001, Mark Bowden
© de la traducción, 2001, Claudio Molinari
© de esta edición: 2007, RBA Libros, S.A.
Pérez Galdós, 36 - 08012 Barcelona
rba-libros@rba.es / www.rbalibros.com
Primera edición de bolsillo: febrero 2007
Quinta edición de bolsillo: abril 2010

DEPÓSITO LEGAL: B.21336-2010
Ref.: OBOL066 / ISBN: 978-84-7871-930-3
Impreso por Liberdúplex (Barcelona)

Para Rosey y Zook

ÍNDICE

Prólogo. *2 de diciembre de 1993* 9
El ascenso de *el doctor. 1948-1989* 13
La primera guerra. *1989-1991* 101
Encarcelamiento y fuga. *Junio de 1991-septiembre
    de 1992* 169
Los Pepes. *Octubre de 1992-octubre de 1993* 259
La muerte. *Octubre de 1993-2 de diciembre
    de 1993* 317
    Las secuelas 389
Fuentes 421
Bibliografía 425
Artículos 428
Documentos 428
Agradecimientos 459

2 de diciembre de 1993

El día en que Pablo Escobar fue abatido, su madre, Hermilda, llegó al lugar andando. Durante la mañana se había sentido mal y por ello en aquel momento se hallaba en una clínica. Cuando oyó la noticia se desmayó.

Al volver en sí, se dirigió directamente a Los Olivos, el barrio sur de la zona céntrica de Medellín, donde reporteros de televisión y radio comentaban lo sucedido. Las calles se encontraban cortadas por el gentío, así que Hermilda tuvo que detener el coche y continuar a pie. Era una mujer encorvada, dueña de un andar agarrotado, de pasos cortos; una mujer mayor pero fuerte, de cabellos grises y un rostro cóncavo y huesudo. Sobre el puente de la nariz —la misma nariz que heredara su hijo— descansaban, algo torcidas, unas gafas de grandes cristales. Llevaba un vestido estampado con flores pálidas y, a pesar de sus pasos pequeños, caminaba demasiado deprisa para su hija. La otra mujer, más joven y más gorda, se esforzaba por no quedarse atrás.

El barrio de Los Olivos estaba compuesto por manzanas de casas de dos o de tres pisos, construidas caprichosamente y con jardines y patios traseros ínfimos. Muchas de ellas lucían una palmera achaparrada que apenas llegaba a la altura del tejado. La policía mantenía a los curiosos a raya detrás del cordón, mientras que los residentes habían trepado a los tejados para poder ver mejor. Algunos decían que el hombre muerto era don Pablo y otros sostenían que no, que la policía había matado a un hombre pero que no se trataba de él, que don Pablo había vuelto a escapar. Muchos querían creerlo, y querían creerlo porque Medellín era la ciudad de Pablo: había sido allí donde había amasado sus miles de millones de dólares y donde aquel dinero había levantado bloques de oficinas, edificios de apartamentos, discotecas y restaurantes; y también donde había dado casas a los pobres, aquellos mismos que hasta entonces se habían cobijado debajo de chabolas de cartón, de plástico y de lata, y que, con la boca y la nariz tapadas por un pañuelo, habían hurgado en las pestilentes montañas de desperdicios del basurero municipal en busca de cualquier cosa que pudiese ser recuperada, limpiada y vendida. En ese lugar, don Pablo había construido canchas de fútbol iluminadas para que los trabajadores pudiesen jugar de noche, y allí era donde tantas veces había ido a inaugurar instalaciones y cortar listones. En ocasiones, cuando ya se había convertido en una leyenda, don Pablo incluso participaba en aquellos partidos. Todos estaban de acuerdo en que el hombre del bigote, regordete y con una papada generosa, todavía tenía un par de piernas bastante rápidas. Eran aquellas gentes quienes creían que la policía nunca lo atraparía, que no podría lograrlo, a pesar de sus escuadrones de la muerte, de todo el dinero de los gringos, de sus aviones espías y de quién sabe qué otras superioridades tecnológicas. Don Pablo se había escondido allí durante dieciséis meses mientras la policía ponía la ciudad patas arriba; allí había vivido de escondrijo en escondrijo, rodeado de gente que, de haber conocido su verdadera identidad, tampoco lo habría entregado. Porque era en aquel barrio de Medellín donde fotos de él colgaban en marcos dorados, donde la gente le rezaba para que viviera muchos años y tuviera muchos hijos, y también donde —y él lo sabía bien— aquellos que no rezaban por él, le tenían terror.

La anciana se adelantó, resuelta, hasta que unos hombres recios de uniformes verdes les cortaron el paso. La hija habló primero:

—Somos su familia. Ésta es la madre de Pablo Escobar.

Los soldados permanecieron indiferentes.

—¿No tenéis madres? —preguntó Hermilda.

Cuando corrió la voz de que la madre y la hermana de Pablo Escobar habían llegado, se las dejó pasar. Rodeadas de una escolta, se abrieron paso por entre hileras de coches en dirección a los destellos de las sirenas de la policía y de las ambulancias. Al aproximarse, las cámaras de televisión las enfocaron y un murmullo resonó entre los fisgones.

Hermilda cruzó la calle hasta llegar a un pequeño terreno cubierto de césped donde yacía el cuerpo de un hombre joven. En medio de la frente tenía un agujero de bala y sus ojos nebulosos habían perdido el brillo y miraban al cielo sin expresión.

—¡Estúpidos! —gritó Hermilda mientras comenzaba a reírse abiertamente de la policía—. ¡Estúpidos! ¡Éste no es mi hijo, éste no es Pablo Escobar! ¡Habéis matado a otro hombre!

Los soldados indicaron a las mujeres que se hicieran a un lado, y entonces, desde el tejado del garaje, bajaron un cuerpo sujeto a una camilla con correas: un hombre gordo, descalzo, con pantalones arremangados y un polo azul, y cuya cara redonda estaba hinchada y sanguinolenta. Tenía una barba espesa y un extraño y pequeño bigote cuadrado con los extremos afeitados, como el de Adolf Hitler.

Fue difícil adivinar que se tratara de su hijo. Hermilda dio un grito ahogado y quedó en silencio contemplando el cuerpo. Junto con el dolor y la ira se mezcló una sensación de alivio: el alivio ante el final de una pesadilla. Porque Hermilda sólo deseaba que todo acabase de una vez, especialmente para su familia. Y que todo el dolor y el derramamiento de sangre murieran con Pablo.

Cuando por fin se fue de allí, Hermilda apretó los labios para no dejar entrever emoción alguna y únicamente se detuvo ante un reportero que la apuntaba con un micrófono para decirle:

—Al menos ahora descansa en paz.

EL ASCENSO DE *EL DOCTOR*

1948-1989

En abril de 1948 no había en Suramérica lugar más emocionante que Bogotá, Colombia. En el aire se respiraba el cambio, una carga estática que aguardaba un rumbo hacia el que encauzarse. Nadie sabía muy bien cuál sería, sin embargo sí había una certeza de que estaba al alcance de la mano. Era un momento en la vida de una nación, y tal vez hasta de un continente, en el que la historia anterior parecía no haber sido más que un preludio.

Bogotá era por entonces una ciudad de más de un millón de habitantes que corría como una mancha por las laderas de verdes montes, hasta expandirse en una ancha llanura. Hacia el norte y el este la bordeaban picos abruptos, mientras que al sur y al oeste el terreno se dilataba raso y vacío. Al llegar por aire, lo único que podía verse durante horas eran sierras, fila tras fila de cumbres color verde esmeralda, y entre todas ellas, la más alta, cubierta de nieve. La luz golpeaba desde distintos ángulos las laderas de las ondulantes cadenas montañosas, creando así tonos verdiamarillos de verde salvia y oscuros tonos de hiedra, todos ellos atravesados por ríos afluentes de color amarronado, que gradualmente unían sus cauces, ensanchándose al bajar desde las alturas hasta cauces hundidos en valles, tan profundos y umbrosos que daban la impresión de ser azules. Y entonces, repentinamente, de aquellas sierras vírgenes surgía una metrópolis moderna en cada detalle, una inmensa llaga de cemento que cubría la mayor parte de una extensa llanura. Bogotá era fundamentalmente un cúmulo de casas de dos o de tres plantas, mayoritariamente de ladrillo rojo. El centro y el norte los surcaban avenidas anchas y ajardinadas. Había museos, catedrales clásicas y mansiones espléndidas, tan fastuosas como las de los barrios más elegantes del mundo. Sin embargo, hacia el sur y el oeste comenzaban los «tugurios» donde las víctimas de la violencia constante de las sierras y la selva buscaban refugio, trabajo y esperanza, pero donde no hallaban más que una pobreza paralizante.

Al norte de Bogotá, lejos de aquella indigencia, estaban a punto de reunirse los representantes de la Novena Conferencia Interamericana. Ministros extranjeros de todos los países del hemisferio occidental se habían dado cita para rubricar los estatutos de la Carta de la Organización de Estados Americanos (OEA), una nueva coalición promovida por Estados Unidos con el objetivo de crear un foro de mayor envergadura en el que se tratarían las cuestiones de América Central y América del Sur. La ciudad había sido adecentada para el evento: sus calles habían sido barridas, la basura retirada y los edificios públicos habían recibido nuevas capas de pintura; las calles lucían nueva señalización y a todo lo largo de las avenidas y paseos engalanados con flores, colgaban banderas multicolores, y hasta los limpiabotas en las esquinas llevaban uniformes flamantes.

Los dirigentes consagrados a visitas oficiales y fiestas en aquella sorprendentemente capital urbana albergaban la esperanza de que la OEA se tradujera en un nuevo orden y en una mayor respetabilidad para las pujantes repúblicas de la región. Pero el evento también atrajo a personajes críticos y a agitadores de izquierdas, entre ellos un joven estudiante cubano llamado Fidel Castro. Para éstos, la reciente OEA representaba una concesión, una capitulación y una alianza con los «gringos» imperialistas del norte. Para todos los idealistas de la región que allí se habían dado cita, el mundo de la posguerra era un territorio disponible en el que hacer lo que desearan las grandes potencias; una puja entre el capitalismo y el comunismo o, al menos, el socialismo, por lo que jóvenes rebeldes como Castro, que a la sazón tenía veintiún años, preveían una década de revoluciones. Ellos derribarían las calcificadas aristocracias feudales de la zona e instaurarían una paz duradera, una nueva justicia social y una auténtica unidad panamericana. Estaban en la onda y poseían la furia y la inteligencia para llevarlo a cabo y, con la certeza que otorga la juventud, creían que el futuro les pertenecía. Así llegaron a Bogotá, a denunciar la nueva organización, y para ello habían planeado una reunión cumbre alternativa con el objetivo de coordinar protestas en toda la ciudad. Habían puesto su confianza en un guía, un solo hombre, un político colombiano de cuarenta y nueve años, de nombre Jorge Eliécer Gaitán.

«¡No soy un hombre, soy el pueblo!»; ése era el eslogan de Gaitán, el mismo eslogan que voceaba dramáticamente al final de sus discursos para enervar a sus seguidores. Gaitán era un mestizo, un hombre de educación y modales acordes a la elite blanca, pero dotado del físico pequeño y robusto, la piel morena, la cara redonda y el cabello tupido y espeso de los indios, o sea, de las castas más bajas de Colombia. El aspecto de Gaitán lo señalaba como un intruso en el poder, un hombre que pertenecía a la elite, pero que a la vez representaba a las masas. Quizá por ello nunca llegó del todo a formar parte del selecto grupo adinerado y de piel blanca que poseían la inmensa mayoría de las tierras y los recursos del país, y que durante generaciones habían dominado la escena política. Aquellas pocas familias eran dueñas del petróleo, las compañías fruteras, el café y la producción agrícola que, conjuntamente, constituían el grueso de las exportaciones de Colombia y por ende de su economía. Gracias al apoyo tecnológico y el capital de poderosas compañías norteamericanas, se habían enriquecido al vender los recursos naturales del país a norteamericanos y europeos, y aquellas riquezas las habían utilizado para importar a Bogotá una sofisticación que los pusiera a la altura de cualquier capital del mundo. La tez de Gaitán lo separaba de aquella aristocracia local tanto como lo emparentaba con los abandonados, los otros colombianos, las masas consideradas inferiores, los excluidos de la «economía de la exportación» y sus islas privilegiadas de prosperidad urbana. Pero era justamente ese vínculo el que le había proporcionado a Gaitán su poder. Por mucho que su educación lo diferenciara, estaba irrevocablemente encadenado a los otros, aquellos cuya única opción consistía en trabajar en las minas o en los campos por sueldos de subsistencia, los que no podían acceder a una educación o a una vida mejor. Esa gente constituía una mayoría electoral extraordinaria.

Eran tiempos difíciles. En las ciudades prevalecían la inflación y el desempleo, mientras que en las aldeas del campo y de la selva, que en sí mismas constituían la mayor parte de Colombia, imperaban la falta de trabajo, la miseria y la inanición. Las protestas del campesinado, promovidas y lideradas por agitadores marxistas, se habían tornado paulatinamente más y más violentas. Los líderes del Partido Conservador y aquellos que los respaldaban, poderosos terratenientes y dueños de minas, habían respondido con métodos draconianos. Hubo masacres y ejecuciones. Muchos vieron en aquel círculo de protestas y de represión una vuelta a otra sangrienta guerra civil, un hecho que los marxistas consideraban un levantamiento inevitable. Pero la mayoría de los colombianos no eran ni marxistas ni oligarcas: eran gentes que únicamente deseaban la paz. Ansiaban un cambio, no una guerra, y para ellos era esa la promesa que Gaitán encarnaba. Y aquella esperanza lo había hecho inmensamente popular.

Dos meses antes, en un discurso pronunciado ante una multitud de cien mil personas, en la plaza de Bolívar en Bogotá, Gaitán había suplicado al Gobierno que restableciera el orden, y había instado a la multitud allí congregada que expresara su repulsa y su voluntad uniéndose a su petición no con aplausos y vítores, sino con silencio. Sus palabras las dirigió directamente al presidente, Mariano Ospina.

«Le pedimos que se ponga fin a las persecuciones que llevan a cabo las autoridades —comentó en aquella ocasión—. Y lo mismo le pide esta inmensa multitud. Le pedimos algo sencillo pero difícil: que nuestras refriegas internas se resuelvan de acuerdo con nuestra Constitución [...]. Señor presidente, acabe con la violencia. Queremos que se defiendan las vidas humanas, eso es lo mínimo a lo que puede aspirar un pueblo [...]. Nuestra bandera está de luto, y esta multitud silenciosa, este grito mudo de nuestros corazones sólo pide que nos trate como usted querría que lo tratásemos a usted.»

En un ambiente de tal convulsión, el silencio de aquella muchedumbre resonó con muchísima más fuerza que una ovación; muchos de los presentes entre la multitud simplemente habían agitado sus pañuelos blancos. En grandes mítines como aquél, Gaitán parecía ser el hombre adecuado para conducir a Colombia hacia un futuro en el que imperaran la ley, la justicia y la paz. Había tocado la fibra sensible de sus compatriotas y sus más profundos anhelos.

Por ser un hábil letrado y un socialista, era en palabras

de un informe de la CIA (Agencia Central de Inteligencia Norteamericana), redactado años después, «un acérrimo antagonista del dominio de la oligarquía y un orador fascinante y cautivador». Gaitán era también un astuto político que había convertido su atractivo populista en verdadero poder político. Cuando la OEA se reunió en Bogotá en 1948, Gaitán no sólo era el favorito del pueblo sino además el líder del Partido Liberal, una de las dos fuerzas políticas más importantes del país. Su llegada a la presidencia en las elecciones de 1950 fue considerada por todos poco menos que como una certeza. No obstante, el Gobierno conservador encabezado por el presidente Ospina no había incluido a Gaitán en la delegación bipartita, formada para representar a Colombia en la Cumbre que reunía a los representantes de tantos estados americanos.

En la ciudad se respiraba una tensión insoportable. El historiador colombiano Germán Arciniegas escribiría tiempo después que «un frío viento de terror soplaba desde las provincias». El día después de que la Conferencia tuviera lugar, una turba atacó el automóvil que transportaba a la delegación ecuatoriana, y rumores de violencia terrorista parecieron confirmarse cuando la policía detuvo a un trabajador que intentaba colocar una bomba en la capital. En medio de todo aquel revuelo, Gaitán no se ocupaba más que de los asuntos legales en su despacho. Sabía que faltaban un par de años, pero que su momento llegaría, y estaba dispuesto a esperar. El desdén al que lo había sometido el presidente había aumentado su talla moral ante sus seguidores, como también ante los izquierdistas más radicales que se preparaban a protestar, jóvenes que de otro modo habrían desestimado a Gaitán considerándolo un burgués liberal dueño de una visión demasiado tímida para las ambiciones revolucionarias de aquéllos. Incluso el joven Castro había pedido entrevistarse con él.

Gaitán se ocupaba por entonces de defender a un oficial del Ejército acusado de asesinato. Y el 8 de abril, el mismo día en que daba comienzo la conferencia de la OEA, Gaitán logró absolver a su defendido. Entrada la mañana, algunos periodistas y amigos le visitaron en su despacho para felicitarle, charlaron alegremente acerca de dónde irían a comer y de quién pagaría la cuenta. Poco antes de la una de la tarde, Gaitán bajó por la calle acompañado del pequeño grupo. Faltaban dos horas para el encuentro previsto con Castro.

Después de abandonar el edificio, el grupo pasó junto a un hombre gordo, sucio y barbudo que, tras dejarlos adelantarle, corrió para darles alcance. El hombre, Juan Roa, se detuvo junto a ellos y sin mediar palabra, alzó su pistola. Gaitán dio media vuelta con gran energía y se dirigió a toda prisa hacia la seguridad del edificio en el que se encontraba su despacho. Roa comenzó a disparar. Gaitán recibió impactos en la cabeza, los pulmones y el hígado y murió en poco menos de una hora, mientras los doctores intentaban desesperadamente salvarle la vida.

El día del asesinato de Gaitán es la fecha en que comienza la historia moderna de Colombia. Habría muchas teorías sobre el móvil de Juan Roa: que había sido reclutado por la CIA, por los enemigos conservadores de Gaitán, o incluso por los extremistas comunistas que temían que la revolución que tanto ansiaban se pospusiera por la llegada al poder del candidato liberal. El caso es que en Colombia nunca faltan motivos para recomendar un asesinato. Una investigación independiente realizada por agentes de Scotland Yard determinó que Roa, un místico frustrado con delirios de grandeza, había alimentado cierto rencor hacia la persona de Gaitán y que había actuado en solitario. Pero como fue muerto a golpes en el mismo lugar del crimen, Roa se llevó los motivos consigo a la tumba. Sean los que sean, los disparos que

Juan Roa descerrajó desataron el caos, y todas las esperanzas de un futuro pacífico en Colombia se esfumaron. Todas aquellas inquietantes fuerzas de cambio explotaron en lo que se denominó «el Bogotazo», un brote de disturbios callejeros tan intensos que dejaron grandes sectores de la capital en llamas antes de extenderse imparables a otras ciudades. Muchos policías, devotos seguidores del líder asesinado, se unieron a la furiosa horda que recorría las calles, tal y como lo hicieran los estudiantes revolucionarios como Castro. Los izquierdistas se identificaban con un brazalete rojo e intentaban capitanear a los distintos grupos de gente, presintiendo que finalmente había llegado su momento. Sin embargo, pronto comprendieron que la situación se había descontrolado. Las bandas se hacían más y más numerosas, y la protesta se transformó en un ciclo de destrucción, ebriedad y saqueos aleatorios y sin sentido. El presidente Ospina ordenó la intervención del Ejército, que en algunos lugares disparó contra la multitud.

El futuro que todos habían imaginado murió con Gaitán. Los terribles hechos deslucieron el esfuerzo oficial por exhibir la nueva estabilidad y cooperación que el Gobierno había pregonado. Las delegaciones extranjeras firmaron los estatutos de la Carta de Constitución de la OEA y huyeron cuanto antes del país. El sueño de los izquierdistas de dar comienzo a una nueva era de comunismo en Suramérica ardió entre las llamas de los disturbios. Castro se refugió en la embajada cubana, al tiempo que el Ejército comenzaba a perseguir y arrestar a los agitadores izquierdistas, a quienes culpaban por la insurrección. Pero incluso el informe oficial de la CIA concluyó que los izquierdistas, al igual que todos los demás, fueron sólo víctimas de lo ocurrido. Según uno de aquellos historiadores de la «agencia», los eventos desilusionaron profundamente a Castro: «[Las revueltas] pudieron haber influenciado en su decisión de adoptar en Cuba, en los años cincuenta, una estrategia de guerrilla en vez de una estrategia revolucionaria basada en insurrecciones urbanas».

«El Bogotazo» fue aplacado tanto en Bogotá como en las otras grandes ciudades, pero continuó vivo y salvaje por toda Colombia durante años, metamorfoseándose en un sangriento período de pesadilla, tan falto de sentido que sencillamente se lo llamó «La Violencia». Según las estimaciones, durante aquel período murieron más de doscientas mil personas; la mayoría de ellas eran campesinos incitados a la violencia por medio de llamamientos de fervor religioso, exigencias de reformas agrarias y un desconcertante sinfín de riñas sobre asuntos locales. Mientras Castro salía airoso de su propia revolución en Cuba, y el resto del mundo tomaba partido en la Guerra Fría, Colombia continuaba atrapada en su cabalística danza con la muerte: ejércitos legítimos y privados sembraban el terror en las zonas rurales; el Gobierno luchaba contra los paramilitares y la guerrilla; los industriales despachaban sindicalistas; los católicos conservadores se enfrentaban a herejes liberales, y los bandidos se aprovechaban de toda aquella batalla campal para la rapiña. La muerte de Gaitán había liberado demonios que tenían menos que ver con el nuevo mundo que se estaba formando que con la historia profundamente problemática de Colombia.

Colombia se podría describir como una cantera de criminales; una nación de una belleza lujuriosa e impoluta, sumida en la miseria y, desde siempre, ingobernable. Desde los blancos picos de las tres cordilleras que forman su columna vertebral occidental hasta la densa jungla ecuatorial, la topografía de Colombia ofrece una infinidad de escondites. De hecho aún existen rincones a los que el hombre nunca ha accedido; sitios —de los que todavía quedan algunos en este planeta tan exhaustivamente pisoteado— donde botánicos y biólogos pueden descubrir, y añadirle su apellido, a nuevas especies de plantas, insectos, pájaros, reptiles e incluso a pequeños mamíferos.

Las antiguas culturas que allí florecieron eran sociedades aisladas y tenaces. En una tierra de suelo tan rico y un clima tan variado y benigno todo lo que allí caía, crecía. De ahí la poca necesidad de las industrias o el comercio. La naturaleza aprisiona como una dulce e incansable enredadera. Y quien la descubría se convertía en su presa. A los conquistadores españoles les llevó casi doscientos años subyugar a un solo pueblo, los tairona, que vivían en una zona apartada y de vegetación exuberante al pie de la Sierra Nevada de Santa María. Los invasores españoles lograron vencerlos definitivamente de la única manera posible: matándolos a todos. En los siglos XVI y XVII, los conquistadores intentaron infructuosamente gobernar esa tierra desde las vecinas Perú y Venezuela, y cien años más tarde Simón Bolívar intentó hermanar Colombia con Perú y Venezuela para formar un gran estado suramericano, la Gran Colombia. Pero ni siquiera el gran libertador pudo mantenerlas unidas.

A partir de la muerte de Bolívar en 1830, Colombia fue un país profundamente democrático, pero su Gobierno, débil por tradición y por diseño, nunca logró tomarle la mano a la evolución política pacífica. En extensas regiones del sur y del oeste, y hasta en las aldeas montañosas de las afueras de las ciudades principales, viven comunidades que sólo apenas conocen el concepto de nación, gobierno o ley. La única influencia civilizada que jamás alcanzó todo el país fue la Iglesia católica, y se llevó a cabo solamente porque los astutos jesuitas cruzaron sus misterios romanos con los antiguos ritos y creencias. Su objetivo no era hacer florecer una nueva religión de aquel cristianismo de raíces paganas hasta conseguir crear una nueva versión de la «única y verdadera fe»

24

de tintes locales. No obstante, en la obstinada Colombia fue el catolicismo el que debió transmutarse, hasta convertirse en una religión distinta, una fe habitada de fundamentos ancestrales, fatalidad, superstición, magia, misterio y, cómo no, también violencia.

La violencia acecha a los colombianos como una plaga bíblica. Las dos facciones políticas de mayor influencia, los liberales y los conservadores, libraron ocho guerras civiles únicamente en el siglo XIX a causa de los papeles de la Iglesia y el Estado. Ambos partidos eran abrumadoramente católicos, pero los liberales exigían que la Iglesia se mantuviera alejada de la vida pública. El mayor de estos conflictos, que comenzó en 1899 y fue conocido como la «guerra de los Mil Días», acabó con más de cien mil vidas y arruinó totalmente todo gobierno nacional y economía que hasta entonces se hubiera establecido.

Atenazado entre aquellas dos fuerzas violentas, el campesinado colombiano aprendió a temer y a desconfiar de ambas, y prefirieron convertir en héroes a los forajidos que erraban por aquellos páramos selváticos, como violentos emprendedores, que retaban a quienquiera que se les enfrentara. Durante la guerra de los Mil Días, el más famoso de ellos fue José del Carmen Tejeiro, quien astutamente se aprovechaba de las conocidas discordias entre los poderes beligerantes. Tejeiro no sólo robaba a los acaudalados terratenientes; también solía castigarlos y humillarlos al forzarlos a firmar declaraciones del estilo de «Fui azotado cincuenta veces por José del Carmen Tejeiro, como represalia por haber osado perseguirlo». La fama de Tejeiro lo convirtió en un ídolo admirado allende las fronteras de Colombia. El dictador venezolano Juan Vicente Gómez, añadiendo leña al fuego de la discordia entre las dos naciones vecinas, obsequió a Tejeiro con una carabina de incrustaciones en oro.

Medio siglo después, La Violencia había dado origen a un colorido surtido de fueras de la ley, hombres que actuaban bajo alias tales como Tarzán, Desquite, Tirofijo, Sangrenegra o Chispas. Estos criminales barrían la región robando, saqueando, violando y asesinando a diestro y siniestro, pero como no se aliaban con ninguna de las dos facciones políticas, el pueblo llano veía sus fechorías como si se tratasen de golpes asestados al poder.

La Violencia escampó sólo cuando el general Gustavo Rojas Pinilla tomó el poder en 1953 y se estableció como dictador militar. Rojas Pinilla detentó el poder durante cinco años antes de ser desplazado por oficiales de orientación más democrática. Entonces se formuló un plan que establecía que conservadores y liberales compartieran el Gobierno ocupando la presidencia alternativamente durante cuatro años. Aquél era un procedimiento garantizado para que nunca se variara el *status quo* imperante y para que no tuviese lugar una reforma de progreso social verdadero promovido desde el Gobierno, ya que todo paso dado en una dirección por un gobierno sería deshecho indefectiblemente por el siguiente. Entretanto, los renombrados bandidos continuaban perpetrando sus incursiones y robos en las montañas, y ocasionalmente se proponían —aunque nunca con demasiado ahínco— agruparse con algún otro bandolero. Al fin y al cabo, no eran ni idealistas ni revolucionarios, sino delincuentes comunes. De cualquier modo, toda una generación de colombianos crecieron oyendo sus dudosas hazañas. A pesar de sí mismos, los bandidos personificaban la heroicidad para muchos de los pobres que vivían aterrorizados y oprimidos. La nación entera observó, con una mezcla de alivio y de congoja, cómo el Ejército les fue dando caza uno por uno. Llegada la década de los sesenta, Colombia se había amoldado a una paralización forzada. Por un lado, las guerrillas marxistas instaladas en las montañas y en la selva (herederas modernas del legado de los bandidos) acosaban al Gobierno central; por el otro, el país sufría el desgobierno de una reducida elite de familias bogotanas, ricas y cada vez más poderosas, pero tan incapaces de llevar a buen puerto cualquier cambio significativo como carentes de todo interés por hacerlo. Y como consecuencia de esas circunstancias la violencia, ya de por sí arraigada en la cultura, se incrementó, se agudizó y se volvió monstruosa.

El terror se convirtió en una forma de arte, un estilo de guerra psicológica con un trasfondo estético casi religioso. En Colombia herir o incluso matar a un enemigo no bastaba: había que observar el ritual. Las violaciones debían ser realizadas en público, en presencia de padres, madres, esposos, hermanas, hermanos e hijos. Y antes de matar a un hombre, se le debía forzar a suplicar, chillar y atragantarse de pavor... o quizá se mataba a sus seres queridos ante sus propios ojos. Para llevar aún más allá el asco y el terror, a las víctimas se las mutilaba despiadadamente y luego se las abandonaba a la vista de todos, como si se tratara de una macabra exposición. A los hombres se les amputaban los genitales y se los embutían en sus propias bocas; a las mujeres se les cortaban los pechos, y sus úteros estirados acababan sirviéndoles de sombreros; y los niños eran asesinados no por accidente, sino lentamente, con gusto. Las cabezas separadas de sus cuerpos eran clavadas en picas orlando los costados de las carreteras. La firma de una banda en particular consistía en abrirle de un tajo el cuello a su víctima y posteriormente sacarle por ese rasgón la lengua, confeccionándole al difunto una grotesca «corbata». Aquellos horrores rara vez tocaban de cerca a los educados urbanitas de las clases dominantes colombianas, pero las reverberaciones de ese mismo miedo se extendían y alcanzaban indefectiblemente a todos. Y lo que es más, ningún niño crecido en Colombia a mitad del siglo XX era inmune a aquel ho-

rror. La sangre fluía como lo hacían las aguas rojizas y embarradas que descendían de las montañas. La jocosa explicación
de los colombianos era que Dios había hecho a su país tan bello y le había provisto de una naturaleza tan lujuriante que,
para compensar a los demás pueblos del mundo —tan injustamente relegados—, Él había poblado aquel paraíso con la
raza de hombres más crueles de toda la creación.

Fue en el segundo año de La Violencia cuando nació el
mayor criminal de la historia, Pablo Emilio Escobar Gaviria, el 1 de diciembre de 1949. Pablo creció entre las colinas
de su nativa Medellín, donde aún residía aquel terror y aquella crueldad. Allí se nutrió de las historias de Desquite, Sangrenegra y Tirofijo, todos ellos leyendas vivas por entonces.
Y cuando el pequeño Pablo había crecido lo suficiente como
para comprender lo que oía, muchos de ellos todavía seguían
vivos pero ya escapaban de las autoridades para salvar el pellejo. Lo que Pablo no sabía era que llegaría a ser mucho más
grande que todos ellos.

Cualquiera puede ser un criminal, pero llegar a ser un forajido requiere admiradores. El forajido representa algo que
va más allá de su propio destino. Sin importar cuán innobles
sean los verdaderos móviles de criminales al estilo de los bandidos de la sierra colombiana (o de los que Hollywood inmortalizó: Al Capone, Bonnie y Clide, Jesse James), un gran
numero de gente común y corriente los animó y siguió de cerca sus sangrientas andanzas con oscuro deleite. Sus actos delictivos, por más egoístas o absurdos que fueran, transmitían
un mensaje social. Los actos de violencia y los crímenes que
cometían eran ataques a un poder lejano y opresivo. El sigilo
y la astucia que aquellos hombres demostraban al eludir al
Ejército y a la policía eran fuente de festejos, ya que ésas habían sido desde tiempos inmemoriales las únicas tácticas al
alcance de los desposeídos.

Pablo Escobar añadiría su propia vida a tales mitos. Puesto que los criminales mencionados no pasarían de ser héroes estrictamente locales, sin más metas que su propia mitificación, el poder de Escobar llegaría a ser internacional a la vez que auténtico. Tanto, que en su momento de esplendor se lo consideraba una seria amenaza al Estado colombiano. En 1989, la revista *Forbes* lo incluiría entre los siete hombres más ricos del mundo y el alcance casi ilimitado de su venganza le convertiría en el terrorista más temido del mundo.

Su éxito se debió fundamentalmente a la particular cultura e historia de su tierra, a la tierra propiamente dicha y al clima, ingredientes indispensables para las cosechas de coca y de marihuana. Pero el otro ingrediente de la leyenda era el propio Pablo, porque a diferencia de los forajidos que le precedieron, él comprendía el poder de ser considerado una leyenda. Él creó la suya y la nutrió. Era un matón y un violento, pero tenía conciencia social. Era un capo despiadado y brutal, pero también un político dotado de un estilo personal y cautivador que, al menos para algunos, trascendía la bestialidad de sus actos. Era sagaz y arrogante y lo suficientemente rico como para sacar provecho de esa popularidad. En palabras del presidente colombiano César Gaviria, Escobar poseía «una especie de genio innato para las relaciones públicas». A su muerte, miles lo lloraron. La multitud causó disturbios cuando su féretro entró en Medellín. La gente apartó a los portadores y abrieron a la fuerza el ataúd sólo para poder tocar aquel rostro frío y duro... Hasta el día de hoy, la gente de Medellín atiende con cariño su tumba, que continúa siendo uno de los puntos de atracción turísticos de la ciudad. No hay duda de que Pablo Escobar significaba algo más para aquella gente.

Qué era exactamente lo que significaba es algo difícil de comprender sin conocer Colombia y los tiempos que le tocaron vivir. Pablo, como muchos otros, fue una criatura de su tiempo y de su lugar. Era un hombre complejo, contradictorio y, en definitiva, muy peligroso. Y lo era en gran medida por su genial habilidad para manipular la opinión pública. Pero aquella misma necesidad de gustar a sus compatriotas era también su debilidad y lo que al final acabaría con él. Un hombre menos ambicioso hoy quizá seguiría vivo, rodeado de lujo, poderoso y llevando una buena vida en Medellín. Pero a Pablo no le bastaba con ser rico y poderoso: él quería ser admirado. Quería ser respetado y querido.

Cuando aún era un niño pequeño, su madre, Hermilda, una influencia decisiva en su vida, hizo una promesa ante la estatua de su pueblo natal, Frontino, ubicado en el noroeste rural del departamento colombiano de Antioquia. La estatua: un icono, la imagen del Niño Jesús de Atocha. Hermilda Gaviria era una maestra de escuela, ambiciosa y educada para la época, una mujer inusualmente capaz. Había contraído matrimonio con Abel de Jesús Escobar, un ganadero independiente. Pablo era su segundo hijo; Hermilda ya le había dado a Abel una hija.

Con el tiempo tendrían cuatro hijos más, pero la maldición de Hermilda era la impotencia ante el destino, ya que sabía que su ambición y el futuro de su familia siempre se le escaparían de las manos. Sin embargo, esta actitud no se asemejaba a algo abstracto o espiritual, no era la noción con que los hombres y mujeres religiosos aceptan la autoridad terminante de Dios, porque aquélla era la Colombia de los años cincuenta, la que vivía sumergida en el terror de La Violencia. A diferencia de las ciudades, que gozaban de una relativa seguridad, en pueblos como Frontino o Rionegro, donde Hermilda y Abel vivían por aquel entonces, morir violenta y horriblemente era cosa muy frecuente. Los Escobar no eran revolucionarios, eran miembros incondicionales de la clase media. Tenían incluso inclinaciones políticas, eran aliados de los terratenientes locales, lo cual los convertía en objetivos de los ejércitos liberales y de los insurrectos que pululaban las montañas. Con el apremio de una madre joven a la deriva en un mar de miedo, Hermilda buscó consuelo y protección para los suyos en la figura del Niño Jesús de Atocha, y repetía que si Dios le perdonaba la vida a sus hijos, ella le construiría una capilla. Pero fue su hijo Pablo quien finalmente la construyó.

Pablo no creció en la pobreza, como llegarían a afirmar años más tarde sus periodistas a sueldo. Rionegro no se había convertido aún en suburbio de Medellín. Consistía en un conjunto de haciendas ganaderas relativamente prósperas, situadas en la periferia. Cuando Pablo llegó al mundo, su padre era el propietario de una casa, doce hectáreas de tierra y seis vacas; además se ocupaba de unas tierras colindantes que Abel le había vendido a un conocido político conservador local. La casa no tenía electricidad, pero sí agua corriente, lo que en la Colombia rural equivalía al estatus de clase media alta. Aquellas condiciones mejoraron cuando los Escobar se trasladaron a Envigado, un pueblo de las afueras de Medellín, metrópolis pujante que crecía rápidamente cubriendo las verdes laderas de las montañas que la circundaban. Hermilda no sólo era la maestra, sino la fundadora de la escuela de enseñanza primaria de Envigado. Habiéndose establecido allí, Abel abandonó su actividad ganadera y comenzó a trabajar como vigilante. Por otra parte, Hermilda también era una persona importante en la comunidad, alguien conocido tanto por hijos como por padres. Así pues, ya en su juventud ni Pablo ni sus hermanos eran considerados niños comunes y corrientes. A Pablo le iba bien en la escuela, tal y como sin duda esperaba su madre, y le encantaba jugar al fútbol. Pablo llevaba ropa buena y, según atestiguaba su cuerpo fuerte y regordete, estaba bien alimentado. El Escobar adulto se convirtió en un entusiasta de la comida rápida, el cine y las músicas populares de Estados Unidos, México y Brasil.

Cuando Pablo alcanzó la adolescencia, Colombia sufría todavía el azote de La Violencia, pero la furia y el terror de las primeras y más duras épocas ya habían pasado. Abel y Hermilda Escobar emergieron de aquella aprensión y construyeron para sí y para sus siete hijos una vida cómoda y desahogada. Así, del mismo modo que la prosperidad de los años cincuenta en Estados Unidos dio origen a una generación rebelde, Pablo y sus contemporáneos tenían su propia manera de contestar a la autoridad del sistema. Por entonces, un movimiento de visos *hippies* y nihilistas de alcance nacional, llamado «nadaísmo», se originó justamente allí, en Envigado. En aquel mismo lugar, el fundador del movimiento, el intelectual Fernando Gonzáles, había escrito su manifiesto «El derecho a desobedecer». Proscritos por la Iglesia y apenas tolerados por las autoridades, los nadaístas satirizaban a sus mayores por medio de canciones; se vestían y comportaban escandalosamente, además de desdeñar el orden establecido a la manera de los años sesenta, o sea, fumando marihuana.

La marihuana colombiana era, por supuesto, abundante y potentísima, virtudes que los millones de fumadores del mundo entero descubrieron de inmediato. La hierba de Colombia era al mundo de la marihuana lo que el patrón oro había sido al capitalismo. Pablo se convirtió en un fumador abusivo desde su más temprana juventud y continuó siéndolo durante toda la vida. Se despertaba a la una o a las dos de la tarde y encendía un «porro» apenas se levantaba; así permanecía bajo sus efectos durante el resto del día y de la noche. Era un hombre regordete y bajo —no pasaba del metro sesenta y cinco—, de cara redonda y cabello grueso, rizado y negro, que solía dejarse largo, peinándolo de izquierda a derecha en una greña que le cubría la frente y le tapaba las orejas. Más tarde se dejaría crecer un bigote ralo. Escobar miraba el mundo a través de un par de ojos castaños de párpados caídos y adoptaba el aspecto desconcertado de todo fumador de marihuana crónico. Evidentemente la rebeldía se apoderó de él poco tiempo después de que alcanzara la pubertad. Pablo dejó el Instituto Lucrecio Jaramillo varios meses antes de su décimo séptimo cumpleaños, a tres años de su graduación. Su giro hacia la criminalidad parece haber sido motivado tanto por hastío como por ambición.

Acompañado de su primo y compañero infatigable, Gustavo Gaviria, le dio por frecuentar por las noches un bar en el peligroso barrio del distrito Jesús de Nazareno. Le explicó a su madre que no encajaba en la escuela o en un empleo normal y corriente:

—Quiero ser importante —le dijo.

Sin embargo nunca abandonó del todo la idea de proseguir sus estudios, quizá consecuencia de la persistencia de Hermilda o acaso por sus propios planes, que siempre iban más allá. Dos años más tarde, durante un breve período, él y Gustavo regresaron al instituto, pero los dos primos, ya mayores que sus compañeros de clase y acostumbrados a la libertad y a las turbulentas calles de Medellín, eran considerados los bravucones de la clase. Ninguno de los dos acabó el curso escolar, aunque por lo visto Pablo intentó varias veces, pero sin éxito, completar los exámenes obligatorios para graduarse. Hasta que, finalmente, los compró sin más. Años más tarde, llenaría las estanterías de sus casas de volúmenes de obras clásicas y a veces incluso mencionaría su interés por obtener una educación universitaria. Una vez incluso, a punto de ser encarcelado, comentó que tenía la intención de estudiar derecho. Pero de lo que no había duda era de que su falta de formación académica continuó alimentando su propia inseguridad y desilusionando a su madre. Pese a todo, nadie que le conociera ponía en duda su inteligencia innata.

Se volvió un gángster. Ya existía una larga tradición de negocios turbios en Medellín. El oriundo de Medellín —el «paisa» estereotípico— era un pícaro nato, un personaje dueño de habilidades naturales para sacar ganancias de cualquier empresa. La región era famosa por sus criminales, jefes de sindicatos del crimen organizado y profesionales de la tradición paisa del contrabando, una tradición que databa de siglos atrás; un oficio perfeccionado a través del comercio ilegal de oro y esmeraldas, aunque entonces se especializara en el tráfico de marihuana, y más tarde en el de cocaína. Cuando Pablo abandonó sus estudios en 1966, el tráfico de drogas ya era un negocio establecido y muy rentable; una actividad muy alejada de las aspiraciones de unos matoncillos de diecisiete años. Pablo dio comienzo a su carrera delictiva en las calles de Medellín timando a transeúntes. Pero él era ambicioso. Cuando le dijo a su madre que quería ser importante, tenía en mente muy probablemente dos tipos de éxito distintos. De la misma manera que los contrabandistas dominaban la vida ilícita en las calles de Medellín, las actividades mercantiles lícitas eran dominio político y social de un reducido número de ricos industriales textiles, mineros y poderosos terratenientes. Eran «los señores», individuos cultos y refinados cuyo dinero sustentaba iglesias, organizaciones de caridad y los exclusivos *country clubs**; hombres temidos y respetados por los campesinos que arrendaban sus tierras. Católicos, tradicionales y elitistas, eran ellos quienes ocupaban los puestos políticos de poder y que en definitiva repre-

---

* Clubes de campo. Los *country clubs* no representan sólo el éxito y el poder, sino el deseo de la burguesía local de separarse físicamente de un entorno pobre y por ende conflictivo. *(N. del T.)*

sentaban a Medellín en Bogotá, en el Gobierno nacional. Las ambiciones de Pablo abarcaban ambos mundos, el lícito y el otro, y es ésa la contradicción principal de su trayectoria.

Según la leyenda, Pablo Escobar y su pandilla comenzaron sus actividades criminales en los cementerios, robando lápidas que volvían a pulir con un chorro de arena, para luego venderlas como nuevas. Es cierto que Pablo tenía un tío que se dedicaba a vender lápidas y que Pablo trabajó para él cuando era un adolescente, así que en los años venideros solía causarle gracia escuchar la anécdota de las lápidas. Sin embargo siempre negaba que fuera cierta; ¿pero cuántas otras cosas negó? Hermilda desestimó la historia de las lápidas robadas. Y, pensándolo bien, es una historia bastante improbable. Por un lado, reciclar lápidas resulta una actividad demasiado honesta, y hay pocos indicios que sugieran que Pablo tuviera inclinaciones de ese tipo. Además, Pablo era un tipo supersticioso, adepto a esa peculiar y pagana rama del catolicismo común en la Antioquia rural, la que rinde tributos a ídolos —tales como el Niño Jesús de Atocha, a quien rezaba Hermilda— y que está en íntima comunión con los espíritus. El robo de lápidas no parece una vocación probable para alguien que temía al mundo de los espíritus. Lo que sí suena más creíble son las versiones que luego sí admitiría, los relatos de timos callejeros de poca monta, la venta de cigarrillos de contrabando o de billetes de lotería falsos y las estafas en las que, con una mezcla de engaño y encanto personal, desplumaba a los que acababan de salir del banco local. Pablo no iba a ser el primer fullero que en las calles descubriría que quitarle el dinero a otros es más fácil y más emocionante que ganarlo. Era un joven excepcionalmente temerario, quizá por su hábito de fumar marihuana. En algún momento de su juventud descubrió su capacidad para permanecer en calma, pausado y hasta alegre cuando los demás se asustaban o los nervios los traicionaban. Pablo utilizaba esa habilidad para impresionar a sus amigos o para asustarlos; ya de mayor presumiría de sus atracos a bancos a punta de rifle automático, charloteando animadamente con los empleados mientras éstos vaciaban sus cajas registradoras. Fueron aquella osadía y aquel aplomo las virtudes que hicieron que Pablo destacara entre sus colegas en el crimen, y las que lo llevarían a ser el líder de todos ellos. No mucho después, sus crímenes se tornarían más sofisticados y acrecentarían el riesgo.

Sus antecedentes policiales demuestran que Pablo ya era un ladrón de coches consumado antes de los veinte. Él y su banda se incorporaron al burdo negocio del hurto de automóviles y lo convirtieron en una pequeña industria, robándolos descaradamente (arrancando a los conductores de sus asientos a plena luz del día) y desguazándolos hasta obtener una colección de partes valiosas en cuestión de horas. La venta de esas piezas representaba un gran negocio que, además, no dejaba huella alguna para la policía.

Una vez hubo reunido capital suficiente, Pablo comenzó a sobornar a funcionarios públicos para que emitieran nueva documentación para los automóviles robados, eliminando así la tarea de tener que destazarlos. Pareciera que durante aquel período, la policía y él tuvieron varios roces, y aunque sus fichas hayan desaparecido se sabe que pasó varios meses en la cárcel de Medellín antes de cumplir los veinte años, lo que sin duda le brindó la oportunidad de crear vínculos con un tipo de criminales mucho más violentos, que años después le serían de gran utilidad. Queda claro que aquellas temporadas en prisión no le disuadieron de proseguir su carrera criminal.

Todas las versiones coinciden, no obstante, en que Pablo se lo estaba pasando en grande. Con su amplio inventario de motores y piezas robadas, él y Gustavo construían coches de carrera y competían en *rallies* regionales y nacionales. Su negocio evolucionó y con el paso de los años el hurto de automóviles se llegó a practicar con tal impunidad en Medellín que el mismo Pablo se hizo cargo de que había creado un mercado aún más lucrativo: la protección. La gente comenzó a pagarle para evitar que sus coches fueran sustraídos, por lo que Pablo comenzó a sacar provecho de sus robos y hasta de los coches que no había trincado. Siempre generoso con sus amigos, los obsequiaba con unidades robadas directamente de fábrica. Para evitar problemas, Pablo hacía preparar, por un lado, escrituras de venta, luego instruía a otros compinches para que publicaran anuncios en los periódicos en los que se publicitaba la venta de los automóviles. Lógicamente, los flamantes vehículos robados serían comprados legalmente por el amigo agraciado, con sus correspondientes papeles falsificados. Así se producía un laberinto de documentación tal, que creaba la ilusión de que la adquisición del automóvil había sido legítima.

Fue durante aquel período de jefe pandillero en ascenso, cuando Pablo se forjó una reputación por utilizar violencia letal. Como un sencillo método de recolección de deudas: reclutó matones para raptar a los deudores; el rescate ascendía a cuanto debían; si la familia no podía reunir el dinero o se negaban a pagar, la víctima era asesinada. Hubo casos en los que la víctima moría aunque el rescate ya hubiese sido pagado, pero se hacía para enviar un mensaje. Eran homicidios, sí, pero homicidios que podían llegar a comprenderse. Un hombre como Escobar tenía que cuidar sus intereses, y él vivía en un mundo donde la acumulación de dinero requería la capacidad de defenderlo. Incluso para un hombre de negocios decente, en Medellín había poco que la ley, que no siempre era tan honesta, pudiera hacer para protegerlo. Si uno era víctima de una estafa cabían dos posibilidades: o se aceptaban las pérdidas, o se tomaban medidas por cuenta propia hasta poner las cosas en su sitio. De tener éxito, uno tenía que vérselas con policías y funcionarios corruptos, ansiosos de beneficiarse con una tajada de esos negocios. Ese modo de actuación era especialmente habitual en el tipo de actividad ilícita en la que Escobar estaba involucrado. Al tiempo que se incrementaba la riqueza y el contrabando se hacía más lucrativo, crecía la necesidad de imponer disciplina, castigar a los enemigos, cobrar deudas y sobornar a funcionarios. El secuestro e incluso el asesinato no solamente ajustaba las cuentas, sino que dejaba claro quién estaba al mando.

Pablo se volvió un experto en adjudicarse crímenes con los que no se le podía relacionar directamente. Para empezar, se aseguraba de que aquellos que eran reclutados para cometerlos no supieran quién los había contratado. Con el paso del tiempo, Pablo se acostumbró a encargar asesinatos; aquello alimentaba su megalomanía y engendraba miedo, un sentimiento que no difería demasiado del respeto que parecía ambicionar cada vez más y más.

Muy pronto los secuestros de deudores se convirtieron en algo cotidiano. El más famoso de ellos —adjudicado al joven Pablo Escobar— fue el del industrial de Envigado Diego Echavarría, ocurrido en el verano de 1971. Echavarría, hombre orgulloso y dueño de una empresa, era conservador y, aunque respetado en la alta sociedad, era despreciado por muchos de los trabajadores pobres de Medellín, que estaban siendo despedidos de las industrias textiles locales. En aquellos años, los ricos terratenientes antioqueños ampliaban sus propiedades por el sencillo sistema de expulsar aldeas enteras del valle del río Magdalena sin otra alternativa que refugiarse en los tugurios de la impetuosa ciudad. El odiado empresario fue hallado en un agujero no lejos de donde Pablo había nacido. Había desaparecido seis semanas antes y había sido golpeado y estrangulado, a pesar de que su familia había cumplido con los cincuenta mil dólares de rescate. El asesinato de Diego Echavarría funcionó a dos niveles: produjo ganancias y a la vez fue un acto legítimo en favor de una mayor justicia social. No había ninguna manera de probar que el instigador del crimen hubiera sido Pablo Escobar, y oficialmente nunca fue inculpado, pero fueron tantos quienes se lo adjudicaron que en los llamados «barrios de invasión» la gente comenzó a referirse a Pablo con el sobrenombre de *doctor Echavarría*, o *el Doctor* a secas. El asesinato tenía todos lo sellos distintivos del joven capo emergente: cruel, mortal, cerebral, y con un ojo puesto en las relaciones públicas.

De un solo golpe, el secuestro de Echavarría elevó a Pablo al estatus de leyenda en la región. También hizo pública su falta de misericordia y su ambición, lo cual tampoco venía mal. Pero pronto llegaría a ser un héroe aún más renombrado para muchos de los habitantes de los tugurios gracias a actos de caridad muy hábilmente publicitados. Pablo, sin duda, se identificaba con el pueblo, pero sus aspiraciones eran estrictamente de clase media. Cuando le dijo a su madre que quería ser «importante» no estaba pensando en una revolución o en reformar su patria; lo que tenía en mente era vivir en una mansión tan espectacular como la falsa mansión medieval que Echavarría se había hecho construir para sí. Él viviría en un castillo como aquél, pero no como un explotador de las masas, sino como un benefactor del pueblo, alguien que pese a sus riquezas y a su poder no había perdido el contacto con el hombre común. Su odio más profundo salía a la luz y se dirigía a quienes se interpusieran entre él y ese sueño.

2

Pablo Escobar ya era un capo inteligente y exitoso cuando un cambio sísmico en el panorama criminal se le presentó a mediados de los años setenta: la generación de la marihuana descubrió la cocaína. Las rutas ilícitas de suministros que la marihuana había abierto desde Colombia a las ciudades y los barrios residenciales de Estados Unidos se convirtieron en autopistas en el momento en que la cocaína se volvió la droga de moda y la preferida entre los jóvenes e inquietos profesionales.

El negocio de la cocaína haría a Pablo Escobar y a sus colegas antioqueños —los hermanos Ochoa, Carlos Lehder*, José Gonzalo Rodríguez G. y tantos otros— más ricos de lo que jamás hubieran soñado: los hombres más ricos del mundo. A finales de la década, controlarían entre todos el suministro de más de la mitad de la cocaína enviada a Estados Unidos, embolsándose, así, unas retribuciones que no ascendían a millones, sino a miles de millones de dólares**. Sus empresas se convirtieron en las más importantes de Colombia y financiaron a alcaldes, concejales, congresistas y presidentes. A mediados de los años ochenta, Escobar mantenía diecinueve residencias propias únicamente en Medellín, y todas ellas provistas de su helipuerto. Eran suyas asimismo flotas de bar-

---

* Un capo narcotraficante de tendencias pronazis, editor de un periódico en tinta verde (en honor a la marihuana) y dueño de su propia isla caribeña desde la cual distribuía su producto. Carlos Lehder merecería —como tantos otros personajes que aparecen en estas páginas—, un libro propio. *(N. del T.)*

** A la publicación de este libro, un dólar equivale aproximadamente a unas doscientas ptas. Un millón de dólares, a doscientos millones de pesetas; y mil millones de dólares, a doscientos mil (200.000.000.000) millones de pesetas. *(N. del T.)*

cos, aviones, propiedades distribuidas por todo el mundo, franjas de tierra antioqueña, edificios de apartamentos, urbanizaciones de chalés y bancos. El dinero llegaba en cantidades tan exorbitantes que decidir cómo invertirlo en su totalidad era una tarea que ya no podían manejar, así que muchos de esos millones fueron simplemente enterrados. El influjo de capital extranjero desencadenó una racha de vacas gordas en Medellín. Algunas de las consecuencias fueron el *boom* de la construcción, el nacimiento de una miríada de nuevos negocios y la caída vertiginosa del índice del desempleo. Con el tiempo, la explosión económica originada por el dinero de la cocaína haría tambalear la economía del país y pondría patas arriba el imperio de la ley.

Pablo se encontraba perfectamente situado para aprovecharse de aquella nueva ola. Había pasado diez años perfeccionando su sindicato del crimen y aprendiendo la manera de sobornar al funcionariado. El *boom* de la cocaína inicialmente atrajo a diletantes para los que esta droga era una especie de coqueteo «glamouroso» con el crimen; pero el crimen era, desde hacía tiempo, el medio en el que Pablo —un Pablo violento, carente de principios y determinado en su ambición— se movía. No era un emprendedor, ni tan siquiera un hombre de negocios con talento: tan sólo un tipo despiadado. Al enterarse de que en sus dominios se había establecido un próspero laboratorio en el que se procesaba cocaína, se abrió paso a empujones; y si alguien abría una vía de suministros hacia el norte, Pablo exigía la mayoría de los beneficios, «a cambio de protección». ¿Quién osaría negarse?

Un joven piloto de Medellín conocido por su alias, *Rubin,* cuyas habilidades lo condujeron directamente al boyante negocio de la cocaína, conoció a Pablo por primera vez en 1975. Rubin pertenecía a una buena familia adinerada que lo había enviado a estudiar a Estados Unidos. Había obtenido su licencia de piloto en Miami, y hablaba un inglés fluido. Cuando algunos de sus amigos, los hermanos Ochoa —Alonzo, Jorge y Fabio— comenzaron a enviar cocaína al norte, Rubin formó filas con ellos. Poco tiempo después, ya compraba y vendía pequeñas avionetas en Miami y reclutaba pilotos para realizar los vuelos rasantes con los que se evitaba los radares. Contrariamente a Pablo y a los suyos, ni Rubin ni los hermanos Ochoa eran matones profesionales, sino más bien *playboys*, vividores, jóvenes de familias relativamente bien educadas que se creían listos y en la onda. Casi de inmediato, también se convirtieron en hombres ricos.

No fue un genio para los negocios ni en los contactos con los bajos fondos del crimen antioqueño, pero su elegancia lo capacitaba para comerciar y transportar. Aquellas ovejas negras se sentían en su elemento dentro de los círculos sociales privilegiados que los compradores norteamericanos frecuentaban. Rubin parecía haber sido hecho a medida para esa tarea, era bien parecido, desconocía el miedo y, como si eso fuera poco, era elegante. Su jefe por aquel entonces era un empresario de Medellín de nombre Fabio Restrepo, uno de los primeros capos paisas. En 1975, Restrepo ya reunía cargamentos de cuarenta a sesenta kilos una o dos veces al año, y el precio de un kilo en Miami superaba los cuarenta mil dólares. Cuando hay tanto dinero ilegal de por medio, siempre aparecen los tiburones.

Originalmente, Pablo se puso en contacto con Jorge Ochoa para venderle a Restrepo una cantidad de mercancía pura. Rubin acompañó a Jorge a un pequeño apartamento en Medellín, donde fueron recibidos por un hombre regordete, bajo y de cabello rizado en un mechón sobre la frente, que se paseaba ufano junto a ellos, grotescamente, como el típico maleante callejero. Llevaba un polo azul que le quedaba grande, vaqueros vueltos y zapatillas de deporte blancas; por otra parte, el apartamento de aquel tipo era una pocilga en el que había basura y ropa sucia desparramada por todos lados. Para aquellos dos acomodados dandis, Pablo no era más que un gorila local, y los catorce kilos que el tipo tenía guardados en el cajón de una cómoda, un asunto de poca monta. Rubin y Jorge Ochoa le compraron los catorce kilos y siguieron su camino pensando que el trato no había sido nada del otro mundo, hasta que Restrepo, el jefe que Rubin representaba, aparece asesinado dos meses después. Fue un duro golpe, ¡alguien lo había matado sin más! Y como por arte de magia apareció un nuevo jefe que se hizo cargo del negocio de la cocaína en Medellín. Tanto Rubin como los hermanos Ochoa se sorprendieron de que tras la muerte de Restrepo estuvieran trabajando para Pablo Escobar. No había manera de probar que hubiera ordenado la muerte de Restrepo, pero a Pablo tampoco parecía molestarle que otros llegasen a esa conclusión. Los *playboys* traficantes habían subestimado al matón callejero. El camello sin clase que hacía tratos de poca monta se había hecho un lugar en el negocio brutal y eficiente.

«No existe ni un solo aspecto del negocio que fuera creado, diseñado o promovido por Pablo Escobar —explica Rubin—. Era un gángster, puro y duro. Todos, desde el principio, le temían. Incluso después, cuando ya se consideraban amigos suyos, seguían temiéndole.»

En marzo de 1976, Pablo contrajo matrimonio con María Victoria Henao Vellejo, una curvilínea quinceañera de cabellos oscuros. La muchacha era tan joven que Pablo debió procurarse una dispensa especial del obispo (venía que podía obtenerse por una módica suma). A la edad de veintiséis años, Pablo iba de camino a hacer realidad sus sueños: casado, rico y, aunque no respetado, al menos temido por todos. Pero su meteórico ascenso también le granjeó enemigos poderosos. Uno de ellos dio un soplo al DAS, el Departamento Administrativo de Seguridad, y a los dos meses de la boda arrestaron a Pablo, a su primo Gustavo y a otros tres hombres, cuando regresaban de entregar un cargamento de cocaína en Ecuador.

Pablo ya había sido arrestado con anterioridad y había cumplido condena en la cárcel de Itagüí en su adolescencia; y luego, más tarde, en 1974, al ser descubierto en un automóvil Renault robado. En ambas ocasiones había sido declarado culpable y condenado a varios meses de reclusión. Pero esto era mucho más serio. Los agentes del DAS encontraron treinta y nueve kilos de cocaína escondidos en la rueda de repuesto del camión en el que viajaban los traficantes, una cantidad lo suficientemente grande como para enviarlos a todos a prisión durante muchos años.

Pablo intentó sobornar al juez, que rechazó el dinero de plano. El paso siguiente sería investigar el pasado del juez, y el resultado fue que éste tenía un hermano abogado. Ambos hermanos no se llevaban bien, y el abogado aceptó representar a Pablo Escobar, sabiendo fehacientemente que su hermano el juez rechazaría el caso apenas fuera informado. Y eso fue exactamente lo que sucedió. El nuevo juez encargado del caso resultó más proclive al soborno y Pablo, su primo y sus secuaces, acabaron en la calle. La maniobra había sido tan atrevida que unos meses después, un juez de apelaciones reinstauró las acusaciones y ordenó que Pablo y los demás volvieran a ser arrestados. Pero nuevos recursos demoraron el curso del proceso y en marzo del año siguiente, mientras Pablo continuaba prófugo, los dos agentes del DAS que habían llevado a cabo el arresto (Luis Vasco y Gilberto Hernández) fueron asesinados.

Pablo estaba creando un estilo para lidiar con las autoridades; un estilo que se transformaría en su sello característico, y que pronto se dio a llamar «plata o plomo»: o bien aceptar su «plata» (su dinero), o bien sufrir su plomo.

Ninguno de los *playboys* de Medellín tenía queja alguna sobre los métodos de Pablo, porque estaban demasiado ocupados haciéndose ricos. Pablo absorbió a los noveles traficantes-emprendedores, a los «cuatroojos» de los laboratorios y a los distribuidores, como los hermanos Ochoa. Él los respaldaba, supervisaba las rutas de entrega y exigía un impuesto por cada kilo despachado. Era un estilo basado en la fuerza bruta, a la usanza de los viejos sindicatos del crimen, pero cuyo resultado sería el cimiento de una industria de la cocaína tan unificada y eficiente como nunca antes se había visto. Una vez que las hojas de coca habían sido cosechadas y refinadas por traficantes independientes, sus envíos se sumaban a las partidas controladas por la organización de Pablo, servicio por el que aquéllos pagaban un 10% del precio que la mercancía obtuviera en Estados Unidos. Si una partida importante era interceptada por las autoridades o se perdía, Pablo reembolsaba a sus proveedores únicamente lo que el producto había costado en Colombia. Si uno o dos de los envíos lograba llegar a Miami, a Nueva York o a Los Ángeles, la venta de esa mercancía cubría con creces la pérdida de cuatro y hasta cinco cargas interceptadas. Y lo cierto era que los esfuerzos de las autoridades por controlar el tráfico sólo lograban interceptar uno de cada diez envíos, con lo que las pérdidas se veían superadas, con mucho, por los beneficios.

Y qué beneficios. El apetito de los norteamericanos por el polvo blanco parecía inagotable. El dinero que comenzó a entrar era tanto que nadie en Medellín se hubiera atrevido a soñarlo siquiera; dinero en cantidades tales que podía sacar adelante no sólo a individuos, sino a ciudades... y a países. Entre 1976 y 1980 los depósitos en los bancos colombianos se incrementaron más del doble. Llegaban tal canti-

dad de dólares norteamericanos ilegítimos que la elite dirigente comenzó a concebir maneras de participar en la bonanza sin infringir la ley. El Gobierno del presidente Alfonso López Michelsen permitió una práctica que el banco central
denominó «abrir la ventana lateral»: la conversión legal de
cantidades ilimitadas de dólares en pesos colombianos. El Gobierno asimismo había favorecido la creación de fondos es-
peculativos que ofrecían al inversor intereses exorbitantemen-
te altos. Aquellas transacciones se consideraban inversiones
ostensiblemente legítimas en mercados altamente especulati-
vos, pero casi todo el mundo sabía que su dinero se estaba
invirtiendo en cargamentos de cocaína. El Gobierno jugó sus
cartas mirando hacia otro lado, y muy rápidamente cualquiera en Bogotá que tuviera dinero para invertir podía sacar tajada de la prosperidad fruto de la cocaína. Toda la nación estaba dispuesta a unirse a la fiesta de Pablo Escobar.

Con sus millones, Pablo podía permitirse pagar la protección de sus cargamentos a lo largo de todo el proceso: desde los cultivadores hasta los laboratorios y los distribuidores.
Comenzó a viajar a Perú, a Bolivia y a Panamá. Lo compraba todo con el fin de tener el control de la industria desde los
cimientos hasta el tejado. Pero no era el único. Los hermanos
Rodríguez Orejuela —Jorge, Gilberto y Miguel— estaban al
mismo tiempo atando cabos para formar el cártel de Cali. En
Antioquia, compitiendo con Pablo algunas veces y otras co-
laborando con él, habían aparecido José Gonzalo Rodríguez
G. y el excéntrico medio alemán Carlos Lehder. Los sobornos
de Escobar fueron de miles a millones de pesos (cientos de miles de dólares), y pocos representantes de la ley sentían la in-
clinación de resistirse a aquel impulso imparable, especialmente si se tenía en cuenta la alternativa. Pablo incluso se
mostraba dispuesto a hacerle el juego a las autoridades, dejando que algunos de sus envíos fueran interceptados, los su-

ficientes como para que la policía demostrara que estaban cumpliendo con su trabajo. ¿Por qué no? Pablo se lo podía permitir.

Nadie sabía a ciencia cierta cuánta cocaína fluía hacia el norte. Las estimaciones solían fallar por un margen de un 90% o más. En 1975, las autoridades norteamericanas calculaban que los cárteles hacían entrar en total entre quinientos y seiscientos kilos al año, cuando la policía de Cali tropezó con seiscientos kilos en un solo avión. Esta incautación desató una guerra de fin de semana en Medellín, donde varias facciones se acusaban entre sí de haberla jodido o de haberse vendido. Murieron cuarenta personas, pero cargamentos de tal magnitud se habían tornado algo corriente y la gran mayoría llegaba a su destino. La marea de corrupción y el caudal de dinero del narcotráfico sencillamente arrastró como una riada a las relativamente endebles instituciones de la ley y el orden. Y sucedió tan rápidamente que el Gobierno de Bogotá apenas se enteró de lo que estaba ocurriendo.

Después de haber salido airoso de su primer arresto en 1976, Pablo comprendió que poco tenía que temer de la ley en Medellín. Se había erigido el rey en la sombra de su ciudad. Durante aquel período, Rubin vivía en Miami, así que durante algunos años no había visto a Pablo o a sus amigos, los hermanos Ochoa. Cuando regresó a Colombia en 1981, «el circo marchaba a todo vapor», como expresó Rubin con sus propias palabras. Todos los capos narcos tenían mansiones, limusinas, coches de carreras, helicópteros y aviones privados, ropas finas y obras de arte rimbombantes (algunos, como Pablo, contrataron a decoradores para que los asesoraran en la compra de pintura y escultura, de un gusto que se inclinaba hacia lo chabacano y lo surrealista). Estaban rodeados de guardaespaldas, aduladores y mujeres, mujeres y más mujeres. Se estaban dando la gran vida, y aunque nadie en Colombia había visto algo parecido, aquel lujo desmedido todavía iba a alcanzar cimas mucho más altas porque los gángsteres abrirían discotecas espléndidas y restaurantes refinados e importarían una nueva vida nocturna a Medellín.

Pablo era famoso por sus gustos adolescentes. Él y sus amiguetes jugaban partidos de fútbol a la luz de los focos, en campos que había hecho nivelar y cubrir de césped, pagando además a locutores deportivos para que relataran aquellos encuentros *amateurs* como si los jugaran profesionales de primera línea. Oponentes y compañeros siempre se esforzaban para que don Pablo pudiera lucirse. Poco tiempo después, él y otros capos comprarían los mejores equipos de fútbol del país. Para entretener a sus amigos más íntimos, Pablo solía contratar reinas de la belleza en noches de juegos eróticos. Las mujeres debían desvestirse y correr desnudas en competición hasta un coche deportivo caro, que la ganadora habitualmente se quedaba. La otra posibilidad era que sometiesen a las muchachas a las humillaciones más estrambóticas: se les afeitaban las cabezas, tenían que comer insectos o participar desnudas en concursos de escalada de árboles —en el dormitorio de una de sus residencias Pablo disponía de una camilla ginecológica, aparentemente con fines recreativos—. En 1979, hizo construir una fastuosa casa de campo en un rancho de tres mil hectáreas cerca de Puerto Triunfo en los márgenes del río Magdalena, a unos ciento veinte kilómetros de Medellín. La bautizó con el nombre de Hacienda Nápoles. Solamente los terrenos le costaron sesenta y tres millones de dólares, y aún no había comenzado a gastar en serio. Construyó un aeropuerto, un helipuerto y una red de carreteras; importó cientos de animales exóticos (elefantes, búfalos, leones, rinocerontes, gacelas, cebras, hipopótamos, camellos y avestruces); hizo seis piscinas y creó varios lagos. La mansión estaba equipada con todo juguete y extravagancia. Podían

48

pasar la noche allí más de cien huéspedes, y no sólo eso, sino que además se les alimentaba, se les proveía de juegos, música y fiestas. Había mesas de billar, *flippers,* y una *rockola* Wurlitzer, en la que únicamente sonaba el cantante preferido de Pablo, el brasileño Roberto Carlos. Expuesto frente a la casa, descansaba un sedán de los años treinta acribillado a balazos que, según Pablo, había pertenecido a los ladrones de bancos Bonnie y Clyde. A sus invitados solía llevarlos a hacer delirantes excursiones por la hacienda o a hacer carreras en uno de sus lagos de encargo montando en *jet-skis.* La Hacienda Nápoles era una mezcla esperpéntica de erotismo, exotismo y extravagancia y Pablo era su maestro de ceremonias. Disfrutaba de la velocidad, del sexo y de presumir, pero sobre todo, de un público que lo admirara.

A medida que su fortuna crecía y su fama se extendía por todo el país, Pablo comenzó a cuidar su imagen pública, negando concienzudamente toda conexión con sus actividades ilegales. Y pese a que su reputación aterrorizaba incluso a criminales consumados, se esforzaba por hacer de sí mismo una figura entrañable. En público, sus modales eran formales hasta el acartonamiento, como si quisiera estar a la altura de alguien que no era. Su manera de hablar se volvió barroca y excesivamente obsequiosa, y comenzó a cortejar a la opinión pública, especialmente a los pobres.

Haciendo uso de la retórica izquierdista cuando le venía bien, Pablo explotaba el resentimiento de las masas para con el Gobierno y los poderes fácticos de Bogotá, y daba rienda suelta al odio histórico que el pueblo sentía por Estados Unidos. Las guerrillas marxistas, como las FARC (Fuerzas Armadas Revolucionarias de Colombia), el ELN (Ejército de Liberación Nacional) y un nuevo movimiento urbano que se llamaba a sí mismo M-19 (Movimiento 19 de abril) disfrutaban de un amplio apoyo de la juventud estudiantil, y por si

49

eso fuera poco, jesuitas rebeldes pregonaban la teología de la liberación... Tras años de explotación y de violencia política que incluía la intimidación de las temidas autodefensas —escuadrones paramilitares pagados por los terratenientes con el fin de someter al campesinado por el terror—, el pobre ciudadano medio de Medellín despreciaba al Gobierno colombiano. Bogotá estaba en manos de la elite potentada: un 3% privilegiado que tenía en su poder el 97% de las tierras y las riquezas del país. Pablo, que por entonces ya era más rico que cualquiera de ese exclusivo 3%, interpretaba el papel del paladín del pueblo. Su cuñado, Mario Henao, era un intelectual de izquierdas que clamaba contra la influencia imperial y capitalista de Estados Unidos. Mario le suministró a Pablo los argumentos patrióticos necesarios para justificar su negocio de tráfico y le propuso una vía hacia la honradez: el flujo de cocaína a Estados Unidos podía considerarse una táctica revolucionaria que, a la vez que absorbía dólares gringos, corrompía los cerebros y la sangre de la decadente juventud norteamericana. Por ese razonamiento, Pablo no sólo se enriquecía sino que estaba asestándole un golpe al *stablishment* mundial utilizando su propio dinero para construir una Colombia a tono con los tiempos: una Colombia nueva, moderna, y progresista. En el ámbito internacional, lo que parecía estar haciendo era robar a los ricos para dar a los pobres.

Rara vez Pablo consumía cocaína, y como bebedor, era moderado. Su droga preferida continuaba siendo la marihuana. Aislado en compañía de sus guardaespaldas, sus adoradores y secuaces, había comenzado a verse a sí mismo de otra manera. Ya no tenía suficiente con haberse adueñado de las calles de Medellín o con dominar el tráfico internacional de cocaína. En algún momento de su ascensión Pablo había comenzado a verse como un prohombre. Sus palabras e ideas cobraron de pronto una importancia histórica, y su ambición creció hasta ocupar un lugar aún mayor. Se comportaba como el tahúr que cuanto más gana más apuesta. Pablo se iba considerando poco a poco la encarnación del alma colombiana, el enviado que conduciría al país hacia el futuro; como si los deseos de la mayoría fueran los suyos propios, y los enemigos del pueblo, sus propios enemigos. Le fascinaba la historia de Pancho Villa, el revolucionario mexicano que había retado directamente a Estados Unidos en 1916 al dirigir incursiones en Texas y Nuevo México. Tropas norteamericanas lideradas por el general John J. Pershing lo habían perseguido hasta México, e infructuosamente lo buscaron durante once meses. Aquella campaña había encumbrado a Villa en el corazón popular (luego moriría a manos de enemigos políticos en 1923). Pablo abrazaba la leyenda paisa de que Villa en realidad había sido colombiano. Así que comenzó a coleccionar objetos mexicanos de la época y le daba sumo placer disfrazarse de Villa y posar para las fotografías. Al final, acabaría por emular en más de un aspecto la vida del mexicano al convertirse en el objetivo de una cacería humana asistida por el Ejército norteamericano; un ejército que pondría la histórica persecución de Pershing a la altura de una excursión de niños exploradores.

Pablo se tornó uno de los empresarios más generosos de Medellín: pagaba a los empleados de sus laboratorios salarios que les permitían adquirir casas y comprar automóviles. Quizás influenciado por Mario Henao, comenzó a gastar millones en mejorar la infraestructura de la ciudad, se preocupó por los pobres hacinados en los crecientes «barrios de invasión» mucho más de lo que el Gobierno jamás había hecho. Donó dinero y presionó a sus asociados para que reunieran millones con los que pavimentar carreteras y erigir nuevos tendidos eléctricos, además de crear campos de fútbol por toda la región. Levantó pistas de patinaje, repartió dinero en sus apariciones públicas y luego comenzó un proyecto de urbanización para indigentes llamado «Barrio Pablo Escobar»: un sitio donde vivirían los que hasta ahora habitaban en chozas junto a los basureros de la ciudad. La conservadora Iglesia católica de Medellín apoyó los programas sociales de Pablo, y algunos de sus párrocos se mantuvieron fieles a su benefactor hasta el fin. Pablo hacía apariciones en inauguraciones y homenajes y, aunque se mostraba renuente a los aplausos o a los agradecimientos, siempre permitía que lo condujesen al centro de la escena. Solía participar en partidos de fútbol locales, demostrando que, a pesar de su talle cada vez más voluminoso, aún se podía mover con sorprendente dinamismo. Al final de la década, el paladín del pueblo no sólo era el hombre más rico y más poderoso de toda Antioquia: ahora también era su ciudadano más popular.

En una entrevista para una publicación de automóviles en 1980, Pablo Escobar demostró sentirse generoso, en más de un aspecto, con sus congéneres: «Soy un amigo de fiar y hago todo lo posible para que la gente me aprecie —dijo—. Los amigos son lo más valioso que hay en la vida, de eso no tengo dudas». Naturalmente, la amistad también tiene sus desventajas. «Lamentablemente —añadió con un tono inquietante— en el transcurso de la vida uno también se cruza con gente que es desleal.»

En privado, hablaba en susurros y se enorgullecía de su incombustible buen humor. Cuando estaba «colgado», gustaba de contar anécdotas y de reírse de sus propias proezas y de las torpezas de sus enemigos, pero en la mayoría de los casos se contentaba con repantigarse y escuchar. En su aspecto personal era dejado, vago y se permitía todos los excesos. Comía demasiado, se daba atracones de Coca-Cola, pizzas precocinadas y toda clase de comidas rápidas, y tampoco reparaba en gastos para reclutar a jovencitas —cuanto más jóvenes mejor— y así satisfacer su apetito sexual. Como otros antes que él, millonarios de poder casi ilimitado en plena juventud, Pablo fue víctima cada vez más de sus propios delirios de grandeza. En los hechos, ya estaba por encima de la ley. En Medellín había dado origen a un sistema de justicia de doble rasero. Las muertes ocurridas como parte habitual de sus negocios —el índice de homicidios se duplicó durante aquel período— eran ignoradas por la policía, se las consideraba parte del narcotráfico, algo del todo desligado de la sociedad civil. Personalmente, Pablo entendía que los asesinatos cometidos por sus hombres eran hechos intrascendentes para la sociedad en su conjunto; asuntos de negocios, nada más, una necesidad nefasta en un Estado carente de un sistema legal firme. En Colombia, uno se podía pasar la vida esperando los fallos de la justicia estatal. Una de las prerrogativas de los ricos y poderosos en la Colombia rural siempre había sido la de administrar su propia justicia. Y éste representaba el fundamento de la larga y sangrienta tradición de las «autodefensas» o ejércitos privados. Una vez que Pablo hubo hecho sus primeros millones, ya no esperaba que la ley lo protegiera. Y lo que es más: le ofendía la intromisión de las autoridades en sus asuntos. Se veía con el derecho de utilizar la violencia que juzgase necesaria y en ocasiones hasta lo hizo públicamente. Sorprendido un trabajador al intentar robar algo de su mansión de la Hacienda Nápoles, hizo que lo ataran de manos y pies y, en presencia de los invitados horrorizados, echó al hombre a la piscina de un puntapié y se quedó observando cómo se ahogaba. «Eso es lo que le pasa a los que le roban a Pablo Escobar», dijo. La advertencia sin duda repercutió en sus invitados, muchos de los cuales podían robar a el Doctor muchísimo más de lo que aquel infortunado sirviente había intentado sustraer.

La mayor parte de Medellín aceptaba su sistema de justicia privado, principalmente porque oponerse a Pablo Escobar no era una medida prudente. Los que se oponían a su voluntad se transformaban en sus enemigos, y sus enemigos tenían la costumbre de morir violentamente. No toleraba el idealismo, y pese a su interés en el bienestar de los pobres de Medellín, su concepción del mundo resultaba esencialmente cínica y su modo de prosperar se basaba en ser más inteligente y más peligroso que los demás. Así que cuando los políticos y el periodismo de Bogotá hicieron correr la voz acerca de su imparable ascenso en el mundo del crimen, él presintió que no se trataba más que de mequetrefes y santones. O se habían aliado con los cárteles rivales o con Estados Unidos. Para Pablo nadie actuaba por lealtad a sus principios. A cualquiera que se le opusiera se le tachaba de «desleal», de traidor a Pablo Escobar y a Colombia.

Lógicamente, el paso siguiente para un hombre dotado de tal ambición fue la política. En 1978 sería elegido miembro suplente del municipio de Medellín. Ese mismo año apoyó la campaña presidencial de Belisario Betancur, prestándole al político y a su comitiva aviones y helicópteros, y con un espíritu por demás liberal contribuyó con dinero a la campaña del rival de Betancur, Julio Turbay, quien acabaría por ganar las elecciones. Dos años más tarde, Pablo defendió la formación de un nuevo partido a escala nacional llamado Nuevo Partido Liberal, cuya lista en Antioquia encabezaba un ex ministro de justicia, Alberto Santofimio, y en el ámbito nacional, el enormemente popular reformador Luis Galán. En 1982 Pablo resolvió presentarse a las elecciones en persona, para el puesto de suplente del representante de Envigado, Jairo Ortega. Según el sistema electoral de Colombia, los ciudadanos votan a un representante en el Congreso y a su suplente, a quien se le otorga inmunidad parlamentaria y autoridad para participar en la sesión cuando el representante titular no puede asistir a la Cámara. Jairo Ortega y Pablo Escobar fueron elegidos en el mismo sufragio que llevó a Betancur, en su segundo intento, a la presidencia de Colombia.

De ese modo, Pablo Escobar pasó a formar parte de la Cámara. Era sólo un puesto sustitutorio, pero la victoria tenía toda la apariencia de la validación que él siempre había deseado. Ya era un ciudadano respetable y un representante del pueblo. El puesto le confería una inmunidad jurídica automática, por lo que ya no podía ser procesado por ningún crimen cometido en Colombia. El puesto se acompañaba asimismo de un pasaporte diplomático, que Pablo comenzó a utilizar de inmediato para realizar viajes a Estados Unidos. Se sacó una foto, junto a su joven hijo Juan Pablo, enfrente de la Casa Blanca y por primera vez disfrutó de las mansiones que había adquirido en Miami (una de ellas ubicada en Miami Beach y una finca que le costara ocho millones de dólares, al norte de la ciudad, en Plantation, estado de Florida). Por fin lo había logrado. Sus amigos comentan que por entonces Pablo confesó sus aspiraciones de ser presidente de Colombia.

Después de varios años, parte de la clase dirigente había hecho las paces con el fenómeno del narcotráfico. Algunos lo veían sencillamente como una industria más, que había creado una nueva clase social, rica y joven y no sin un cierto *glamour*. A los «narcomillonarios» se los comparaba con aquellos magnates del petróleo que surgieron a fines del siglo XIX y principios del XX. Pablo mismo llegaría a aseverar con cierta razón (y tal vez con la voz de su cuñado dictándole al oído) que el patrimonio de las familias más influyentes se había construido sobre los cimientos del crimen: la trata de esclavos, el tabaco, el tráfico de quinina y tantas otras actividades de dudosa ética. La historia de Colombia rezumaba ejemplos, y del mismo modo que aquellas clases habían reordenado la lista de prioridades políticas a lo largo de la historia, los narcos tenían también sus propias exigencias: querían que el Estado legalizara su industria, y —teniendo en cuenta la cantidad de dinero que estaban dispuestos a repartir y el *boom* de construcción que experimentaba Medellín— algunos intelectuales se tomaban en serio el hecho de que el comercio de la cocaína representaba la salvación económica de las naciones andinas, muy afín al descubrimiento de las reservas petrolíferas del golfo Pérsico. Si bien la nueva clase de narcotraficantes estaba constituida por capitalistas acaudalados y poderosos, la naturaleza subversiva del tráfico de cocaína no dejaba de agradar a los nacionalistas de izquierdas: éstos celebraron el gran movimiento de divisas que por una vez fluía de norte al sur.

Pero el mayor error de Pablo sería ambicionar un cargo público en medio de todo aquello. Él podría haber continuado moviendo los hilos de la política colombiana durante toda una vida larga y desahogada. Pero tomó la determinación de salir de detrás de la cortina y acercarse a las candilejas. No quería ser exclusivamente el narcotraficante, sino también el prohombre. Durante la década de los setenta se había tomado muchas molestias para borrar la evidencia de su pasado delictivo (eso sí, sin dejar de presumir de él en privado), y emprendió una campaña audaz para asumir el papel de ciudadano benevolente y respetuoso con la ley. Contrató a publicistas, sobornó a periodistas y fundó su propio periódico, *Medellín Cívica*, que ocasionalmente publicaba perfiles lisonjeros de su benefactor.

«Lo recuerdo bien —decía uno de los admiradores de Escobar citado en sus páginas—. Sus manos como las de un pastor trazando parábolas de amistad y de generosidad en el aire. ¡Claro que lo conozco! Sus ojos derramaban lágrimas porque no hay suficiente pan para todas las mesas del país. Yo le he visto sufrir al ver a los niños de la calle, a esos ángeles sin juguetes, sin regalos... y sin futuro.»

Pablo patrocinó exposiciones de arte con el fin de reunir dinero para la caridad. Fundó Medellín Sin Tugurios, una organización cuyo objetivo era proseguir con los proyectos de urbanizaciones para pobres. Solía salir a caminar con dos párrocos de la ciudad cuya mera amistad llevaba implícitas las bendiciones de la Iglesia. El único indicio de interés personal en su nutrido orden del día para estrechar lazos con las fuerzas vivas fue un debate que sostuvo sobre el tema de la extradición en un bar y discoteca muy concurrido llamado Kevin's. En 1979, Colombia había firmado un tratado con Estados Unidos que definía el tráfico de drogas como un crimen contra el vecino del norte, y como tal exigía que los supuestos traficantes fueran extraditados para ser juzgados allí, y, en caso de ser condenados, encarcelados. La posibilidad de ser extraditados causó pavor entre los que, como Escobar, sabían, desde hacía ya tiempo, que poco tenían que temer del sistema judicial colombiano. El foro en cuestión denunció la extradición como una violación de la soberanía nacional —cosa que no sorprendió a nadie. Escobar hizo del tratado de extradición un asunto de orgullo nacional y el fundamento de su actividad política.

Haber sido elegido representante en 1982 marcó el punto culminante de su popularidad y de su poder. Desde cualquiera de sus lujosas mansiones debió sentir que Colombia, y acaso toda Suramérica, se hallaban a merced de sus garras. Además de sus frecuentes viajes a Estados Unidos, por entonces voló a España con su familia y recorrió Europa. Tenía dinero, una posición política, y hasta comenzaba a mostrar poder militar. El enfrentamiento que el Ejército colombiano libraba con la guerrilla marxista en montañas y junglas había sido asistido tradicionalmente por los paramilitares —las autodefensas creadas y financiadas por terratenientes e industriales. Al haberse ganado un lugar entre los oligarcas de la nación, Pablo empezó a utilizar los mismos métodos. Cuando Marta Nieves Ochoa (hermana de sus amigos, los hermanos Ochoa) fue raptada por el M-19 en 1981 y hecha prisionera, los raptores pidieron una suma, más que exorbitante, estrafalaria. Acto seguido, Pablo, Ochoa y otros capos formaron una milicia para combatir la guerrilla. La milicia dio en llamarse Muerte a los Secuestradores (MAS) y encubrió sus sangrientas tácticas con piadosas diatribas contra la criminalidad (pese a que los panfletos lanzados en un estadio de fútbol que anunciaban la fundación de MAS prometían que los secuestradores serían colgados de los árboles de las plazas). Así nació la jugosa e inconfundible ironía colombiana de un movimiento armado que lucha contra secuestradores, y cuyo líder es a su vez un secuestrador experto y criminal.

Pablo continuó utilizando su retórica populista cuando lo creía oportuno. No obstante, tanto él como los demás jefes narcos fueron convirtiéndose inevitablemente en enemigos naturales de los comunistas de las montañas. El valle del tramo medio del río Magdalena, la exuberante y verde línea divisoria entre las cordilleras central y occidental de la región de Antioquia, había sido un bastión de las FARC, el principal grupo guerrillero del país. Durante décadas, los terratenientes habían financiado sus propios ejércitos privados para proteger sus propiedades y sus familias, y para aterrorizar a los campesinos que mostrasen cualquier tipo de simpatía por los rebeldes. A mediados de la década de los ochenta, Pablo y sus secuaces —los más ricos terratenientes de la historia de Colombia— podían permitirse mucho más que defenderse y aterrar a los habitantes de los pueblos vecinos. Armados con material militar sofisticado y entrenados por mercenarios ingleses e israelíes, los narcos comenzaron a acechar a la guerrilla con una determinación y una agresividad que el Ejército jamás había tenido. En el ínterin, aquellos grupos paramilitares financiados por los narcos estrecharon vínculos con el Ejército, y ambos, uniendo sus fuerzas, infundieron tal temor a las FARC, al ELN y al M-19 que éstas no tuvieron más opción que replegarse una vez más en las montañas. Luchar contra las guerrillas dio a Pablo y a los demás narcos un halo de mayor legitimidad a los ojos de algunos colombianos. Ciertos periodistas y miembros del Gobierno —a muchos de los cuales se les pagaron generosamente sus esfuerzos— comenzaron a presionar para legalizar el narcotráfico. No cabe duda de que tal posición extrema habría convertido a Colombia en una «narcodemocracia» y por tanto en una nación forajida, pero los argumentos tuvieron el efecto de hacer que la campaña de Escobar contra la extradición pareciera moderada y hasta razonable. Los líderes colombianos se mostraban cada vez más dispuestos al diálogo; de hecho, según se ha dicho, las campañas de ambos candidatos a la presidencia en 1982 fueron financiadas por los narcotraficantes.

Tras ser elegido suplente en la Cámara de Representantes, Pablo se convirtió en una figura pública popular y la cada vez más solícita prensa bogotana lo bautizó como el «Robin Hood paisa». En abril de 1983 la revista *Semana* publicó de él un perfil muy favorable, observando apenas que las fuentes de su riqueza «no cesan de ser objeto de especulación». Haciendo gala de su Rolex incrustado de diamantes, Pablo reconocía poseer una flota de aviones y de helicópteros, un vasto número de propiedades en el mundo entero, y para finalizar Pablo desvelaba que su fortuna (que ascendía a aproximadamente cinco mil millones de dólares) tuvo su origen en un «negocio de alquiler de bicicletas» que dijo haber comenzado en Medellín a los dieciséis años. «Me dediqué un tiempo a la venta de lotería, más tarde a la compra y venta de au-

tomóviles y, finalmente, acabé en el negocio inmobiliario.»
Sus afirmaciones eran, naturalmente, absurdas. Sin embargo,
entre sus allegados siempre presumía de cómo había levantado su fortuna. Pablo era sobradamente conocido por la policía de varios países como el principal traficante de cocaína
del mundo entero. Pero si el precio de su éxito político significaba falsear una excusa de apariencia legítima para justificar su fortuna mal habida, Pablo estaba dispuesto a sonreír
y a estrechar cuantas manos fueran necesarias hasta alcanzar
el poder. A fin de aquel año, sus posibilidades parecían as-
cendentes e ilimitadas.

Pablo, mucho más que un contrabandista enriquecido,
encarnaba el espíritu juvenil de la época: a todo lo largo y lo
ancho del mundo civilizado una nueva generación se estaba
haciendo adulta, una generación cuya actitud hacia las drogas como forma de divertimento era sorprendentemente distinta de la de sus padres. Por cierto, parte del atractivo de
aquellas drogas tan populares era justamente su ilegalidad.
Su utilización era un acto de rebeldía, un desafío y una declaración de modernidad y, lo supieran o no, todo el que in-
halara cocaína estaba haciéndole una pequeña reverencia a
sus intrépidos proveedores colombianos. Y del mismo modo que los miles de millones de dólares de Pablo eran la suma de todas las transacciones furtivas, su riesgo suponía la
suma total de todos los ínfimos riesgos de los que consumían
su producto. Al final de la larga cadena de comercio ilícito que
hacía llegar la sustancia narcótica a sus membranas nasales,
estaba Pablo, el que corría el riesgo mayor y se llevaba la mayor recompensa. Él y otros capos del narcotráfico fueron, al
menos durante un tiempo héroes populares, la encarnación
del estilo; seres tan *glamourosos* como terribles, retratados
por la cultura popular en programas del tipo *Miami Vice*. En
la vida real Pablo interpretaba su papel con garbo: con orgu-

llo, señalaba a los visitantes de la Hacienda Nápoles la avioneta que había transportado los primeros cargamentos y que, como un monumento nacional, se alzaba sobre la entrada a su finca. También mandó construir pequeños submarinos a control remoto, que podían transportar más de dos mil kilos de cocaína desde las playas del norte de Colombia hasta las costas de Puerto Rico, donde buzos extraían la carga y la enviaban a Miami en lanchas de alta velocidad. Pablo dirigía al norte una flota completa de avionetas cargadas con mil kilos de droga cada una, y no había manera de que las autoridades, aduaneras o policiales, pudieran interceptar más que una ínfima parte. Con el tiempo comenzó a adquirir aviones Boeing 727 usados, a los que les quitaba los asientos para poder transportar cantidades de hasta diez mil kilos por vuelo. No había fórmulas para frenar a Pablo.

Pero a partir de entonces todo comenzó a venirse abajo, pues Pablo era, ante todo, un producto de la sociedad colombiana. Sin importarle cuán exitosa fuera su fama en el exterior, él se preocupaba principalmente por el sitio que ocupaba en su país. Y en Colombia, una cosa es hacerse millonario con contrabando ilegal y liberalmente esparcir esa prosperidad, y otra muy distinta querer ser considerado un ciudadano respetable. Cuando Pablo se lo propuso, la alta sociedad colombiana se rebeló. Al solicitar la admisión en el Club Campestre de Medellín, el foco social de las familias más influyentes y tradicionales, fue rechazado. Un año más tarde, cuando quiso ocupar su escaño en la Cámara, provocó una tormenta política que hizo añicos todos sus sueños de lograr un mayor estatus social. Las consecuencias se manifestarían en una de las décadas más sangrientas de la historia colombiana.

El recientemente investido ministro de justicia, Rodrigo Lara Bonilla, nunca imaginó el peligroso paso que estaba a punto de dar en 1983 cuando decidió ir a por aquellos que aceptaron «dinero narco» para financiar sus campañas electorales. Lara Bonilla era un hombre apuesto, un ambicioso ex senador de cabello largo y liso, con un flequillo que le caía en forma de rastrillo sobre la cara. Encantador, gregario y apasionado, se le consideraba a sus treinta y cinco años una estrella en ascenso en un ala marginal del viejo Partido Liberal: el llamado Frente de Renovación Liberal, partido al que, por cierto, Pablo había financiado en su nativa Medellín. Se llamaban a sí mismos «el nuevo liberalismo» y su líder era el carismático Luis Galán, a quien muchos compatriotas veían como el heredero de la tradición progresista y reformadora iniciada por el malogrado Gaitán.

Luis Galán había sido uno de los tres candidatos a la presidencia en los comicios de 1982, pero fue vencido por Belisario Betancur, quien por ley debía designar a miembros de la oposición para varios puestos en el gabinete. Uno de los opositores, Lara Bonilla (designado ministro de Justicia) no perdió tiempo en lanzarse a la caza de los narcos y la amenaza que representaban; tema, por otra parte, recurrente en la campaña del candidato de su partido, Luis Galán. Era un asunto candente tanto para el público como para la prensa, no así para los líderes políticos de la nación, ya que casi todos los candidatos importantes —fueran conservadores o liberales— habían aceptado dinero proveniente del narcotráfico. Lara hizo del «dinero narco» su caballo de batalla. Por otro lado, sus denuncias llenaban de entusiasmo a la embajada de Estados Unidos que lo veía como un hombre de principios. Sin embargo, los motivos de Lara no eran tan altruistas como parecían a primera vista. «El nuevo liberalismo» consideraba a su facción de Medellín —apoyada por Escobar y por quienes lo habían elegido— como un peligroso rival político. Así pues los ataques de Lara a aquellos que habían aceptado el «dinero narco» eran al fin y al cabo una manera de proteger su propia base política. El ministro no recibió demasiado respaldo de Betancur, quien mantuvo un silencio notable con respecto a ese tema, mientras que la actitud en los círculos de los poderosos bogotanos no era muy distinta: todos ellos se limitaban a observar. Dejarían que Lara Bonilla siguiera el camino que había elegido hasta ver si sacar a la luz el espinoso tema del «dinero narco» resultaba un paso políticamente sensato.

En el verano de 1983, Pablo ya era un conocido criminal para las fuerzas policiales de todo el mundo, pero fuera de Medellín los colombianos no lo conocían tanto. Para ser elegido como suplente del representante, Pablo se había tomado el arduo trabajo de lavarle la cara a su ficha policial, a la vez que los elogiosos artículos sobre su persona en la prensa de la capital hacían lo suyo para mantener al populacho en la ignorancia. Si bien su nombre y los de sus secuaces se conocían muy bien en los pasillos del poder, haber sido elegido como suplente de Ortega no creó demasiado revuelo. Pero Lara Bonilla sabía muy bien quién era Pablo, y también sabía que no había mejor ejemplo del descarado poder del «dinero narco» que aquellos comicios. El ministro de Justicia no se lanzó a acusar directamente a Pablo de traficante, pero dejó muy claro que Medellín estaba engangrenada por asociaciones de ese tipo. Era probable que Lara Bonilla no supiese el peligro al que se exponía por crearse un enemigo tan poderoso, pero lo averiguaría al final del verano.

Ortega, el primer representante de Envigado, hizo saber que contestaría públicamente a las acusaciones de Lara Bonilla, y el día señalado, el 16 de agosto de 1983, Pablo Escobar llegó por primera vez a la capital. Los asientos destinados a los visitantes a las sesiones de la Cámara, que habitualmente se encontraban vacíos, ahora estaban llenos. Había manadas de periodistas y fotógrafos, y entre todos ellos, Carlos Lehder, el extravagante traficante de cocaína, con su propia cohorte de guardaespaldas y esbirros. Todos los asientos, en principio dispuestos para el público en general, habían sido ocupados. Pero Lehder, al igual que Pablo, publicaba un pequeño periódico propio, razón por la que fue admitido en la tribuna de la prensa. Fuera de la sala, los pasillos estaban colmados, y se podía oír un murmullo de agitación ansiosa. Nadie sabía muy bien qué esperar de aquel encuentro; sólo que los narcos se habían infiltrado en el Gobierno, que la vida pública que conocían había sido desafiada abiertamente, y que habría algún tipo de «duelo al sol».

Pablo, con el pelo largo y despeinado, entrado en carnes y luciendo un traje de color crema del que asomaba una camisa de volantes con el cuello desplegado sobre las solapas, llegó escoltado por un pelotón de gorilas. En un principio los bedeles le negaron la entrada por no llevar corbata, así que Pablo pidió prestada una con un estampado de flores. Cuando sus guardaespaldas y él llegaron a la sala, pudo oírse un silencio de respiraciones contenidas. Todos los ojos se clavaron en él y le vieron tomar asiento en la parte posterior de la Cámara. Parecía nervioso por haber suscitado tanta atención, y una vez en su sitio comenzó a comerse las uñas.

El presidente de la Cámara, César Gaviria, bajó inmediatamente del estrado y con fuerte tono exigió que se retiraran de la sala todos los guardaespaldas. Él sabía con quién trataba y temía al gángster, un hombre capaz de cualquier cosa. A Gaviria se le cruzaron por la mente imágenes de hombres abriendo fuego dentro de la sala, pero con un gesto de Pablo los pistoleros salieron en silencio.

En los pupitres de cada delegado presente yacía una fotocopia de un cheque por un millón de pesos extendido a nombre de Rodrigo Lara Bonilla y firmado por un tal Evaristo Porras.

Después de los prolegómenos, Ortega se puso de pie y pidió permiso para dirigirse a la Cámara. Con su infame suplente sentado a su lado, el congresista anunció que tenía la intención de hablar de dinero, y que se alegraba de que se hubiera presentado la oportunidad. Dijo que lo que lo llevaba a tratar aquel tema no era un interés personal, pero que se sentía obligado a responder a ciertas acusaciones hechas por el ministro de Justicia. Desde su asiento en las primeras filas Lara Bonilla observaba.

Ortega comenzó preguntándole al señor ministro si conocía al tal Porras. Desde su asiento Lara Bonilla dijo que no con un movimiento de la cabeza.

Ortega pasó a explicar que Porras era de Leticia —una ciudad de la frontera sur de Colombia— y que había cumplido condena por tráfico de drogas en una prisión del Perú. Aquel cheque, dijo, mientras lo agitaba en el aire, era una contribución a una de las exitosas campañas de Lara Bonilla para el Senado. Ortega dijo que el ahora ministro no sólo había aceptado el dinero sucio del narcotraficante Porras, sino que además lo había telefoneado para darle las gracias. Acto seguido, el congresista sacó un pequeño casete e hizo sonar una cinta que según él era la grabación de la llamada en cuestión. Casi nadie en la inmensa Cámara logró entender ni una palabra de la cinta magnetofónica.

«Que el Congreso estudie la conducta del señor ministro en lo que respecta a este otro hombre que le ofreció un millón de pesos —dijo Ortega—. Porque lo que menos querría yo sería dañar la brillante carrera del ministro de Justicia. Sólo quiero pedirle que nos explique qué tipo de ética nos va a exigir a nosotros. Que el país sepa que su ética, señor ministro, no puede ser muy diferente de la de Jairo Ortega y de los demás aquí presentes.»

El discurso de Ortega fue recibido con los aplausos y los vítores de Carlos Lehder y su canalla desde la tribuna de los periodistas, y cuando ese exabrupto fue reprochado por otros periodistas y editores, Lehder se limitó a lanzarles una mirada ácida y desafiante. En su escaño, una planta más abajo, Pablo observaba tranquilamente mientras se escarbaba los dientes con sus dedos gordos y romos. Se balanceaba en su silla giratoria tapizada de piel, escuchaba y observaba sin decir palabra, dejando entrever de vez en cuando una tímida sonrisa levemente afligida.

Una vez que Ortega hubo terminado, Lara Bonilla se puso de pie para responderle. No, no recordaba a Porras, pero sabía que era perfectamente posible que aquel hombre hubiera contribuido a una de sus campañas. Era una acusación indignante y malintencionada. Ortega había señalado una mancha mínima en la solapa de un hombre honesto.

«Mi vida es un libro abierto», dijo Lara Bonilla y ofreció renunciar a su cargo en el momento en que cualquier sospecha, cualquiera, pusiera en tela de juicio su honestidad. Y agregó que no podía decirse lo mismo de «algunos ministros complacientes, afectados por el chantaje y la extorsión a la que se está sometiendo a la clase política de Colombia».

«La ética es una cosa, pero hay grados. Una cosa es un cheque que se utiliza para poner en duda la honradez de un hombre [...]. Otra muy distinta cuando un político financia una campaña exclusivamente con esos fondos», puntualizó Lara Bonilla con un deje de sarcasmo. Estaba claro que no temía que su integridad se comparase con la de hombres como Ortega o Escobar. «Hay [entre nosotros] un congresista que nació en una región muy pobre, un hombre de origen muy, pero muy humilde, que después de astutas transacciones con bicicletas y otras cosas, se convierte de pronto en el dueño de una incalculable fortuna, nueve aviones, tres hangares en el aeropuerto de Medellín, y hasta crea el movimiento Muerte a los Secuestradores, mientras que por otro lado funda organizaciones de caridad con las que intenta comprar las voluntades de los necesitados y los desposeídos. Hay además investigaciones que se están realizando en Estados Unidos —en las que lamentablemente no puedo ahondar en este momento—, que tienen como principal sospechoso al suplente del señor Ortega y a su conducta criminal.»

A Pablo no le faltaban defensores. Los argumentos de Ortega habían agradado a muchos en la Cámara de Representantes, pues Ortega se había dirigido a una hermandad de pecadores. Si hasta Lara Bonilla había aceptado dinero del narcotráfico, ¿quién de ellos lograría sobrevivir a una investigación en toda regla? Otro representante de Medellín, y también candidato en la misma lista que financiara el cártel, se puso de pie y contestó al ataque esgrimiendo que aquellos insultos carecían de fundamento y eran claramente políticos.

«Nunca hubo ningún tipo de sospecha sobre el origen de la fortuna del representante Escobar hasta que éste se unió a nuestro movimiento —dijo el congresista—. Como político, carezco de la pericia para investigar el origen de cualquier tipo de bienes [...]. El representante Escobar no necesita confiar en nadie para defender su conducta personal, la cual, hasta donde yo sé, no ha sido objeto de ningún proceso legal ni de ningún gobierno.»

Pablo no hizo comentarios al dejar el vestíbulo tal y como había llegado, contenido en una falange de guardaespaldas. Fuera del recinto fue asediado por periodistas, y por esquivar a uno de ellos con una grabadora, Pablo se topó con dos congresistas que conversaban en el pasillo. Uno de ellos,

Poncho Rentería, sorprendido y asustado, intentó romper el hielo presentando a Pablo:

—Profesor —le dijo a su colega—, usted que ha vivido la historia de este siglo, le presento a uno de los pesos pesados de Envigado, Pablo Escobar.

El colega de Rentería miró a Escobar de arriba abajo y puesto que Escobar es un nombre bastante conocido en Colombia le preguntó como en broma:

—¿Ah sí? ¿Y a cuál familia Escobar pertenece usted?

Pablo logró esbozar una sonrisa educada pero no contestó. Los dos congresistas de Medellín se alejaron por el pasillo y Pablo se fue con ellos.

Estaba furioso. Al día siguiente, Lara Bonilla recibió una notificación de un bufete de abogados: disponía de veinticuatro horas para presentar pruebas que respaldaran sus acusaciones; de lo contrario se tomarían contra él medidas legales.

Lara Bonilla sabía de sobra que nadie en Colombia, ni en el resto del mundo, dudaba de que Pablo Escobar fuera un criminal. La respuesta de Ortega confirmaba que el ministro de Justicia tenía entre manos una contienda mucho más delicada de lo que había calculado, pero Bonilla no se amilanó y recogió el guante. Comprendió de inmediato que estaba en juego el alma de su país. Denunció la corrupción y la violencia resultantes del narcotráfico y clamó por una «guerra frontal, limpia y abierta, sin temor y sin vueltas atrás, con todos los riesgos que implique». Y definió el cheque de Porras como «una cortina de humo».

«Los que me acusan no me perdonan la claridad con la que he denunciado públicamente a Pablo Escobar, quien a través de astutas transacciones ha amasado una enorme fortuna —afirmó. Y con respecto a esa enorme fortuna derivada del narcotráfico, observó—: Se trata de un poder económico concentrado en unas pocas manos y mentes criminales, y lo que no consigan por medio del chantaje lo harán asesinando.»

Pero los amigos de Lara Bonilla también eran personas poderosas. Pocos días después de la confrontación, el periódico *El Espectador* desenterró de sus archivos noticias del arresto de Pablo y de su primo Gustavo por tráfico de drogas en 1976. Toda la fachada de respetabilidad de Pablo se hizo añicos. Tan perjudicial había sido el artículo que los esbirros de Pablo intentaron infructuosa y patéticamente recorrer Medellín para hacerse con todos los ejemplares. Aquel lamentable esfuerzo solamente dio como resultado aumentar el interés por el artículo y provocó la reapertura de una investigación acerca de la muerte de los dos policías que lo habían arrestado y que se expidiera una nueva orden de detención. Semanas después el juez que diera la orden fue asesinado en su coche. Luego, la cadena norteamericana ABC emitió un documental en el que se acusaba a Pablo Escobar de ser el principal traficante de cocaína de Colombia y de poseer una fortuna de más de dos mil millones de dólares. Pablo lo negó todo en una entrevista televisiva en directo y aseguró que su fortuna provenía de la «construcción»; sin embargo, no dejó de abogar por el comercio de la cocaína y de elogiar el provecho que había significado para Colombia, que había reducido el desempleo y provisto capital para un vasto crecimiento e inversión. En el contexto de las terribles revelaciones de los medios, las negaciones de Pablo y sus elogios al narcotráfico quedaron ridículas e interesadas. Su caída en desgracia fue angustiosa e inmediata.

En los meses que siguieron, Pablo fue objeto de las denuncias públicas de Galán hasta ser expulsado del Nuevo Partido Liberal. La Cámara entretanto estaba tomando medidas para retirarle su inmunidad parlamentaria, la embajada de Estados Unidos revocó su visa diplomática y el cardenal Alfonso López Trujillo quitó el apoyo de la Iglesia a los proyectos caritativos de Pablo. Lara Bonilla firmó la orden de arresto y extradición de Carlos Lehder y éste se dio a la fuga. Era la primera vez que el Gobierno tomaba medidas para cumplir con el tratado de extradición de 1979.

«Cuanto más sé, más comprendo el daño que hacen los narcos a este país», dijo Lara Bonilla.

Y como si fuera poco, el Gobierno confiscó ochenta y cinco de los animales exóticos de la Hacienda Nápoles, aduciendo que habían sido importados ilegalmente.

Pablo no se quedó callado: anunció que si el Gobierno no dejaba sin efecto el tratado de extradición, él y Carlos Lehder cerrarían mil quinientos negocios dejando sin empleo a más de veinte mil personas. Organizó un mitin en Medellín y acusó a Lara Bonilla de hipócrita y de ser un títere de Estados Unidos. De todos modos, contra las revelaciones acerca de su pasado delictivo y las nuevas órdenes de detención, ya no había nada que hacer. La carrera política de Pablo había acabado. Ya nunca lograría sacarse de encima la etiqueta de narcotraficante. Furioso, abandonó la arena política en enero de 1984, haciendo público un comunicado petulante en el que volcaba su opinión afirmando que él tenía un contacto más estrecho con las masas de Colombia que sus adversarios políticos. «La actitud de los políticos está muy alejada de las opiniones del hombre común y de sus aspiraciones», dijo.

Pablo se quejó amargamente de su repentino cambio de fortuna. El comportamiento de Lara Bonilla no lograba entrarle en la cabeza, porque Pablo jamás actuaba por principios. Para él las personas del mundo se dividían en dos clases, las que viven en un sueño y creen en lo que está bien y lo que está mal, y aquellos que viven con los ojos abiertos y han aceptado que el único móvil del ser humano es el poder y las prerrogativas que de él se derivan: la recompensa y el castigo; la plata o el plomo. Evidentemente, Lara Bonilla no era un idiota; si resultaba inmune a la codicia y al miedo, si rechazaba el dinero y estaba dispuesto a arriesgar la vida, sólo podía haber una razón para ello: que el ministro de Justicia estuviera respaldado y pagado o por el cártel de Cali, o por los norteamericanos, o por ambos. A Escobar no le cabía ninguna duda, así que en sus mensajes públicos comenzó a referirse a Lara Bonilla como «el representante de Estados Unidos en el Gobierno de Betancur». Para Pablo, lo que estaba en juego no era el bien o el mal: lo que estaba en juego era el poder, ni más ni menos, y él pensaba que aquélla era una refriega de la que podría salir airoso.

Lara Bonilla fue asesinado tres meses más tarde mientras viajaba en su Mercedes Benz con chófer en la zona norte de Bogotá. Un ex convicto montado en una motocicleta le disparó con una pistola-ametralladora, y siete balas dieron en el blanco. Lara Bonilla ya se había planteado la seguridad de su familia y por ende había hecho gestiones para que ellos pudieran residir durante un tiempo en Estados Unidos, concretamente en el estado de Texas, y bajo un nombre falso. Sin embargo, él hacía caso omiso a las medidas que le garantizaban su propia seguridad. Se había comprometido a luchar contra los narcos, aunque la muerte era una de las consecuencias posibles de aquella decisión. El chaleco antibalas que el embajador norteamericano Lewis Tambs le había facilitado fue encontrado en el asiento trasero del coche, junto al cadáver; quizá no hubiera servido de nada.

4

Pablo había estado en lo cierto con respecto a una de sus presunciones: Estados Unidos era uno de los motores más importantes que había detrás de la presión a la que se vio sometido tanto él como los demás narcotraficantes multimillonarios. En respuesta al creciente consumo de cocaína en su país, el presidente Ronald Reagan había creado en enero de 1982 un equipo formado por miembros de su gabinete, para que se coordinaran las actuaciones en contra del tráfico de estupefacientes a Estados Unidos. El hombre encargado de tal tarea fue el vicepresidente George Bush. Pero no sería hasta que Bush ocupara la Casa Blanca en 1988, cuando la guerra contra las drogas cambió formalmente sus objetivos al evitar que los envíos cruzaran las fronteras y al perseguir directamente a los capos de la droga. Pero mucho antes, el vicepresidente Bush ya había encaminado sus esfuerzos en esa dirección. Tras la muerte de Lara Bonilla, el Gobierno colombiano reconoció que los cárteles que dominaban el tráfico de cocaína significaban una verdadera amenaza, y sus funcionarios se mostraron cada vez más dispuestos a aceptar la ayuda norteamericana. Con el tiempo los capos no sólo se encontraron en la mira de las fuerzas policiales sino también del Ejército; una diferencia muy notable, como lo evidenciaría más tarde la cacería de Pablo Escobar. Casi nadie que conociera mínimamente el tráfico de drogas afirmaría que todo ese entramado se podía reducir y mucho menos detener arrestando a un puñado de narcos. Sin embargo, resultaba mucho más sencillo captar la atención del Congreso señalando con el dedo a un conciliábulo de multimillonarios (que infectaban con su producto la salud de la juventud norteamericana) que al amorfo e impersonal fenómeno de la droga. Reunir el apoyo necesario para ir a la guerra, o tan siquiera para financiarla, requiêre de enemigos visibles y los pintorescos narcos colombianos cumplían con el perfil a la perfección.

Durante aquel período, las opiniones del norteamericano medio y del público en general cambiaron de forma espectacular. En junio de 1986, Len Bias, jugador estrella del equipo de baloncesto de la Universidad de Maryland y el primer candidato para la NBA, sufrió un colapso y murió en una fiesta en el *campus* de la universidad después de haber esnifado cocaína. La década de coqueteo con el polvo blanco por parte de los jóvenes norteamericanos acomodados ya había comenzado a agriarse, pero la muerte de Bias marcó el punto final. De la noche a la mañana, la cocaína, la inofensiva droga recreativa que todos consumían en las fiestas, pasó a ser «la droga asesina». De pronto las historias de fiestas salvajes y de excesos en Hollywood comenzaron a mostrar su lado más oscuro; se convirtieron en crónicas de sobredosis y de adicción. Finalmente, la cocaína perdió todo su *glamour* cuando inundó las calles en forma de *crack*, una especie de roca fumable, mucho más barata, convertida en epidemia caníbal, que aumentaba la criminalidad en los barrios y destrozaba vidas. Los traficantes como Pablo dejaron de verse como símbolos de su tiempo, para ser meros criminales; ni siquiera proveedores de la sustancia más deseada del mundo, sino creadores de una plaga moderna. No es que la gente hubiese dejado de consumir cocaína, pero ésta perdió su encanto y esnifar abiertamente dejó de estar bien visto. Los azorados traficantes, jóvenes *yuppies* que unos años antes habían sido el alma de la fiesta y que se veían a sí mismos más como intermediarios elegantes que como criminales, estaban siendo llevados a juicio, esposados e imputados por leyes severas promulgadas originalmente para combatir el crimen organizado, por lo que se enfrentaban a condenas de por vida. A los hombres detrás de los cárteles en Colombia ya no se los consideraba gángsteres, sino enemigos del Estado.

Parte de la repentina hostilidad que abiertamente tuvo que soportar Pablo al ocupar su escaño en la Cámara de Representantes fue consecuencia de la presión norteamericana. Pese a que los narcos no eran blancos por sí mismos, el Gobierno de Washington estaba cada vez más preocupado por los vínculos entre aquéllos y la guerrilla. En un informe de la CIA fechado en junio de 1983 se informaba que «Inicialmente, estos grupos guerrilleros evitaron toda conexión con plantadores y traficantes, salvo para condenar la influencia corruptora de las drogas en la sociedad colombiana. En la actualidad, sin embargo, varios de ellos han estrechado vínculos activos con los traficantes, y algunos utilizan los beneficios de su propio tráfico para adquirir armamento». En aquel preciso momento, Pablo y otros narcos colaboraban con el Ejército de Colombia en su lucha contra las FARC, el ELN y el M-19. Las guerrillas parecían estar cayendo en la cuenta de que unirse a los narcos era más beneficioso que luchar en su contra, y se estaban fraguando arreglos en varias regiones del país. En vez de exigir el impuesto revolucionario al cártel de Medellín, los insurgentes preferían negociar tarifas para proteger las plantaciones de coca y los laboratorios. «De hecho, en ciertas zonas, las FARC tenían estipulado un sistema de cuotas, impuestos y reglamentos para los trabajadores, productores y propietarios de plantaciones», concluía el informe de la CIA.

El nuevo embajador norteamericano en Colombia, Lewis Tambs, era miembro del conservador Partido Republicano y había coescrito el Informe Santa Fe, el gran plan trazado por Estados Unidos para contener el comunismo en América Latina. En su última reunión informativa antes de asumir su puesto en la embajada de Bogotá en abril de 1983, se le había ordenado concentrarse en el narcotráfico como prioridad número uno. A su llegada, el gregario diplomático dijo: «Sólo hay dos canciones en mi repertorio: el marxismo y el narcotráfico». Y teniendo en cuenta la nueva evidencia que vinculaba a narcotraficantes y guerrillas, el repertorio se reducía más bien a una única canción. Aquel cambio de política tenía implicaciones muy serias en Washington. La idea de utilizar al Ejército y los distintos servicios de espionaje en la guerra contra el narcotráfico era un concepto novedoso y controvertido, pero luchar contra el comunismo no era ni lo uno ni lo otro y había sido el eje de la política exterior de Estados Unidos desde el final de la segunda guerra mundial. Si el marxismo y el narcotráfico se habían fusionado en Colombia, entonces Pablo y sus socios se estaban buscando un enemigo poderoso e implacable. En Lara Bonilla, el embajador Tambs había descubierto a su primer aliado de peso. De hecho, cuando el ministro de Justicia lanzó su campaña contra el «dinero narco» contaba con la información y el apoyo de la embajada de Estados Unidos.

Bajo el permiso de Lara Bonilla, el Departamento de Estado norteamericano había comenzado a realizar pruebas con herbicidas sobre plantaciones de coca, y en marzo de 1984 fuerzas colombianas habían dado dos duros golpes al cártel de Medellín. Con el liderazgo de Lara Bonilla, la PNC (la Policía Nacional de Colombia) desbarató una inmensa fábrica de procesamiento de cocaína en el río Yarí, llamada «Hacienda Tranquilandia», ubicada en las selvas del sur. Se trataba de un complejo de catorce laboratorios y campamentos que daban albergue a cuarenta trabajadores. La PNC incautó catorce toneladas métricas de cocaína, el hallazgo más importante de la historia. Semanas antes de que se realizara la incursión, las entusiasmadas fuerzas del presidente Betancur —con apoyo norteamericano— habían localizado y destruido siete aeródromos, siete aviones, catorce mil bidones de químicos, y se habían incautado una cantidad de cocaína cuyo valor ascendía a más de mil millones de dólares. Había sido el peor mes de la historia del cártel de Medellín. Menos de un mes después moría el ministro de Justicia, Lara Bonilla.

Su muerte dio lugar a una violenta reacción en contra del cártel de Medellín, lo que podía desembocar fácilmente en una guerra abierta y total. A partir de entonces, la cocaína ya no volvería a ser vista como la nueva industria en Colombia. El muy estimado editor del periódico *El Espectador*, Guillermo Caño, escribiría: «Desde hace algún tiempo, estos hombres siniestros se las han arreglado para crear un imperio de la inmoralidad. Han engañado y tomado por estúpidos a los complacientes, a quienes repartían migajas y sobornos, mientras un populacho cobarde y muy a menudo deslumbrado les observaba cruzado de brazos, satisfecho con las ilusiones que se les brindaban y entretenidos por los relatos de aquellas vidas de *jet-set*».

La sociedad colombiana había buscado camorra con el hombre más poderoso del país, y las consecuencias serían terribles.

Asesinar a un ministro era un acto de guerra contra el Estado. La atrocidad cometida y la reacción de todo el país forzó al presidente Betancur a continuar la cruzada que Lara Bonilla había comenzado y a aceptar el apoyo norteamericano que ésta requería. Decretó el estado de sitio y autorizó a la PNC a confiscar propiedades y otros bienes de los narcos, y al pie de la tumba de Lara Bonilla juró hacer cumplir el tratado de extradición firmado con Estados Unidos.

La participación de los norteamericanos en el asalto a Tranquilandia fue hecho público con profusión y suscitó una furiosa carta de Pablo al embajador Tambs que lo había acusado públicamente de ser el propietario de los laboratorios.

Afirmando que la acusación era «tendenciosa, irresponsable y malvada», Pablo escribió que el embajador estaba preparando el terreno para la extradición «de algunos hijos de Colombia [...]. Señor embajador, como ciudadano colombiano y miembro del Congreso de la República* quiero expresar mi más enérgica y patriótica protesta a la luz de la interferencia impropia de navíos y autoridades norteamericanas en territorio colombiano, de un modo que supone la más flagrante violación de la soberanía de nuestra patria».

Inmediatamente después de haber enviado la carta, Pablo huyó del país. Para la ascendente estrella del firmamento de Medellín, la caída había sido estrepitosa. Exactamente un año antes había sido elegido como suplente en el Congreso, y había abrigado ambiciones privadas de llegar al palacio presidencial. Tanto él como la industria de la cocaína parecían haber tomado la ruta hacia la legitimidad y el poder. Con su inmunidad parlamentaria Pablo se sentía intocable, sus fiestas de despilfarro en su estrafalaria Hacienda Nápoles congregaban a la gente más influyente y más poderosa de Colombia. Pablo era un hacedor de reyes que, según sus propios sueños, tarde o temprano, llegaría a ser él mismo rey. Pero de un día para el otro Pablo fue expulsado del paraíso. Pocos días después del atentado contra Lara Bonilla, Pablo abordó un helicóptero en Medellín e hizo un corto vuelo al norte hacia Panamá, donde los otros capos del cártel —Carlos Lehder, José Gonzalo Rodríguez G. y los hermanos Ochoa— ya se habían reunido en una especie de exilio.

Habían estado estudiando desde hacía ya tiempo la posibilidad de establecerse en Panamá, un sitio algo más hospitalario para hacer negocios. Un representante del por entonces comandante del Ejército panameño, Manuel Noriega —quien pronto se convertiría en el dictador del pequeño país centroamericano—, había tanteado a Pablo y a los hermanos Ochoa

* Pablo Escobar no iba a ser despojado de su escaño hasta diciembre de 1984. *(N. del T.)*

para ofrecerles un refugio, y la protección correspondiente a su industria, por la suma de cuatro millones de dólares. El cártel había dado un adelanto de dos millones, pero cuando todos los capos acudieron a la ciudad de Panamá, no fueron recibidos con los brazos abiertos.

«El oficial que había negociado aquello era un hombre negro, pero el día que Pablo y los demás llegaron con el resto del dinero, le juro que se puso blanco», recordó Rubin, que estaba allí con los demás en Ciudad de Panamá.

Era más de lo que Noriega había calculado. Aparentemente había previsto un apacible apeadero para el cártel, y una modesta tajada de dinero sucio para él. Eran tiempos frenéticos para el hombre al que sus compatriotas llamaban *Carapiña*. Estaba ocupado tramando las jugadas que lo convertirían en dictador, tonteando con Oliver North* y con la CIA, y metido hasta el cuello en el tráfico de marihuana. El trabajo que le llevaba lidiar con sus rivales internos era a tiempo completo, y lo que menos necesitaba Noriega en esos días era trasladar a Panamá la capital mundial del tráfico de cocaína. Eso atraería demasiada atención de sus amigos gringos, mucho más de la que él quería.

Fueran cuales fueran las intenciones de Gacha, los hermanos Ochoa, Lehder y los demás, Pablo comenzó a negociar un acuerdo para volver al suelo natal. Su aspiración más profunda siempre había sido la de ser un caballero rico y respetado en Medellín. Ahora se le consideraba algo peor que un bandido, era un exiliado. Con la vista puesta en borrar las humillaciones que había sufrido en los ocho meses previos y en recuperarse, estaba dispuesto a un gesto magnánimo, uno que Colombia no podría ignorar.

* El coronel del Ejército involucrado en la venta de armamento norteamericano a Irán y en el escándalo de la financiación de los «contras» nicaragüenses. *(N. del T.)*

En mayo, semanas después de haber huido, Pablo y Jorge Ochoa se dieron cita con el ex presidente de Colombia Alfonso López Michelsen, en el Hotel Marriott en Ciudad de Panamá: una reunión entre viejos amigos. López era un estadista anciano, calvo y corto de vista, uno de los fundadores del Partido Liberal y un hombre que había aceptado apoyo económico para sus campañas de los narcotraficantes a lo largo de su carrera. Lo acompañaba Alberto Santofimio, el ex ministro de Justicia quien a su vez había fundado el Nuevo Partido Liberal por el que Pablo había sido elegido dos años antes. Los dos capos le dijeron a López que ellos representaban a «la cúpula», o sea, a los cien narcotraficantes más importantes de Colombia y acto seguido le propusieron algo sin precedentes: Pablo y los demás «desmantelarían todo» e ingresarían al país los miles de millones de dólares que tenían depositados en Suiza si el Gobierno les permitía quedarse con sus fortunas y no extraditarlos. La oferta, transmitida al presidente de Colombia, resultaba lo suficientemente intrigante como para que Betancur enviase a su fiscal general a Panamá.

El enviado recibió una propuesta por escrito de seis páginas dirigida al presidente Betancur. Evidentemente ufano ante la posibilidad de regresar a casa, Pablo había dado a la propuesta un tono especialmente enmarañado. He aquí el preámbulo:

Sumido en una búsqueda de reencuentro con la patria, con su Gobierno y con nosotros mismos, estamos desde hace unos meses solicitando el consejo sabio y procedente de aquellos que, sin llegar a la permisividad ni la indulgencia, han llegado a la sensata conclusión de que nuestra presencia en la vida pública es un hecho digno de ser atendido, revisado y modificado. El señor Alfonso López Michelsen, ex presidente de la República, ha aceptado recibirnos en los primeros días de mayo en la ciudad de Panamá, y, en un gesto de buena voluntad eminentemente patriótico, ha accedido a hacerle llegar nuestro mensaje de paz al Gobierno [...]. La gestión llegó a buen puerto cuando el fiscal general de la nación, el señor Carlos Jiménez Gómez, nos recibió en persona. Hoy consideramos que el consejo que pedimos con tanto ahínco se ha hecho realidad. Efectivamente, el fiscal general, el señor Carlos Jiménez Gómez, quien se halla en este momento en Panamá, ha aceptado escuchar nuestras peticiones y preocupaciones personalmente.

Pablo prosiguió negando su implicación en la muerte de Lara Bonilla, que le había sido atribuida por todos, y tanto él como los demás capos se comprometían a brindar todo su apoyo a la democracia colombiana para «erradicar de una vez por todas el narcotráfico en nuestro país». Él y Ochoa afirmaban representar a los narcos que controlaban entre el 70 y el 80% de la cocaína producida en Colombia, traficantes que además devengaban por su actividad unos dos mil millones de dólares al año. Los laboratorios y aeródromos pasarían a manos del Gobierno, las flotillas de embarcaciones y de aviones serían vendidas, y los narcos en persona colaborarían en programas para brindarle a los campesinos de Colombia plantaciones alternativas a la lucrativa planta de coca. En un apartado de sugerencias al final del documento, los narcos pedían un cambio en la política de extradición y el derecho de apelar las peticiones de extradición en la Corte Suprema, además de que los crímenes que pudieran haber cometido con anterioridad fuesen perdonados. En pocas palabras, Pablo le ofreció al Gobierno erradicar el narcotráfico de Colombia, con la salvedad de que pudiera vivir con su fortuna en Medellín sin temor a ser arrestado o extraditado.

Era una oferta generosa, incluso si no incluía (como se

informaría erróneamente más tarde) la promesa de pagar los diez mil millones de dólares a los que ascendía la deuda externa de Colombia. También era una oferta que probablemente no habrían podido cumplir pues, aunque ellos decidieran renunciar a los pingües beneficios del narcotráfico, sería poco factible que los miles de colombianos involucrados a todos los niveles de la industria sencillamente bajaran la persiana porque Pablo se hubiera decidido a retirarse de la vida criminal con sus miles de millones. La oferta fue rechazada de plano por ambos políticos conservadores y por la embajada de Estados Unidos, que criticó a López y a Betancur por tan siquiera haber abierto un diálogo con criminales. Políticamente el trato era indefendible. Aparte de que, debido al encono aún palpable tras el asesinato de Lara Bonilla, cualquier pacto con los narcos se habría considerado una capitulación. Aquél fue el primero de muchos intentos que Pablo realizaría para negociar su vuelta a la vida que siempre había deseado para él y para su familia. Pero había llegado demasiado lejos. Nadie le creyó cuando negó que hubiera tenido que ver con la muerte de Lara Bonilla, lo que posteriormente fue confirmado por algunos de sus allegados cuando éstos comenzaron a colaborar con la policía. El asesinato del ministro de Justicia fue una salvajada que su país nunca le perdonó.

Pablo no se rindió, pero la situación le amargó la vida. Siempre creyó comprender los sentimientos de sus compatriotas, de las masas que siempre lo quisieron y apoyaron. En el peor de los casos Pablo no era más que una horrible caricatura de su propio país, inimaginablemente rico en recursos, pero violento, ebrio de poder, desafiante y orgulloso. Pablo compartía su destino con el de su tierra, y sin importar su notoriedad nunca dejó de ser un patriota. Con su inmensa fortuna, podría haberse refugiado en una docena de países, pero su visión de sí mismo y la de su futuro estaban centrados exclusivamente en Colombia. Nunca quiso vivir en un sitio que no fuera su ciudad natal, Medellín, y quienes se interpusieran en su camino no sólo se convertían en sus enemigos, sino en herramientas del opresor, en traidores a la patria.

Especialmente en los años sucesivos, Pablo llegaría a ser una especie de panfletista. Le gustaba escribir y a veces lo hacía bien. Contrariamente a sus declaraciones formales, que tendían a una hipérbole de comicidad no intencionada, sus mensajes breves dirigidos a sus asociados o a sus enemigos solían ser concisos y educados y a menudo hacían despliegue de un sutil ingenio, salvo cuando su enojo lo volvía sarcástico. Años después, cuando ya huía de la PNC, escabulléndose de escondrijo en escondrijo, la policía halló treinta páginas de notas que la PNC dedujo era obra de Pablo que quizá debió dejar atrás al escapar apresuradamente. En ellas, aparentaba querer perfilar una especie de invectiva, una razón para justificar la situación en la que se encontraba. De su persecución culpaba a los gringos que habían «forzado, por medio de presiones económicas, a un gobierno de esclavos a desatar una guerra fratricida contra los supuestos cárteles del narcotráfico».

Había crecido en un Estado virtualmente carente de ley, al que una vez llamó «moralmente tímido» y creía que su filosofía de administrar su propia justicia era la única alternativa realista.

Si a usted le roban, ¿qué hace? ¿A quién acude en busca de ayuda? ¿A la policía? Si alguien choca contra usted y le destroza su coche, ¿espera usted que la policía de tráfico le resuelva el problema y le compense los daños sufridos, obligando a su agresor [...] a pagarlos? Y si no le pagan lo que le deben, ¿cree usted que los tribunales obligarán al acreedor [...] a cumplir? Si los miembros de la policía y de las fuerzas armadas lo maltratan y lo insultan, ¿a quién se dirigirá usted? No creo que haya una sola persona que haya tomado el cuestionario antedicho como otra cosa que un inútil ejercicio de esperanza, que, por cierto, todos hemos perdido hace ya mucho tiempo, ante la irrebatible ineptitud y criminalidad de nuestra policía y sistema jurídico. Allí es donde los grupos guerrilleros, los malhechores, y los sistemas estatales de coerción (policía y Ejército) han estado aplicando la pena de muerte a sus enemigos [...]. Ineptitud total y absoluta. Y después van e insultan a aquellos que llaman a las cosas por su nombre.

En última instancia, estas divagaciones fracasaban en su intento de dar forma a un argumento coherente. Y si lo que perseguía era redactar un manifiesto que pusiera su propia lucha a la altura de las de sus héroes marxistas, el Che Guevara y Fidel Castro, no lo logró, y no porque careciera de la inteligencia necesaria, sino porque lo que le faltaba era convicción. La causa por la que luchaba, en definitiva, no era más que él mismo. En la cima de su grandilocuencia, identificó sus propias ambiciones con las de sus compatriotas, pero aparte de ese paralelismo no había verdaderas razones ni ideología. Pablo defendía aquel discurso por la sencilla razón de que sonaba bien: quería ser un hombre del pueblo, un héroe para las masas. Y lo que se proponía lo conseguía.

Así pues cuantos más colombianos se volvían en su contra, más se mantenía en sus trece: porque estaba plenamente convencido de que él era el verdadero hombre del pueblo. Seguiría intentando elaborar un trato con el Gobierno, pese al creciente desdén que por él sentía, ya que una de sus mayores ambiciones era hacer realidad esa fantasía, y no podía llevarse a cabo en ciudad de Panamá o en Managua o en ninguna de las capitales de Europa o de África donde pudo haberse refugiado. A un verdadero hombre del pueblo no se lo podía desarraigar, por lo que el resto de su vida y de su lucha consistiría en volver a instituirse, siempre y cuando se aceptaran sus propias condiciones, como don Pablo, el Doctor, en Medellín, en la pequeña ciudad de Envigado donde nació.

Cuando el Ejército de Noriega lo traicionó, Pablo huyó de Panamá. Fuerzas de Panamá asaltaron uno de los complejos de procesado en la frontera con Colombia en el mes de mayo. Más tarde efectivos de la gendarmería panameña interceptaron cargamentos de productos químicos indispensables para procesar la cocaína, y algunos de los hombres de los hermanos Ochoa, incluyendo al piloto Rubin, fueron arrestados y acusados falsamente de pertenecer a una trama para asesinar a Noriega. Pablo voló a Managua por una ruta que por poco le hace caer en manos de la DEA (Dirección Estadounidense Antidroga).

Tras sus desventuras en Panamá, Pablo reapareció en Managua, pero en circunstancias dramáticas. Un corpulento piloto y narcotraficante llamado Barry Seal había sido arrestado por la DEA en Florida, y al enfrentarse a cincuenta y siete años de prisión les había rogado que lo aceptaran como informante. El 25 de junio de 1984 pilotó un avión de transporte C-123 hasta Managua con el objetivo de recoger un cargamento de setecientos cincuenta kilos de cocaína. Una cámara fotográfica oculta en el morro del avión captó imágenes de los dos exiliados, Pablo y Rodríguez Gacha, mientras supervisaban la carga del envío. La DEA tenía la intención de utilizar a Seal para montar un timo de envergadura que lograra atraer a Pablo, a Rodríguez Gacha, a Lehder y a los hermanos Ochoa a México, donde se los podía arrestar, y llevarlos luego a Estados Unidos para ser juzgados. Estaba claro que al menos Pablo tenía la intención de continuar trabajando con Seal, pues le había entregado a éste una lista de caprichos para que se los trajera a su vuelta de Estados Unidos. Por lo visto, la vida de prófugo había empeorado el estilo de vida de el Doctor. Pablo le había pedido al piloto aparatos reproductores de vídeo, bicicletas de carrera, whisky escocés Johnnie Walker de etiqueta negra, cigarrillos Marlboro y algo más: un millón y medio de dólares en efectivo.

Las fotografías de Pablo y de Gacha embarcando la carga en un aeropuerto nicaragüense causaron un gran revuelo en Washington. Probaban que existía una conexión entre el régimen sandinista, de orientación marxista, y los más importantes capos del narcotráfico colombiano. Oliver North, el asesor del Consejo Nacional de Seguridad* a cargo de coordinar las operaciones (tanto legales como ilegales) del Gobierno de Reagan contra los sandinistas, comprendió que las fotos tenían un valor publicitario inapreciable y quiso hacerlas públicas de inmediato. Ron Caffrey —jefe del departamento a cargo de controlar el tráfico de cocaína de la DEA en Washington— le pidió que no lo hiciera, pero fue imposible detenerlo. El Gobierno intentaba convencer al Congreso de que continuase financiando a los «contras» (la guerrilla rebelde y prodemocrática que batallaba contra el régimen sandinista), y la presencia de los narcos embarcando su producto desde territorio nicaragüense fortalecía aún más su argumento. La información se filtró, primero al jefe de la Región Militar Sur del Ejército norteamericano, el general Paul Gorman, quien comentó a una delegación de la Cámara de Comercio que visitaba San Salvador que «pronto el mundo entero será testigo» de que el régimen sandinista estaba facilitando el tráfico de drogas. Y finalmente fue *The Washington Times* quien pu-

* Órgano que asesora al presidente norteamericano en materia de inteligencia y de defensa. *(N. del T.)*

blicó la primicia después de que Seal hubiera entregado a Pablo sus caprichos.

Un sicario suyo siguió el rastro de Seal y lo asesinó dos años más tarde, en Baton Rouge, Louisiana, después de que el insensato piloto hubiera rehusado ser protegido por el programa de protección de testigos del Gobierno norteamericano. Cuando Pablo y Jorge Ochoa fueron acusados de haber participado en el envío de aquel cargamento de setecientos cincuenta kilos, un coche bomba explotó frente a la residencia del verborreico embajador Tambs. Cinco meses después, Tambs dejó Colombia a toda prisa y definitivamente: para el cuerpo diplomático norteamericano la embajada de Bogotá se había vuelto un destino de castigo.

Los contratiempos de Panamá y el hecho de haber escapado por los pelos de la DEA quizá convencieran a Pablo de que, al margen de la compleja situación en Colombia, allí se encontraría más seguro que en ningún otro sitio. Además, su ausencia estaba minando su hegemonía en Medellín. Cuando en octubre unos hombres secuestraron a su padre, Abel, de setenta y tres años, Pablo respondió de inmediato con una campaña coordinada y virulenta. Sus pistoleros pusieron la ciudad patas arriba, asesinando a numerosas personas, a cualquier sospechoso de estar ligado al secuestro, aunque fuera tangencialmente. Dieciséis días más tarde, Abel fue liberado ileso. Contó a sus amigos que no se había pagado fianza. El terror había convencido a los secuestradores de que era mejor soltarlo.

Después de aquello, Pablo regresó a casa. Él y María dieron una gran fiesta de bautismo para su hija, Manuela, que había nacido aquel verano en la Hacienda Nápoles. Sin importarle lo difíciles que se pusieran las cosas, el hombre más buscado de Colombia (que pronto se convertiría en el más buscado del mundo) había decidido librar la batalla en el territorio que conocía mejor, el suyo. Pablo Escobar ya no volvería a dejar Colombia nunca más.

5

El resto de su vida, con la excepción de una breve tregua, Pablo estuvo en guerra con el Estado. El principal punto de conflicto seguía siendo la extradición, un destino que temía más que la muerte. Pablo había dicho alguna vez: «Mejor una tumba en Colombia que una celda en Estados Unidos».

Su estrategia para evitar la extradición era la muerte, la muerte o el dinero. Su política de «plata o plomo» sería tan notoria y efectiva que llegaría a debilitar aun la mismísima democracia de Colombia. A finales de 1984 ya era intocable en Medellín. Se movía con total libertad por la ciudad, acudiendo a corridas de toros y a discotecas, haciendo de anfitrión en las fiestas que daba en sus mansiones, y todo ello mientras oficialmente se lo consideraba un fugitivo. Popular y poderoso, no había duda de que había comprado las voluntades de la policía y de los jueces, y el que le plantara cara entraba en la lista negra de los que morirían. En julio, el juez a cargo de la investigación del asesinato del ministro de Justicia Lara Bonilla también fue asesinado en Bogotá.

Durante el otoño de 1985 Pablo ofreció entregarse una vez más si el Gobierno le aseguraba que no lo extraditaría a Estados Unidos. Cuando el Gobierno se negó, Pablo se preparó para una batalla sin fin.

Formó una dudosa organización llamada Los Extraditables, cuya misión era luchar a muerte en contra del tratado firmado con los norteamericanos. De hecho, el nombre no era más que un burdo eufemismo para referirse a él y a varios de sus amigos, que eran los blancos principales del tratado de extradición. Los Extraditables le dieron la oportunidad de tomar parte en los asuntos internos del país y de escribir. Pablo tenía la costumbre de redactar extensos comunicados con una caligrafía medio letra de imprenta, medio cursiva, a menudo agrandando ciertas mayúsculas y algunas palabras para otorgarles más énfasis. Pluma en mano, solía dejarse llevar hasta el paroxismo de la indignación retórica, consciente de que las acusaciones contra él en Estados Unidos y de que las órdenes de arresto expedidas en su propio país le colocaban a un paso de acabar su vida tras las rejas de una prisión norteamericana. Su inquina contra la extradición reflejaba su instinto de supervivencia que él convirtió en asunto de orgullo nacional.

La extradición significaba una especie de insulto para los colombianos y Pablo sabía que sus comunicados llegaban al corazón de sus compatriotas. No solamente daban a entender que la nación era demasiado débil para administrar su propia justicia (lo cual era cierto), sino que Estados Unidos representaba una especie de autoridad moral superior. Pablo constituía sin duda un curioso portavoz para ese razonamiento; y expresaba, en esencia, que únicamente Colombia tenía derecho a arrestarle y juzgarle, y advirtió a los líderes que si persistían en cumplir con el tratado correría la sangre. Después de que uno de los suyos, Jorge Luis Ochoa fuera arrestado en España, Los Extraditables enviaron por fax una declaración a los periódicos, la radio y la televisión en Bogotá: «Hemos descubierto que el Gobierno intenta por todos los medios posibles extraditar al ciudadano Jorge Luis Ochoa a Estados Unidos [...]. Si Jorge Luis Ochoa es extraditado a Estados Unidos, declararemos la guerra total y absoluta a los políticos de nuestro país. Ejecutaremos sin más a los principales dirigentes».

Ya fuera por las amenazas de Pablo o la preocupación por la soberanía de Colombia —o acaso por ambas razones—, las autoridades protestaron contra la petición de extradición del traficante Ochoa por parte de Estados Unidos. Ochoa fue trasladado a Cartagena por avión y allí salió en libertad bajo fianza, y sin perder ni un segundo desapareció.

Los principales blancos de Pablo a mediados de los ochenta eran los miembros del sistema judicial, a los que les ofreció plata o plomo. Cuando se entabló una demanda contra el tratado de extradición en 1985, Pablo sobornó a empleados de la fiscalía para que tramitaran una recomendación favorable. Acto seguido se dedicó a convencer a los jueces, uno de los cuales recibió una carta, quizá escrita por Pablo, que decía:

> Nosotros, Los Extraditables, les escribimos [...] porque sabemos que ha afirmado pública y cínicamente que el tratado de extradición es constitucional [...]. No le vamos a rogar ni a pedir compasión porque no la necesitamos. DESGRACIADO INMUNDO. Vamos a EXIGIRLE una decisión favorable [...]. No aceptaremos estúpidas excusas de ningún tipo: no aceptaremos que se enferme; no aceptaremos que tenga vacaciones, y no aceptaremos que dimita. Usted tomará la decisión en un período de quince días después de la recepción de la recomendación de la fiscalía.

La carta proseguía dejando claro que una decisión en contra de la extradición sería recompensada generosamente, mientras que todo acto de desafío conduciría a que la familia del juez fuera asesinada y posteriormente cortada en pedazos. «Juramos ante Dios y la vida de nuestros hijos que si nos falla o nos traiciona, será hombre muerto.»

Era una amenaza a tomar en cuenta; cuatro jueces relacionados con el caso (todos habían recibido cartas similares y todos se habían negado a ceder) fueron asesinados. Más de treinta jueces habían sido ejecutados desde el fatal atentado a Lara Bonilla. La duda entre la plata o el plomo tenía al funcionariado de Bogotá aterrorizado o bajo sospecha. En noviembre de 1985, días después de los asesinatos de los cuatro jueces que sopesaban el candente asunto de la extradición, el grupo guerrillero M-19 tomó por asalto el palacio de Justicia de Bogotá, exigiendo entre otros puntos que el Gobierno desistiera de hacer cumplir el tratado de extradición de 1979. Los terroristas tenían en su poder a toda la Corte Suprema y a todo su personal, dando pie a un asedio de parte de las fuerzas del Gobierno que se saldó con las muertes de cuarenta guerrilleros, cincuenta empleados judiciales y once de los veinticuatro magistrados. El asalto dejó tullido al poder judicial colombiano y en efecto frustró las negociaciones de paz que estaba realizando el presidente Betancur con las FARC y el M-19. Durante el asalto fueron destruidos unos seis mil expedientes de casos criminales, entre los que figuraban las actas de los procesos contra un tal Pablo Escobar. Tiempo después se informaría que Pablo y otros capos habían pagado al grupo guerrillero la suma de un millón de dólares para llevar a cabo el asalto.

Todavía había, sin embargo, almas valientes en la vida pública que le plantaban cara a la política de plata o plomo, pero a finales de 1986 no muchos de ellos seguían con vida. Aquel mismo mes, la acobardada Corte Suprema de Colombia declaró nulo el tratado de extradición debido a un tecnicismo: había sido firmado por un representante del presidente y no por el presidente en persona. La revista *Semana* aplaudió la decisión y declaró que el tratado «ofendía la dignidad» de Colombia. Pablo hizo estallar fuegos artificiales en Medellín para festejar la victoria, y su periódico, *Medellín Cívica,* lo definió como «el triunfo del pueblo».

Pero fue un triunfo efímero. Estados Unidos gozaba de demasiada influencia en Colombia como para perder su derecho a extraditar así como así. Pocos días después y con gran celeridad, el nuevo presidente electo, Virgilio Barco, volvió a firmar el tratado.

Pero victorias de ese estilo eran cada vez menos frecuentes: Colombia estaba aterrorizada hasta la médula. El editor de *El Espectador*, Guillermo Caño, escribió con suma tristeza: «Pareciera ser que hemos decidido convivir con el crimen y declararnos vencidos [...]. El cártel de la droga ha tomado el control de Colombia». Semanas más tarde, Caño, de sesenta y un años y cabello blanco, conducía su coche en Bogotá, su asiento trasero cubierto de regalos navideños, cuando un sicario motorizado de Escobar lo cosió a tiros al volante de su vehículo.

La sangrienta lucha de Pablo continuó imparable. Sus abogados —y sus sicarios— fueron desportillando trocito a trocito los casos que contra él aún se mantenían vigentes. Por medio de asesinatos y de sobornos logró que su nombre desapareciera de la acusación formulada contra los responsables de la muerte de Lara Bonilla y, debido a la misteriosa desaparición de los antecedentes criminales, también fueron retirados los viejos cargos que contra él pesaban por la muerte de los dos agentes del DAS responsables de su arresto en 1976. Reconociendo por fin que el sistema legal estaba obstaculizado, Colombia dejó de celebrar juicios ante jurado (ya que los ciudadanos temían demasiado comparecer en cualquier juicio que estuviera remotamente relacionado con el tráfico de drogas) e hizo el intento de proteger a los jueces ocultando sus identidades. Sin embargo, esos jueces «sin rostro» también caían como moscas. Quedaba patente que Pablo intentaba por varios modos eludir la justicia norteamericana. Convencidos de que Estados Unidos tenía un interés mayor en luchar contra comunistas que contra narcos, los abogados de Pablo se pusieron en contacto con el fiscal general norteamericano en 1986 ofreciéndole a cambio de una amnistía por los crímenes de los que le acusaban cierta información perjudicial a las guerrillas marxistas.

La oferta fue un gesto. Después traicionó a Carlos Lehder, su socio de tantos años en el cártel. La policía colombiana recibió el soplo de que Carlos Lehder daría una fiesta el 4 de febrero de 1987. El pintoresco y excéntrico líder del cártel fue arrestado e inmediatamente extraditado de Bogotá a Tampa, estado de Florida, en un avión de la DEA. Mientras Lehder aguardaba la partida en la parte trasera del avión, con su ridículo atuendo, compuesto por botas de combate, pantalones de chándal y camisa a rayas, los fotógrafos dispararon todas las fotos que quisieron ante su expresión de pasmo mezclada con desconcierto. Lo condenaron a 135 años de prisión en Estados Unidos. Lehder no olvidaría la traición.

Aun así, Estados Unidos no deseaban hacer tratos con Pablo Escobar. Era un ejemplo de la seriedad con la que el Gobierno de Reagan se tomaba la guerra contra el narcotráfico. En abril de 1986 el presidente Reagan había firmado la Directriz 221, que, por primera vez, definía el tráfico de drogas como una amenaza a la seguridad nacional. La directriz abría las puertas a la intervención militar directa de Estados Unidos en la guerra contra el narcotráfico, fundamentalmente dirigida a la fumigación de cosechas, la destrucción de laboratorios clandestinos y la captura de los jefes del narcotráfico de América Central y del Sur. Esto significó una colaboración sin precedentes de fuerzas policiales y castrenses, y el propio Reagan dio la orden de que toda ley o reglamentación que prohibiese tal alianza fuera reinterpretada o enmendada. A los departamentos (ministerios) de Defensa y Justicia norteamericanos se les encomendó la tarea de «desarrollar y gestionar toda modificación necesaria a los estatutos vigentes, reglamentos, procedimientos y directrices que prohibiesen a las fuerzas militares de Estados Unidos apoyar las acciones de las fuerzas de seguridad contra el narcotráfico». A partir de aquel verano, efectivos norteamericanos se unieron a agentes de la DEA y a la policía boliviana para lanzar una operación contra quince laboratorios en los que se procesaba cocaína en aquel país.

Dentro de su país, Pablo continuaba jugando fuerte. En diciembre sus sicarios mataron al ex jefe de la policía antinarcóticos y a dos legisladores que habían defendido la causa de la extradición. En enero de 1987, el ex ministro de Justicia, y por entonces el embajador colombiano en Budapest, Hungría, fue retenido en medio de una tormenta de nieve por un hombre que le descerrajó cinco disparos en la cara. El embajador sobrevivió. El periodista Andrés Pastrana, hijo de un ex presidente y candidato conservador para el puesto de alcalde de Bogotá, fue secuestrado. Una semana después, el fiscal general Carlos Hoyos murió en medio de una infinidad de tiros en Medellín. Una llamada a una emisora de radio local dio cuenta de la ejecución de Hoyos, «ese traidor y vendido». Y cuando un juez decidió presentar cargos contra Pablo por el asesinato de Guillermo Caño, recibió la siguiente nota de Los Extraditables:

Somos amigos de Pablo Escobar y haremos cualquier cosa por él [...]. Sabemos que no existe la más mínima prueba en su contra. También sabemos que a usted le han ofrecido un puesto diplomático en el exterior para después del juicio. Sin embargo, queremos recordarle que, además de cometer una vileza judicial, cometerá un gran error [...]. Podemos ejecutarle en cualquier parte de este planeta [...], entretanto verá morir, uno por uno, a todos los miembros de su familia. Le recomendamos que lo reconsidere, porque después será demasiado tarde para lamentaciones [...]. Ya que llevar al señor Escobar a juicio acabará para usted en un árbol genealógico sin mayores y sin descendientes.

A finales de 1987, los telediarios de Bogotá emitían noticias de asesinatos casi todos los días, y el nuevo embajador, Charles Gillespie, advirtió a Washington que la escalada de violencia en Colombia estaba a punto de derribar al Gobierno, por lo que el Consejo Nacional de Seguridad preparó una estrategia nacional exhaustiva para apuntalar al frágil Gobierno. Por su parte, el presidente Barco, ante la evidencia de una guerra abierta, declaró el estado de sitio.

En medio de aquel Apocalipsis, Pablo dirigía la guerra rodeado de una considerable paz, llevando una vida normal a la vista de todos en sus propiedades de Envigado, en los alrededores y en su Hacienda Nápoles, que sus abogados habían logrado recuperar a las autoridades. Fue durante aquel período, en septiembre de 1988, cuando Roberto Uribe, un abogado residente en Medellín, se entrevistó por primera vez con Pablo. Uribe había sido contratado con anterioridad por uno de los guardaespaldas de Pablo, el matón había sido imputado en el secuestro de Pastrana (liberado ileso y más tarde elegido presidente de Colombia). El abogado era un ratón de biblioteca, un hombre de físico frágil y frente ancha y redonda, que sentía una reverencia mayor por la letra de la ley que por su propósito más universal. El letrado había descubierto un error en la acusación preliminar y lo había utilizado para hacer que sobreseyeran el caso, hecho por el que Pablo había invitado a Uribe a reunirse con él en la Hacienda Nápoles.

Cuando el abogado llegó a la finca, Pablo todavía no se había despertado. Uribe había estado antes allí, como parte de un viaje organizado desde Medellín; pero ahora había venido invitado por el gran hombre en persona y estaba nervioso. Le ofrecieron una silla junto a una de las piscinas, donde esperó... y esperó... y esperó. Después de dos horas, Pablo por fin se despertó, pero pasó tres horas más reunido con sus tenientes. Entretanto, Uribe bebía café y aceptaba la comida que le iba ofreciendo la servidumbre. Finalmente, a poco de anochecer el capo se acercó a la piscina, vestido con una camiseta blanca, pantalones cortos y unas zapatillas de tenis Nike, también blancas, tal y como aparecía en las fotografías que Uribe había visto. Pablo se disculpó por la demora y añadió que no le habían avisado que Uribe estaba esperando.

—Pensé que había venido a ver a mi hermano —comentó tímidamente.

Al abogado le pareció un hombre encantador, de modales relajados, que le habló como a un viejo amigo, como a alguien en quien hubiera depositado su confianza (después Uribe cayó en la cuenta de que Pablo tal vez podía estar «colgado»). Uribe le explicó el tecnicismo por el que había liberado al guardaespaldas. Pablo se rió con un deleite sincero y luego le explicó que quería que él redactara peticiones de sobreseimiento similares para todos sus hombres.

A partir de aquel día, Uribe fue uno de los abogados y confidentes de Pablo. Comenzó a verlo con regularidad y a tomarle afecto. Trabajar para Pablo Escobar incrementó en gran medida sus ingresos y su estatus, así que el abogado se propuso hacer oídos sordos a todos aquellos cuentos acerca del carácter sin escrúpulos de su cliente. ¿Cómo podría alguien tan tranquilo —que jamás levantaba la voz ni utilizaba un lenguaje soez, que se comportaba de un modo tan infatigablemente educado— ser tan violento como decían? Cuando Uribe se sentaba a conversar con Pablo, las terribles historias que oía a menudo le resultaban imposibles de creer. El abogado veía a un hombre generoso, un ser con una debilidad especial por las penurias de los demás. Uribe notó que todo aquel que conocía por primera vez a Pablo experimentaba cierto temor

—tal y como le había sucedido a él— pero que pronto ese miedo desaparecía. Pablo rara vez estaba de mal humor, y tenía el don de hacer que la gente se sintiera a sus anchas.

Y lo que le sorprendía aún más era que aquel hombre impertérrito se hallaba en el centro mismo de una tormenta de violencia feroz. Estaba librando dos guerras cada vez más salvajes: una contra el Gobierno y la otra contra el cártel de Cali. El cártel de Cali, que dominaba el sur del país y traficaba asimismo con cocaína, era dirigido por Gilberto y Miguel Rodríguez Orejuela. Éstos se estaban haciendo cada vez más ricos y más poderosos, y desafiaban la hegemonía de Medellín en cuanto al control de las rutas de transporte al norte y los mercados. Pablo estaba seguro de que el cártel rival había sido responsable de una explosión a la entrada de su edificio de apartamentos en enero de aquel mismo año. Juan Pablo, de once años, y Manuela, de cuatro, dormían en el último piso cuando la bomba abrió un agujero de cuatro metros de profundidad en el asfalto. La deflagración consiguiente mató a dos vigilantes, hizo añicos las ventanas de todo el barrio, dejó al aire las tuberías de agua y destrozó la fachada del edificio de una punta a la otra. Debido a la explosión, Manuela sufrió daños en un oído que la dejaron parcialmente sorda. La familia Escobar huyó, y los policías que inspeccionaron su ático lujoso y amplio hallaron originales de valor incalculable, entre ellos una tela firmada por Van Gogh y varias obras firmadas por Dalí. También encontraron los cientos de pares de zapatos de María Victoria, la mujer de Pablo. En el garaje descubrieron ocho automóviles Rolls Royce antiguos y una limusina blindada de seis puertas y con cristales antibala. Como represalia, Pablo desató una campaña de bombas contra la cadena de *drugstores* propiedad de los hermanos Orejuela, una empresa absolutamente legítima. Entretanto, el acoso de la policía también le ocasionaba quebraderos de cabeza y, algunas veces, pánico. Cuando la policía iba a por él, Pablo solía recibir el chivatazo con bastante antelación, además sus casas estaban desperdigadas por todo Medellín. No obstante, de vez en cuando la policía se tornaba lo suficientemente imprevisible como para pillarle, literalmente, «en pelotas». En marzo de aquel año, unos mil efectivos de la PNC asaltaron una de sus mansiones en las montañas que circundan a Medellín: llegaron en helicópteros y en tanques, y cercaron la zona. Pablo tuvo que huir en calzoncillos y a pie para sortear los cordones policiales. Escapadas por los pelos, como aquélla, daban como resultado explosiones y secuestros con los que Pablo respondía. En mayo de 1989, en Bogotá, los hombres de Pablo detonaron un coche bomba aparcado junto al automóvil que transportaba al general Miguel Maza Márquez, jefe del DAS. Murieron seis personas y cincuenta sufrieron heridas. Las ruedas del coche del general Maza se derritieron y se fundieron con el asfalto por efecto del calor de la explosión, pero el general a cargo de la captura de Escobar salió indemne.

Mientras aquellas batallas proseguían encarnizadamente, el ejército de abogados de Pablo —que después de septiembre incluyó a Uribe— mantuvo una serie de reuniones con el Gobierno del presidente Barco en un intento de reavivar el trato que Pablo había ofrecido en la ciudad de Panamá cuatro años antes. Pero para entonces ya había aumentado el número y el tipo de condiciones: ahora ya no repatriaría el dinero de sus cuentas en el extranjero, y exigía una amnistía total para él y todos los que estuviesen relacionados con el cártel de Medellín, amén de la promesa presidencial de la no extradición. A cambio, prometía dejar de una vez y para siempre el narcotráfico.

Pablo tenía razones para querer abandonar el negocio. El Gobierno de Bush estaba cambiando el foco de su guerra; antes interceptaban barcos y aviones cargados de droga en la frontera norteamericana, ahora habían decidido apuntar a la raíz suramericana del problema: los jefes narco. La ofensiva norteamericana ya los había dañado: las mansiones y propiedades que Pablo tenía en Florida habían sido incautadas. Desde las operaciones ordenadas por Lara Bonilla allá por 1984, los aviones y satélites espías habían dirigido a las fuerzas de elite colombianas hacia numerosos laboratorios y cosechas de coca, causando cuantiosas pérdidas a la industria. Fastidiado cuando las conversaciones con el presidente Barco se estancaron, Pablo secuestró al hijo y a la hermana del negociador del Gobierno, Germán Montoya, jefe de la plana mayor del presidente Barco. El hijo fue liberado, pero la hermana fue asesinada. Aquellos actos públicos de venganza y coerción provocaron que todos, salvo los más fanáticos admiradores de Escobar, le volvieran la espalda a él y a los otros jefes. En un período de ocho años había pasado de héroe a paria, y los políticos de Bogotá y de Washington estaban de él hasta las narices.

En Colombia siempre es difícil saber si alguien quiere matar a alguien, pero llegado 1988 Pablo no tenía duda de que alguien deseaba quitarlo de en medio. Sus enemigos tenían razones y medios para hacerlo: primero fue la bomba detonada en enero frente a su edificio de apartamentos; luego, en junio del año siguiente, un equipo de mercenarios ingleses fue a buscarle a la Hacienda Nápoles. Los ex comandos de las SAS* debieron abortar la misión puesto que uno de sus helicópteros chocó contra un risco. Ambos intentos de asesinarle fueron atribuidos al cártel de Cali, pero nadie lo sabía con seguridad. En 1989 el andamiaje de la alguna vez temible organización de Pablo se había vuelto endeble, y nada de lo que él hiciera parecía tener éxito. Había hecho volar por los aires o sobor-

---

* Special Air Service: unidad antiterrorista de elite del Ejército británico. *(N. del T.)*

nado a cuanto funcionario pudo, pero estaba claro que nadie en Bogotá iba a acceder a un trato con él, un trato que pusiera en peligro los vínculos fundamentales de Colombia con el Gobierno de Estados Unidos. Pablo había intentado contratar a una empresa dirigida por Henry Kissinger, especialista en ejercer relaciones públicas a favor de Pablo, con la intención de influenciar al Gobierno de Reagan; e incluso había contratado a un abogado compañero de Jeb Bush, el hijo menor del presidente electo, con la lejana esperanza de persuadir al joven Bush para que intercediera con su padre. Ambos esfuerzos quedaron en agua de borrajas.

El futuro que se le presentaba no era halagüeño. El candidato del Partido Liberal, Luis Galán, era un hombre de una popularidad inmensa y claras posibilidades de ser elegido presidente en 1990. Galán era un reformador carismático de cuarenta y seis años que había asumido el papel de valiente y abierto crítico del cártel. Había jurado librar a Colombia de los traficantes y no ocultaba su profundo deseo de despacharlos a Estados Unidos para que fueran juzgados y condenados. Sus más que probables posibilidades de ser elegido, amenazaban con echar por tierra todo el progreso que hasta entonces Pablo había logrado por medio del amedrentamiento y la corrupción del sistema judicial. Galán era entonces el niño mimado de la sociedad colombiana, y no pocos lo comparaban con el héroe nacional asesinado, Gaitán. La muerte de Galán desataría una ira de mil demonios.

El rencor que Pablo le guardaba a Galán era viejo y profundo. El popular político había secundado las acusaciones públicas de Lara Bonilla en 1984 y lo había expulsado del movimiento de «los nuevos liberales»; Galán representaba la caída de Pablo del Olimpo. Pablo y Rodríguez Gacha, otro poderoso narco ántioqueño, se reunieron con algunos de los sicarios de ambos en una granja propiedad de Gacha en 1989.

Allí los dos hombres debatieron los pros y los contras de ordenar la muerte del candidato Galán. Ambos llegaron a la conclusión de que la tormenta que desatarían podía destruirlos, pero Pablo señaló que si Galán llegara al palacio presidencial podría destruirlos también. Se decidió matar a Galán.

El 18 de agosto, un sicario, armado con una pistola ametralladora Uzi, asesinó a tiros a Galán cuando éste daba un discurso electoral ante sus seguidores en Soacha, una pequeña ciudad al suroeste de Bogotá. Tres meses más tarde, en un intento de matar al candidato que sucedería a Luis Galán, César Gaviria, los sicarios del cártel colocan una bomba en una avión de línea de la empresa Avianca y lo hacen estallar en pleno vuelo. Murieron ciento diez personas, dos de ellas ciudadanas norteamericanas. Tal acto de audacia y de crueldad tendría implicaciones mucho mayores de lo que Pablo hubiera podido imaginar.

Aquellas dos atrocidades demostrarían ser errores fatales y le crearían a Pablo enemigos mucho más poderosos que los que hasta entonces había conocido. Derribar un avión comercial era un ataque a la civilización y al mundo, e hizo de Pablo una amenaza para los ciudadanos norteamericanos, lo cual significaba —como veremos luego— que podía ser culpado además de cientos de muertes. El asesinato de Galán había convertido a Pablo en el hombre más buscado de Colombia, pero derribar el avión de Avianca hizo de él el hombre más buscado del planeta.

A finales del verano de 1989, Pablo Escobar tenía cuarenta años, era uno de los hombres más ricos del mundo, y quizás el criminal más tristemente célebre. Ya no era únicamente el blanco de las fuerzas policiales, se había convertido también en un objetivo militar. Para los hombres de la sociedad secreta que lucha en contra del terrorismo, el inescrupuloso «porreta» de Medellín se tornó un peligro inminente.

LA PRIMERA GUERRA

1989-1991

I

Con el tiempo, y aunque nunca se hubieran tratado, nadie llegó a conocer mejor a Pablo Escobar que el coronel Hugo Martínez, de la PNC. Aquel hombre alto y taciturno, apodado *el Flaco,* conocía a Pablo mejor que su familia más cercana y que sus secuaces, porque había cosas que el capo decía y hacía en presencia de sus hombres de confianza que no habría dicho o hecho ante sus seres queridos; y, a la vez, había otro lado de su personalidad que su familia veía y que él no compartía con nadie más. El coronel, sin embargo, lo veía todo o, mejor dicho, lo oía. Lo conocía íntimamente: reconocía su voz, sus hábitos, cuándo dormía, cómo y cuándo se trasladaba, su comida predilecta, su música favorita, por qué lo enfurecía cualquier tipo de crítica, escrita o por radio, y cómo se deleitaba al descubrir una caricatura de sí mismo, aunque fuera grosera. El coronel sabía qué tipo de calzado prefería (zapatillas de tenis blancas, marca Nike); en qué tipo de sábanas le gustaba dormir; la edad de sus compañeras sexuales (de catorce o quince, por lo general); su gusto en arte; su caligrafía; el sobrenombre de su mujer (Tata), y hasta el tipo de inodoro por el que solía tener debilidad, ya que se instalaban baños nuevos en todos sus escondites, y en todos la taza era siempre la misma. El coronel sentía que comprendía a Pablo, que podía ver el mundo a través de sus ojos de capo y entender por qué se sentía injustamente perseguido y acechado (en los últimos tiempos, casi siempre por el propio coronel, precisamente). Martínez comprendía tanto el sufrimiento que a Pablo le causaba el acecho que, en ocasiones, hasta llegaba a simpatizar con su presa. En todo hay algo de verdad, incluso en la visión que del mundo pueda tener un monstruo, y era un monstruo lo que el coronel creía estar persiguiendo. Pero nunca llegó a odiarlo, aunque sí a temerlo.

El 18 de agosto de 1989, el mismo día en que los sicarios* de Pablo asesinaron al candidato favorito a la presidencia, Luis Galán, otro grupo de sus asesinos a sueldo mató al coronel de la PNC, Waldemar Franklin, jefe de la policía de Antioquia. Ambos hombres habían sido amigos, habían ascendido juntos desde que salieron de la academia. Cuando Franklin fue destinado a Antioquia, Martínez y los otros altos mandos de la PNC sabían de cierto que el cártel de Medellín se las iba a ver negras: a Franklin no se lo podía comprar ni intimidar. Él había dirigido la redada que obligó a huir en paños menores a Pablo aquella primavera, una de las operaciones más eficaces. Además, los hombres de Franklin habían llevado a cabo otra incursión en un laboratorio del cártel y confiscado cuatro toneladas métricas de cocaína. Por si eso fuera poco, Franklin selló su destino cuando sus hombres detuvieron a la esposa de Pablo, María Victoria, y a sus hijos, Juan Pablo y Manuela, en un control policial. La familia

* El «sicariado» representa una cantera de jóvenes asesinos a sueldo, entrenados para atentar contra personajes altamente custodiados. No sólo están dispuestos a matar, sino más que nada a morir, por ese dinero que sacará a sus familias de la miseria. *(N. del T.)*

del capo fue arrestada y llevada a la jefatura de Medellín, donde permaneció retenida durante horas, hasta que Uribe, el abogado de Pablo, negoció su libertad. Pablo se quejaría más tarde de que a María Victoria no se le había permitido darle el biberón a Manuela. Pablo siempre negó haber dado la orden de matar a Galán, pero a Uribe le confesó que la ejecución del coronel Franklin la había ordenado por aquel biberón.

La muerte de Galán tuvo el efecto que se había pronosticado: el presidente Barco lanzó una guerra total contra el cártel, suspendió el derecho al *habeas corpus*, lo cual significaba que se podía arrestar y detener a cualquier ciudadano sin que éste hubiera sido acusado de crimen alguno y, una vez más, se autorizó a las fuerzas de seguridad y al Ejército a confiscar las lujosas fincas de los capos del cártel. La propiedad a nombre de testaferros fue declarada un crimen, lo que dificultaba que Pablo y los demás capos pudiesen ocultar sus múltiples bienes. Pero el paso más importante que el presidente Barco dio fue el de aceptar aún más ayuda norteamericana en la lucha contra los narcos, una lucha cada vez más extendida y descomunal.

Los narcos veían cómo el Gobierno de Estados Unidos iba estrechando el cerco a su alrededor. Todos los jefes del cártel habían sido acusados por el Departamento de Justicia norteamericano: la mayoría de ellos, al igual que Pablo, incluso más de una vez. Y sabían que la DEA operaba en el país desde hacía años. Durante años habían mantenido a raya a la policía y a los militares, con lo que apostaban por hacerse fuertes en su propio territorio. Sin embargo, durante la campaña por la presidencia el candidato republicano Bush había dicho que apoyaría acciones militares contra los narcotraficantes en sus propios países. Y todo el mundo sabía a qué «país» se refería. Colombia era el productor de casi el 80% de la cocaína que llegaba a Estados Unidos. En abril de 1986, el presidente Reagan había firmado un decreto o directriz que definía el tráfico de drogas a Estados Unidos como una «amenaza a la seguridad nacional», salvedad que le abrió las puertas a la participación del Ejército norteamericano en la guerra contra el narcotráfico. Como vicepresidente, Bush había dirigido un equipo de trabajo formado por miembros del gabinete para estudiar el tráfico de cocaína a su país, pero al llegar a la presidencia directamente declaró la guerra al narco. Semanas después del asesinato de Galán, Bush firmó un Decreto de Seguridad Nacional, la Directriz 18, que exigía al Gobierno destinar doscientos cincuenta millones de dólares tanto para financiar operaciones de unidades militares y de fuerzas de seguridad, como para facilitar la asistencia de los servicios de inteligencia en la lucha contra los cárteles andinos durante un período de cinco años. Una semana más tarde autorizó un desembolso de otros sesenta y cinco millones de dólares en forma de ayuda militar de emergencia para Colombia, y autorizó el envío de un número reducido de fuerzas de elite para entrenar a la policía y al Ejército colombianos en tácticas de choque, o sea, asaltos fulminantes a los objetivos. Una semana más tarde el presidente Bush hizo pública su Iniciativa Andina para una «mayor reducción en el suministro de cocaína». Bush declaró a los periodistas: «Señores, las reglas de juego han cambiado. Cuando nos lo pidan, tendremos a nuestra disposición los recursos necesarios de nuestras Fuerzas Armadas». Bush siempre había sostenido que la intervención militar norteamericana debería ser aprobada por el país anfitrión, pero hasta aquel pretexto había comenzado a erosionarse. En junio de 1989, el nuevo «zar» de la DEA, William J. Bennett había hecho de todo, salvo defender el envío de escuadrones de la muerte norteamericanos para acabar con los célebres narcos colombianos. «Deberíamos deshacernos de los narcos, de la misma manera que lo hicieron nuestras fuerzas con la armada iraní», dijo. Todas aquellas noticias llegadas de Washington, y que eran leídas cuidadosamente durante el desayuno por los propios narcos en Colombia, revelaban que importantes políticos norteamericanos estaban considerando seriamente aquellas propuestas, y que el Departamento de Justicia (Ministerio de Justicia) de ese país estaba redactando un documento que aprobaría definitivamente la intervención norteamericana unilateral en contra de narcos y de terroristas en el extranjero, con o sin la aprobación de los gobiernos locales.

Es más, en agosto de aquel año la unidad antiterrorista de elite del Ejercito norteamericano, la Fuerza Delta,* se había aprestado para tomar por la fuerza una casa en la vecina Panamá, donde se sospechaba que Pablo podía estar alojado. El plan de los efectivos de la Fuerza Delta consistía en apresarlo para entregarlo luego a agentes de la DEA, que llegarían al lugar una vez que Pablo hubiese sido capturado. El asalto fue cancelado cuando se averiguó que los informes no eran fiables: Pablo aún no había salido de Colombia. No obstante, la misión fallida demostraba cuánto habían cambiado las reglas de juego desde que Bush ocupaba la Casa Blanca. Podría decirse que durante los siguientes cinco años Estados Unidos financiaría una guerra secreta en toda regla dentro del territorio colombiano. El gasto inicial en 1989 era de menos de trescientos millones de dólares, sin embargo, los norteamericanos aumentaría el presupuesto para su guerra internacional contra el narcotráfico hasta llegar a superar los setecientos millones en 1991. Y dicha cifra ni siquiera incluía lo gastado en el despliegue de unidades especiales de espio-

* La unidad de elite de más prestigio de las Fuerzas Armadas norteamericanas, cuya existencia se debate entre el secreto y el misterio. *(N. del T.)*

naje a Colombia. El Gobierno norteamericano pudo haber contemplado actuar unilateralmente de ser necesario, pero Bush fue firme en tanto que prefería la cooperación colombiana. El presidente Barco se había resistido a dar el visto bueno, pero el asesinato de Galán lo cambió todo.

En los cuatro meses que siguieron a la muerte de Galán, el Gobierno de Barco extraditó a más de veinte supuestos traficantes para que fueran juzgados en Estados Unidos. Y con la nueva bonanza de dinero norteamericano, Barco pudo crear unidades de policía especiales, una de las cuales tenía su centro de operaciones en Medellín y cuya tarea principal era dar caza a José Gonzalo Rodríguez G., a los hermanos Ochoa y a Pablo Escobar. La unidad llevaba por nombre Bloque de Búsqueda, y el oficial designado para comandarla fue el coronel Martínez. Era un puesto que Martínez no había buscado ni tan siquiera deseado. De hecho, nadie lo quería, pues irradiaba tanto peligro que la jefatura de la PNC había decidido rotar el mando cada treinta días, como si se tratara de una patata caliente.

Cuando se anunció que Martínez asumiría el mando rotativo por vez primera vez, hubo, como era de esperar, una gran pompa y animados elogios oficiales. Con su sardónico sentido del humor, el coronel tomó aquel honor por lo que en realidad suponía, y aceptó la tarea con gravedad. Era obvio que no había sido elegido: había mejores comandantes, hombres con experiencia en operaciones militares que ya habían destacado por haber luchado contra narcos o contra la guerrilla; había mejores investigadores, hombres con hojas de servicio impresionantes en lo tocante a la persecución de fugitivos... Pero eran hombres que, debido a sus exitosas carreras, tenían la influencia suficiente como para poder eludir tal puesto. El coronel, por su parte, era silencioso, un ratón de biblioteca con una forma de ser distante y poco apropiada para liderar a la tropa. Alto y de piel clara, cuyo aspecto parecía más europeo que colombiano, tenía cuarenta y ocho años: edad en la que un hombre sabe que deberá luchar por sus sueños, ahora o nunca. Provenía de Mosquera, un bello pueblecito de la montaña a un par de horas de Bogotá, hacia el este; un lugar que parecía extraído de alguna leyenda intemporal colombiana. Las flores caían sobre Mosquera en cascada por una pendiente pronunciada hasta un mercado, y cubrían el parque situado en medio del pueblo, donde los habitantes se congregaban y paseaban por las tardes los fines de semana y los días de fiesta. El coronel era el hijo de un comerciante local que regentaba una cafetería y trabajaba en una tienda. Había entrado en la policía al salir del instituto. Uno de sus compañeros, José Serrano, había ingresado en la academia de policía un año antes. Ver a su amigo regresar a casa luciendo su uniforme de cadete entusiasmó a Martínez y lo convenció para alistarse. Cuando hubo completado su formación en la academia de Bogotá, fue destinado a varios destinos, incluyendo la pequeña ciudad de Pereda, adonde llegó como comisario y más tarde obtuvo su ascenso a comisario inspector. Por las noches Martínez estudiaba derecho y, una vez acabada la carrera, el Departamento de Policía lo envió a España a realizar un curso en criminología. Se casó. Tuvo tres hijos y una hija. En los años siguientes, durante la mayor parte de los ochenta, Martínez, por entonces con el grado de mayor, ocupó varios puestos de responsabilidad en la jefatura de policía de Bogotá. Con las inacabables luchas contra las FARC y otras guerrillas de izquierda, no faltaban puestos de combate. Pero Martínez siempre prefirió la rama de intendencia y los estudios académicos a la carrera del oficial curtido en la lucha. Su rostro era largo y surcado por arrugas; su nariz, recta y prominente; y sus labios, finos, lo que le otorgaba a su boca un aspecto cruel o, cuando sonreía de lado, un deje de comicidad ingeniosa, pero seca. Su nuevo puesto le exigiría ambas cualidades y más coraje del que creía poseer. A la muerte de Franklin había que sumar la del juez que había expedido la orden para las últimas redadas, así como la del periodista de *El Espectador* que había elogiado ambas actuaciones. La sensación reinante era que Pablo podía llegar a quien quisiera, donde quisiera y cuando quisiera. Para explicitar su amenaza, Pablo respondió a la noticia de la creación del Bloque de Búsqueda con un comunicado público en el que aseguraba que tal cuerpo no duraría ni quince días. En el país más peligroso del mundo, hostigar a Pablo Escobar era sin duda el trabajo más arriesgado de todos.

Y una tarea que rozaba lo imposible. Pablo prácticamente era el dueño de su ciudad natal, Medellín, y de la mayor parte de la policía. Y tanto era así que una de las reglas del recientemente formado Bloque de Búsqueda prohibía que en él participara ni siquiera un antioqueño, o paisa, por temor a que secretamente fuera un empleado de Pablo. Para evitar el riesgo, la PNC había reunido una variada selección de hombres provenientes de distintas unidades, incluyendo al DAS, una especie de FBI colombiano, y de su rama judicial, la DIJIN (Dirección Central de Policía Judicial e Investigación). Todos eran agentes de elite y por tanto incorruptibles. Algunos estaban acostumbrados a trabajar de uniforme bajo mando militar directo, y otros a funcionar de paisano, esencialmente como policías secretos.

Ninguno de ellos conocía la ciudad o a sus compañeros. En Medellín carecían de fuentes de información y de chivatos y no se atrevían a pedir la ayuda de la policía local porque, como todos sabían, la mayoría de ellos trabajaba para el cártel. Cada uno de los integrantes del Bloque de Búsqueda (policías secretos inclusive) destacaba de inmediato, ya que ninguno hablaba con el fuerte acento paisa de los de allí. En la primera redada, en pleno centro de la ciudad, los ochenta hombres en sus diez vehículos se perdieron.

Treinta de aquellos doscientos primeros hombres del coronel murieron a los quince días de actividad. Pese a las elaboradas precauciones para proteger sus identidades, el ejército de sicarios de Pablo fue pescándolos uno a uno, a menudo con la ayuda de la policía de Medellín. Los mataban en la calle, cuando regresaban del trabajo, o incluso en sus casas delante de sus familias, cuando estaban fuera de servicio. Los funerales dejaron a la PNC aturdida. En Bogotá, en la jefatura de policía, los altos mandos consideraban seriamente dar por acabado el experimento del Bloque de Búsqueda. Sin embargo, el coronel y sus oficiales pidieron que se les permitiera quedarse porque, aun acongojados y atemorizados, sentían que aquellas muertes los hacían más fuertes y aumentaban su determinación. Así que en vez de desactivar el Bloque de Búsqueda, la PNC le envió al coronel otros doscientos hombres.

A Martínez le enorgullecía que, pese al espantoso saldo del primer mes, sus oficiales hubiesen logrado preparar un primer operativo de resultados impresionantes. Con la información de que Pablo se ocultaba en una finca en medio de la selva, a unas dos horas en helicóptero del centro de Medellín, el Bloque planificó su asalto. Los mapas indicaban que para llegar a la finca en cuestión, los helicópteros tendrían que sobrevolar una base del Ejército colombiano. Si intentaban hacerlo sin el permiso del comandante de la guarnición, era muy probable que las defensas antiaéreas de la misma los hicieran añicos en pleno vuelo. Pero Martínez sospechaba que si informaban al comandante de una guarnición del departamento de Antioquia, Pablo sería avisado de inmediato. Así que corrieron el riesgo. Para evitar el radar volaron a toda velocidad y a muy baja altitud, tan bajo que el coronel dudaba si no chocarían contra el tendido eléctrico o las líneas telefónicas, pero lo lograron. Se precipitaron contra la finca desde el aire, coordinando el ataque con las fuerzas terrestres que se habían trasladado hasta allí cautelosamente la noche anterior. Pablo escapó, pero por poco. En aquellas circunstancias tan adversas el coronel consideró la operación un éxito.

Con todo, a finales de octubre de 1989, y de acuerdo con la rotación estipulada, el coronel solicitó su reemplazo. Se le informó que, debido al gran trabajo realizado, el departamento quería que continuara en su puesto. Al mes siguiente su solicitud fue denegada de nuevo con los mismos argumentos.

La respuesta de Pablo a la primera operación del Bloque de Búsqueda fue inmediata y expresa: una bomba en el sótano del edificio donde vivía la familia Martínez en Bogotá que afortunadamente no estalló. Su hijo mayor, Hugo, cursaba sus estudios de cadete de la academia de Policía Nacional, pero su esposa, su hija y sus dos hijos menores estaban en el edificio cuando los explosivos fueron hallados. Había sucedido tras una llamada de advertencia a la policía, así que probablemente fuera un aviso. Un aviso escalofriante, porque a Pablo debería de haberle sido imposible encontrarlos, además todos los residentes del edificio eran oficiales de alto rango de la PNC y los únicos que conocían la verdad sobre el nuevo y peligroso trabajo del coronel. La traición se agravó aún más cuando en vez de amparar a un colega acosado, las otras familias de la comunidad se reunieron y votaron que el coronel y su familia debían abandonar cuanto antes el edificio.

Al día siguiente de haber sido descubierta la bomba, el coronel montó un helicóptero y voló a Bogotá para ayudar a su familia a hacer las maletas. Únicamente su superior, el general Octavio Vargas, sabía a dónde se dirigía aquella mañana.

Martínez se encontraba llenando cajas amargamente en su antiguo apartamento, cuando un oficial de policía retirado, un conocido de sus días de estudiante en la academia de la policía nacional, golpeó su puerta. Sorprendido y alarmado, el coronel se preguntó cómo había sabido aquel hombre cómo encontrarlo en Bogotá.

—Vengo a hablar con usted obligado —dijo el hombre, afligido. Martínez le preguntó qué deseaba y el hombre contestó—: Si no aceptaba venir a hablar con usted, me podrían matar a mí y a mi familia.

El oficial retirado le ofreció al coronel seis millones de dólares para poner fin a los operativos. Y agregó que sería mejor que «continuara con su trabajo, pero que no se causara a sí mismo ni a Pablo Escobar ningún daño». El capo quería además una lista de los informantes dentro de su propia organización.

En ocasiones el destino de una nación depende de la integridad de un solo hombre. El soborno llegó en el momento más difícil de la carrera del coronel: le habían asignado una misión suicida con pocas probabilidades de éxito; asistía a funerales casi a diario —la PNC había construido capillas funerarias especiales en Medellín y en Bogotá sólo para cumplir con la demanda. La bomba en su edificio había hecho patente que Pablo podía llegar a su mujer y a sus hijos y sabía que mudarse de allí sólo protegería a los habitantes del edificio. Es decir, que hasta su propia institución lo abandonaba a su suerte.

¿Y para qué? Martínez no veía la razón de perseguir a Escobar. La cocaína no significaba un problema para los colombianos, era un problema para los gringos. Y si llegaban a deshacerse de el Doctor, que era exactamente el deseo de los gringos, aquello no iba a acabar, ni mucho menos, con la industria de la cocaína.

Le estaban poniendo en bandeja un retiro generoso: seis millones de dólares. Dinero suficiente como para que él y su familia vivieran lujosamente el resto de sus vidas; pero la reflexión del coronel no duró más que sus propios pensamientos, y se le revolvió el estómago con sólo pensar en aceptar. Insultó a su antiguo camarada, pero más tarde su ira se transformó en pena y en asco.

—Dile a Pablo que has venido pero que no me encontraste, y hazte cuenta de que esto nunca sucedió —le dijo.

Martínez había conocido a oficiales corruptos y sabía que el dinero era el anzuelo con el que el Doctor pescaba. Si aceptaba el dinero, se convertiría en propiedad de Pablo, como lo era ya el hombre que le había traído el mensaje («Vengo a hablar con usted obligado»). Martínez se vio a sí mismo forzado a cometer una traición similar y humillante en un futuro y supo que equivaldría a dejar en manos de un criminal toda su carrera, sus largos años de trabajo y estudio, y todo aquello que lo enorgullecía de su profesión. No sería distinto que venderle el alma.

Después de despedir a su viejo amigo fue en automóvil al cuartel general de la PNC e informó al general Octavio Vargas de la oferta que le habían hecho. Ambos estuvieron de acuerdo en que era una buena señal.

—Significa que le estamos haciendo cosquillas —dijo Martínez.

Y era cierto, en parte porque contaban con una nueva clase de ayuda.

2

En su primera noche en Bogotá, en septiembre de 1989, el norteamericano abrió con un chasquido una cerveza, mientras en su cuarto con terraza en el Hotel Hilton se dedicó a contar explosiones. Estaba demasiado nervioso como para dormir, así pues acercó la silla a la ventana y echó un vistazo hacia abajo, buscando los fogonazos. Bogotá era una ciudad sorprendente y moderna.

En los últimos años, había pasado mucho tiempo en ciudades centroamericanas como San Salvador o en Tegucigalpa. Habían sido puestos duros, inmundos, peligrosos y decididamente tercermundistas. Bogotá, sin embargo, le recordaba más a alguna moderna ciudad europea, con sus rascacielos, su arquitectura inconfundible y sus anchas y ajetreadas avenidas zumbando por un tráfico que iluminaba la noche en todas direcciones. Estaba entusiasmado. Colombia le resultaba un nuevo misterio a desenmarañar, un nuevo paquete a desenvolver, el tipo de reto que le hacía la boca agua. El Hilton se alzaba en el sector norte de la ciudad, donde la densa edificación trepaba por las laderas y, todavía más arriba, por las colinas. Allí se levantaban la exquisita y vieja catedral del siglo XVI y flamantes edificios de oficinas laminados en cristal. Al sur, la ciudad se extendía como una llanura de contaminación y de chabolas que daba albergue al influjo de refugiados llegados en bandadas, hacía ya décadas; refugiados que huían de la violencia y que desde entonces habían henchido la población de la ciudad hasta llegar a los siete millones. Pero el norteamericano no pudo ver todo aquello la primera noche. Lo que sí vio fue el elegante resplandor de la ciudad perfilando el horizonte de edificios y las luces que avanzaban por las autovías. No logró divisar ningún fogonazo, aunque las explosiones sonaban cercanas y a veces hasta hacían temblar los cristales.

Se había enterado de que algunas semanas antes, un popular candidato presidencial de nombre Luis Galán había sido asesinado y que el Gobierno del presidente Barco había declarado la guerra al cártel de Medellín, y que, por lo visto, las bombas eran parte de la respuesta del cártel, y no cesaban de estallar. El norteamericano, un oficial del Ejército, había sido bien informado de la situación, así que una o dos bombas no lo habrían sorprendido; pero mientras la cuenta pasaba de las veinte, las treinta, y llegaba finalmente a las cuarenta y cuatro, se dijo: «Joder, esto va a ser divertido».

La mayoría de las explosiones procedían de bombas caseras hechas con secciones de tubería, aunque ninguna demasiado potente. Habían sido colocadas estratégicamente en puertas de bancos, centros comerciales, bloques de oficinas y otros lugares en los que los bogotanos seguramente verían al día siguiente los daños causados, pero no donde trabajara gente durante la noche, ni siquiera guardias de seguridad. Por todo esto, en Bogotá y en otras diez ciudades de Colombia fue declarado el estado de sitio, desde el amanecer hasta el crepúsculo. Aquella noche de explosiones (que no había sido la única del año) supuso un mensaje no tan cifrado dirigido al Gobierno: «Podemos atacar el objetivo que queramos, y cuantas veces queramos».

En la reunión a la que el norteamericano había asistido antes de emprender aquel viaje, había quedado claro que se trataba de un país a punto de desmoronarse. El informe incluía una cronología de barbaridades cometidas en el breve período de los últimos cinco meses:

— 3 de marzo: José Antequera, líder del partido Unión Patriótica y candidato a presidente de la nación. Asesinado.

—11 de marzo: Héctor Giraldo, abogado y asesor del periódico *El Espectador*, cuyo director Guillermo Caño había sido asesinado, fue a su vez secuestrado y posteriormente asesinado.

— 3 de abril: Un coronel de la policía en servicio activo es detenido en un cordón policial y se descubren en su maletero cuatrocientos kilos de cocaína.

— 21 de abril: Luis Vera, el popular periodista de radio de Bucaramanga, muere asesinado.

— 4 de mayo: El padre de la jueza de investigación auto-exiliada, Marta Gonzáles, es asesinado, y la madre de ésta cae herida en el ataque. Gonzáles había huido de Colombia después de acusar a Pablo Escobar y a José Gonzalo Rodríguez G. por asesinato.

— 30 de mayo: Un potente coche bomba explota en Bogotá. Aparentemente iba destinado a matar al general Miguel Maza, director del DAS. Maza sale ileso; no así seis transeúntes, que mueren en el acto.

— 3 de junio: Secuestran al hijo del ministro del Interior del presidente Barco.

— 15 de junio: Un conocido periodista de radio, Jorge Vallejo, muere tras sufrir un atentado.

— 4 de julio: El gobernador de Antioquia, Antonio Roldán, es asesinado en Medellín dentro de su propio coche en una explosión provocada por control remoto.

— 28 de julio: Muere asesinado el juez que expidiera una orden de detención contra Pablo Escobar y José Gonzalo Rodríguez G.

— 16 de agosto: Carlos Valencia, magistrado del Tribunal Superior, muere asesinado. El juez Valencia había ratificado los cargos formulados por la corte en primera instancia contra Escobar y Gacha.

— 17 de agosto: Más de cuatro mil jueces del tribunal de apelación comienzan una huelga nacional protestando por su estado de indefensión.

Un día después del inicio de la huelga, tanto el candidato Galán como el coronel Franklin fueron asesinados. Según las informaciones, mercenarios británicos e israelíes entrenaban por entonces a los asesinos a sueldo de los narcos en las tácticas más sofisticadas. Con un historial así, el norteamericano consideró que la noche de las bombas caseras entraba dentro de los límites de lo circunspecto. Era evidente que los narcos procuraban evitar un distanciamiento todavía mayor de la opinión pública, que había respondido con indignación al asesinato de Galán. La idea, evidentemente, no era golpear sino enviar un mensaje. La audacia demostrada por los narcos, sin embargo, dejaba entrever por qué Colombia había pedido ayuda a Estados Unidos. El norteamericano era parte del paquete militar que había llegado como respuesta.

Formaba parte de una unidad ultrasecreta asentada en Bogotá y comandada por un mayor del Ejército norteamericano, que, por lo que indicaban su documentación actual, se llamaba Steve Jacoby. Los miembros de aquella unidad representaban una nueva clase de espías, expertos en vigilancia electrónica clandestina, hombres seleccionados y entrenados por el Ejército para suministrar «inteligencia operativa» durante la organización de la infortunada misión de rescate de los rehenes norteamericanos en Irán diez años antes. La idea era llenar el vacío que se había formado en las actividades de espionaje ortodoxo de la CIA y la NSA (la Administración de Seguridad Nacional); un vacío que el Ejército señalaba como «crítico». Estas burocracias establecidas del espionaje, creadas y alimentadas hasta el hartazgo durante la Guerra Fría, eran responsables en primera instancia de recabar información para la toma de decisiones políticas de corte general. Con todo, cada vez se emprendían más y más operaciones militares clandestinas —«especiales», en jerga militar— en países exóticos, incursiones a pequeña escala y sin demasiada antelación. Lo que los hombres a cargo de esas operaciones necesitaban para hacer su trabajo era información precisa y oportuna, del estilo de: «¿Cuántas puertas y ventanas tiene el "objetivo"? ¿Qué tipo de armas llevan los guardaespaldas?

¿Qué cena el "objetivo" habitualmente? ¿Dónde durmió anoche y anteanoche?». Aquellos hombres necesitaban que se les proveyera de logística detallada (información acerca de los vehículos del país en cuestión, la ubicación precisa de las casas francas de los «objetivos», escondites, etc.), y ese tipo de datos no era una especialidad de las grandes burocracias del espionaje. Durante la década posterior a su creación, aquella pequeña unidad clandestina especializada en vigilancia electrónica, escuchas e intercepción, había cambiado muchas veces de nombre, en parte para proteger su confidencialidad. Primero se había llamado ISA (Intelligence Support Activity), el Ejército Secreto de Virginia del Norte, Torn Victory, Viento de Cementerio, Capacity Gear y Robin Court. Por entonces se llamaba Centra Spike.

Centra Spike había sido creada para suministrar una gran variedad de «inteligencia» o información operativa, pero su especialidad era encontrar gente. Los militares de Centra Spike, que respondían al nombre de *operadores,* podían señalar el origen de una señal de radio o de un teléfono móvil con sólo aguzar el oído desde el aire sobre conversaciones de radio y telefónicas. Localizar el origen de una señal de radio había sido desde hacía tiempo una de las artes militares, pero sólo recientemente se había convertido en algo tan preciso como para utilizarse con fines tácticos. Durante la segunda guerra mundial, los equipos de vigilancia electrónica apenas determinaban la dirección de una señal de radio; y utilizando tres aparatos receptores en tierra, los especialistas podían, como mucho, calcular por triangulación el origen de la emisión, ya fuera una región o un país. El Ejército alemán utilizaba aquella técnica sin resultados alentadores en la Francia ocupada con la intención de rastrear a los miembros de la resistencia que emitían sin cesar sus mensajes a Inglaterra. Desde cada vértice del triángulo formado por los aparatos receptores, se trazaban líneas en dirección al sitio donde la señal llegase con más intensidad; donde las tres líneas se cruzaran, allí se encontraba la radio o, al menos, no demasiado lejos de allí. Veinte años después, durante la guerra de Vietnam, los especialistas en localización y rastreo de señales del Ejército habían mejorado tanto sus equipos y técnicas que podían determinar el origen de una señal interceptada en un radio de setecientos cincuenta metros. Y veinte años más tarde, Centra Spike fijaba con exactitud el origen de estas señales con una precisión de doscientos metros. Pero lo más extraordinario era que el equipo electrónico utilizado para llevar a cabo tal proeza, en vez de triangular utilizando tres receptores en tierra, se realizaba exclusivamente desde un pequeño aeroplano. Una vez en el aire, el equipo sustituía a los tres receptores. Se hacía desde el avión, en pleno vuelo, tomando las distintas lecturas en distintos puntos del trayecto de la nave. Tan pronto fuese recibida la señal, el piloto comenzaba a trazar un arco en derredor de dicha señal, y utilizando computadoras para hacer los cálculos precisos e inmediatos, podían comenzar a triangular en cuestión de segundos. Si el avión tenía tiempo de completar un semicírculo alrededor de la señal, conocería la ubicación del emisor con una precisión de unos doscientos metros. Esta búsqueda podía llevarse a cabo en cualquier tipo de clima y pese a cualquier medida preventiva que el objetivo en tierra pudiera tomar. Ni siquiera un mensaje radiado en clave puede ocultar su origen.

Al principio, aquel método requería un avión de gran envergadura, porque las múltiples antenas que se utilizaban para la triangulación necesitaban cierta distancia entre sí. La posibilidad de lograr los mismos resultados con una avioneta significaba que se podía realizar de un modo menos conspicuo. Así que la precisión de Centra Spike hizo posible por primera vez localizar el objetivo sin atraer demasiado la atención, incluso sobrevolando una gran ciudad y ésa, justamente, era la intención. Las misiones anteriores de la unidad habían tenido como objetivos principalmente a patrullas rebeldes escondidas en las montañas o en la jungla. En Colombia y contra el cártel de Medellín se iban a tener que esforzar.

Varios servicios secretos y fuerzas de seguridad norteamericanas habían estado llevando a cabo sus tareas de espionaje desde la embajada norteamericana en Bogotá durante años pero fiándose de métodos más convencionales de obtención de información. La CIA tenía sus propios contactos establecidos desde hacía ya tiempo, pero siempre habían orientado su actividad a los insurrectos marxistas que pululaban en las montañas. Sólo recientemente se había redefinido la lucha contra los narcos como una de las que correspondían a la CIA, y a muchos altos mandos de Washington no les hacía gracia tal idea. Sin embargo, los agentes en suelo colombiano estaban muy comprometidos. Con fondos ilimitados y una reputación bien ganada por el secreto absoluto, la CIA ya estaba sacando ventajas de la profunda y mortífera rivalidad existente entre los cárteles de Cali y de Medellín. La DEA, por su parte, trabajaba conjuntamente con la policía colombiana, y con gran habilidad se había aprovechado al máximo de los piques entre la PNC y el Ejército y de las rivalidades entre el Ejército y el DAS, la policía secreta; sin olvidar, naturalmente, la hostilidad interna entre el DAS y su propia división de investigadores de paisano, la DIJIN. La ATF norteamericana (la Administración para el consumo de Alcohol, Tabaco y Armas de fuego) también tenía su propio agente en Bogotá, y el FBI había hecho progresos infiltrando en los cárteles a informantes colombianos capturados previamente en Estados Unidos, traficantes a los que se les había dado a elegir entre largas condenas y regresar a Colombia a jugar el muy comprometido juego de la traición. Todas estas actividades eran extremadamente peligrosas, y los cárteles tenían una fama de brutalidad tal que era extremadamente difícil encontrar a alguien dispuesto a actuar de espía o tan siquiera a informar. El dinero tampoco era excesivamente eficaz, ya que aquellos a quienes motivara el dinero podían obtenerlo a raudales vendiendo cocaína o aceptando sobornos. Las diferencias culturales hacían que infiltrar agentes «propios» en los cárteles fuera casi imposible, pues incluso los norteamericanos de origen hispano se encontraban con un dialecto y una cultura radicalmente diferente de la de México o la de Puerto Rico. Algunas fuerzas de seguridad tampoco demostraban tener demasiada idea cuando escogían a quién enviar. Steve Murphy, un agente de la DEA, grandullón y agresivo, originario de Virginia del Este, fue enviado a Bogotá con un entrenamiento apresurado de la lengua que no había durado más de un par de semanas. La mayor parte de su primer año lo pasó sentado frente a su escritorio en la embajada norteamericana, hojeando un grueso diccionario bilingüe español-inglés, intentando traducir los artículos de varios periódicos bogotanos y así ser de alguna utilidad. Centra Spike, en cambio, ofrecía un atajo casi mágico que evitaba la peligrosa, ardua y prolongada tarea de reunir información; los operadores de Centra Spike sencillamente recogían la información desde el aire como quien recoge frutos de un árbol.

Mientras que aquellos que trabajaban en la embajada iban y venían en coches blindados, sin matrículas diplomáticas y con escolta armada, los integrantes de Centra Spike vivieron en cuartos de hotel y cambiaban de domicilio con frecuencia durante el primer mes. No frecuentaban restaurantes y bares y hacían todo lo humana y profesionalmente posible para pasar desapercibidos y no desentonar. El secretismo con el que se movían aquellos agentes no era únicamente su pantalla protectora sino también una parte esencial de su estrategia. Cuanta menos gente supiera de la existencia de Centra Spike más oirían y verían sus operadores. La meta de Centra Spike era infiltrarse electrónicamente en el cártel y llegar a meterse bajo la piel de quienes lo lideraban. Sólo un puñado de gente en la embajada —el embajador, el jefe de operaciones de la CIA en Colombia y quizá uno o dos funcionarios de confianza— conocía la misión de Steve Jacoby en Bogotá. El Gobierno colombiano ni siquiera estaba al tanto de que Centra Spike existiera. Se le había informado solamente de que, con el visto bueno de Colombia, Estados Unidos daría comienzo a tareas de vigilancia de elevada sofisticación. Para el resto del mundo, tanto Jacoby como el personal que trabajaba con él en Bogotá no eran más que burócratas sin grandes atribuciones que formaban parte de un grupo de seiscientos hombres relacionados con trabajos informáticos, administrativos y rutinarios.

Para la gente de Centra Spike trasladarse a otro destino no significaba más que sacar del cajón un pasaporte distinto, otro juego de tarjetas de crédito y algunos documentos cuidadosamente falsificados; todos ellos tan oficiales como un billete de cien dólares recién salido de la casa de la moneda, sin olvidar los datos personales, fotos y una historia familiar... en caso de que a alguien le interesara investigar. Cambiar de personalidades era difícil en los comienzos, pero para aquellos hombres ya se había transformado en algo tan sencillo como ponerse otro par de zapatos; quizá apretaran un poco al principio pero pronto se acostumbraban y caminaban sin tan siquiera sentirlos. Steve Jacoby, por ejemplo, era la definición perfecta de *anodino*. Jacoby representaba el tipo de persona a la que uno no le dedicaría una segunda mirada: altura media, cara ancha, manos grandes y suaves, un tipo corpulento sin llegar a ser gordo. O sea, el tipo de hombre que tiene cosas más importantes que hacer que ir al gimnasio, y dueño de una actitud que parecía ensimismada y llena de calma, a menos que hubiera una razón para dirigir hacia ti sus ojos de párpados caídos. Entonces quizá uno descubriera un sentido del humor vivo y cínico, un hombre inteligente pero no serio, un escéptico en lo referente a la autoridad pero en cierto modo seguro, gruñón y divertido. Un tipo inofensivo, cascarrabias, un adicto al trabajo. Eso sí era evidente. Tenía el cutis pálido y la camisa y la americana arrugadas de los que han pasado muchas horas en una silla de oficina detrás de un escritorio o enfrente de un ordenador. Al conocerle parecía distante y áspero, pero luego era indiscutiblemente cálido y agradable. No contaba con el aspecto de un hombre complicado o particularmente exitoso, pero en el pequeño mundo de los agentes secretos era sencillamente el mejor.

Las telecomunicaciones eran, por lo común, el punto débil de los criminales, las guerrillas y las organizaciones terroristas. La superioridad de Jacoby radicaba en lograr mantenerse a uno o dos pasos por delante de los demás en un campo de cambio rápido y constante. Cuando infiltrar un espía en una organización se tornaba imposible, Centra Spike se infiltraba desde una distancia prudencial, colocando lo que daban en llamar «un oído agudo». Lo que significaba que hombres como Jacoby no podían evitar tener que infiltrarse, y quedarse, en sitios muy peligrosos.

En San Salvador, los operadores de la unidad solían dejar sus hoteles por la mañana y dirigirse hacia el aeropuerto tan rápido como pudiesen, pasando a ciento treinta kilómetros por hora por túneles a los que la guerrilla gustaba arrojar granadas. Para técnicos como ellos, había pocos trabajos que ofrecieran tanta estimulación mental, peligro y adrenalina a la vez. Si un destacamento de guerrilleros se escondía en las colinas de Nicaragua, no había tiempo para experimentos de laboratorio, informes y el posterior comentario de los colegas. Cen-

tra Spike tenía que buscar la manera de encontrarlos y seguir-
les la pista, por el tiempo que fuera necesario. La unidad disponía de dinero de sobra para moverse con celeridad, adaptarse e improvisar. Sus miembros sufrían el apremio, pero gozaban
de la importancia que sienten aquellos de cuyo trabajo dependen las vidas de otros. No es difícil imaginar cuántos matri-
monios habían sufrido daños irreparables y cuántos de esos
hombres se habían convertido en extraños para sus propios
hijos, por intentar hacer del mundo un lugar mejor y por defender su país.

La misión en Colombia no había sido una decisión en frío
o improvisada. John Connolly, jefe de la CIA en Colombia,
ya había hecho preparativos de logística previos a la llegada
de Centra Spike a suelo colombiano. Antes que nada habían
de llevar su propio avión al país. Cualquiera que anduviese
buscando el equipo de vigilancia electrónica más sofisticado
de Estados Unidos se habría valido de una nave estupenda y
vistosa, un avión con protuberancias por encima o por debajo del fuselaje, y probablemente erizado de antenas. Lo que no
se les ocurriría buscar serían dos avionetas Beechcraft de lo
más común y corriente: una, un modelo 300, y la otra, un modelo 350 algo más nueva. Por dentro y por fuera las avionetas
parecían dos típicos aeroplanos comerciales bimotores para
seis pasajeros; el tipo de nave que utilizan las empresas de alquiler o las grandes compañías para transportar a sus ejecuti-
vos de un sitio a otro. En un lugar como Colombia, donde las
carreteras no eran de fiar, aquel tipo de transporte era más que
habitual.

Sin embargo, aquellas Beechcraft no eran avionetas comunes y corrientes. Habían sido modificadas por Summit Aviation, empresa afincada en Delaware, en el extremo norte de
la bahía de Chesapeake. Cada una costaba cincuenta millones de dólares y estaba abarrotada de equipos novedosos en

vigilancia electrónica y detección de señales. Si alguien se hubiera fijado muy, pero muy de cerca —por ejemplo, con una cinta métrica—, habría descubierto que en la envergadura de las alas había unos quince centímetros de diferencia entre un Beechcraft corriente y aquellos dos: allí, dentro de las alas, iban ocultas las dos antenas principales. Cinco antenas secundarias podían ser bajadas del fuselaje como un tren de aterrizaje una vez que la nave hubiese despegado. Antes de despegar el interior también parecía normal, pues los miembros de Centra Spike llegaban con sus ordenadores portátiles y no se preparaban para las escuchas hasta que la nave no hubiese alcanzado los siete mil quinientos metros de altitud. Entonces se bajaban las antenas, se plegaban los paneles del interior y se enchufaban los ordenadores portátiles al ordenador central y al suministro de energía de la nave. Ambos operadores utilizaban cascos con dos auriculares individuales, para poder seguir, entre los dos, cuatro frecuencias simultáneamente. Sus pantallas les indicaban en un gráfico la posición del avión y la posición estimada de las señales que captaban y, puesto que volaban a gran altura y podían recoger señales a través de la capa de nubes que a la vez los ocultaba, no había ningún indicio de que estuviesen allí y por ende de que pudieran ser descubiertos desde tierra.

Centra Spike disponía además de otra ingeniosa capacidad a su favor: mientras que el objetivo dejase su teléfono móvil con la pila puesta, los operadores podían encenderlo y apagarlo siempre que quisieran. Sin encender las luces de la pantalla o hacerlo sonar, el teléfono podía ser activado y así emitir una señal de baja intensidad lo suficientemente potente como para que los agentes pudiesen localizar la ubicación aproximada. La unidad encendía el teléfono brevemente en las horas en que el «objetivo» estuviera durmiendo y, entonces, desplazaban a uno de los aeroplanos hasta el lugar para intentar controlar las llamadas que el objetivo hiciera apenas se despertara.

Era importante que no se descubriera al dueño de aquellas avionetas. Con tal fin se creó una empresa-tapadera llamada Falcon Aviation, que hubiese sido contratada para llevar a cabo alguna tarea inofensiva. Y lo que la CIA acabó por crear fue ingenioso: Falcon Aviation, oficialmente, realizaría un proyecto de seguridad, un estudio de los radiofaros VOR (emisores de las frecuencias VHF* de radio, pero omnidireccionales). Éstos son transmisores ubicados en todos los aeropuertos para facilitar a los pilotos el acercamiento a las pistas de aterrizaje. Los radiofaros VOR son una característica estándar de la seguridad aérea internacional, y no era extraño que la embajada de Estados Unidos, con el acuerdo de las autoridades locales, hiciera controles de rutina a los equipos. Ello le daría a los miembros de Centra Spike una excusa para volar por casi cualquier parte del país. El número de radiofaros VOR ascendía a poco más de la veintena en toda Colombia, así que alguien que comprendiera los detalles de la infraestructura de la industria aeronáutica sabría que aquella tarea no llevaría más que un par de semanas, pero había tan poca gente que prestara atención a ese tipo de minucias, que de ser necesario el contrato obtenido por Falcon Aviation le serviría de escudo a Centra Spike durante años.

3

En el otoño de 1989, la embajada de Estados Unidos en Bogotá no conocía el funcionamiento interno del cártel de Me-

---

* Siglas en inglés de *very high frequency*, o frecuencia muy alta. *(N. del T.)*

dellín ni la identidad de quien lo encabezaba. Pablo sólo era uno más de los nombres importantes. Las autoridades colombianas sospechaban que era el jefe supremo, pero toda la información que suministrara la policía local sería recibida con desconfianza por los norteamericanos. Todos y cada uno de los líderes del cártel se habían vuelto tan célebres como infames. La revista *Fortune* los incluía en la lista de los hombres más ricos del mundo, pero José Gonzalo Rodríguez G., *el Mexicano,* el gordinflón que solía ornar la cinta de su sombrero panamá con una cabeza de serpiente, era considerado el más rico y el más violento. *Fortune* había puesto a Rodríguez Gacha en portada, y estimaba su fortuna en unos cinco mil millones de dólares. Antes de la llegada de Centra Spike, los informes señalaban a Gacha como el capo máximo del cártel y los servicios de inteligencia norteamericanos creían que había sido él quien había ordenado liquidar al candidato Galán.

Así que fue el Mexicano el primer objetivo de Centra Spike y, a decir verdad, no les costó mucho encontrarlo. Se había estado escondiendo de la policía nacional desde que se enterara de la muerte de Galán y desde que el Gobierno le incautara su mansión sita en el norte de Bogotá. Un informante del círculo íntimo de Galán reveló que Rodríguez Gacha mantenía conversaciones telefónicas regulares con una mujer en Bogotá. A través de la DEA, esa información pasó a manos de la embajada norteamericana y Centra Spike comenzó las escuchas correspondientes. Lo encontraron de inmediato en una finca, en la cima de una colina, al suroeste de Bogotá. Era la única construcción del lugar y sospechosamente elegante para aquel sitio alejado. Jacoby pasó la información al jefe de la CIA en Bogotá, y a partir de entonces se informó al presidente Barco.

La respuesta fue inmediata y sorprendente, y disipó cualquier duda que los norteamericanos hubieran tenido hasta entonces. Las coordenadas fueron transmitidas a la Fuerza Aérea colombiana que el 22 de noviembre hizo despegar un escuadrón de cazabombarderos T-33 para arrasar la finca y a cualquiera que estuviese allí. Aquella reacción desconcertó a los funcionarios de la embajada, quienes no habían previsto que el Gobierno de Barco fuera a eliminar sin más a las personas que ellos habían ayudado a encontrar. El hecho es que la misión de bombardeo nunca llegó a cumplir su objetivo debido a que el comandante del escuadrón, un coronel, avistó un pequeño poblado justo detrás de la finca de Gacha. Si alguna de las bombas, aunque fuese por poco, rebasaba la casa, no daba en el blanco y seguía su curso, era muy probable que fuese a caer sobre algunas de las treinta o cuarenta viviendas que había más abajo. Así pues, para evitar una tragedia, el coronel abortó el bombardeo en el último momento, pero no sin antes pasar rugiendo a unos quince metros por encima de un Gacha confundido y asustado. Cuando los reactores pasaron a vuelo rasante por encima de la finca, Gacha, que hablaba por teléfono (mientras Centra Spike escuchaba la conversación), dio un grito de sorpresa y de rabia y se esfumó de allí sin perder un segundo. A pesar del susto, un puñado de sus lugartenientes permaneció allí y fue arrestado al día siguiente cuando una fuerza policial llegó en helicópteros e irrumpió en la casa. El Ejército, por su parte, confiscó cinco millones cuatrocientos mil dólares en la finca. Sin embargo, con una brevedad pasmosa, un juez alegó que la redada había sido ilegal y la mayor parte de estos hombres salieron libres; algunos serían identificados por Centra Spike como figuras clave dentro del cártel.

La repentina decisión de no bombardear le acarreó grandes críticas a la Fuerza Aérea colombiana, que fue acusada de corrupta y de haberle permitido a Gacha escapar. Había razones para sustentar tal hipótesis porque el capo mantenía antiguos amigos dentro de las Fuerzas Armadas; amigos que habían colaborado con sus escuadrones paramilitares en contra de las guerrillas marxistas. La PNC, los más involucrados en la lucha contra el cártel, acusaron a la Fuerza Aérea de haber echado a perder la misión intencionalmente, dándole un dato inequívoco y atronador a Gacha y permitiéndole escapar. El embajador en persona se vio arbitrando el conflicto, revisando los mapas de la colina y calculando las probables trayectorias de las bombas. La Fuerza Aérea incluso llegó a instar a Jacoby para que sobrevolara la finca en el asiento trasero de un T-33. Jacoby declinó la invitación. La investigación concluyó que el coronel había actuado nada más que con prudencia.

La búsqueda de Gacha y de los otros líderes del cártel llegó a cobrar una importancia aún mayor para Estados Unidos cuando, sólo cinco días más tarde, un avión comercial de Avianca explotó en pleno vuelo minutos después de despegar de Bogotá en dirección a Cali. El atentado había sido planeado dos semanas antes en el transcurso de una reunión de la que participaron Pablo, Gacha y algunos de sus más importantes tenientes y jefes sicarios. Se discutió la colocación de dos bombas, de la que la principal atentaría contra el cuartel general de el DAS en Bogotá. Se dio el visto bueno, y después Pablo sugirió el vuelo de Avianca. Sostuvo que quería matar a César Gaviria, el candidato que había recogido el estandarte de Galán y se había convertido en el liberal favorito de los colombianos. César Gaviria había actuado como jefe de campaña para el propio Galán, pero en el funeral el hijo del candidato asesinado le había pedido a Gaviria que concluyese el proceso.

Aquella cumbre de los capos dio como resultado otro comunicado de Los Extraditables, que Pablo redactó: «Queremos la paz. Lo hemos proclamado a viva voz, pero no vamos a rogar [...]. No aceptamos, ni jamás aceptaremos, las numerosas y arbitrarias redadas a las que someten a nuestras familias, el saqueo, las detenciones represoras, los montajes judiciales, las extradiciones ilegales y antipatrióticas ni tampoco las violaciones de nuestros derechos. Estamos preparados para enfrentarnos a los traidores».

Carlos Alzate, uno de los sicarios veteranos de Pablo, reclutó a un joven de Bogotá para que les hiciera un trabajo. Debía llevar consigo en el vuelo un maletín que, según lo que le había informado Alzate, contenía una grabadora. Una vez en el aire, y según sus órdenes, el joven debía grabar secretamente la conversación de la persona que había a su lado. Lo cierto era que el maletín contenía cinco kilos de dinamita. El desventurado espía —Alzate lo llamaba *el Suizo,* acaso como abreviatura de *suicida*— tenía orden de accionar un interruptor ubicado en la parte superior del maletín para activar la grabadora. Los ciento diez pasajeros murieron, y Gaviria ni siquiera había cogido el vuelo. Había comprado el billete, pero la gente que tenía a su cargo la campaña decidió que el candidato evitara todo vuelo comercial por razones de seguridad. La otra razón era que la presencia de Gaviria en un vuelo de línea atemorizaba a los demás pasajeros que no deseaban compartir avión con alguien tan claramente objetivo de atentado.

Desde el derribo del vuelo 103 de Pan Am acontecido un año antes sobre Lockerbie, Escocia, las amenazas al tráfico aéreo se habían convertido en una de las principales preocupaciones de Estados Unidos y de otros países poderosos. El tráfico aéreo se consideraba una necesidad vital del mundo civilizado, pero a la vez no cabían dudas sobre su vulnerabilidad para cualquier criminal lo suficientemente cruel. Disuadir y castigar a los extremistas que hicieran de la aviación comercial su blanco se había vuelto prioritario para la comunidad antiterrorista internacional. El temor acerca de las intenciones del cártel de Medellín aumentó cuando algunos hombres de Pablo fueron arrestados intentando adquirir ciento veinte lanzacohetes tierra-aire del tipo Stinger en el estado de Florida. Semanas después de la explosión del vuelo de Avianca, el presidente Bush hizo pública una declaración largamente meditada, que provenía de la Consejería de Asesoramiento Legal del Departamento de Justicia según la cual la utilización del Ejército contra supuestos criminales en el exterior no violaría el Decreto Posse Comitatus.* Además y a los ojos de Bush, el atentado de Avianca señalaba a Pablo Escobar, a José Gonzalo Rodríguez G. y a otros líderes del cártel como culpables directos y amenazas potenciales para los ciudadanos norteamericanos (dos de las víctimas del vuelo tenían esa nacionalidad). Por tanto, a los narcos, en opinión del Gobierno de Bush, se los podía matar legalmente.

Durante casi dos décadas, la orden para ejecutar ciudadanos extranjeros había sido regulada por la Directriz Presidencial 12.333, cuyos extractos pertinentes se incluyen a continuación:

2.11. *Prohibición de asesinato*

Ninguna persona empleada por el Gobierno de Estados Unidos o que actúe en nombre del mismo deberá cometer —o conspirar para cometer— asesinato.

* Decreto que prohíbe el despliegue del Ejército o de la Fuerza Aérea fuera del territorio estadounidense, salvo autorización expresa del Congreso. *(N. del T.)*

132

2.12. *Participación indirecta*

Ningún servicio de inteligencia deberá participar en o emprender las actividades prohibidas en la presente directriz.

Esta directriz del poder ejecutivo existía desde 1974, cuando fue promulgada por el presidente Gerald Ford. Con ella se buscaba poner fin de antemano a un proyecto de ley que se estaba gestando en el Congreso, una de cuyas comisiones investigaba los abusos cometidos por los servicios de inteligencia norteamericanos. Se trataba de un arreglo aceptable para ambas partes y diseñado con la intención de evitar que los legisladores de izquierda lograsen transformar dicho proyecto en ley ya que, por ser una directriz presidencial, ésta otorgaba al presidente el derecho de utilizarla a voluntad. Poco después de que Bush asumiera la presidencia en 1989, W. Hays Parks, jefe de la rama de legislación internacional de la Oficina del Fiscal General del Ejército, comenzó a preparar un memorando formal para clarificar aún más la Directriz Presidencial 12.333. Con la fecha del 2 de noviembre, y rubricada por los representantes legales del Departamento de Estado (Ministerio de Asuntos Exteriores), la CIA, el Consejo de Seguridad Nacional, el Departamento de Justicia y el Departamento de Defensa (Ministerio de Justicia), concluyó:

El propósito de la Directriz Presidencial 12.333 y sus predecesoras legales era impedir acciones unilaterales por parte de agentes individuales o de servicios de inteligencia en contra de funcionarios públicos extranjeros, y establecer más allá de toda duda que Estados Unidos no aprueba el asesinato como instrumento político de su Gobierno. La intención de la misma no consistía en limitar las opciones de legítima defensa ante amenazas reales contra la seguridad nacional de Estados Unidos o contra sus ciudadanos. Actuando de acuerdo con la Carta de las Naciones Unidas, *una decisión presidencial que implicara el uso de fuerzas militares clandestinas, furtivas o abiertamente no constituiría asesinato si las fuerzas militares de Estados Unidos fuesen empleadas en contra de los combatientes de otra nación, guerrillas, terroristas u otra organización cuyas acciones supusieran una amenaza a la seguridad de los Estados Unidos* [cursiva del autor].

El memorando tranquilizó a los agentes y militares de los muchos servicios de espionaje e inteligencia que realizaban a diario operaciones encubiertas —incluidos los hombres de Centra Spike—, quienes no deseaban que en el futuro su trabajo fuera tachado de criminal. Si los colombianos decidían sencillamente matar a los capos del narcotráfico que Centra Spike ayudaba a encontrar, que así fuera.

La situación en Colombia era ciertamente de guerra. El 6 de diciembre, sólo nueve días después de que José Gonzalo Rodríguez G. saliera huyendo de su finca, tuvo lugar el otro de los dos atentados planeados por Pablo. Un autobús cargado con quinientos kilos de dinamita detonó en las inmediaciones del edificio del DAS. La deflagración abrió un cráter de casi un metro y medio en el pavimento de la entrada y arrancó la fachada de cuajo. Murieron setenta personas y cientos sufrieron heridas y los daños materiales sobrepasaron los veinticinco millones de dólares. Uno de los objetivos del atentado era el general Miguel Maza Márquez, que ya había sobrevivido milagrosamente a otro atentado perpetrado con coche bomba en mayo de aquel mismo año. Maza surgió de entre los escombros una vez más, sin un rasguño.

Las explosiones fueron vengadas con prontitud. Centra Spike siguió los pasos de Rodríguez Gacha durante las semanas siguientes mientras éste se escabullía hacia el norte huyendo de finca en finca, aunque nunca se quedaba en ninguna el tiempo suficiente como para que los colombianos preparasen una redada. Finalmente se detuvo en una cabaña ubicada en el departamento de Chocó, en una remota zona boscosa junto a la frontera con Panamá. Allí, Centra Spike logró detectar la señal de su radioteléfono concretando un envío de mujeres por camión a aquel páramo. La ubicación del emisor no era precisa —el mensaje había sido demasiado corto—, pero las unidades de elite de la policía fueron desplegadas para rastrear la zona. Un tal Jorge Velásquez les llevó hasta la finca de Gacha. Velásquez era un traficante de cocaína de Cartagena que había actuado de espía para los rivales del cártel de Medellín, el cártel de Cali. Los narcos caleños tenían mucho que ganar con la destrucción de sus rivales paisas y, discretamente, habían comenzado a colaborar con la policía. Cuando Velásquez hubo señalado la localización precisa de la finca, se organizó un asalto coordinado que tendría lugar la mañana siguiente, el 15 de diciembre de 1989. Por las dudas, Estados Unidos puso en alerta una fuerza operativa formada por miembros de la Fuerza Delta y de los SEAL* de la Armada norteamericana, que aguardaban a bordo del buque militar *América;* buque que navegaba a corta distancia de la costa. Cuando los helicópteros del operativo policial —varios AH-6 Little Birds armados con miniametralladoras israelíes— descendieron sobre Gacha, su hijo adolescente, Freddy, y cinco guardaespaldas huyeron hacia un bananal. De acuerdo con el informe oficial, los fugitivos abrieron fuego contra los helicópteros con armas automáticas, pero fueron despedazados por el fuego

---

* Tropas de elite de la Armada norteamericana, especializadas en operaciones marinas, terrestres o aerotransportadas, operaciones clandestinas, de contrainsurgencia y guerrilla «no convencional». *(N. del T.)*

graneado de los helicópteros. Los cuerpos se expusieron públicamente. La parte inferior de la cara del Mexicano había sido arrancada entera por los disparos. Era una manera grotesca de dejar sentado que la guerra contra el narcotráfico iba en serio.

Gacha fue velado en Pacho, su pueblo natal, a unos cuarenta kilómetros de Bogotá, y su capilla ardiente visitada por miles de personas. En su mansión particular la policía descubrió una cadalso en perfecto funcionamiento, ametralladoras, granadas y una pistola niquelada calibre 9 milímetros con su carga de balas grabadas con el monograma del Mexicano. Su muerte no supondría una gran disminución en el tráfico de cocaína que entraba a Estados Unidos, pero para la mayoría de los colombianos, atemorizados por años de atentados, secuestros y asesinatos, aquello significaba una victoria mayúscula para el Estado, para el presidente Barco y, aunque más reservadamente, para Estados Unidos.

Tras la muerte de Gacha ocurrió algo curioso. Pablo Escobar recibió e hizo un torrente de llamadas. Entre las actividades de Centra Spike, aparte de la localizar a personas, constaba la de examinar los «patrones» en el flujo de las comunicaciones. Controlando el flujo de comunicación electrónica en un período de tiempo, puede deducirse la estructura interna aproximada de una organización. Ninguno de los peces gordos del cártel utilizaba las líneas telefónicas fijas de la red central telefónica de Colombia, pues era sabido que la policía y la policía secreta, tanto la DIJIN como el DAS, las «pinchaban» constantemente. Pero ninguno de los capos del cártel parecía sospechar que alguien estuviese escuchando sus conversaciones por móvil o por radioteléfono.

Por aquellos días, Centra Spike tuvo la primera oportunidad de oír la voz de Pablo. Las conversaciones que interceptaron fueron grabadas en las avionetas Beechcraft por técnicos, que después las enviaban a la embajada, donde Jacoby y su equipo las estudiaba. Gacha era un tipo burdo y sin educación. Por el contrario, Escobar parecía poseer cierto refinamiento, tenía una voz profunda y hablaba con delicadeza. Sabía expresar muy bien sus ideas y, aunque de vez en cuando solía comunicarse en su dialecto paisa, utilizaba un castellano muy claro, libre de obscenidades y con un vocabulario un tanto sofisticado que gustaba de mechar con palabras sueltas y expresiones en inglés. Era concienzudamente urbano y parecía emitir una jovialidad serena e inmutable, como si intentara mantener un ambiente de ligereza sabiendo de sobra que todo aquel que se le dirigiera le temía. Por citar un ejemplo, con sus íntimos, su saludo habitual era un «¿Qué más, caballero?».

Ambas cosas, los patrones de las llamadas y el contenido, alteraron la imagen que la unidad tenía del cártel de Medellín. En vez de confusión ante la necesidad de llenar el espacio dejado por el capo muerto, o ante una contienda entre los que se creían los iguales y los subordinados de Gacha, lo que Centra Spike oyó fue a Pablo Escobar manejando fríamente sus asuntos de negocios, más bien como un ejecutivo de altos vuelos que había perdido a un asociado clave. Lo llamaban para que tomase decisiones, y él lo hacía con toda calma, redistribuyendo intereses y atribuciones. En las semanas siguientes a la muerte de Gacha, Centra Spike iba cayendo progresivamente en la cuenta de que Pablo había sido desde siempre el hombre al mando. Siempre consciente de la imagen que reflejaran de él los medios, estaba encantado de que a Gacha le hubiesen adjudicado el papel de «malo».

De lo que también se enteró Centra Spike fue de la despreocupada crueldad de Pablo. Llegaron a esa conclusión cuando tras la desaparición de Gacha, Pablo ordenó secuestrar a un oficial, un comandante de la IV Brigada del Ejército. Enfadado por la muerte de su colega, Pablo propuso que no solamente lo mataran, sino que lo torturaran lentamente, para que el Gobierno colombiano supiera lo herido que Pablo se sentía.

La muerte de Gacha lo había enfurecido, y quedaba claro que a partir de entonces el Gobierno planeaba llevar a cabo una campaña dura. En una conversación con su primo Gustavo Gaviria, se le oyó una poco usual perorata sin tapujos, que facilitó a los espías norteamericanos conocer lo que Pablo pensaba de la situación: Pablo se veía a sí mismo como un mártir atrapado en una lucha de clases entre la elite bogotana y la gente común de Medellín. Escobar intentaba, según dijo, utilizar a su favor el hastío que el país sentía por la violencia; pretendía crear aún más violencia hasta que el público pidiera a gritos una solución, un acuerdo entre él y el Gobierno.

«Primero iremos a por los oligarcas y quemaremos sus mansiones —dijo—. Es muy sencillo, porque la casa de un rico tiene sólo un guardia. Así que entramos con doce litros de gasolina, nos cagamos en ellos, y llorarán pidiendo piedad... Tú lo sabes, hermano, es la única manera. El país pide paz y cada día hay más gente que pide la paz. Así que hay que presionar todavía más.»

Un comunicado de Los Extraditables hecho público poco después, remató el concepto:

Le declaramos la guerra sin cuartel al Gobierno, a la oligarquía, individualmente y en su conjunto, a los periodistas que nos calumnian e insultan, a los jueces que se han vendido a los intereses del Gobierno, a los magistrados que apoyan la extradición [...] a todos los que nos han perseguido y atacado. No respetaremos a las familias de aquellos que no han respetado a las nuestras. Quemaremos y destruiremos las industrias, propiedades y mansiones de la oligarquía.

Desde entonces Pablo Escobar era el hombre que Centra Spike tuvo en el punto de mira. En enero de 1990, durante un viaje a Estados Unidos, Jacoby buscó y rebuscó hasta encontrar una botella de coñac Rémy Martin, que le costó más de trescientos dólares. Al regresar a Bogotá les contó a los miembros de su unidad que la había dejado sin abrir en un estante de su piso de Maryland para bebérsela cuando Pablo Escobar hubiera muerto.

4

A Pablo le empezaron a llover los problemas. Tres toneladas de dinamita que encargara para su campaña de amedrentamiento fueron incautadas en una redada policial en un almacén de Bogotá. Cinco más fueron asimismo requisadas en una finca de su propiedad cerca de Caldas. En febrero, el día antes de que el presidente Bush acudiera a Cartagena para asistir a una conferencia antidroga que reunía a todos los países de América, la policía asaltó tres importantes laboratorios de procesado de coca en Chocó, el estado lindante, al sur de Antioquia. En los dos meses posteriores a la muerte de José Gonzalo Rodríguez G., la PNC se apoderó de treinta y cinco millones de dólares en metálico y en oro; y los hombres de Pablo también comenzaron a caer.

Pablo concluyó que había un espía en su círculo más íntimo. Era evidente que alguien estaba informando a la policía de su paradero y de sus planes. Pablo hizo torturar y ejecutar en su presencia a varios miembros de su escolta a comienzos de 1990 para dar ejemplo. En una conversación interceptada, Centra Spike grabó los gritos de fondo de una de aquellas víctimas mientras Pablo hablaba tranquilamente con su mujer.

La Embajada de Estados Unidos guardaba celosamente el secreto de Centra Spike. Jacoby y su equipo trabajaban literalmente en una cámara blindada y sin ventanas en la quinta planta del edificio de la embajada. La cámara acorazada estaba protegida por muros de hormigón y una puerta de acero de quince centímetros de espesor. El secretismo era estricto incluso dentro del edificio. Los hombres de Centra Spike habían sido contratados como personal del embajador a modo de tapadera, y el sitio donde realizaban sus tareas era zona prohibida para la mayoría del personal diplomático. Mientras Pablo y los otros capos del cártel ignoraran que los escuchaban, continuarían hablando libremente por sus radioteléfonos y sus móviles.

Pero Pablo averiguó que sus llamadas estaban siendo captadas. En marzo de 1990, el Gobierno colombiano, inadvertidamente, le pasó el dato.

Sucedió cuando Centra Spike interceptó una conversación entre Pablo y Gustavo Mesa, uno de sus jefes sicarios y tenientes, mientras tramaban el asesinato de otro candidato presidencial.

—¿Qué pasa? ¿Cómo va todo? —preguntó Pablo.

—Todo va bien —dijo Mesa—. Lo que ordenó va muy bien.

—Pero no lo vaya a hacer usted, porque a usted se le ha encargado un solo trabajo, uno solo. ¿Me entiende?

—Entendido, ya tengo a la gente que lo va a hacer. El trabajo me está saliendo bien y ya he pasado la factura. El viernes recibo el dinero, todo está en orden.

A partir de allí prosiguieron discutiendo el pago (de unos mil doscientos dólares) y la promesa de que a la familia del joven sicario no le faltaría de nada en caso de que el muchacho muriese en el intento. Mesa explicó que otros pistoleros se encargarían de los guardaespaldas que rodearían al candidato, y que el asesino sólo debería apuntar al blanco principal. La mitad del dinero se pagaría por adelantado y la otra mitad después de que el trabajo se realizara. Se mencionaron la fecha y la hora exacta del atentado, pero lo exasperante fue que no se mencionó qué candidato sería tiroteado ni dónde sucedería.

La embajada decidió que esa información debía compartirse con el Gobierno colombiano, así que una trascripción de la cinta fue enviada al presidente Barco, y el Gobierno se sumió en un caos intentando impedir el asesinato. La víctima más probable era supuestamente Gaviria, porque era el favorito en los sondeos de opinión, había hablado abiertamente en favor de la extradición, y era el único candidato que públicamente había descartado de plano negociar con los narcos (una promesa que, como se demostraría, no llegaría a cumplirse). Se había atentado contra su vida varias veces más desde el fatídico vuelo de Avianca, así que tanto Gaviria como otros blancos probables fueron custodiados intensamente aquel día. A la hora de la verdad, la víctima fue el candidato que menos se hubieran esperado: Bernardo Jaramillo. El candidato del minoritario partido Unión Patriótica fue acribillado en el vestíbulo del aeropuerto de El Dorado. La policía automáticamente culpó a los narcos del crimen, pero lo que no quedaba claro era el móvil. Jaramillo no se había pronunciado a favor de la extradición ni sus posibilidades apuntaban a la Casa de Gobierno, pero el Gobierno tenía la cinta y no pudo resistir la tentación de inculpar a Pablo públicamente del atentado, así que la transcripción de la grabación fue filtrada a la prensa.

La indignación de la opinión pública no se hizo esperar. A pesar de negarlo, Pablo fue desenmascarado como lo que era, un asesino que ahora ordenaba ejecutar candidatos con el propósito de sembrar discordia. Perdió toda la credibilidad que había conseguido a través de largos años de hábiles relaciones públicas. La filtración logró el efecto deseado, pero hubo otras consecuencias: Pablo supo que las conversaciones que mantenía por su teléfono móvil estaban siendo seguidas y su voz se desvaneció de las ondas. Nunca más haría llamadas descuidadas por radioteléfono o móvil.

Todo aquello complicó bastante la vida al coronel Martínez, que había estrechado excelentes vínculos con Centra Spike en Medellín. Durante los primeros meses de 1990, el Bloque de Búsqueda lanzó redada tras redada contra los supuestos escondites del capo, pero siempre llegó demasiado tarde. El militar de Centra Spike adscrito a Medellín decía estar más impresionado por la voluntad del coronel Martínez que por sus métodos.

No cabía duda de que el coronel era distinto de la mayoría de los oficiales de la policía y el Ejército. Con excepción del general de las Fuerzas Aéreas que había dado la orden de bombardear la finca donde José Gonzalo Rodríguez G. se escondía, la mayoría de los oficiales con los que Centra Spike trabajaba parecían ser perezosos, incompetentes, corruptos o las tres cosas juntas. El delgado y larguirucho coronel tenía la intención de hacer lo que debía. Por lo que dijeron algunos de sus hombres, lo primero que decidió al llegar al cuartel general de Medellín fue poner a su plana mayor en fila contra la pared y decirles que si descubría a cualquiera de ellos traicionando la misión encomendada, «yo, personalmente, le volaré los sesos».

Martínez encerró a sus hombres para evitar comunicaciones descontroladas entre el exterior y el cuartel general. Y lo más importante, Martínez se mostraba frustrado e irritado cuando una de sus redadas fracasaba. Los norteamericanos estaban habituados a trabajar con militares colombianos que se reían de los fallos, y con oficiales a quienes sus propias redadas fallidas no les importaban más que haber recibido un plato equivocado en un restaurante.

Había multitud de razones por las que una incursión podía fallar una y otra vez. En una ocasión, al acercarse a una finca sospechosa durante una batida matinal, las fuerzas de asalto formaron una larga fila por la cresta de la colina y luego sencillamente bajaron caminando hacia la vivienda. El militar de Centra Spike que los acompañaba sugirió que el grupo se echara al suelo y se arrastrara hasta allí.

—¿Por el barro? —contestó el oficial al mando, como si la sugerencia fuera un insulto—. Mis hombres no se arrastran por el barro.

Los ocupantes de la finca se habían dado a la fuga mucho antes de que los soldados llegasen. La finca tenía las características típicas de todos los escondites de Escobar: el televisor Sony de pantalla gigante, un baño bien equipado y moderno, una nevera repleta de filetes y gaseosas, y equipos de radiocomunicación de primera categoría. Los ocupantes habían huido con tanta prisa que ni siquiera habían tenido tiempo de quemar los documentos, así que orinaron y defecaron encima, lo cual era suficiente como para disuadir a la policía de echarles un vistazo. Cuando el militar de Centra Spike comenzó a rebuscar entre la inmundicia, hasta el coronel se quejó.

—No puedo creer que haga eso —dijo asqueado—. ¡Son excrementos humanos!

—De donde yo vengo también nos arrastramos y hasta nos ensuciamos los uniformes —contestó el norteamericano.

Una vez que los documentos quedaron limpios y secos, se encontraron en ellos notas escritas a mano por Pablo y selladas con su propio pulgar. Aquellas notas prometían al cuidador de la vivienda una seguridad financiera. También había copias de ese documento preparadas para fincas similares, lo que indicaba que Pablo mantenía una larga lista de casas desperdigadas y preparadas de antemano para contar siempre con un sitio seguro y confortable donde refugiarse. Los documentos también mostraban cómo Pablo reclutaba y cuidaba de quienes le prestaban ayuda en las colinas que rodeaban Medellín. Mientras se realizaban las tareas detectivescas, los hombres del coronel se repantigaron enfrente del televisor y comenzaron a beberse las gaseosas y a asar los filetes de Pablo. Dos de los efectivos se habían quedado en la vivienda del granjero, donde ambos campesinos habían sido maniatados y amordazados y eran golpeados por los hombres del coronel con toda naturalidad.

—¿Qué están haciendo sus hombres? —le preguntó el hombre de Centra Spike a Martínez.

—Los estamos interrogando.

—No joda, coronel. Los están matando.

—Los estamos animando a que hablen.

—Si quiere que hablen, ¿por qué no les quita las mordazas?

—Usted no entiende, olvídelo —le dijo Martínez al tiempo que lo condujo lejos de allí—. Usted ni siquiera tendría que estar aquí.

Después de aquella experiencia, los norteamericanos notaron que el coronel procuró mantenerlos alejados de la acción, no para protegerlos en sí, dedujeron, sino para protegerlos de lo que vieran. Centra Spike oyó numerosos rumores acerca de las desagradables tácticas del coronel —palizas, porras de alto voltaje, asesinatos sumariales—; pero, si de verdad estaban ocurriendo, todo sucedía sin testigos norteamericanos, y tanto Centra Spike como los otros norteamericanos de la embajada mirarían hacia otro lado todo el tiempo que pudieran. Nadie quería ser testigo de abusos contra los derechos humanos, y mientras los norteamericanos no los vieran, no se sentirían obligados a informar de ellos. Con toda la desinformación que flotaba en derredor, ¿quién sabría lo que de veras estaba sucediendo? El coronel negaba las acusaciones enérgicamente, pero si él estaba pasándose de la raya, ¿no lo estaba haciendo también Pablo? El 20 de marzo de 1990, dos sicarios del cártel en motocicleta lanzaron una bomba en medio del gentío en el pueblo de Tebaide: hubo siete heridos y un niño murió. El 11 de abril, un coche bomba estalló en los límites de Medellín matando a cinco oficiales y agentes de policía. El 25 de abril, dos de los hombres de Martínez murieron, siete fueron heridos y dos transeúntes perdieron la vida cuando un coche bomba detonaba en Medellín. Si como producto de aquella guerra sin cuartel los hombres del coronel se excedían, ¿quién iba a culparlos?

En cierta ocasión, un operador de Centra Spike informó que dos hombres capturados en una redada habían sido lanzados desde los helicópteros cuando regresaban de Medellín. Él no lo había visto con sus propios ojos, pero había oído a varios de los oficiales de Martínez bromeando sobre el tema. El militar se enfrentó al coronel, pero éste le contestó: «Temimos que pudieran haberlo visto a usted». El soldado norteamericano protestó, pero Martínez le hizo señas para que se fuera. «No se preocupe, no es problema suyo.» Así que el norteamericano informó del incidente a Jacoby, el mayor le preguntó:

—¿Pero vio usted que los tiraran de los helicópteros?

—No, señor.

—Así me gusta.

Pero Centra Spike advirtió que el coronel aprendía rápidamente de sus errores. Era consciente de los fallos de su unidad y cándidamente dio los pasos necesarios para mejorarla. Sus hombres comenzaron a arrastrarse cuerpo a tierra y, de la misma manera, a pescar documentos de las letrinas. Escéptico en un primer momento con la tecnología norteamericana, Martínez le fue tomando el gusto, y cuando oyó la voz de Pablo en un monitor de radio portátil que llevaba consigo uno de los hombres de Centra Spike, el coronel pidió que se le cediera para la próxima redada un aparato igual a ése. El coronel aceptaba de buen grado las sugerencias que se le hacían y pedía más. Como resultado, cuando corrieron rumores de que el coronel había aceptado dinero del cártel de Cali, rumores que algunos de la DEA tomaron muy en serio, la embajada se negó a descartar a Martínez. Mientras no hubiera evidencias irrefutables, aquellas calumnias podían fácilmente provenir del sofisticado aparato de desinformación que Pablo tenía montado. En cuanto a la embajada, ésta estaba segura de que el coronel era el hombre indicado y de que, respecto a Escobar, el Doctor se había encontrado con un enemigo a su medida.

Quizá los métodos de Martínez fueran poco escrupulosos, pero más importante resultaba que la presión sobre Escobar fuera incesante. En parte asistidos por la inteligencia recabada por Centra Spike, el Bloque de Búsqueda fue cerrando el cerco en torno a Pablo. En junio de 1990 mataron a John Arías, uno de los jefes sicarios en quien Pablo más confiaba, y en julio capturaron a Hernán Henao, cuñado de Pablo y hombre de confianza. El 9 de agosto eliminaron al viejo socio y amigo de la infancia Gustavo Gaviria, su colega y cómplice desde aquellos primeros días de hacer novillos y robar coches. Aquellas dos muertes se convirtieron en duros golpes emocionales y profesionales: Henao, o HH, había sido el tesorero del cártel, su banquero, y Gustavo uno de los hombres en quien Pablo depositaba la mayor confianza. El Bloque de Búsqueda dijo que había muerto en un «enfrentamiento con la policía». La expresión «muerto en un enfrentamiento con la policía» se consideraba un eufemismo de ejecución sumarial y se había vuelto tan habitual que, al mencionarla, los jefes de Centra Spike la acompañaban de un guiño de ojos. Pablo aseguraba que tal enfrentamiento nunca había tenido lugar, que su primo había sido capturado, torturado y ejecutado por los hombres del coronel.

Dos días antes de la muerte de su primo Gustavo, César Gaviria había asumido la presidencia de Colombia; por algún motivo había logrado sobrevivir a su candidatura. Gaviria era un hombre sobrio y agradable, bien parecido y de aspecto y costumbres juveniles: coleccionaba arte moderno y disfrutaba de la música de Los Beatles y Jethro Tull. Ávido jugador de tenis, tenía dos hijos pequeños, Simón, de once, y María, de ocho. Había iniciado la última etapa de su carrera política como director de la campaña de Galán. Los dos habían compartido los mismos intereses, pero fue Galán el más audaz de los dos: tenía el carisma y el valor. El estilo de Gaviria, en cambio, era más sereno. No era un luchador, más bien un negociador de acuerdos y consensos. Nadie hubiera dudado en decir que poseía coraje, pero más que el coraje de quien se juega la vida contra corriente, Gaviria representaba a aquellos que tienen la voluntad de aguantar los embates, cumplir con su deber y llevar a buen término sus ambiciones sin una queja. Diariamente confeccionaba una lista de tareas y las tachaba de su lista cuando habían sido cumplidas. Gaviria se tomaba tan en serio su trabajo que se había lanzado a la campaña esperando que lo asesinaran, no por ambición sino por su sentido del deber: tenía la sensación de que era aquello lo que se esperaba de él. Fue investido para el cargo más importante de Colombia, sorprendido de seguir vivo y convencido de que, por alguna razón incomprensible, Pablo Escobar había decidido perdonarle la vida.

Después de asumir Gaviria su mandato, Pablo cambió de táctica. En vez de detonar bombas, descubrió como por casualidad un método más artero de respuesta a las agresiones. Desde el comienzo, el Gobierno de Colombia había sido propiedad exclusiva de un grupo relativamente pequeño de familias bogotanas ricas y poderosas. Esa oligarquía poseía los diarios más influyentes y las cadenas de televisión; y daba la impresión de que la presidencia de la nación —como los ministerios más importantes— había rotado entre los familiares y conocidos de aquella camarilla durante generaciones. Pablo había planteado desde hacía ya tiempo su guerra en los términos de una guerra de clases, en la que él era el representante del pueblo llano de Medellín y de Antioquia. Aquel verano, tras la muerte de su primo, Pablo llevó a cabo su frío plan de «ir a por los oligarcas e incendiar sus mansiones». Pero no lo hizo prendiendo fuego a sus casas, sino a sus corazones. El 30 de agosto Pablo secuestró a la periodista Diana Turbay, la hija del anterior presidente, y a los cuatro miembros de su equipo.

Gaviria había ocupado el cargo hacía tres semanas, pero ya había demostrado que su política para con Pablo no sería únicamente la de colgar frente a él la zanahoria, sino también la de darle con el palo. Y ese palo no era otro que el Bloque de Búsqueda del coronel Martínez, que no cesaba en sus sangrientas tareas: en octubre, otro de los primos de Pablo murió en un «enfrentamiento con la policía». Además, el presidente extraditó a tres sospechosos de crímenes de narcotráfico en los primeros dos meses de gobierno (el vigésimo quinto narco sospechoso desde la muerte de Galán en 1989). Pero Gaviria también hizo uso de la zanahoria. En su discurso de investidura, había señalado una clara diferencia entre terrorismo y narcotráfico. Éste era un problema internacional, uno que Colombia no podía resolver por sí sola; pero el terrorismo era un problema nacional, de hecho era el gran problema del país. La principal prioridad de su Gobierno sería la de poner fin a la violencia, incluso, si fuera necesario, sentarse a negociar con gente de la calaña de Pablo Escobar. Dicho sea de paso, a aquellas alturas Gaviria dudaba acerca de la capacidad de la policía y la justicia colombiana para arrestar, enjuiciar y castigar a Pablo. Para servir a los intereses de la nación, lo mejor sería seguir presionando a Pablo y después ofrecerle al capo un trato lo suficientemente apetecible para que picase. Una semana después del secuestro de Diana Turbay, Gaviria hizo público un decreto donde ofrecía a Pablo y a los otros narcos acusados inmunidad ante la ley de Extradición si éstos se entregaban y confesaban. El decreto fue visto como una simple reacción al secuestro, y no lo era; se trataba del primer paso de un plan que Gaviria había estudiado cuidadosamente.

No todos estuvieron de acuerdo con él. El general Maza Márquez, superviviente a dos grotescos atentados, lo dijo escuetamente: «Este país no hallará la paz hasta que Escobar esté muerto».

Pablo contestó con dos secuestros más a personalidades prominentes. A punta de pistola se llevó a Francisco Santos, director del periódico *El Tiempo* e hijo de su dueño y editor; y a Marina Montoya, la hermana del principal asesor del ex presidente Barco durante aquel mandato. Pablo exigía que se derogara la ley de Extradición, que se aclarasen los términos de la confesión que se requería para entregarse, que el Gobierno construyera una prisión para aquellos que se sometiesen, y exigía la promesa de que las familias de los arrepentidos serían protegidas.

Los secuestros evidenciaban un conocimiento profundo de la incestuosa y trabada estructura del poder en Bogotá. Literalmente, cada rapto dio en el corazón de la elite bogotana, de la que Gaviria también formaba parte. Y tuvo consecuencias: se formó un comité de poderosos ciudadanos, que se hacían llamar Los Notables, con el objetivo de presionar a Gaviria para que accediera a las exigencias de los criminales. Entre aquellos ciudadanos se encontraban Julio Turbay, el ex presidente cuya hija estaba cautiva, y Alfonso López Michelsen, el ex presidente que se había reunido con Pablo en Panamá años antes. El comité comenzó las negociaciones con el principal abogado de Pablo en Bogotá, Guido Parra, a la búsqueda de una solución pacífica.

Al mismo tiempo, Los Notables se reunían con el presidente abogando en favor de su causa y sometiéndolo a una presión personal terrible. En una de sus visitas al Palacio Presidencial, Julio Turbay y Juan Santos, dueño y editor de *El Tiempo*, se encontraron con que el presidente estaba sumido en un gran desaliento y apesadumbrado por la presión de su responsabilidad:

—Es un momento muy delicado —dijo Gaviria—. He querido ayudarlos, y lo he hecho dentro de los límites de lo posible. Sin embargo, en poco tiempo ya no podré hacer nada de nada.

Turbay, que por su pasado presidencial pudo ponerse en el lugar de Gaviria, intentó, pese a su tristeza, ser comprensivo:

—Señor presidente, usted está actuando como debe, al igual que nosotros como padres de nuestros hijos. Comprendo, y le pido que no haga nada que pueda crearle un problema en su función de jefe de Estado. —Según el relato de García Márquez, Turbay señaló el sillón presidencial y agregó—: Si yo estuviera ahí, haría lo mismo.

El escritor colombiano agregó que «Gaviria estaba pálido como la muerte».

Nydia Quintero, la ex mujer de Turbay y madre de la rehén, se mostró menos comprensiva. Se había puesto en contacto por su cuenta con Pablo a través de intermediarios y había ido a rogarle a Gaviria que detuviera al coronel Martínez, cuyos operativos obligaban a Pablo a huir de un escondrijo al siguiente. Gaviria le explicó que eso era algo que no podía hacer.

La seguridad del Estado era su deber y esa condición no podía negociarse; pedirle a la policía que suspendiera sus redadas sería pedirle que no cumpliera con su deber. Además, el presidente sabía lo que Pablo pretendía: «Una cosa es que nosotros le ofrezcamos una política judicial alternativa, pero la interrupción de los operativos policiales no significaría necesariamente la libertad de los rehenes, solamente que ya no se estaría acorralando a Escobar». Esto fue lo que le dijo posteriormente a García Márquez. Esto y que Nydia Quintero estaba indignada por la actitud del presidente y consideraba que la había tratado fríamente sin mostrar el más mínimo interés en resguardar la vida de su hija.

Entretanto, Los Notables se prodigaron en comunicados. A partir de ese momento, únicamente ellos hablarían en nombre de las familias de los secuestrados. A cambio de su liberación —y ésta era su propuesta— Los Notables instarían al Gobierno a considerar a Pablo y a Los Extraditables un movimiento político, y no una banda de criminales. Como tal gozarían del mismo tratamiento que el concedido a los movimientos guerrilleros colombianos. El M-19 —célebre por su sangriento asedio al Palacio de Justicia— había negociado un acuerdo con el Gobierno el año anterior para abandonar la lucha armada e integrarse a la vida política. Sus miembros habían sido amnistiados por los crímenes cometidos a lo largo de su lucha revolucionaria. Los Notables querían que el Gobierno ofreciese el mismo trato a Los Extraditables, o sea a Pablo y sus secuaces. Sin embargo, el mismo día que el comunicado se hacía público, el 11 de octubre, Gaviria daba instrucciones a su ministro de Justicia para que reiterase que el único trato que podían esperar era el ya ofrecido por el Gobierno.

«La carta de Los Notables es casi cínica —le escribió Pablo a su abogado Parra desde la clandestinidad—. Se supone que nosotros tenemos que darnos prisa en liberar a nuestros rehenes porque el Gobierno nos da largas mientras estudia la situación. ¿De veras creen que nos vamos a dejar engañar otra vez?» Pablo le confió a su abogado que no había razón para cambiar la postura que había adoptado hasta entonces, «dado que no hemos recibido respuestas positivas a las condiciones expresadas en nuestro primer comunicado. Se trata de una negociación, no de un juego para ver quién es el inteligente y quién es el estúpido».

Gaviria cedió algo más de terreno. El 8 de octubre, publicó «clarificaciones legales» al anterior decreto, especificando que Pablo o cualquiera de los otros arrepentidos podían elegir la más leve de las acusaciones que contra ellos pesaban, declararse culpables y, de ese modo, escapar a los procesos correspondientes a todas sus otras causas pendientes. Asimismo, ello aseguraba que el arrepentido no sería extraditado, independientemente de los nuevos cargos que pudieran imputársele una vez que el reo se hallara en cautividad.

Pablo mostró interés, pero quería más. En una carta dirigida al letrado Parra, Pablo precisó que quería que el presidente prometiera explícitamente «por escrito, en un decreto, que en ningún caso ni él ni cualquier otro que se aviniese a la amnistía, sería extraditado, por ningún crimen, a ningún país». Reiteró, además, que quería supervisar las circunstancias de su entrada en prisión y que quería protección para su esposa e hijos mientras estuviese encarcelado.

En noviembre, Pablo subió aún más la presión inicial. Al día siguiente de morir su primo Luis en «un enfrentamiento con la policía», los hombres de Pablo secuestraron a Maruja Pachón, cuñada del difunto candidato Galán y esposa de un destacado congresista, y a la cuñada de ésta. Y como si eso fuera poco, los hombres de Pablo intentaron retener a la nieta del ex presidente Betancur, pero fallaron. Comunicados desafiantes de Los Extraditables acusaban a las fuerzas del coronel Martínez de cometer atrocidades en Medellín. Uno de ellos afirmaba que el Bloque de Búsqueda realizaba incursiones en barriadas fieles a Pablo, reunía a los jóvenes y los mataban allí mismo.

«¿Por qué se han cambiado las órdenes de arresto por órdenes de ejecución? —rezaba uno de los comunicados—. ¿Por qué se distribuyen carteles de "Se busca" y se ofrecen recompensas por personas que no han sido requeridas por ninguna autoridad judicial?»

En otro de ellos, Los Extraditables asumían la responsabilidad de los secuestros y señalaban que «la detención de la periodista Maruja Pachón es nuestra respuesta a las recientes torturas y desapariciones perpetradas en la ciudad de Medellín por las mismas fuerzas de seguridad [el Bloque de Búsqueda del coronel Martínez] mentadas tantas veces antes en nuestros comunicados».

Las tácticas de Pablo daban resultados. Su campaña dinamitera había aterrorizado al pueblo, y las encuestas mostraban un mayor apoyo a la propuesta de paz por medio de un acuerdo con Los Extraditables. Semanas antes de Navidad, Pablo liberó a tres de los miembros del equipo de Diana Turbay, y Gaviria respondió de inmediato, con nuevas y atractivas condiciones para la entrega de los narcos. A cambio de la liberación de los rehenes sanos y salvos, y la promesa de buscar un final negociado a la violencia que azotaba el país*, el

---

* Se estimaba que las quince mil muertes ocurridas en los dos años anteriores estaban relacionadas directa o indirectamente con el narcotráfico.

presidente ofrecía a Pablo y a los otros capos lo que García Márquez llamó «el obsequio del encarcelamiento». El presidente prometió que aquellos que se avinieran a la política de sometimiento y que se declararan culpables de al menos un delito, cumplirían solamente una condena reducida. Fabio Ochoa se entregó el 18 de diciembre, al día siguiente de aparecer el nuevo decreto. En los dos meses siguientes, sus dos hermanos, Jorge y Juan David, hicieron lo mismo. «Siento la misma alegría al ingresar en la cárcel que otros sienten al abandonarla —dijo Ochoa—. Sólo quería acabar con la pesadilla en la que se había convertido mi vida.»

Por entonces, la vida de Pablo era un averno. El coronel Martínez estuvo a punto de apresarlo varias veces y había ido socavando su entorno. La muerte de sus primos y de su cuñado y la entrega de los hermanos Ochoa demostraba que su organización se desmoronaba. El hombre que pocos años antes había podido elegir de entre una docena de mansiones lujosas donde pasar la noche, ahora tenía que dormir ocasionalmente en los bosques o en las montañas, para huir de sus impenitentes perseguidores. Pablo no osaba hablar por radioteléfono o por móvil, así que enviaba sus mensajes por medio de un correo. No tenía ni tiempo ni medios para controlar su imperio, así que cada mes que permanecía prófugo, Pablo perdía dinero y prestigio en el mundo criminal al que pertenecía. A fines de 1990 sólo vislumbraba una salida a aquel predicamento: se fugaría hacia la seguridad que le ofrecía el Gobierno de Colombia.

Pero no hasta que hubiese fijado los términos exactos que pretendía. Gaviria había prometido que nunca negociaría con los narcos, aunque, no obstante, eso era lo que estaba haciendo por medio de intermediarios como Parra, el abogado de Pablo. El letrado sufría el desprecio, la desconfianza y el temor de los bogotanos, pues sabían que él representaba a Escobar. Un ejemplo de aquel temor: días después de haber advertido al Gobierno públicamente de que no confiase en Parra, Alejandro Jaramillo, presidente de la Asociación de Periodistas Colombianos, desapareció. Pero sin importar cuánto le temiera la gente a Parra, el abogado evidentemente vivía aterrorizado por su propio jefe. Durante la entrega de un mensaje a la familia del rehén Francisco Santos, Parra se derrumbó y rompió a llorar:

—No se olviden de lo que les digo —se lamentó—. A mí no me matará la policía. Me matará Pablo Escobar porque sé demasiado.

Pablo aún tenía razones para resistir, a pesar de que una vida a la fuga resultara miserable. Gaviria había reunido a la Asamblea Constituyente con el fin de reformar la Constitución colombiana, lo que presentaba a Pablo con una oportunidad ideal para incluir en el documento fundacional de la nación la prohibición de la extradición. Extraditar a ciudadanos colombianos nunca había gozado de popularidad, y con la campaña de Pablo —bombas, secuestros y su particular estrategia de «plata o plomo»—, votos no le faltarían. Si lograba resistir hasta que la asamblea redactase y aprobara el documento, sus esfuerzos se verían coronados por el éxito.

Así que los asesinatos continuaron. En los primeros meses de 1991, las muertes diarias rondaban la veintena en Colombia; y en Medellín, desde que el coronel Martínez comenzara su acoso a Pablo, ya habían muerto cuatrocientos cincuenta y siete policías. A los jóvenes pistoleros de Medellín se les pagaba cinco millones por policía muerto. Cuando el Bloque de Búsqueda mató a otros dos de los sicarios de Pablo en enero de 1991, éste anunció que dos de sus rehenes estrella serían ajusticiados como represalia. Marina Montoya, una mujer de sesenta años y largos cabellos blancos, fue asesinada el 24 de enero. Sus raptores le cubrieron la cabeza con un saco, se la llevaron del sitio donde había permanecido cautiva y le dispararon seis veces a la cabeza. Su cuerpo se halló en un terreno baldío en la zona norte de Bogotá..., alguien le había robado los zapatos. Diana Turbay murió diez días después en cautiverio cuando intentaban rescatarla. Se dijo que cayó víctima del fuego cruzado. Las muertes de aquellas mujeres, conocidas popularmente y queridas en los círculos sociales de la elite bogotana, lograron precisamente el efecto deseado.

Nydia Quintero, madre de Diana Turbay, pidió una audiencia con el presidente Gaviria.

—Han matado a Diana, señor presidente, y es culpa suya —afirmó la mujer, destrozada—. Es lo que sucede cuando alguien tiene un corazón de piedra, como usted.

Mónica de Grieff, la ministra de Justicia, dimitió. Había recibido llamadas telefónicas escalofriantes, en las que los supuestos raptores le describían con detalle el trayecto de su hijo desde la escuela hasta su propio hogar, como para dejar sentado que podían hacerse con él cuando lo desearan. Gaviria respondió incluyendo en su oferta la polémica «inmunidad ante la extradición»; lo que venía a significar que si Pablo se entregaba y confesaba un delito, un delito cualquiera, ya no se tendría que preocupar de ser juzgado ni siquiera por los dos crímenes más recientes. En otras palabras, el nuevo presidente le estaba rogando a Pablo que por favor dejase ya de matar.

Los abogados del capo prosiguieron con las negociaciones. Pablo exigía que no se le considerara un criminal sino un revolucionario. No buscaba un lugar en el panorama político, pero a cambio de deponer las armas esperaba del Estado ciertas concesiones. Se trataba de un poder contra otro poder; las armas, bombas y los sicarios de Pablo contra los del Gobierno. A aquellas alturas, la negociación tenía ya poco que ver con el narcotráfico. Pablo se la estaba jugando, porque si el coronel y Centra Spike lograban dar con él antes del acuerdo, seguramente lo matarían o, en el mejor de los casos, sería extraditado inmediatamente. Pablo ya había sido acusado de crímenes en tres estados norteamericanos. La alternativa que negociaban sus abogados debe de haber sido el acuerdo, entre un criminal y una fiscalía, más generoso de todos los tiempos; pero para el Gobierno significaba contemporizar a lo grande. Si Pablo lograba resistir y evadir la persecución implacable del coronel Martínez, la condena que se decidiera a cumplir estaría a años luz del lujo incomparable del que había disfrutado en los últimos quince años. A Pablo le construirían su propia prisión en su pueblo natal, Envigado, en una colina llamada La Catedral, en sus propias tierras, y el dinero para su construcción saldría de su propio bolsillo. Sus carceleros no dependerían del Servicio Penitenciario, sino de la Gobernación de Envigado, controlada por Pablo. La población carcelaria estaría compuesta exclusivamente por sus secuaces de mayor confianza y sus sicarios. La PNC, y más específicamente el Bloque de Búsqueda, tendría prohibido acercarse a menos de veinte kilómetros de sus puertas. La prisión brindaría a Pablo un sitio confortable y seguro en el que establecerse y desde donde podía retomar el puesto dominante del cártel en el negocio del tráfico. Si sus abogados lograban reducir la condena, Pablo emergería a la luz pública en un par de años con sus pecados lavados, fabulosamente rico, y como un poderoso ciudadano de Medellín, o sea, el don Pablo que él siempre había querido ser. ¿Quién podía adivinar hasta dónde lo llevarían sus ambiciones entonces?

Entretanto, Gaviria aplicaba la política de la zanahoria y el palo, y Pablo también. El 30 de abril sus sicarios mataron a Enrique Low, un ex ministro de Justicia que había defendido la extradición. Antes de matarlo, le habían hecho llegar un pequeño ataúd ornado con una bandera en miniatura de Colombia, empapada en sangre. Pablo además asestó un duro golpe al presidente Gaviria al capturar de una finca y posteriormente asesinar a uno de sus familiares más queridos, su primo Fortunato Gaviria. La autopsia confirmó que Fortunato Gaviria había sido enterrado vivo. Aquello abatió casi definitivamente a un presidente de carácter juvenil. Su aspecto se convirtió de la noche a la mañana en el de un hombre vencido, se movía por el Palacio Presidencial apesadumbrado, embargado por la frustración, cada vez más solo y cargando con las culpas de las tribulaciones que sufría el país. «Yo era el único colombiano que no tenía un presidente a quien ir a quejarse», diría más tarde.

Pero sus esfuerzos finalmente dieron fruto. Durante la primavera Pablo comenzó a liberar a los rehenes que quedaban, los dos últimos, Santos y Pachón, el 20 de mayo. Y entonces, después de aquellos meses de incertidumbre y de muerte, Pablo se entregó.

5

Pablo orquestó el final de aquella pugna a través de un conocido y querido predicador católico de la televisión. El capo aseguró que había elegido aquella fecha por varias razones, pero la más elocuente era que aquel día, el 19 de junio de 1991 —pese a las sonoras protestas del embajador norteamericano Thomas McNamara, del jefe de la DEA en Bogotá, Robert Bonner, y de la oposición del Gobierno de Gaviria—, la Asamblea Constituyente votó a favor de declarar ilegal la extradición por quince votos a trece.

La entrega había sido pactada por los abogados de Pablo, después de negociar duramente las últimas condiciones con el Gobierno. La Catedral, la cárcel que Pablo había mandado hacer a medida, estaba aún inconclusa pero habitable. Las célebres víctimas de sus secuestros —los que habían sobrevivido— se encontraban en casa con sus familias intentando reanudar sus vidas. Así que cuando corrió el rumor de que Pablo estaba dispuesto a entregarse, el país entero contuvo la respiración. Las noticias eran tan alentadoras que nadie creía que fueran ciertas.

Pablo se despertó temprano por la mañana, lo que no era habitual en él, y desayunó con su hermano Roberto, sus hermanas y su madre, en Medellín. Todos estaban encantados de verlo: en los meses que estuvo prófugo no se había atrevido a visitarlos. A las nueve de la mañana Pablo todavía continuaba negociando los últimos detalles.

Salió a la luz como alguien que espera que le disparen. Para brindarle la mayor seguridad posible al corto vuelo en helicóptero desde el lugar acordado para el encuentro hasta la nueva prisión en lo alto de las colinas más allá del extremo sur de la ciudad, sus abogados negociaron que se prohibieran vuelo alguno. «Ni los pájaros volarán hoy en Medellín», escribió en su diario el ministro de Defensa, Rafael Pardo. A media tarde, un helicóptero Bell para doce pasajeros despegó hacia el lugar concertado: una de las mansiones de Pablo. Detrás de la mansión se extendían los terrenos y en medio de ellos, un campo de fútbol impecablemente cuidado. En el aparato iban el famoso padre Fernando García y el congresista Alberto Villamizar, a quien Pablo había intentado matar. La mujer y la hermana de aquél también habían sido señaladas por Pablo y habían formado parte de la terrible hermandad de las diez figuras notables secuestradas el año anterior. Ambas habían sido liberadas sanas y salvas. Villamizar, por su parte, había sido una pieza fundamental en la coordinación de los detalles de aquel histórico momento. Junto al predicador y el congresista, se hallaba el capo Jorge Ochoa, quien había sido liberado temporalmente a petición de Pablo. Como lo describiera García Márquez en su libro *Noticias de un secuestro*, había en el campo de fútbol una treintena de hombres armados esperando el helicóptero que acababa de aterrizar. Aproximadamente la mitad se adelantó para escoltar a un hombre bajo y regordete de barba espesa y negra hasta el pecho, que llevaba un teléfono móvil y una serie de pilas de repuesto en un maletín. Pablo se detuvo un instante para abrazar a algunos de sus guardaespaldas. Con un gesto les indicó a dos de ellos que subieran al helicóptero. Luego subió él.

—¿Cómo está usted, doctor Villamizar? —dijo Pablo extendiéndole la mano al congresista.

—¿Cómo va, Pablo? —contestó éste, estrechándole la mano a Pablo.

A continuación, le echó un vistazo a su amigo Ochoa, a quien no había visto en meses.

—Y tú —dijo Pablo— metido en esto del principio hasta el final...

Los hombres se quedaron en silencio durante unos momentos hasta que el piloto preguntó si despegaba.

—¿Tú qué crees? —le contestó Pablo—. ¡Vámonos! ¡Vámonos ya!

Minutos después, el helicóptero aterrizó en el campo de fútbol de la prisión, que todavía ni siquiera tenía césped. La flamante cárcel estaba emplazada en la cima del Monte Catedral, un pico verde con una vista panorámica del valle y de toda la ciudad de Medellín. Pablo en persona había supervisado la construcción de la cárcel, aún sin acabar. Hasta entonces se habían levantado los muros y cercas, una vivienda de bloques de hormigón ligeros para el director de la prisión, un conjunto de grandes barracas penitenciarias en un claro colina abajo y otra estructura más grande situada en lo alto de la ladera para albergar a los prisioneros. Su apariencia era de una austeridad apropiadamente carcelaria, pero Pablo tenía sus propios planes y también había tomado precauciones. Él y su hermano habían visitado La Catedral semanas antes y enterrado un arsenal de fusiles y ametralladoras en la ladera, algo más arriba del sitio donde estarían sus «celdas». «Un día de éstos nos van a hacer falta», le había dicho Pablo a su hermano.

Al descender del helicóptero, Pablo se vio rodeado de cincuenta guardias de prisión, todos ellos luciendo sus nuevos uniformes azules y apuntándole con sus rifles.

—¡Bajen las armas, carajo! —ordenó el capo, y los cincuenta hombres lo obedecieron.

Lo llevaron a conocer al director de la prisión. Al verle Pablo se levantó la manga izquierda y de allí sacó una pistola SIG-Sauer calibre 9 milímetros —que lucía monogramas de oro incrustados en las cachas de madreperla— y antes de entregar el arma, con gran teatralidad, eyectó los proyectiles manualmente uno a uno dejando que cayesen al suelo. Fue como si lo hubiese ensayado: suponía el fin simbólico a años de guerra. Entonces Pablo llamó a su hermano por móvil para avisarle que su entrega había sido consumada y completa.

Pablo habló con algunos periodistas invitados a la prisión y les dijo que su rendición voluntaria era «un acto en pos de la paz», y agregó: «Decidí entregarme en el momento en que vi a la Asamblea Constituyente trabajando por la defensa de los derechos humanos y la democracia en Colombia».

Los periodistas, impresionados ante la estrella del narcotráfico, se derritieron, olvidando de inmediato la campaña de terror, la guerra que Pablo librara contra los de su misma profesión, e incluso a los directores de periódicos y reporteros que Pablo había raptado y asesinado. Los reporteros se deshicieron en elogios:

—Yo creía que sería un hombre petulante, orgulloso, disciplinado, unos de esos que siempre miran por encima del hombro, pero me equivoqué. Es todo lo contrario: educado, pide permiso cuando pasa por delante de alguien y es sinceramente agradable cuando saluda —dijo uno de Medellín.

—Se ve que se preocupa por su aspecto —dijo otro—, especialmente por sus zapatos. Estaban impecablemente limpios.

—Tiene un poco de tripa, lo que hace pensar que es un hombre que posee una gran calma.

—Camina como si no tuviese que darse ninguna prisa. Es dueño de una gran jovialidad y se ríe mucho.

Antes de partir, Villamizar charló con Pablo, que le pidió disculpas por el sufrimiento que le había causado a su familia. Le explicó que la guerra había sido terrible en ambos bandos. En la conversación Pablo negó haber tenido algo que ver con el asesinato de Luis Galán.

—Hubo mucha gente involucrada en eso —explicó Pablo—. A mí ni siquiera me gustaba la idea porque sabía lo que ocurriría si lo mataban. Sin embargo, cuando se decidió, yo ya no pude hacer nada.

También expresó su satisfacción porque sus sicarios no hubiesen matado a Villamizar, aunque le hubiesen informado de que éste era un enemigo acérrimo:

—En la guerra que estábamos librando, hasta un rumor podía hacer que uno muriera —explicó Pablo—. Pero ahora que lo conozco, doctor Villamizar, doy gracias al cielo porque no le haya pasado nada. —Y a modo de promesa agregó—: ¿Quién sabe cuánto tiempo deba estar aquí? Pero todavía tengo muchos amigos, así que si usted se siente inseguro, si alguien se lo pone difícil, hágamelo saber y ése será el fin del asunto. Usted cumplió conmigo y se lo agradezco, haré lo mismo por usted. Le doy mi palabra de honor.

Todo había acabado, o eso se suponía. La «confesión» de Pablo —que era sólo una parte de su trato con el Gobierno— pasaría por alto los raptos, los asesinatos de Turbay y Montoya, las miles de muertes que ocasionaron los coches bomba del cártel, las víctimas políticas y los jueces y policías asesinados. Conforme al decreto del presidente Gaviria, Pablo reconoció un solo crimen: haber actuado de intermediario entre una transacción de drogas arreglada por su primo muerto, Gustavo. En términos estrictamente legales, ni siquiera admitió que fuera culpable de ese único crimen. Había sido juzgado y condenado *in absentia* por las autoridades francesas y, de acuerdo con su declaración, por cierto, muy cuidadosamente redactada: «El código penal de aquel país [...] le otorga a uno el derecho de solicitar la revisión de su caso, cuando se presenta ante un juez de su país; en este caso, un juez colombiano. Éste es precisamente el objetivo de haberme presentado voluntariamente en esta oficina. En otras palabras, para que un juez colombiano reabra mi caso».

Para satisfacer los requerimientos de su petición, Pablo accedió a presentarse ante un juez en Bogotá y confesar. Lo hizo meses después, en febrero de 1992, en el transcurso de una reveladora sesión en la que el capo mintió con fluidez y exhibió su habitual agudeza y su belicoso patriotismo; lo que transformó la sesión en una tribuna desde la que acabó acusando a las autoridades. Todos los presentes sabían, naturalmente, que Pablo Escobar era el narcotraficante más famoso del mundo y el asesino más prolífico de la historia de Colombia, pero él comprendió que la corte estaba obligada a aceptar su inocencia respecto a crímenes por los que no había sido acusado, y por ello Pablo interpretó su papel con un cínico aplomo. Se describió a sí mismo como «un ganadero». Señaló que había estudiado contabilidad durante un semestre después de abandonar la educación secundaria en 1969, y agregó: «No tengo adicciones. No fumo ni bebo». Resaltó que era inocente, que estaba entregándose para apelar las acusaciones que sobre su persona pesaban en Francia, y anunció su intención de estudiar una carrera universitaria durante su estancia en prisión. Pablo se presentó como una víctima. «Deseo aclarar que podría haber personas que, con la intención de perjudicarme, intenten enviar cartas anónimas, hacer llamadas o cometer actos de mala fe en mi nombre. Ha habido muchas acusaciones, pero nunca he sido condenado por ningún crimen en Colombia.»

Aquélla era una falacia que podía ser demostrada, pero no existían muchos testigos vivos que pudiesen refutarlo, y las fichas de aquellos viejos arrestos habían sido destruidas. Pablo confesó haber arreglado una reunión para una transacción de cuatrocientos kilos de cocaína.

—¿Sabe usted de dónde salieron esos cuatrocientos kilos de cocaína? —preguntó el juez.

—Creo que el señor Gustavo Gaviria se encargaba de eso.

—¿Quién es el señor Gustavo Gaviria?

—Era un primo mío.

—¿Sabe usted cómo murió el señor Gaviria?

—El señor Gaviria fue muerto por miembros de la PNC durante una de las redadas-ejecución que tantas veces han sido denunciadas públicamente.

—Hablemos —sugirió más tarde el juez— del *modus vivendi* de usted y de su familia y de las condiciones económicas en las que ha vivido.

—Pues, mi familia proviene de la zona central del norte de Colombia. Mi madre era maestra de una escuela rural y mi padre campesino. Ellos hicieron un gran esfuerzo para darme la educación que he recibido, y mi condición económica actual está perfectamente definida y clara ante el Ministerio de Hacienda.

El juez le pidió a Pablo que explicara los distintos trabajos que había desempeñado a lo largo de su vida adulta.

—Siempre me ha gustado trabajar por mi cuenta y desde mi adolescencia lo he hecho para mantener a mi familia; incluso mientras estudiaba trabajé en una tienda de reparación de bicicletas para pagarme los estudios. Repito, desde mi adolescencia. Más adelante, me dediqué a comprar y vender coches, ganado y luego, al negocio inmobiliario. Y como ejemplo de esto último quiero citar la Hacienda Nápoles, que compré con la ayuda de un socio cuando aquellas tierras se encontraban en medio de la selva; y hoy en día se podría decir que están listas para ser colonizadas. Cuando compré las tierras, no había en esa región ni medios de comunicaciones ni transportes. Llegar allí nos suponía veintitrés horas de agonía. Digo esto con el fin de aclarar la imagen que se tiene de mí, la de que todo ha sido sencillo para mí...

El juez le preguntó a Pablo si alguien lo había apadrinado en el mundo de los negocios.

—No. Hice mi propia fortuna, comenzando desde cero, como otros hicieron las suyas en Colombia y en el mundo.

—Explíquele a la corte qué antecedentes disciplinarios o penales aparecen en su ficha.

—Admito que ha habido muchas acusaciones, pero nunca se me ha condenado de ningún crimen en Colombia. Las acusaciones de robo, homicidio, tráfico de drogas y muchas otras las hizo el general Miguel Maza Márquez [jefe del DAS], en cuya opinión todo crimen que se comete en Colombia lo he cometido yo.

Escobar negó saber nada acerca de cocaína, de aviones de su propiedad, de pistas de aterrizaje clandestinas o de barcos, y negó explícitamente estar involucrado en el narcotráfico. El juez, que rozaba la exasperación, le preguntó si «tenía alguna idea» de ese tipo de cosas, a lo que Pablo le contestó:

—Sólo lo que me entero por la televisión y los periódicos. Lo que he oído y leído es que la cocaína cuesta mucho dinero y la consumen las clases altas de Estados Unidos y de otros países del mundo. Me he enterado de que muchos líderes políticos y gobiernos se han visto implicados en el narcotráfico, como el actual vicepresidente de Estados Unidos [Dan Quayle], acusado de comprar y vender cocaína y marihuana. Me he enterado de las declaraciones de una de las hijas del señor Reagan: ella admite haber consumido marihuana. He oído las acusaciones contra la familia Kennedy; y las acusaciones de tráfico de heroína contra el sha de Irán, como también que el presidente del Gobierno español, Felipe González, admitió públicamente que consumió marihuana. Mi conclusión es que existe una hipocresía universal con respecto al tráfico de drogas y a los narcóticos, y lo que me preocupa es que (esto lo digo por lo que oigo y leo en los medios de comunicación) toda la maldad de las adicciones recaen en la cocaína y los colombianos, cuando la verdad es que las drogas más peligrosas se producen en laboratorios norteamericanos, como el *crack*. Nunca me he enterado de que un colombiano haya sido detenido por posesión de *crack,* porque se produce en Estados Unidos.

—Basándose en sus últimas respuestas, ¿cuál es su opinión acerca del narcotráfico? —preguntó el juez.

—Lo que opino, basado en lo que he leído, es que la cocaína invadirá [irremediablemente] el mundo [...] mientras las clases altas continúen consumiendo la droga. También me gustaría decir que la hoja de coca ha existido en nuestro país durante siglos y forma parte de la cultura autóctona...

—¿Cómo explica que se lo señale a usted, a Pablo Escobar, como al jefe del cártel de Medellín?

Pablo rehusó contestar directamente, pero remitió al juez a una declaración grabada en cinta de vídeo que había entregado a la corte con anterioridad y agregó:

—Otra explicación que puedo dar es ésta: el general Maza Márquez es mi enemigo personal [...]. Él se proclamó mi enemigo personal en una entrevista que diera al periódico *El Tiempo* el 8 de septiembre de 1991. Está claro que sufre de frustración militar por no haberme capturado. El hecho de que él haya llevado a cabo muchos operativos para atraparme y que todos hayan fallado, haciéndolo quedar mal, le ha hecho decir que me odia y que soy su enemigo personal...

El juez le leyó a Pablo una lista de nombres de conocidos traficantes que públicamente lo habían identificado a él como su jefe, incluyendo a un norteamericano llamado Max Mermelstein.

—No conozco a ninguna de esas personas —se excusó Pablo—, pero a través de la prensa conozco a Max Mermelstein, y deduzco que es un testigo mentiroso que el Gobierno de Estados Unidos tiene contra mí. Todo el mundo en Colombia sabe que los criminales norteamericanos negocian condenas más cortas a cambio de testificar en contra de ciudadanos colombianos [...]. Me gustaría adjuntar a la ficha una copia de la revista *Semana* en la que figura un artículo sobre Max Mermelstein, con el fin de demostrar lo mentiroso que es. Quiero leer un pasaje de esa entrevista y cito: «Escobar era el jefe de todos los jefes. El capo del narcotráfico llevaba vaqueros y una camiseta de fútbol, era alto y delgado». —Acto seguido, Pablo, regordete y bajo, se puso de pie—. Díganme ustedes si soy una persona alta y delgada. Para que un gringo diga que uno es alto, uno debería ser muy alto.

De ese modo acabó la primera guerra. Pablo había caído precipitadamente desde una gran altura. Aún era uno de los hombres más ricos del mundo, aunque la persecución del coronel Martínez lo había separado de sus riquezas. Si bien lo habían acorralado hasta forzarlo a hacer un trato con el Gobierno, había logrado doblegar la voluntad del país a su gusto. La Constitución ahora especificaba que no podía ser extraditado por sus crímenes. Además, Pablo no tenía mucho que temer de la ley en su propio país ni siquiera en la cárcel, como con el tiempo se vería. El presidente Gaviria había logrado la paz, si bien lo hizo a un precio que mancilló la dignidad de su país ante la mirada vigilante de Estados Unidos y gran parte del resto del mundo. Gaviria deseaba que Pablo fuera mantenido preso en La Catedral el tiempo suficiente para que el sistema judicial colombiano se recobrara y se pudiesen formular cargos más graves contra el capo. Y quizá entonces encerrarlo de una vez por todas y para siempre.

Con el tiempo, Gaviria se daría cuenta de que aquéllas habían sido esperanzas vanas. Al hacer el trato, el presidente había subestimado considerablemente a Pablo; no había vislumbrado cuán hondo habían llegado las influencias de aquel hombre en el Gobierno y la sociedad colombianas, y cuán difícil iba a ser retenerlo. Pablo haría del primer mandatario un hazmerreír.

El prestigio público de Pablo se recuperó de golpe. Al entregarse, el público, veleidoso y aliviado por el fin de la guerra, rápidamente le perdonó las bombas, los asesinatos y los secuestros. Después de todo ¿no era cierto que la mayoría de ellos habían sido liberados sanos y salvos? Poco después de instalarse en La Catedral, Pablo concedió numerosas y entusiastas entrevistas, en las que siempre defendió su inocencia e hizo gala de su impresionante don para las relaciones públicas. En julio de 1991, le dijo a un periodista del periódico *El Colombiano* que pretendía estudiar periodismo durante su tiempo de condena: aquello causó una ácida reacción en la embajada norteamericana, que señaló que «el señor Escobar quizá debería reconsiderar su elección de carrera universitaria, dado lo peligrosa que se ha vuelto esta profesión en Colombia».

ENCARCELAMIENTO Y FUGA

Junio de 1991-septiembre de 1992

1

Pablo había caído desde las alturas del Olimpo hasta lo más bajo, pero se había preparado un lugar confortable para aterrizar. Instalado entre las paredes de La Catedral, confiaba en que su condena pendiente en Francia sería anulada por un juez colombiano amigable. Según los términos de su entrega, a partir de entonces Pablo pasaría a ser un hombre libre amnistiado por todos los otros crímenes de los que se le acusaba y que hubiesen sido cometidos antes de la fecha de su entrega voluntaria. Entretanto, se encontraría en un sitio seguro mientras las cosas se calmaran, y, además, tendría la oportunidad de comenzar a reconstruir su imperio de cocaína una vez más.

Durante los meses en los que había estado huyendo, escondiéndose y luchando contra el Gobierno, decenas de sus socios y hombres de confianza habían muerto o habían sido arrestados. En la primera mitad de 1991 la policía de Colombia, guiada por la tecnología norteamericana, había confiscado unos sesenta mil kilos de cocaína y casi había logrado desarticular la infraestructura del cártel. En febrero habían capturado incluso uno de los aviones del cártel para el transporte de carga, un DC-3. Pero aquello no era más que una ínfima parte de la cantidad de droga que llegaba regularmente a Estados Unidos. De cualquier forma, el hecho es que todo esto repercutía en el mercado. Los precios de la cocaína al por mayor en Nueva York se incrementaban, y los niveles de pureza estaban decreciendo (un signo concluyente de que el suministro se estaba constriñendo en el país de origen). Pero sobre todo tales contratiempos perjudicaban la competitividad de Pablo frente al cártel de Cali. Ahora, sin el coronel Martínez para atosigarle, tendría una buena oportunidad para reagrupar sus fuerzas.

Pablo inició la reconstrucción. Al tanto de que la PNC y los norteamericanos escuchaban sus llamadas de radio y de teléfono móvil, Pablo crió palomas mensajeras para mantener sus líneas de comunicación personales; sus palomos lucían en las patas anillas personalizadas en las que podía leerse:

PABLO ESCOBAR
CÁRCEL DE MÁXIMA SEGURIDAD
ENVIGADO

No mucho después de que Pablo entrase en La Catedral, la cocaína que se vendía en las calles de Nueva York volvió a los niveles de pureza normales y los precios bajaron nuevamente.

Su abogado, Roberto Uribe, lo visitaba regularmente cada semana y notó que la prisión se volvía cada vez más acogedora. En un primer momento, las viviendas de los internos, el gimnasio y el comedor guardaban el aspecto de una verdadera prisión. Sin embargo, gradualmente, la decoración se fue tornando más fastuosa. Pablo se había acostumbrado a vivir como un criminal fugitivo y al principio exigió poco. Pero los que lo acompañaban, su hermano Roberto y sus sicarios, se dedicaron a importar lujos. Y para no eclipsar la figura de el Doctor, lo que importaban desde el exterior para ellos, también lo traían para su jefe. Todo estaba al alcance de la mano. Los guardias no eran más que empleados de Pablo, y los controles del Ejército dejaban pasar los camiones de Pablo sin más comprobación que un gesto de la mano. Los internos se referían burlonamente al ir y venir de camiones como «el túnel».* Para tener a mano suficiente dinero en metálico, Pablo se hacía traer rollos de billetes de cien dólares bien apretados en latas de leche, que enterraba luego al abrigo de la niebla de la mañana en sitios secretos alrededor de la prisión. Dos de aquellas latas, cuyo contenido rondaba el millón de dólares cada una, fueron enterradas debajo del césped del campo de fútbol. Posteriormente se instaló un bar, con una sala de estar y una discoteca, y al gimnasio se le añadió una sauna. Las «celdas» de los internos eran más bien como suites de hotel, con salones, pequeñas cocinas, dormitorios y baño. Los trabajadores comenzaron a construir, además, pequeñas cabañas camufladas algo más retiradas del complejo principal de la prisión, colina arriba. Allí era donde Pablo y los demás preveían esconderse si La Catedral era bombardeada o invadida. Pero hasta que llegara ese momento, las cabañas cumplían la función de excelentes alojamientos en los que los hombres recibían a mujeres en privado. Se pintaron murales surrealistas de brillantes colores en los techos y muros de las cabañas, como en las clásicas madrigueras de los «porretas» de la década de los sesenta; sin olvidar luces negras y equipos de sonido cuadrafónico. La comida era preparada por chefs de conocidos restaurantes en la ciudad, que Pablo contrataba. Cuando el bar y la discoteca em-

---

* Un término que crearía gran confusión entre las autoridades tras la fuga de Pablo. *(N. del T.)*

pezaron a funcionar a pleno rendimiento, se ofrecieron fiestas y hasta recepciones de bodas.

Con un poderoso telescopio encaramado en un balcón, el capo observaba las vistas de Medellín, que se extendía a sus pies como un feudo propio, y a su mujer y a sus hijos en cualquiera de sus muchas casas del valle. Su familia lo visitaba a menudo. De hecho, se construyó una pequeña zona de juegos para Manuela, con una casita repleta de muñecas y otros juguetes. Al cumplir los cuarenta y dos años, el 1 de diciembre de 1991, se organizó una fiesta. Su madre le regaló dos gorras de piel, y él anunció que a partir de entonces dichas gorras serían su seña de identidad. Si al Che Guevara se lo conocía por su boina y a Fidel Castro por su barba y sus puros, a Pablo Escobar se lo conocería por sus inmensas gorras de piel. La familia y los amigos cenaron pavo relleno, caviar, salmón fresco, trucha ahumada y ensalada de patatas. Pablo posó para una serie de fotografías junto a María Victoria, con la madre del capo de pie, orgullosa, detrás de la pareja.

La Catedral tampoco era una prisión normal en muchos otros aspectos. Pablo, por citar un ejemplo, no se sentía obligado a quedarse. Rara vez se perdía un partido de fútbol de liga en Medellín (la policía cortaba el tráfico para que la caravana de Pablo entrase y saliese sin inconvenientes del estadio que él mismo había mandado a construir años antes). Aquel año se le vio haciendo sus compras de Navidad en un moderno centro comercial de Bogotá y en junio de 1992 celebró el primer año de su encarcelamiento con sus amigos y familiares en una discoteca de Envigado. Pablo restaba importancia a aquellas excursiones puesto que, después de todo, siempre regresaba. Había hecho un trato con el Estado y tenía la intención de cumplirlo, si bien de vez en cuando engatusara a sus carceleros.

Para matar el tiempo, los internos levantaban pesas, montaban en bicicleta y jugaban al fútbol. Pablo llegaba a jugar cuatro horas seguidas y, a pesar de sufrir de una vieja lesión en la rodilla y de no ser el jugador más rápido o más habilidoso, siempre era delantero centro. Sus hombres lo dejaban ganar, en ocasiones, apañando la jugada para que él marcase el gol ganador. Si Pablo se quedaba sin aliento, lo que sucedía a menudo, se hacía reemplazar por un suplente hasta recuperar el aliento y entonces volvía al campo de un salto. Alguna vez, Uribe, su abogado, debió esperar durante horas hasta que Pablo dejara de jugar para poder hablar con él. Desde los laterales del campo, los carceleros servían bebidas a los reclusos, y al acabar el partido hacían las veces de camareros en el bar de la prisión. Pese a las muchas horas de deporte, los hombres de Pablo engordaban semana a semana: todos gustaban del típico plato antioqueño de judías, cerdo, huevos y arroz. Pablo y los demás habían entrado en prisión con la intención de perder peso y de ponerse en forma, pero después de los primeros meses, aquel propósito se desvaneció y los equipos para hacer ejercicios quedaron arrumbados. De todos modos, continuaron jugando al fútbol, aunque bebían mucho y seguían fumando marihuana. Bajo su influencia, Pablo se soltaba a hablar, y un día le dijo a Uribe que las historias de La Violencia que había oído de cuando niño lo habían aterrorizado, pero que a medida que había ido creciendo comprendió que el terrorismo «era la bomba atómica de los pobres, la única manera de que los pobres respondan a una agresión».

Pablo continuaba identificándose con el pueblo. Sostenía que había sido obligado a cometer actos violentos debido a la persecución del Gobierno, pero que estaba confiado en que la mayoría de los colombianos le seguía apoyando, especialmente «su gente», los desposeídos de Antioquia. Recibía cartas de sus seguidores a diario: le escribían mujeres ofreciéndose a visitarlo en prisión y otros, más desesperados, le suplicaban dinero para saldar sus deudas. Pablo leía y guardaba aquellas cartas, y a menudo respondía enviando el dinero solicitado. Por la noche, cuando los otros reclusos dormían profundamente, Pablo solía ir de aquí para allá por la galería que circundaba los dormitorios hasta el amanecer, y luego dormía hasta media tarde.

Aquel paréntesis en prisión fue una bendición para muchos de los prisioneros, pero tampoco la paz era absoluta. Mientras que Pablo permaneciera en La Catedral sus enemigos sabrían dónde encontrarlo. Ésa era justamente la razón por la que había escogido aquel emplazamiento en una empinada ladera escarpada. Por eso había construido las cabañas colina arriba, enterrado un arsenal y hecho un reconocimiento del terreno en busca de rutas por las que replegarse hacia la cima y hacia el otro lado de la colina. Pablo había considerado varios sitios en Antioquia en donde erigir la prisión, y aquél fue el que más le había gustado. En una visita tres meses antes junto a su hermano Roberto, Pablo le había dicho: «Éste es el lugar, hermano. ¿Te das cuenta de que se cubre de niebla después de las seis y por la mañana también?». Esas condiciones frustrarían un ataque aéreo por sorpresa y cubrirían su retirada en caso de huida. Por si aquella invisibilidad fuera poco, Pablo hizo tensar cables de acero por encima del campo de fútbol para impedir el aterrizaje de helicópteros en la única zona llana de toda la prisión.

El aspecto legal también requería de su atención. Mientras Pablo estuviese prisionero, el Gobierno se esforzaría en reunir evidencias para enjuiciarle y lograr condenarle. A los pocos días de su entrega voluntaria, habían vuelto a acusarlo, ahora de ser el «autor intelectual» de la muerte del candidato Galán. En septiembre uno de sus principales sicarios, Dandeny Muñoz, fue arrestado en Nueva York y acusado de haber mandado colocar una bomba en el vuelo de Avianca, además de otros cien asesinatos. Semanas más tarde, la policía encontró en una de las mansiones de Pablo pruebas que lo vinculaban al asesinato del editor de periódico Guillermo Caño. En las visitas acostumbradas que Uribe hacía a Pablo, los dos hombres tenían mucho de que hablar.

El presidente Gaviria le asignó el «asunto Escobar» a un joven abogado de su plana mayor que había estado implorándole por algo más importante que hacer. Eduardo Mendoza había manejado la seguridad de Gaviria durante su campaña presidencial y, como recompensa, se le había dado un puesto en el ministerio de Justicia. Mendoza era inexperto e inocente, pero honesto, amable e idealista. Su trabajo durante la campaña le había valido un lugar en el círculo más íntimo del Palacio Presidencial; un grupo de asesores tan jóvenes que la prensa los había apodado «el jardín de infancia de Gaviria». Mendoza, vegetariano militante, mostraba un aspecto particularmente insignificante, menudo, con pelo tenue y castaño que le cubría la frente. Incluso embutido en su traje gris, con su abultado maletín de piel, era fácil confundir a Mendoza con un estudiante de instituto. Después de nombrarlo viceministro de Justicia, el presidente le encomendó la tarea de «hacer algo» con respecto al ahora preso Pablo Escobar.

Aparte de encontrar una acusación por la que procesar al capo, también se ordenó a Mendoza la construcción de una prisión en toda regla para encerrarlo. La cuestión de dónde se podría construir esa prisión ya había sido contestada. El acuerdo alcanzado con Escobar dictaba que el sitio para erigirla debía ser La Catedral, donde Pablo y sus compinches ya vivían. La nueva prisión —una prisión de verdad— debería ser edificada en torno a la endeble y ya existente construcción. Y con Pablo dentro. Mendoza sabía de cierto que el Servicio Penitenciario era una institución minuciosamente incapaz y poco fiable. Poseía un departamento de ingeniería a cargo de tales tareas específicas, pero aquellos hombres eran los más corruptos de todos: robaban todo lo que encontraban a su paso. Mendoza se hallaba en proceso de llevarlos a juicio cuando se le ocurrió involucrar a los norteamericanos, que eran los más interesados en encerrar definitivamente a Pablo. Estados Unidos sería el interlocutor perfecto. Mendoza se lanzó a diseñar una prisión ideal que contara primordialmente con sistemas de circuito cerrado y medios de vigilancia electrónica. Éstos minimizarían el contacto humano entre el personal penitenciario y los prisioneros, limitando asimismo las oportunidades para la intimidación y el soborno. Mendoza había leído acerca de las cárceles de máxima seguridad existentes en Estados Unidos y había visto reportajes al respecto en la televisión. Así pues voló a Washington, DC, y presentó su proyecto al Departamento de Estado (Ministerio de Asuntos Exteriores) y al Servicio Penitenciario norteamericano, pero no logró más que averiguar que, por ley, Estados Unidos no tiene autorización para colaborar en la construcción de prisiones en otros países. Y cuando se acercó directamente a compañías constructoras afincadas en Colombia ninguna de ellas se mostró interesada en el encargo. Un importantísimo constructor colombiano le dijo: «¿Quién va a querer construir una jaula con el león dentro?».

Por fin Mendoza se puso en contacto con una firma llamada General Security. Su dueño, un «experto en seguridad» israelí de nombre Eitan Koren*, estuvo dispuesto a aceptar

---

 * Koren formaba, junto con Yahir Klein, Mike Tzedaka y Maerot Shoshani, una oscura delegación israelí de representantes de industrias bélicas, militares en activo y mercenarios, que, paradójicamente, prestaban sus servicios al Gobierno, los paramilitares y los cárteles colombianos. *(N. del T.)*

el trabajo. Se delinearon los planos, pero antes de que comenzara a correr el dinero el proyecto debía ser aprobado por la Procuraduría Financiera. Dicho proyecto permaneció sobre un escritorio acumulando polvo durante meses. Ni el director de aquel organismo ni sus subordinados aceptaban las llamadas de Mendoza o las del ministro de Justicia: ni las devolvían ni tenían interés alguno en ver a Mendoza o al ministro. Para obtener las autorizaciones correspondientes fue Gaviria en persona quien tuvo que intervenir. Cuando las obras por fin fueron iniciadas —con trabajadores reclutados de los sitios más distantes de Colombia, para que no estuviesen conectados al imperio de Pablo en Medellín— algunos trabajadores se negaron a proseguir después de ver con pavor a los hombres de Pablo sentados en la verja anotando las matrículas de los vehículos que entraban y salían de La Catedral. Más tarde algunos de aquellos maleantes salieron de sus celdas para desafiar a las cuadrillas de trabajadores y golpearon a unos hasta tumbarlos y a los demás los asustaron. El hecho es que los empleados renunciaron en masa; ésa fue la causa de aún más demoras. Una riña más asomó en el Congreso cuando Mendoza reveló su plan de contratar mano de obra de elite para su nueva prisión de alta tecnología. Consciente de las dificultades de mantener encerrado al capo, Mendoza previó atraer a un grupo de guardias profesionales que capitanearan La Catedral, hombres especialmente entrenados y capacitados, lo que significaría salarios y un plan de pensiones y beneficios sociales más altos. Esto le granjeó el odio de los pilares de la democracia colombiana: los funcionarios de la Administración. El proyecto quedó empantanado como un tractor en una ciénaga. Entretanto, los norteamericanos, que observaban desde la embajada, interpretaron toda la confusión y las demoras como una evidencia más de que Pablo seguía manejando el tinglado. Y cuando Mendoza se ponía en el lugar de los norteamericanos, se preguntaba: ¿cómo no iban a pensar de ese modo?

Pablo era como un fantasma, y aunque en apariencia estuviese encerrado, su poder y el miedo que causaba flotaban el aire como la peste. De vez en cuando, si algo le disgustaba —por ejemplo, el inicio de las obras de la nueva prisión—, uno de sus tantos abogados hacía una llamada al ministerio para informar de que su cliente deseaba entregar una gran cantidad de dinamita. Los abogados entonces conducían a las autoridades hasta un camión (generalmente ubicado frente a la casa de un ministro o debajo de la ventana de una dependencia oficial) cargado de suficientes explosivos para arrasar una manzana entera de edificaciones. La prensa se enteraba siempre y, lógicamente, la noticia solía causar una impresión magnífica: otro gesto magnánimo del preso reformado don Pablo. Sin embargo no significaba el desarme. Mendoza, como el resto de sus colaboradores, sabía de sobra que su «prisionero» les hacía el sutil recordatorio de que Pablo Escobar seguía siendo el dueño de sus vidas; la manera de decir a sus carceleros: «No nos hagamos daño unos a otros, caballeros».

Aunque Mendoza se sintiera frustrado por tales obstáculos, siguió adelante impertérrito. Colombia era un país con historia, aunque en algunos aspectos demostraba ser muy joven; una de las democracias más antiguas del continente americano, pero una tierra de instituciones inestables. Colombia simbolizaba al país que aún debía sufrir reformas; una joven nación en la que el idealismo y la diligencia de un hombre joven todavía podía —al menos eso pensaba Mendoza— cambiar las cosas.

Era el verano de 1992, y la construcción ya estaba en marcha. Lentamente, los muros comenzaron a crecer tanto como la consternación de Pablo. Expulsada de las inmediaciones de La Catedral, la PNC colocó puestos de escucha fuera del perímetro de los veinte kilómetros establecidos. Pablo se había vuelto cuidadoso en sus comunicaciones, utilizando sus palomas para los mensajes más importantes. No obstante, con los demás reclusos hablaba tranquilamente. La PNC rápidamente llegó a la conclusión de que La Catedral era, según opinaba el mayor que la dirigía, «un gran foco de comercio». La policía siguió muy de cerca el flujo constante de contrabando al interior de la prisión (el alcohol, las drogas y las prostitutas), pero nadie hizo nada para poner fin: sólo se dedicaban a observar, grabar, filmar y archivar los resultados correspondientes. Meses y meses después seguía ocurriendo lo mismo. Las unidades policiales a cargo de la vigilancia sentían asco por la debilidad que demostraba el Gobierno. Aparentemente Gaviria y los suyos temían enfrentarse a Escobar, así que se parapetaron detrás de una preocupación excesiva por las libertades personales; lo que proporcionó a Pablo y a sus secuaces espacio más que suficiente para maniobrar.

2

A lo largo de todo el primer año del cautiverio, la embajada de Estados Unidos, la prensa y los muchos funcionarios del Gobierno —Mendoza inclusive— habían urgido a Gaviria a que acabase con la farsa. Todo el mundo sabía que La Catedral no era una prisión ni mucho menos; lo que es más, era un estado soberano dentro de otro estado no tan soberano. El acuerdo que resultó de la rendición de Pablo simbolizaba más bien una capitulación a la violencia, un pacto con el diablo, puro y duro. Así y todo, la mayoría de la Colombia oficial se contentaba con el *status quo*. Pablo era una serpiente peligrosa que había sido conducida a un hoyo. La actitud del Gobierno podía resumirse en la siguiente frase:

«Pablo Escobar solía gobernar Colombia, ahora únicamente gobierna Envigado..., así que déjenlo en paz».

Los únicos que no podían dejar de pensar en el tráfico de drogas eran los gringos. El nuevo embajador norteamericano, Morris D. Busby, continuó su cruzada en contra de Pablo y de los otros exportadores de cocaína, pero no había nada nuevo en ello. A los norteamericanos los cegaban sus anteojeras. Trabajaban concienzudamente en la zona norte de Bogotá, detrás de los altos muros de su embajada-fortaleza, un bloque gris, modernista, de cuatro plantas que se asemejaba más a un búnker. Se movían de sus casas protegidas a sus lugares de trabajo en coches blindados, perfectamente aislados del remolino general de la vida colombiana. Los dos pueblos se hallaban separados por la envidia, el desprecio, y un rencor de cien años. Y los gringos empeoraban la situación aún más al sospechar que todos los colombianos se sumaban a la corrupción. Y cada mes que Pablo pasaba tranquilamente en su colina reafirmaban esa creencia. Incluso el alegre e idealista Mendoza era tratado con una desconfianza apenas disimulada cuando acudía a la embajada a pedir información con la que formular nuevos cargos en contra del capo, como si en verdad no fuera más que el abogado defensor de Pablo en vez de un fiscal resuelto y dispuesto a enjuiciarlo.

Dentro de la embajada muy pocos sabían lo difícil que era llevar a cabo cualquier reforma en el exterior. Incluso si Gaviria hubiese querido actuar contra Pablo, no habría sido nada sencillo. En Estados Unidos, quizás el presidente daba una orden y esa orden se cumplía, pero en Colombia todo conllevaba una pelea. En teoría, el presidente ejercía su poder por encima de todos sus ministros, pero la cruda realidad —que no sólo Gaviria, sino todos los presidentes que lo precedieron debieron aceptar— era que su autoridad era incorregiblemente difusa. El Ejército, la policía, la policía secreta y el Ministerio de Justicia, todos eran feudos independientes. Cada uno de ellos conformado por feudos de menor tamaño, todos batallando y urdiendo intrigas entre sí. En el caso de Pablo, la causa común que los unía era la falta de disposición para involucrarse. La PNC, por su parte, ansiaba ver todo el asunto desprestigiado. El poder judicial no quería enfrentarse a quien había mandado ejecutar a policías, jueces y carceleros que se le hubieran cruzado en el camino. Y la actitud del Ejército era aún peor: a Mendoza lo habían echado de las oficinas de generales que se negaban a ejercer de cancerberos.

Otro feudo deseoso de abochornar al presidente era la Fiscalía, puesto al que se accedía por medio de una votación independiente. A la cabeza se encontraba un ex profesor de derecho y fumador de pipa llamado Gustavo de Greiff. El fiscal general tuvo la oportunidad de avergonzar al presidente a comienzos de 1992, cuando sacó a la luz las fotografías del boato escandaloso del que gozaba Escobar en La Catedral: las camas de agua, los *jacuzzis*, los carísimos equipos de música, las televisiones de pantalla gigante y otros lujos.

Mendoza descubrió que todo el mobiliario de Pablo era legal y que su entrada había sido aprobada y sellada por triplicado por su propio y eficiente Servicio Penitenciario. Los burócratas se habían protegido bien: los reglamentos permitían a cada recluso una cama pero los reglamentos no indicaban de qué tipo, y lo mismo sucedía con las bañeras. ¿Quién pondría en tela de juicio que un *jacuzzi* no es una bañera? Según las normas, un prisionero tenía derecho a un aparato de televisión si demostraba buen comportamiento, ¿pero en dónde se especificaba que la televisión no pudiese ostentar una pantalla del tamaño de un muro, antena parabólica, reproductor de vídeo y altavoces estéreo? El sistema carcelario había creado un mundo paralelo para Pablo, y él lo aprovechó para transformarlo en una especie de centro turístico mientras que, según la documentación de la burocracia, se hallaba recluido en una prisión de máxima seguridad.

Gaviria estaba furioso.

—Quiero que se les quiten todas esas cosas de inmediato —le ordenó a Mendoza—. Ordene al Ejército que entren y que limpien todo el lugar. Escobar tiene que saber que vamos en serio.

Aquélla fue una de las ocasiones en que Mendoza había acudido a pedir la ayuda de Rafael Pardo, ministro de Defensa. Mendoza le mostró las fotos y le comunicó la orden que le diera el presidente.

—De ninguna manera —dijo Pardo—. No puedo hacerlo porque no tengo los hombres suficientes.

—¡Pero si tiene ciento veinte mil hombres bajo su mando! —exclamó Mendoza.

Pardo y sus generales le respondieron con testaruda indiferencia. Por otra parte, la PNC no podía participar ya que ésa fue una de las condiciones exigidas por Escobar en la rendición. Mendoza se dirigió, entonces, al DAS. Éstos le contestaron que no estaban autorizados a intervenir en las prisiones a menos que estallara un motín, lo cual, dadas las confortables condiciones en las que vivían Pablo y sus hombres, era bastante improbable.

Finalmente, y casi rozando la desesperación, Mendoza alquiló un camión y designó a un abogado de su equipo para que con un grupo de hombres cargara todos los televisores, los reproductores de vídeo y cadenas de música y se los llevara.

—Eduardo, eres mi amigo —imploró el abogado—, ¿cuándo te he hecho yo tanto mal? ¿Por qué me encargas esto?

Mendoza se figuró que al llegar a las puertas de La Catedral, el camión sería enviado de vuelta por los hombres de Pablo, y que quizá aquel rechazo le facilitase nuevas razones para poder exigir la participación del Ejército o del DAS. Pero lo que sucedió fue todo lo contrario: las puertas de la prisión se abrieron de par en par y Pablo en persona les hizo señas, mostrando por dónde maniobrar.

—Por supuesto —respondió el capo con sus característicos buenos modales—. No sabía que estas cosas le molestaran. Por favor, lléveselo todo.

Los hombres de Pablo ayudaron, incluso, a cargar el camión. Se tomaron fotos de los cuartos vaciados, que Mendoza luego mostraría con orgullo al presidente (si bien todos los aparatos requisados fueron devueltos discretamente a sus dueños aquella misma noche).

Pero según pasaban los días, las escuchas de las comunicaciones del cártel comenzaron a revelar problemas dentro del feliz reino que Pablo había montado en torno a sí mismo. Los muros y vallas que lo protegían también lo mantenían alejado de la gestión y el día a día de los asuntos del cártel; asuntos que había delegado en un puñado de poderosos tenientes, de lo que comenzó a sospechar.

Pablo había encomendado el cuidado de una gran parte de su imperio a los Galeano y los Moncada, viejas familias criminales de Medellín. Ambas familias se habían enriquecido fabulosamente, y mucho más todavía después de la rendición de Pablo. Y pese al pago del «impuesto de guerra» exigido por Pablo, que ascendía a unos doscientos mil dólares al mes. Las sospechas de lealtad ante la creciente prosperidad de las familias hicieron que Pablo aumentara su impuesto revolucionario a un millón de dólares al mes. Y más adelante, autorizó a algunos de sus hombres para que robaran veinte millones de dólares de las casas secretas en las que aquellas familias acumulaban su dinero en metálico. Cuando los jefes de las dos familias, Fernando Galeano y Gerardo Moncada visitaron La Catedral en el verano de 1992 para quejarse, Pablo les soltó una perorata acerca de la importancia que él, Pablo Escobar, tenía para la industria, de cómo había establecido las primeras rutas comerciales «para que no sólo yo pudiera beneficiarme», y de cómo él, por sí solo, había hecho derogar el tratado de extradición entre Estados Unidos y Colombia. Acto seguido hizo que Galeano y Moncada fueran asesinados. Pocos días más tarde, los sicarios de Pablo siguieron las pistas de los hermanos de ambas víctimas, Mario Galeano y William Moncada, y también los liquidaron.

Los clanes familiares de aquellos cuatro hombres se aprestaron para la guerra. Algunos de sus miembros más incondicionales acudieron a la policía acusando a las autoridades de complicidad en los crímenes. Ambos narcos habían desaparecido después de visitar La Catedral, por lo que el Gobierno de Colombia lógicamente era cómplice de las desapariciones y los evidentes asesinatos. Así fue como el exasperado presidente Gaviria se vio obligado a tomar cartas en el asunto.

3

Mendoza se encontraba en su despacho del Ministerio de Justicia en Bogotá, el miércoles 21 de julio de 1992, cuando el jefe del Estado Mayor de Gobierno del presidente Gaviria lo llamó para que se personara en el Palacio Presidencial. El viceministro se encontraba redactando el código de procedimiento penal, y de todos modos tenía que acudir a una reunión con su equipo al Palacio Presidencial después de comer. Mendoza trabajaba en una nueva sección de la Constitución, que reinstalaría los juicios con jurado; juicios que en Colombia habían dejado de celebrarse años antes cuando los narcos y sus asesinatos habían hecho muy peligrosa la tarea de servir como miembro de un jurado.

—Perfecto —comentó Mendoza con su habitual entusiasmo—, mataré dos pájaros de un tiro.

Cuando llegó al palacio aquella tarde, pasó primero por la reunión del equipo de redacción del nuevo código y les comunicó que debía hacerle una visita al presidente:

—Regreso enseguida —les prometió.

Pero no pudo. Algo importante estaba ocurriendo en la planta de arriba. En el vestíbulo del despacho de Gaviria, mientras los teléfonos sonaban sin cesar, se habían dado cita generales con sus uniformes almidonados y ministros con sus trajes hechos a medida, miembros de la plana mayor, camareros de chaqueta blanca sirviendo café y té en bandejas de plata. Mendoza, acompañado por su nuevo jefe, el ministro de Justicia Andrés González, quien a su vez había sido designado para el cargo recientemente, fue llevado a una habitación. Allí se encontró con el pulcro ministro de Defensa Rafael Pardo, y uno de los generales de éste.

—Eduardo, en este mismo instante, estamos atacando La Catedral —le comunicó Pardo—. Se lo acaba de perder. La estamos atacando y vamos a traernos a Escobar a Bogotá.

Pardo sabía que aquella nueva sería bien recibida por Mendoza, que en vano le había insistido para que lo ayudara a resolver el «asunto de Escobar». Pardo había hecho hincapié en que el Ejército no debía involucrarse, por lo que su declaración era poco menos que una capitulación. Mendoza intentó ocultar su satisfacción. Pero entonces Pardo lo sorprendió:

—Queremos que vaya allí —le dijo a Mendoza.

—Para «legalizar» —agregó González.

—¿Para legalizar qué? —dijo Mendoza incrédulo.

—Ya sabe, para formalizar el traslado —culminó Pardo.

Era lo típico: poco sucedía en Colombia sin la presencia

de un letrado. En una nación de una incertidumbre tan arro-
lladora, un país cuyo Gobierno podía ser derrocado con poco más que un empujón, todo el mundo estaba obsesionado
por cubrirse las espaldas. De la misma manera que uno viajaba con guardaespaldas y levantaba muros en derredor de
su casa, nadie hacía un movimiento en falso sin desenterrar
algún término legal. Mendoza intuyó que le estaban entre-
gando la pala. Al enviar al viceministro de Justicia al lugar
de los hechos, los funcionarios de Bogotá quedarían libres
de culpa, si ocurriese algo incorrecto o ilegal.

De cualquier modo, Mendoza se sentía inquieto. Se percibía que algo atrevido se había puesto en marcha. Por fin
el Ejército estaba plantándole cara a Escobar, el monstruo, el
azote para la sociedad colombiana. Pero aquel día se había
hecho una demostración de poder real, del legítimo poder
del pueblo, y por una vez la acción iba de la mano de la precaución. Era una sensación vertiginosa, y por un momento
todos parecían dichosos de estar tomando parte en ello. Mendoza era un joven lo suficientemente perspicaz como para saber que estaba siendo utilizado, sin embargo lo superaba el
ansia de aceptar uno de los papeles principales.

Gaviria no se anduvo con remilgos. Ya había recibido
los informes de las ejecuciones llevadas a cabo por Pablo desde su cautiverio. Los cuerpos de dos de los cuatro desapare-
cidos, Mario Galeano y William Moncada, habían sido hallados. Por ahora, el hallazgo de los cadáveres aún se mantenía
en secreto —ni siquiera Mendoza lo supo entonces—, si bien
el presidente era consciente de que esa información acabaría
filtrándose. Sus detractores en la prensa utilizarían las muertes para confirmar todos los rumores acerca de Escobar y pro-
clamar que el presidente estaba bajo el poder del capo encarcelado. El descrédito del Gobierno a los ojos del resto del
mundo y de Estados Unidos crecería aún más, y sin su ayu-

da, Colombia no sería capaz de combatir las guerrillas. Gaviria había sido el blanco de suficientes agravios, y ahora habría más indagaciones e investigaciones.

Así que tomo una decisión. Pablo sería trasladado a una prisión de verdad. El Ejército iba a entrar al recinto, utilizando la fuerza si fuera necesario, y a llevarse a Pablo. Sin duda esto violaba el acuerdo que se había firmado con Escobar, y, por tanto, el ejército de abogados de Pablo y sus aliados defensores de las libertades civiles caerían sobre Gaviria como una plaga. Pero también era cierto que el capo había incumplido su parte del trato al cometer crímenes horrendos desde la «cárcel». Con todo se esperaba que hubiera complicaciones legales, y por ello enviarían a Mendoza.

El viceministro tenía orden de volar a Medellín con el coronel Hernando Navas, director del servicio penitenciario, para representar al Gobierno en el terreno.

—¿Qué significa exactamente *formalizar*? —preguntó Mendoza una vez más antes de partir.

—Mire, todo está bajo control —replicó Pardo—. Pídale instrucciones al general una vez que haya llegado, él sabrá lo que hacer.

—¿Tengo que traer a Pablo a Bogotá?

—Sí. Lo trasladaremos a una base militar en Bogotá —respondió el ministro de Defensa—. Ahora dése prisa.

Pardo informó a Mendoza de que un avión de despegue rápido lo estaba esperando en el aeropuerto. Así que salió hacia allí a toda velocidad en su coche, deteniéndose nada más que para recoger al coronel Navas de camino. Cuando le explicó al militar lo que ocurría, el director del servicio penitenciario sacudió la cabeza:

—No se le puede hacer esto a Escobar y salirse uno con la suya.

Navas se quejó afirmando que sólo estaban metiéndose

en problemas aún mayores. Ellos tenían un trato con Pablo y hasta entonces él había cumplido su parte. Romperlo significaría, como poco, volver a la guerra.

—Va a morir mucha gente —dijo Navas.

—Coronel, no ha sido una decisión mía —sostuvo Mendoza—. Se nos ha ordenado ir, y lo que vamos a hacer es subirlo a un avión y traerlo de vuelta a Bogotá.

En cuanto a Mendoza, su convicción frente a Navas era tan férrea como su desconocimiento de lo que habría de hacer exactamente. Al llegar al aeropuerto, los dos hombres descubrieron que el avión de «despegue rápido» carecía de combustible. Así pues, mientras aguardaban, Mendoza llamó al despacho del presidente para pedir, una vez más, aclaraciones. Quería hablar con su jefe directo, el nuevo ministro de Justicia.

—Andrés, no sé lo que está pasando. Dime una vez más qué es exactamente lo que tengo que hacer.

—Mira, si los prisioneros te ocasionan problemas, les dices que se debe a la obra. Diles que hemos tenido problemas porque se han estado metiendo con los obreros. Así que, temporalmente, los tenemos que trasladar.

A medida que la espera por el combustible se alargaba absurdamente hasta la tarde, Mendoza llamó al ministro de Defensa, Pardo. Y una vez más se le informó de que se presentara al general al mando de la IV Brigada.

—Haz lo que él te diga —puntualizó Pardo.

El viaje a Medellín en la pequeña avioneta Cessna tardó unos cuarenta minutos. Todavía había algo de luz cuando despegaron. Mendoza vio cómo se alejaban de la Cordillera Central cuando enfilaron hacia el noroeste. Las montañas verdes fueron disminuyendo en tamaño hasta alcanzar el nivel del mar, donde el río Magdalena fluía por el valle entre las cadenas montañosas. El río ya se había sumido en la oscuridad. Mendoza observó el sol arrastrarse lentamente hacia los picos nevados de la Cordillera Central. Lejos, al sur, el pico de Nevado del Ruiz apuntaba al cielo.

Era casi de noche cuando los enviados aterrizaron en Medellín. En el Aeropuerto Olaya Hererra los aguardaba un jeep que los llevó hacia el este cruzando los barrios residenciales y trepó luego por las colinas, en dirección a los exclusivos barrios de Envigado. A partir de allí acababa el asfalto, y el vehículo avanzó por un camino de tierra, sinuoso y empinado aún más arriba, hacia la cumbre de las montañas. «Éste es el territorio de Escobar», reflexionó Mendoza, y cayó en la cuenta de que había comenzado a hacer mucho frío. Mendoza, que llevaba traje, se subió el cuello de la chaqueta y aguzó el oído, esperando oír los disparos. No oyó nada. «Ya habrá acabado», pensó. El jeep se detuvo en un camino de tierra, a corta distancia de la cancela exterior de la prisión. El general Gustavo Pardo (que no tenía ningún parentesco con el ministro de Defensa) se acercó andando hasta el jeep mientras que Mendoza y el coronel Navas descendían. El general llevaba puesto su uniforme de faena impecablemente planchado y una gorra verde. Su aspecto irradiaba determinación y diligencia. Mendoza había coincidido con él en varias ocasiones y lo había encontrado un hombre serio y aséptico en su profesionalidad. A Mendoza le gustaba el general, y su presencia allí lo tranquilizó. El general saludó al joven amistosamente, pero su comportamiento no era el de siempre:

—Eduardo, cuáles son sus órdenes.

—General, me han ordenado que me lleve a Escobar a Bogotá.

—Mis órdenes son diferentes —respondió el general y le explicó que las suyas eran rodear la prisión y asegurarse de que nadie entrara o saliera.

Mendoza se quedó pasmado: ¡no había sucedido nada!

Por lo poco que se podía ver en medio de la oscuridad, por allí pululaban soldados a la espera de algo. ¿Así atacaba el Gobierno?, se preguntó Mendoza.

—Necesitamos confirmación de Bogotá —comentó Mendoza.

Cuando las órdenes se confirmaron por radio, éstas eran totalmente diferentes de las que Mendoza había recibido aquella mañana. Y esto le repugnó. Era la peor característica del Gobierno al que servía (lo mismo que enfurecía a los norteamericanos) y que fomentaba la imagen corrupta e inepta de Colombia. Quizá una orden fuese dada con la mejor intención y el mayor entusiasmo, pero cuando llegaba al final de la cadena de mando —incluyendo el paulatino rechazo de responsabilidades en las que se podría incurrir y pasándolas al siguiente eslabón—, la gran maquinaria acababa confundida, impotente, enlodada. En Bogotá, el despacho de Gaviria ya había emitido un comunicado a la prensa en el que se informaba del traslado de Escobar a otra prisión. Pero en La Catedral aún no había sucedido nada.

—Si quieren a Escobar, iré yo personalmente y lo sacaré de ahí dentro —alardeó el general—. Pero hasta que mis órdenes sean ésas...

Mendoza explicó la escena que había tenido lugar en el despacho del presidente por la mañana, cuando la plana mayor del Gobierno creyó que el asalto a la prisión ya era un hecho consumado. Mendoza insistió en que los políticos se enfadarían mucho cuando supiesen que todo había quedado en agua de borrajas.

—Todo esto es muy confuso —dijo el general, y luego acabó de asustar a Mendoza al preguntarle—: Le parece que hagamos esto hoy o que esperemos hasta mañana por la mañana.

—Mire, general, yo no tengo la menor idea. Se me envió

a que hiciera esto inmediatamente. Creí que ya todo había concluido. Yo no tengo la autoridad para ordenarle que demore la operación hasta mañana. Quizá sería más fácil hacerlo a la luz del día, quizá debiéramos esperar. Pero no soy militar, no lo sé. Llamemos a Bogotá.

El general se puso al teléfono de nuevo, y Mendoza se enfadó al oírle decir: «Estoy aquí con el viceministro y él quiere que la operación se realice mañana». El general colgó e invitó a Mendoza a una agradable cena en un restaurante de Medellín.

Desde el despacho del presidente hubo una llamada. Pidieron hablar con Mendoza. Era un asesor militar del presidente. Se le dijo que el presidente estaba furioso, que se le había enviado a observar y que ¿por qué estaba interfiriendo con una operación militar? Mendoza no tuvo tiempo ni de defenderse ni de explicarse y respondió que se encargaría. Era evidente que nadie quería asumir la responsabilidad, así que Mendoza decidió asumir el mando él mismo.

—Hágalo esta misma noche —le dijo al general—. Y hágalo de inmediato.

Pero el general volvió a retrasar el asalto, parecía decidido a no actuar. Telefoneó nuevamente a sus superiores, y juntos concibieron la idea de enviar al compañero de viaje de Mendoza, el coronel Navas, al interior de la cárcel a ver cómo estaban las cosas. A esa hora, como era de esperar, debido a los reportajes de la radio y la televisión, Escobar y el resto del país ya sabían que las fuerzas del Ejército se habían desplegado en gran número por el perímetro de la prisión. Habían arruinado toda posibilidad de sorpresa y, por primera vez, Mendoza temió que Pablo pudiera escapar. Darle caza había costado miles de vidas, millones de dólares del Gobierno norteamericano, y muchos millones de pesos colombianos. Escobar era el presidiario más famoso del mundo y su encarcelamiento era vital para el prestigio de Colombia como un país moderno y un Estado de derecho. Mendoza intuyó la vergüenza que le sobrevendría si por algún resquicio Pablo llegase a escapar. Su fe en el general Pardo y su brigada de cuatrocientos hombres se iba socavando con celeridad.

Mendoza discutió con Navas unos momentos antes de entrar en La Catedral.

—Debería ser yo quien entrara, no usted —dijo Mendoza puesto que era nominalmente el superior del coronel.

—No, no, no, doctor [letrado]. No se preocupe. Tenemos la situación controlada.

Cuando el coronel inició su descenso colina abajo en la oscuridad, hacia la cancela principal, Mendoza sintió un gran alivio. La voz de Navas tronó: «¡Que abran las puertas!», y se oyó rechinar los goznes.

Pasaron cuarenta y cinco minutos antes de que Navas regresara:

—La situación está bajo control, pero esa gente está muy asustada —informó el coronel—. Me dijeron que si el Ejército entraba a por Escobar, volarían el lugar en pedazos, y eso es lo que la radio afirma que va a suceder —y dirigiéndose a Mendoza añadió—: Doctor, si usted entra, les explica lo que está sucediendo y los tranquiliza, tal vez podamos salvar muchas vidas.

Mendoza resolvió entrar. Se encontraba cansado, con frío y frustrado. Quizá lograse cumplir con su misión sin que corriese la sangre. Así que bajó la colina acompañado de Navas hacia la cancela. Cuando las puertas se abrieron para que pasaran, los guardias, en teoría todos ellos empleados del Ministerio de Justicia, se pusieron en fila y firmes.

—Bienvenido a La Catedral, señor ministro —dijo el capitán, recitando de un tirón y con practicada formalidad, el número de internos, el número de guardias, y el tipo de armamento del que disponían, concluyendo la perorata con un «Todo está en calma».

Mendoza percibió un temblor en el cuerpo que no era consecuencia del frío. Estaba a punto de conocer al notorio forajido Pablo Escobar cara a cara, y sabía que Pablo estaría disgustado. El delgado y joven abogado razonó firmemente consigo mismo. Él era el viceministro de Justicia de la República de Colombia. Con él se encontraba Hernando Navas, el director de Servicio Penitenciario y los protegían quince guardias de prisiones armados. ¿Y quién era Pablo? Un interno, un criminal. El trabajo de Mendoza era informar al recluso de que sería trasladado a otra prisión. Un asunto sencillo. Y, desde el punto de vista de Mendoza, era él quien tenía todo el poder, con lo cual metió las manos en los bolsillos para que le dejaran de temblar.

El camino de tierra serpenteaba colina abajo en la oscuridad. Un poco más allá divisó una luz, provenía de una bombilla solitaria, suspendida a su vez de un alambre que cruzaba por lo alto el camino y proyectaba un círculo de luz en el suelo. A la izquierda de éste, al borde del círculo, se había plantado un hombre bajo y regordete, y detrás de él, desplegados como el coro de una obra griega, una docena de hombres más. El hombre regordete, que aparentaba unos cuarenta años, tenía que ser Pablo, pero su aspecto era demasiado bajo y nada imponente para lo que Mendoza esperaba. Llevaba vaqueros y unas zapatillas blancas con ajustes de velcro y una chaqueta gruesa y oscura. Cabello negro y mojado hacia atrás, como si acabara de tomar un baño. Estaba recién afeitado, aunque en la mayoría de las fotografías, incluso en las que correspondían a los primeros arrestos en Medellín, siempre había tenido bigote. El tipo con el que Mendoza debía hablar era un hombrecito redondo, mofletudo y con papada. «Por lo visto la comida de la prisión le ha sentado bien», pensó Mendoza. Y casi todos los que lo respaldaban estaban gordos, como si no tuvieran otra cosa que hacer que comer. Ninguno de ellos parecía estar armado. Mendoza se relajó y sintió que dominaba enteramente la situación.

—Buenas noches, doctor —dijo Pablo en voz baja, con toda calma, pero sin sonreír.

Mendoza se presentó y estrechó la mano del prisionero. Había ensayado muchas veces el discurso que recitaría a Pablo al conocerlo, pero al intentar hablar su voz se convirtió en un chillido. Tragó saliva y propaló las palabras con toda la autoridad que logró reunir:

—Como habrá oído, sin duda, lo vamos a trasladar a...

—Usted me ha traicionado, señor viceministro —lo interrumpió Pablo, sin levantar la voz pero enojado—. El presidente Gaviria me ha traicionado. Ustedes van a pagar por lo que han hecho y el país va a pagar por lo que han hecho, porque yo firmé un trato y ustedes lo están rompiendo.

A aquello, Mendoza no supo qué responder; así pues, reanudó el discurso que tanto había ensayado:

—No debe usted temer por su vida —le aseguró.

—Me van a entregar a los norteamericanos —le respondió Pablo.

—No. Lo vamos a...

—¡Mátenlos! —gritó uno de los hombres de Pablo.

—¡Hijos de puta! —gritó otro.

Mendoza echó un vistazo a sus propios guardias; éstos miraron hacia otro lado.

—Ustedes me van a entregar a Bush, para que me pasee antes de la elección, como hizo con Manuel Antonio Noriega —masculló Pablo—. Y no pienso permitir que eso suceda.

—¡Debimos matar a éste durante la campaña! —gritó otro de los hombres de Pablo—. ¡Hubiera sido muy fácil!

—Mire usted —dijo Mendoza—. Sería inconstitucional

que lo enviásemos a Estados Unidos —lo cual era cierto puesto que la Constitución recientemente sancionada prohibía la extradición.

—Entonces me van a matar —comentó Pablo—. Me van a sacar de aquí y me van a hacer matar. Pero antes de que permita que eso suceda, va a morir mucha gente.

—Deje que los matemos, patrón —suplicó otro de sus hombres.

—¿De veras cree que si lo quisieran matar enviarían a alguien como yo para hacerlo? —dijo Mendoza—. Allí fuera hay cientos de soldados y de oficiales. ¿Realmente cree que querrían tener tantos testigos si de veras quisieran matarlo? No sería lógico. Me quedaré con usted, y si así lo prefiere, toda la noche. Dondequiera que vaya, seguirá siendo un preso y estamos obligados a garantizar su seguridad. Así que no tiene de qué preocuparse.

Escobar lo escrutó en silencio.

—Todo lo que tenemos que hacer es terminar de construir la prisión nueva, y eso no se puede hacer con ustedes dentro.

—No, no, no, doctor —interpuso Escobar—, el problema que tuvimos con los trabajadores fue sólo un malentendido.

Mendoza pudo percibir que Pablo no deseaba faltar a su trato con el Gobierno. El viceministro volvió a sentir que aún tenía alguna ventaja a su favor.

—Le diré lo que voy a hacer. Voy a salir. Me iré de aquí —explicó Mendoza—. Luego le entregaremos la cárcel al Ejército, y cuando salgan, yo me quedaré con ustedes y los acompañaré a dondequiera que los lleven.

Pablo no abrió la boca. Miró hacia la cerca lejana, como si intentara distinguir a través de ella cuáles eran las fuerzas que habían dispuesto en su contra. Parecía estar pensando mucho, calculando las posibilidades.

Mendoza creyó haber dicho todo lo que debía decir. «Hablemos luego», concluyó y se encaminó hacia la cerca con Navas y sus guardias silenciosos. Le sorprendía que Pablo lo dejara marcharse. Detrás de sí oía las voces suplicantes de los hombres de Escobar: «¡Patrón, ese hijo de puta nos va a traicionar! ¿Los va a dejar irse? ¡Matémoslos a todos!».

Mendoza siguió hacia delante sin darse la vuelta. Ya casi habían llegado a la cancela cuando oyó a los hombres de Escobar rebasarlos para cortarles la salida, un segundo más tarde los habían rodeado. Los hombres de Pablo ahora llevaban armas automáticas que, según recapacitó más tarde Mendoza, debieron de haber ocultado debajo de sus cazadoras de cuero. Cuando Mendoza miró a su propia guardia, ordenándoles que hicieran algo, sus soldados levantaron sus armas y le apuntaron a él (*¡a él!*). La situación le golpeó con la fuerza de una revelación. «Bienvenido al mundo real», se dijo. Qué tonto, la autoridad máxima allí nunca había sido él. Mendoza se volvió hacia Navas, que le devolvió una expresión dolorosa e indefensa.

—¡Mire, patrón, se están haciendo señas! —gritó un matón de cara redonda y ojos ligeramente estrábicos.

Éste era todavía más bajo que Pablo y, contrariamente a los demás, tenía un aspecto enjuto y fiero. Lo llamaban *Popeye*. Se trataba del conocido sicario de Medellín, Jhon Jairo Velásquez. Popeye botaba de agitación sobre un pie y luego sobre el otro y gritaba sin parar: «¡Mátelo! ¡Mate al hijoputa!».

Los hombres de Pablo iniciaron su descenso colina abajo, empujándolos. Mientras caminaba, Mendoza clavó la vista en el suelo. Las ideas se le agolpaban en la cabeza. Intentaba reproducir las distintas situaciones que podrían originarse y ninguna de ellas se resolvía favorablemente. Más tarde reflexionaría sobre el tópico de que cuando un hombre está a punto de morir ve su vida entera en un segundo. No era cierto: en lo único que pensó entonces fue en el siguiente paso. Nunca antes había sentido tal concentración en un momento tan breve. Estaba asustado, muy asustado, pero a la vez extrañamente tranquilo. Ni siquiera estaba enfadado con los guardias que lo acababan de traicionar. ¿Qué significaba para ellos? ¿Un bogotano consentido? ¿Un niño rico y afeminado —se sentía tan indefenso como un niño, eso era cierto—, que venía a darles órdenes porque tenía un título y un traje elegante? Mendoza sabía que ellos no podían actuar de otro modo. La palabra que mejor lo describía era impotente. Absolutamente impotente. Y estúpido, por creer que su discurso habría de significar algo dentro de la prisión en la que se encontraba. No había nada que pudiera decir o hacer para salir de aquel entuerto. Los sucesos en los que había caído no eran más que demostraciones de poder, de quién tenía más armas allí dentro, en aquel preciso instante. Se vio en manos del más famoso asesino de la historia de Colombia; un hombre que había ordenado la muerte de miles de personas, incluyendo generales, jueces, candidatos presidenciales, magistrados de la Corte Suprema… ¿Qué posibilidades tenía de escapar con vida? Sus ojos rebuscaban en la senda a medida que la andaban, y se preguntó: «¿En qué tramo moriré yo?».

Al llegar a la puerta de la casa del director de la cárcel, Popeye cogió a Mendoza y lo lanzó por el hueco de la puerta contra una pared. Le apoyó el cañón de su pistola en el pómulo y le gritó: «¡Voy a matarlo, siempre he querido matar a un viceministro! —Y después, pegó su cara a la de Mendoza y le gritó—: ¡Es un hijo de puta, joputa! Hace años que nos viene buscando, pero ahora quien lo va a hacer despegar* soy

---

* *Despegar* es un eufemismo de la zona de Medellín que significa, naturalmente, «matar», en el sentido de lanzar a alguien al interior de una tumba o acaso al más allá.

yo». Mendoza sufría tal terror que se sintió fuera de sí mismo, fuera de su propio cuerpo. Popeye protestaba y suplicaba como un psicópata.

Roberto Escobar, el hermano de Pablo, intervino, dirigiéndose a Popeye con calma y respeto: «Tú sabes, Popeye, que ahora no. Tal vez después. Tranquilo, ahora nos sirve más vivo que muerto».

Sentaron a Mendoza en un sofá de los que había en el salón del director. Entonces Pablo le habló:

—A partir de este momento, usted es mi prisionero. Si el Ejército realiza su asalto, usted será el primero en morir.

—No crea que reteniéndome hará que desistan —dijo Mendoza convencido de sus argumentos—. Si nos coge de rehenes, olvídese de cualquier otro trato. Tienen ametralladoras, montones. Nos matarán a todos los que estemos aquí. No podrá escapar.

Pablo se rió.

—Doctor —dijo por lo bajo—, ¿todavía no se ha dado cuenta? Toda esta gente trabaja para mí.

Entonces todos empezaron a hacer llamadas telefónicas. Había tal cantidad de teléfonos en la habitación que la situación resultaba cómica. En una mesa larga se veían muchos teléfonos fijos. Además, la mayoría tenían sus propios teléfonos móviles. Mendoza recordó la cantidad de memorandos que habían surcado su escritorio durante el año anterior, solicitando autorización para una o dos nuevas líneas en La Catedral, argumentando que sin las nuevas líneas telefónicas no habría manera de comunicarse con el exterior en caso de emergencia.

—¿Por qué habré recibido tantas solicitudes de nuevas líneas? —le preguntó retóricamente a Navas—. Si esto parece un centro de telecomunicaciones.

Una vez más Pablo se rió. Momentos después se puso al

teléfono con alguien, evidentemente un abogado. Otros hablaban con familiares que habían estado viendo las noticias por la televisión. Mendoza pudo oír a Pablo hablar con su esposa, ayudándola a calmarse:

—Tenemos un pequeño problema aquí. Estamos tratando de resolverlo, ya sabes qué hacer si las cosas no salen bien. —Luego le pasó el teléfono móvil a Mendoza—. Llame al presidente —le dijo en tono de exigencia.

—El presidente no cogerá la llamada —respondió Mendoza.

—Pues haga que la coja alguien porque usted está a punto de morir.

Mendoza marcó el número del despacho presidencial y fue Miguel Silva, un miembro del equipo del presidente y amigo personal de Mendoza, quien levantó el auricular.

—¿Te tienen de rehén?

—Sí.

Y Silva colgó abruptamente.

—Déjeme matarlo, patrón —insistió Popeye. Pero Escobar desapareció y Mendoza no pudo más que esperar. ¿Cómo se había metido en aquel embrollo? ¿En qué lío había convertido la misión que le había sido encomendada por su amigo el presidente, que le había pedido a él resolver «el asunto Escobar»? ¡Ja! Qué imbécil había sido al creer en el poder del Estado, pensó. Mendoza sabía desde siempre que los narcos, y especialmente Pablo Escobar, ejercían una influencia tremenda, pero también había supuesto que la autoridad máxima, al fin y al cabo, seguía estando en manos del Gobierno. Mendoza creía que cuando el Estado despertara se sacudiría de encima a aquellos hombres malvados y violentos. Por esa misma razón nunca había desfallecido en la lucha contra todos para que se hiciera algo para detener a Pablo. Y por eso se había ofrecido esa noche para enfrentarse a él en la prisión. Seguramente cuando Escobar cayera en la cuenta de que el Gobierno iba en serio, de que una brigada entera lo había rodeado, Escobar se daría cuenta de que lo habían superado en fuerzas y desistiría. Pero los hechos probaban que la verdad era justamente lo contrario. Aquella mañana, Mendoza había presenciado en el Palacio Presidencial el entusiasmo y la energía de una nación decidida a actuar como tal. Habían plantado cara a Pablo, pero alguien se había echado atrás. Las tropas que había fuera del perímetro parecían congeladas en sus sitios. De pronto la renuencia a actuar del general Pardo empezó a verla cada vez menos como confusión burocrática y cada vez más como la postura de un hombre demasiado asustado para actuar. Y aquélla era la interpretación más amable; quizá fuera un militar corrupto, quizá le habían pagado para que no cumpliera con su deber. Mendoza se sintió extremadamente estúpido. Ya se lo había dicho Escobar: «¿Todavía no se ha dado cuenta? Toda esta gente trabaja para mí».

Con todo, Mendoza no se culpó a sí mismo. Había hecho lo que había podido. Durante todo aquel año presionó para que se aplicaran medidas enérgicas contra Pablo, y si había accedido a entrar en la prisión había sido para salvar vidas. Al recordar los camiones cargados de dinamita y los escuadrones de la muerte, Mendoza caviló: «He intentado salvar cuantas vidas he podido». Y con aquel pensamiento se entregó a su suerte.

El capo regresó al cabo de unos cinco minutos. La pistola que antes empuñaba ahora la llevaba metida por dentro del pantalón. Escobar tenía una expresión inconfundible; era evidente que había estado hablando con alguien, acaso un abogado, porque su actitud era muy diferente. Se dejó caer en el sofá junto a Mendoza:

—Doctor, usted está detenido, pero nadie lo va a matar.

Si alguien le pone un dedo encima, tendrá que rendirme cuentas a mí.

—No puede escaparse de aquí —respondió Mendoza—. El Ejército ha rodeado la prisión.

Escobar le sonrió con condescendencia.

—Usted había hecho un trato conmigo y no lo está cumpliendo.

—Mendoza decidió no discutir más con él, y después Escobar dijo algo que no entendió—: Doctor, sé que ustedes se molestaron por esas muertes. Pero no se preocupe. Son asuntos entre mafiosos; no tienen nada que ver con ustedes.

Luego Escobar se puso de pie y salió de la habitación. Mendoza no volvió a verlo más.

Navas y él fueron llevados de nuevo al interior de la prisión, escoltados hasta la «celda» de Pablo, una suite espaciosa y espléndidamente amueblada. Mendoza advirtió que las suntuosidades, supuestamente quitadas al mafioso, habían sido devueltas a su lugar —el equipo de música, la televisión de pantalla gigante, la cama amplísima… El viceministro se preguntó si alguna vez se las habrían quitado.

Popeye y otro pistolero los vigilaban a Navas y a él. Popeye había cambiado su automática por una escopeta de perdigones. De vez en cuando el matón se acercaba ufano a Mendoza y deslizaba el mecanismo de carga de la escopeta con una sonrisa, como para inquietar a su rehén. Mendoza se limitaba a esperar. Ya no le preocupaba que Popeye lo matara, sino la muerte segura que le sobrevendría si —o cuando— el Ejército ejecutara el asalto a la prisión.

Así pasaron la noche los dos hombres y sus guardianes. Mendoza, con los hombros cubiertos por un poncho, si bien la prenda no logró quitarle el frío.

4

Mientras tanto, en el Palacio Presidencial, a Gaviria no le tembló el pulso cuando se enteró de que su amigo había sido tomado como rehén. ¿Por qué habrá entrado en la prisión? ¡Qué estupidez, qué gran estupidez! El presidente tenía planeado un viaje a España para tomar parte en las celebraciones del Quinto Centenario del descubrimiento de América. A medida que los acontecimientos de La Catedral se iban complicando, Gaviria había tenido que posponer el viaje. El presidente exigió que se iniciara el asalto a la prisión, pero el general se negó. ¡Se negó!

Gaviria le ordenó al ministro de Defensa Rafael Pardo que enviase una unidad de fuerzas de elite a Envigado de inmediato para tomar la prisión, mientras los «negros» del presidente comenzaban redactar una declaración que se haría pública al día siguiente en todo el país. El comunicado diría que lamentablemente, Eduardo Mendoza, su amigo y viceministro de Justicia y el coronel Hernando Navas, el director del Servicio Penitenciario, habían perecido en el trágico tiroteo.

Cuando la unidad de elite acudió al aeropuerto de El Dorado en Bogotá, no había pilotos disponibles para pilotar el Hércules C-130, un avión de transporte. Así que debieron esperar a los pilotos. A las 4.30 h de la madrugada, la fuerza de choque por fin sobrevoló el Aeropuerto José María Córdova, en Rionegro, a las afueras de Medellín. La espesa niebla les imposibilitó el aterrizaje durante algún tiempo, y hasta el amanecer no pudieron comenzar la aproximación a la colina en camiones. En el camino hacia La Catedral, las unidades regulares del Ejército les indicaron amablemente la dirección que debían seguir. Era un camino equivocado que los devolvió al aeropuerto.

La torpeza de la fuerza de choque estaba siendo transmitida por las radios y las cadenas de televisión de todo el país, y a su vez observada por los prisioneros de La Catedral con una mezcla de ansiedad y aburrimiento.

—¿Cómo hace para mantenerse tan delgado? —le preguntó a Mendoza uno de los pistoleros, un hombre robusto, de cabello negro y tripa prominente.

—Soy vegetariano.

—¿Y qué debería comer yo para perder peso?

—Debería comer más frutas y verduras.

A eso de las dos de la mañana el pistolero salió de la suite y reapareció con una bandeja llena de manzanas partidas en cuartos.

—Ahora mismo voy a comenzar una dieta sana —dijo el pistolero.

—¿Para qué? —replicó Popeye—. Si para las siete ya estaremos todos muertos.

A Mendoza no le cabía ninguna duda al respecto, ya que escuchaba los preparativos en el aparato de radio. Oyó la llegada de la fuerza de choque y cómo relevaron del mando al reacio general que seguía allí fuera. Más tarde pudo oír a las distintas unidades aprestándose para el ataque, y las comunicaciones entre las mismas con sus estrambóticos nombres en clave, confirmando que estaban en posición.

Mendoza conocía bien la unidad y lo que sabía lo aterrorizaba. Había sido creada después de la debacle de 1985, cuando el grupo guerrillero M-19 había atacado el palacio de Justicia y tomado a trescientos rehenes, entre ellos a la mayoría de los magistrados de la Corte Suprema. Cuando el Gobierno retomó el palacio por la fuerza, el ataque causó más de trescientas muertes, entre ellas la de once magistrados. Aquel desastre provocó la creación de una unidad de fuerzas especiales —entrenadas por Estados Unidos— reclutadas tanto del Ejército como de la PNC. Cierto día, al poco tiempo de haber sido creada, Mendoza se encontraba en su despacho de Bogotá cuando recibió una llamada de emergencia informándole que la embajada de Estados Unidos estaba siendo atacada con virulencia. Mendoza llamó a un amigo en la embajada, que le informó que allí reinaba la más absoluta calma.

—¿Quizá se trate de la residencia del embajador? —sugirió Mendoza.

—Lo comprobaré —respondió su amigo, que unos minutos más tarde lo volvió a llamar—: No, Eduardo, en la residencia del embajador tampoco sucede nada; ¡es tu edificio el que están atacando!

Por lo visto, la policía estaba realizando una redada en el edificio de apartamentos del propio Mendoza, a pocas calles de allí. Meses después, cuando se hubieron hecho las averiguaciones, éstas desvelaron que la nueva unidad de elite había sido contratada por un rico traficante de esmeraldas y drogas para asesinar a un rival y hacerla pasar por una operación del Gobierno. El tiro les salió por la culata porque la víctima del asalto trepó por un agujero del techo y escapó; todos los demás que allí se hallaban habían muerto. Debido al escándalo consiguiente, la unidad había sido disuelta y sus líderes despedidos. No obstante, la unidad había vuelto a ser puesta en servicio recientemente, y aquella misión, la de La Catedral, era la primera ocasión para que actuara por orden directa del presidente. Mendoza temblaba por estar en el lado opuesto al de aquellas fieras. Sabía que, a diferencia de la tímida brigada del Ejército, aquellos hombres atacarían sin piedad.

—¿Puedo salir a ver? —le preguntó a sus captores.

Lo dejaron salir a la galería. La luz había comenzado a aclarar sobre la niebla, pero aún no se podía ver más que un par de metros más allá. Junto a él, pero al otro lado de la puerta, reparó en una mesa cubierta de ametralladoras y municiones. Aunque hacía un frío polar, se quitó el poncho con la es-

peranza de que las fuerzas especiales advirtieran que llevaba puesto un traje y no le dispararan. Mientras aguardaba en
la galería temblando de frío se oyeron los primeros disparos
de los atacantes. E inmediatamente después, explosiones y
gritos. Sus raptores lo metieron adentro de un tirón y le rogaron que los ayudara:

—¡Doctor, por favor, ayúdenos! ¡Nos van a matar!

—¡Llevo toda la noche intentando hacerles entender! —les
gritó Mendoza—. ¡Ahora es demasiado tarde!

Gateó hasta el baño e intentó hacerse un ovillo y protegerse detrás de la taza, el artefacto de baño más sólido, pero
desistió ya que las esquirlas de porcelana eran tan peligrosas
como el vidrio, así que regresó arrastrándose hasta el salón,
donde Navas y uno de los carceleros se agazapaban. Mendoza estaba aterrorizado. El estruendo de los disparos y las explosiones era aún más fuerte. Presa de una especie de trance,
se puso de pie e intentó dejar la habitación andando con la
intención de que los atacantes lo vieran y que pudiesen hablar, pero otro de los carceleros le gritó que se tirara al suelo
si no quería que lo matasen.

Entonces intentó tumbar el colchón de Pablo para protegerse detrás de él, pero era demasiado pesado, incluso con la
ayuda de uno de los pistoleros no pudieron hacerlo ceder. Así
pues, exhausto y entumecido de frío y miedo, se entregó a su
destino. Se extendió boca abajo en el suelo y allí se quedó.
Echó un último vistazo a los pistoleros a su alrededor y pensó: «Así es como voy a morir».

Pero no murió. Una granada *flash-bang** detonó casi dentro de la habitación y cuando se echó hacia atrás instintiva-

* Arma típica de las unidades antiterroristas. La granada ciega y deja sordos durante cuarenta segundos a todos los que se encuentren a tres
metros a la redonda. *(N. del T.)*

mente, sintió el cañón de un arma presionándole en la frente. El invasor, un sargento negro de las fuerzas especiales, no le disparó. El fornido colombiano empujó al viceministro contra la pared y se le sentó encima. Allí permaneció Mendoza durante todo el tiroteo y las explosiones. Cuando los atacantes se hubieron asegurado de que los pistoleros se habían rendido sin oponer resistencia, el sargento se giró hacia él. Lo que vio Mendoza fue una cara amable con profundas arrugas alrededor de los ojos.

—Vamos a intentar salir de aquí —le dijo—. Quiero que me mire las botas. No piense en nada, solamente concéntrese en mis botas.

El soldado comenzó a arrastrarse y Mendoza lo siguió. Así salieron a la galería y bordearon un muro bajo de ladrillos, pasando pegados a una serie de puertas.

—¡Cuando le diga que corra, usted corra! —fue la orden del sargento.

Acto seguido, Mendoza se puso de pie de un salto y salió disparado tan rápido como pudo colina arriba, enfilando hacia la puerta principal, agitando los brazos, cegado por el humo, confundido por las explosiones y los disparos. Detrás de él iba el sargento, gritándole: «¡Corra, corra, corra!», lo que Mendoza nunca había hecho tan rápido; y tan imprudentemente y con tanta vehemencia que dio de lleno contra un muro a toda velocidad y se rompió dos costillas. Pero siguió adelante, con un pánico tan desaforado que no sintió dolor alguno y sería después cuando descubriría los huesos que se había roto. Surgió corriendo como loco por la puerta principal y prosiguió colina arriba, adonde se encontraban el general Pardo y sus hombres, en el mismo sitio en el que los había dejado horas antes.

—General, ¿han matado a Escobar? —logró expresar entre jadeos.

Pero Pardo no abrió la boca. Le devolvió a Mendoza una expresión vacía, no exenta de gracia, y se encogió de hombros. Mendoza cayó de inmediato en la cuenta de lo que había sucedido.

—¡Dios santo! —chilló exasperado Mendoza—. ¿Se escapó? ¿Y cómo se escapó?

5

Fueron dos llamadas las que despertaron al embajador de Estados Unidos en Colombia, Morris D. Busby, muy temprano aquel miércoles, 22 de julio de 1992, en una casa situada en Chevy Chase, estado de Maryland, donde él y su mujer pasaban unos días con unos amigos. La primera noticia fue recibida con agrado: el presidente de Colombia, César Gaviria había decidido finalmente encerrar a Pablo en una nueva prisión, condición en la que Busby había insistido durante algún tiempo; según lo informado, el traslado se estaba realizando. De inmediato, Busby recibió la segunda: Pablo Escobar había logrado escapar atravesando un cerco de unos cuatrocientos hombres. El embajador había pasado demasiado tiempo en Colombia como para que aquello lo sorprendiera. No obstante canceló lo que le quedaba de sus vacaciones y cogió un vuelo de regreso a Bogotá a media mañana.

Aquel vergonzoso giro en los acontecimientos sería quizá la oportunidad que tanto había estado esperando. Desde que fuera asignado al puesto de embajador el año anterior —escogido a dedo, principalmente por lo peligroso que se había tornado el puesto—, Busby había ansiado las circunstancias ideales para darle un castigo ejemplar a Escobar, pero la ocasión se frustró por el trato del capo con el Gobierno. Allí, encaramado en una espectacular cima andina, se encontraba el narcotraficante más conocido del mundo dirigiendo su imperio, rodeado y a la vez custodiado por el Ejército colombiano. Las estimaciones del momento indicaban que desde Colombia salían entre setenta y ochenta toneladas de cocaína al mes hacia Estados Unidos, y Pablo controlaba la mayor parte.

Ese mismo día por la tarde, Busby se encontró con el presidente Gaviria, que caminaba nervioso de un lado a otro por su despacho. Había permanecido despierto toda la noche recibiendo un ridículo informe tras otro. El episodio no hacía más que ilustrar su impotencia política. Le había llevado dos años, cientos de vidas y cientos de millones de dólares hostigar sin tregua al sangriento y multimillonario narco hasta forzarlo a rendirse. Y en una sola noche todo aquello quedó en la nada.

Aguardando a que Gaviria dejara de lamentarse se encontraban Joe Toft, el pétreo jefe de la DEA en Colombia y Bill Wagner, el «secretario político» que en realidad era el jefe de la delegación de la CIA en Bogotá.

Gaviria estaba harto. Harto de vivir durante años con la amenaza latente que significaba Pablo Escobar. A lo largo de toda su campaña se había convencido de que moriría a manos de sus sicarios. En una sola ocasión lo había visto en persona, en 1983, el día que Pablo había acudido al Congreso a ocupar su escaño de suplente. Cuando ocupó el máximo cargo del país, de eso hacía ya dos años, lo que más añoraba aquel economista bajo y de suaves modales era que Pablo Escobar desapareciese, al menos durante un tiempo. Colombia se encontraba en medio de la reescritura de su Constitución, una tarea de enorme importancia histórica que podría establecer una especie de armazón estable por primera vez desde los tiempos de La Violencia.

En la actualidad, los rebeldes ocultos en las montañas se

desbandaban, y el Gobierno había acabado, al menos temporalmente, con la violencia promovida por los narcos gracias al trato con Escobar. Entre los principales cambios, la nueva constitución aseguraría una mayor representación democrática y trataría la vieja y espinosa falta de reforma agraria, cuyo olvido, por cierto, era el origen mismo de la guerra civil. La nueva constitución reforzaría el poder del Estado y garantizaría un legado histórico impresionante para Gaviria. Naturalmente lo único que el presidente no necesitaba era que el maldito forajido anduviese por allí, suelto, haciendo estallar camiones y coches bomba, y dando rienda suelta a sus sicarios para sembrar el terror, la corrupción y, en definitiva, dividir aún más al país. La huida de Pablo de su propia «cárcel de máxima seguridad» era un paso atrás y un escándalo internacional mayúsculo. La lectura: «Colombia es una "narcocracia"».

Pero había algo que el presidente sí sabía, y era que aquélla sería la última vez que Pablo Escobar lo humillara. A partir de entonces se acababan los tratos y las prisiones a medida. Pablo sería arrinconado y muerto. Terrible era sin duda tener que perseguir a un hombre como si se tratara de un animal, pero no quedaba ninguna otra opción. Pablo actuaba como un criminal incontenible, de él se podía esperar cualquier cosa, y lo más horrendo era que Pablo lo haría realidad.

El presidente, un hombre de belleza casi clásica con su fuerte barbilla y su cabello negro, no dejaba de ir y venir y de maldecir renegando contra todo y contra todos. ¿Quién había tenido que enfrentarse a un criminal de ese calibre? ¿Qué pueblo había tenido su alma en manos de un hombre terrible como aquél? ¿Qué líder de un país de veintisiete millones de personas había sentido alguna vez que por perseguir a un criminal se jugaba su propia vida? Un criminal con el poder de salir andando de una prisión de máxima seguridad entre los cuatrocientos hombres de una brigada... ¡Toda una brigada!

El embajador Busby estaba habituado al carácter exaltado del presidente. Si bien Gaviria adolecía de falta de carisma Busby admiraba su coraje, pero era obvio que la voz chillona, el humor cambiante y la introspección del presidente no impresionaban sobremanera al embajador. A Busby, el presidente y los otros miembros de su Gobierno le parecían personas bien educadas, idealistas e irredimiblemente inocentes; tipos sofisticados, de clase media alta, que confían en que todo el mundo posee cierta decencia y buenas intenciones. Al vérselas con un matón callejero, curtido y violento como Pablo Escobar (que demostraba las buenas intenciones de un escorpión), Gaviria y los suyos llevaban las de perder. Para alguien como Pablo, la naturaleza confiada de Gaviria no era más que una invitación a pecar. Los narcos hacían lo que querían con aquellos «niños bien» de la capital.

Sin embargo, Busby aún confiaba en Gaviria. Sus modales eran refinados, pero también lo impulsaba una violenta ambición. Para llegar a la presidencia había puesto en juego su propia vida, afrontando un peligro real e intenso día tras día. Hacerlo requería una fortaleza disciplinada, y era aquello lo que le daba esperanzas al embajador. Si un hombre como Gaviria se viera lo suficientemente frustrado y enfadado, podría convertirse en un ser frío y calculador.

«¡Toda una brigada! —repetía Gaviria, incrédulo—. Y el general permite que dos representantes del Gobierno entren allí para hablar con Escobar. ¿Para qué? ¿Para notificarle que lo iban a apresar? ¿Cómo esperaban que acabara? ¡Qué estupidez! ¡Pero qué estupidez!»

La Catedral seguía sumida en el caos: un carcelero había muerto en el asalto, se trataba de un sargento empleado por el servicio penitenciario; otros dos funcionarios de prisiones salieron heridos; y cinco de los hombres de Pablo habían sido capturados. El Ejército sostenía que Pablo debía de seguir dentro de la prisión, oculto en algún escondrijo, por lo que las fuerzas del general se encargaron de destrozar las instalaciones. Con la idea fija de dar con un «túnel», los soldados hacían detonar minas en el campo de fútbol. Mendoza, el desventurado viceministro y rehén de la noche anterior, se encontraba de nuevo en Bogotá, contándole a quien quisiera escucharle lo ocurrido con la venia del mismísimo Gaviria. «No debe haber ningún tipo de ocultación en este asunto —le había dicho el presidente—. No pierdas el tiempo redactando una declaración. Ve y dile a todo el mundo exactamente lo que pasó.»

Mendoza todavía no había caído en la cuenta de lo mal parado que había quedado él en todo aquello, así que hizo lo que se le mandó. Tras informar de lo ocurrido a los generales y a los norteamericanos se puso a disposición de periodistas y ante micrófonos y cámaras contó lo sucedido para que se enterase toda Colombia.

Entonces Bill Wagner, el jefe de la delegación de la CIA en Bogotá, invitó a su casa al impresionado viceministro, y allí Mendoza relató con pelos y señales todo el episodio mientras aún conservaba fresca la memoria. Con la barba crecida, desarreglado y muerto de sueño después de dos días en vela, todavía le sobraba sentido del humor. Le dijo al agente de la CIA la sorpresa que sintió al darse cuenta de cuánto pudo ocultar tras una humilde taza de váter. También recapituló sobre los distintos incidentes y recordó que cuando el asalto de las fuerzas especiales estaba a punto de comenzar, había oído el golpeteo regular de un pico en el cuarto contiguo. Aquello sustentaba la teoría de que Pablo había huido a través de un túnel.

Bogotá se convirtió en un frenesí de culpas echadas. El

ministro de Defensa Rafael Pardo argüía que pese al abismal trabajo del Ejército, si Pablo había escapado por un túnel la responsabilidad pesaba sobre el Ministerio de Justicia, que controlaba el Servicio Penitenciario. Mientras tanto, el jefe directo de Mendoza, el ministro de Justicia culpaba al Ejército por no haber actuado hasta después de que Pablo se hubiera escapado, amén de haber hecho la vista gorda ante un peligroso y mundialmente famoso narcotraficante que salía de allí caminando con tada tranquilidad. Por su parte, los periodistas se preguntaban si la desaparición de Escobar se debía a la incompetencia, a la corrupción, o a ambas, y querían conocer además hasta dónde llegaba la corruptela. Habría investigaciones, imputados, rodarían cabezas y alguien iría a parar a la cárcel. Todos temían que la narcoviolencia volviese a apoderarse del país.

Durante la noche anterior en la embajada de Estados Unidos, mientras el pulso de poderes aún se mantenía, Toft, el jefe de la DEA en Colombia, había estado más entusiasmado que alarmado por los acontecimientos. Toft era boliviano de nacimiento, un hombre alto, fibroso, cuyo rostro curtido surcaban hondas arrugas; un incansable jugador de tenis de cabello corto y de punta, que cultivaba su llamativo aspecto de tipo duro, gracias a su chamarra de cuero y la pistolera que llevaba en el cinturón. Toft había crecido en la zona de la bahía de California y comenzó su carrera como oficial de Aduanas. Había sido uno de los primeros designados para integrar la DEA cuando ésta fue creada en 1973. Fue uno de sus primeros agentes destinados en el extranjero. Trabajó en Roma y en Madrid antes de regresar a Estados Unidos para hacerse cargo de las operaciones en Latinoamérica. Su reputación era la de un tipo ambicioso y temerario, uno de esos hombres que agradecen las misiones peligrosas, por lo que se lo consideró la persona indicada para el puesto en Bogotá. Se trataba de la capital mundial de la cocaína, la primera línea en la guerra contra el narcotráfico. Toft se embarcó en ello a pesar del riesgo. Su matrimonio había fracasado poco antes de partir hacia Colombia, por lo que se embarcó a sus tareas sin responsabilidades emocionales, protegido en sus horas de sueño por puertas reforzadas con acero y una pistola automática, que descansaba a su lado. Para los burócratas de Washington, la guerra contra el narcotráfico era una expresión abstracta, un juego de cifras, de toneladas incautadas y traficantes a quienes se podía imputar; pero, para Toft y los suyos, la guerra era de verdad, con balas y sangre. Toft supo que la huida de Pablo de La Catedral significaba una oportunidad que volvía a hacer del capo un blanco legítimo. Y el jefe de la DEA era el tipo de persona a la que ir detrás de la presa le hacía hervir la sangre. Si Gaviria no capitulaba, irían a por Pablo hasta el final. En un cable al cuartel general de la DEA en Washington, DC, horas antes de que recibiera la confirmación de que Pablo había escapado, Toft había escrito:

El BCO (Bogotá Country Office/ Embajada de Estados Unidos) cree que quizá Escobar en esta ocasión haya sobrepasado sus propios límites de ilegalidad, colocándose en una posición extremadamente precaria. Puede que su descaro y audacia se conviertan en la causa de su caída. Aunque por otra parte, en el pasado, el GDC (Gobierno de Colombia) siempre ha cedido a las demandas de Escobar. La actual situación le brinda al GDC una oportunidad de demostrar su implicación para llevar a todos los narcotraficantes ante la justicia, entre ellos al más notorio y peligroso hasta la fecha, Pablo Escobar.

Gaviria se había visto suficientemente insultado y avergonzado como para decidirse a acabar la tarea que tenía frente a sí, sin importar cuán difícil o desagradable pudieran ponerse las cosas. Gaviria les dijo a los norteamericanos que, en lo que a él concernía, ellos tenían carta blanca para actuar. Pese a las barreras constitucionales que impedían el despliegue de tropas extranjeras en territorio colombiano, afirmó que aceptaría toda la ayuda que los norteamericanos pudieran ofrecerle.

—Nos encontramos en una fase crítica —le comunicó al embajador—. Ayúdennos a cogerlo cuanto antes.

Sin saberlo, Pablo les había hecho un favor a sus enemigos. Estaba imputado por tres causas distintas en Estados Unidos. El Departamento de Justicia del Gobierno de Bush había resuelto que las Fuerzas Armadas de Estados Unidos gozaran de la autoridad para arrestar a ciudadanos extranjeros y traerlos de vuelta a Estados Unidos con el fin de procesarlos (ya lo habían hecho con Manuel Antonio Noriega, el dictador y narcotraficante panameño). Desde hacía varios años atrás, Colombia había aceptado entrenamiento militar para sus tropas y unidades de vigilancia electrónica e interceptación de comunicaciones, las que incluían a Centra Spike. Pero la ayuda militar siempre se había mantenido al margen y había sido muy discreta. Lamentablemente ya existía suficiente resentimiento histórico por el poderío omnipresente de los Estados Unidos en Centro y Suramérica, y sus caprichosas intervenciones. De este modo, que saliera a la luz la presencia militar norteamericana podría tener graves consecuencias políticas para Gaviria.

La ayuda solicitada se necesitaba pronto. Si no se capturaba a Pablo antes de que tuviese oportunidad de hacerse fuerte en su papel de fugitivo, la búsqueda podría alargarse durante meses, quizás años. Había pasado toda una vida haciendo conexiones criminales, y tenía recursos prácticamente ilimitados. Y donde su popularidad no le aseguraba lealtad, su riqueza y su violenta reputación sí lo hacían. Arrellanado en

Medellín, su ciudad natal del departamento de Antioquia, se convertiría en el rey del monte.

Al igual que Toft, el embajador Busby se relamía ante la oportunidad que la huida de Pablo le brindaba. Era el tipo de misión para la que él había nacido. En los comienzos de su carrera, había sido militar y se había unido a la Armada tras graduarse en el Marshall College como profesor de educación física. Busby había combatido con una fuerza de operaciones especiales anterior a los SEAL, el cuerpo de elite de la Armada norteamericana. No obstante siempre se le presentaba como «un ex miembro de los SEAL», un error que corregía apenas podía pero que agregaba un aura de mito a su oficio de combatiente. Lo cierto era que Busby mantenía un contacto estrecho con las fuerzas de elite norteamericanas, aunque aquella relación no se apoyaba en sus años de uniforme, sino en los años que había ejercido de embajador itinerante en el área de actividades antiterroristas del Departamento de Estado; un trabajo que implicaba la coordinación de acciones diplomáticas ortodoxas y operaciones militares encubiertas en todo el mundo. Busby era un militar que había adoptado la diplomacia como segunda vocación, y aquellas dos visiones hacían de él una nueva especie de diplomático.

En él, los colombianos veían al Tío Sam sin perilla. Alto y bronceado, de cabello rubio y cano, de brazos largos y fuertes y manos propias de un carpintero experto, le encantaba navegar por las aguas de la bahía de Chesapeake. Durante su primera semana en Bogotá, la revista *Semana* publicó un artículo sobre él, que iba acompañado de su foto: una instantánea de cuerpo entero que ocupaba toda la página y en la que miraba a cámara como si dijera: «Señores, conmigo no se juega». El reportaje insistía en la idea de que Estados Unidos no había mandado a un diplomático sino a un guerrero.

La intención no había sido halagarlo, pero Busby lo tomó como tal.

El recientemente elegido presidente de Colombia compartía la opinión del norteamericano. Gaviria le preguntó a Busby en su primer encuentro si había leído el artículo. Busby contestó que sí.

—Déjeme que le diga algo —exclamó Gaviria—, usted es precisamente lo que necesitamos.

El presidente y el artículo habían dado en el clavo. La diplomacia y la guerra nacen de diferentes fuentes filosóficas. La premisa subyacente de la diplomacia es que la gente, independientemente de sus diferencias, se mueve por sus buenas intenciones y pueden trabajar juntas. La guerra se fundamenta en la maldad insoluble: con ciertas fuerzas no se puede ser conciliador, tienen que ser vencidas. Busby podía elegir entre ambas, pero si el conflicto llegaba a mayores tenía las agallas para tomar decisiones terminantes. Había algo en él que reflejaba la simplicidad moral de la confrontación. Se sentía un patriota, era un creyente, y pocas circunstancias a lo largo de su carrera estaban tan bien definidas como el reto que representaba el hombre que él mismo consideraba un monstruo: Pablo Escobar.

6

El día que Pablo Escobar salió caminando de su propia cárcel, los hombres de Centra Spike ya se hallaban una vez más en Estados Unidos. Habían estado residiendo en Bogotá esporádicamente, bajo nombres diferentes durante más de dos años. Desde que Pablo se autoexiliara en La Catedral el año anterior, la intensidad de la violencia de los narcos había disminuido, y la urgencia de la misión de Centra Spike en Colombia había perdido ímpetu. Así que después de años de ir y venir al trabajo siguiendo rutas deliberadamente distintas en coches blindados pero en apariencia corrientes; después de años enteros de cambiar de casa cada pocos meses, de subir por escaleras de servicio a apartamentos vacíos, protegidos como pequeños búnkeres, el mayor Steve Jacoby había aprovechado aquellos meses de inactividad para ir retirando a sus hombres y al equipo de su unidad de Colombia. Tanto el equipo electrónico como las esposas distantes habían sufrido desgaste y necesitaban de reparaciones.

Pero la nueva orden llegó, tan inesperada como solía llegar siempre, a uno de los abultados STU-3: un radioteléfono de frecuencia segura que los operadores de Centra Spike llevaban a todas partes como un grillete encadenado al tobillo.

—Pongan el tinglado en orden y vuelvan a Bogotá.

Cuando entraba la llamada de su jefe, los hombres de Centra Spike hacían las maletas, pedían disculpas a sus mujeres y se marchaban al aeropuerto más cercano.

En aquella ocasión Centra Spike era sólo una pequeña parte de las fuerzas llamadas a participar. Cuando a Washington llegó la voz de que Gaviria había dado carta blanca para que los norteamericanos interviniesen, hasta los perros callejeros de la capital quisieron unirse a la partida. Desde que el capo hiciera saltar en pedazos el vuelo de Avianca, se había convertido en uno de los criminales más buscados del mundo. Hasta se rumoreaba que los sicarios de Pablo planeaban una ola de atentados con bombas en Estados Unidos y que incluso la vida del presidente corría peligro.

Aparte de tales preocupaciones inmediatas, la guerra contra el tráfico de drogas se había transformado en un asunto prioritario para la seguridad nacional. En septiembre de 1989, el secretario de la Defensa, Dick Cheney, había enviado un memorando a todos los altos mandos de las Fuerzas Armadas instándoles a que definieran la campaña contra el narcotráfico como una «misión de alta prioridad y de interés nacional». El memorando requería de ellos que presentaran sus planes para una intervención militar; una oportunidad única para que las Fuerzas Armadas y servicios secretos intentaran redefinir sus actividades en el cambiante y competitivo panorama de la geopolítica. Al tiempo que la amenaza del comunismo mundial se evaporaba, los servicios de espionaje norteamericanos se veían a sí mismos como mano de obra de alto coste, extremadamente cualificada, pero falta de un papel que interpretar. Y no hacía falta ser un genio para prever los inmensos recortes de presupuesto que asomaban por el horizonte del Pentágono, la CIA y la NSA.* Y la única manera de asegurarse la supervivencia en aquel proceso de reducción pasaba por demostrar cuán vital se era en aquella nueva lucha. Pero no todos los generales del Pentágono ni los altos mandos de la CIA sentían el mismo entusiasmo al involucrarse en la guerra contra el narcotráfico: muchos lo consideraban una empresa cara, difícil y en última instancia inútil. Sin embargo, cazar a Escobar despertaba otras reacciones: Pablo era un nuevo tipo de blanco para el nuevo mundo que surgía, un narcoterrorista**. Cada servicio de inteligencia, secreto o no, se propondría demostrar su máxima flexibilidad y astucia ante el nuevo enemigo. Pablo puso en bandeja una prueba a los servicios norteamericanos; una oportunidad pa-

---

* La Agencia de Seguridad Nacional protege los sistemas de información norteamericanos y a la vez recaba y analiza «inteligencia» proveniente de otras naciones, infiltrándose en sus sistemas informáticos. *(N. del T.)*

** Según algunos, un término acuñado por Toft, jefe de la DEA en Colombia. Todos coinciden sin embargo en que fue una etiqueta muy publicitada, acuñada durante el mandato de George Bush. *(N. del T.)*

ra que demostrasen, a los demás y a sí mismos, su valía. Todos querían su trozo del pastel: la CIA, la NSA, el FBI, la ATF (la Administración para el consumo de Alcohol, Tabaco y Armas de Fuego), la DEA, y sin olvidar al Ejército, la Armada y la Fuerza Aérea.

El mayor Jacoby regresó a Bogotá al día siguiente, el 23 de julio de 1992, y se incorporó a la reunión que había organizado el embajador Busby en la cámara acorazada de la quinta planta. Busby no tenía cara de haber dormido.

—¿Cuánto tiempo calcula que le llevará poder encontrarlo? —preguntó el embajador.

A Centra Spike nunca le había llevado más de cuarenta y ocho horas. Recordando la primera guerra contra Pablo, llegaron a la conclusión de que encontrarlo no era el problema, la parte difícil era lograr que los colombianos se decidieran a actuar. Los norteamericanos no tenían ningún respeto por la policía o el Ejército colombiano (de hecho, tras la fuga de Pablo en la embajada se contaba un chiste nuevo: «¿Cuántos colombianos hacen falta para dejar escapar a Pablo Escobar? Cuatrocientos. Uno abre la puerta y los otros trescientos noventa y nueve lo saludan»).

«Por muy buena que sea la información con la que contemos, y lo mucho que lo intenten los nuestros, no pueden estrechar el cerco de esos últimos mil metros —explicó Jacoby—. Y los colombianos no lo van a hacer.»

Busby contó los recursos que tenía a mano. La CIA recogía información a largo plazo, ése era su fuerte, no las operaciones especiales. La DEA era un cuerpo policial, lo suyo eran las calles, los soplones y estructurar un caso para que se sostuviera en un tribunal. El FBI, en el extranjero, sólo actuaba como enlace. Lo que hacía falta en aquel caso eran cazadores de hombres: la Fuerza Delta, la unidad de elite del Ejército, especializada en operaciones antiterroristas. Busby la conocía debido a los años que pasó en el puesto de embajador itinerante dentro del área de actividades antiterroristas. No había nadie en el mundo que pudiera planear una operación precisa, eficaz y mortal mejor que aquellos tipos. Las leyes de Colombia prohibían el despliegue de tropas extranjeras en suelo colombiano y, ciertamente, sería llevar demasiado lejos la invitación de Gaviria, pero el embajador supuso que los colombianos accederían. La Fuerza Delta era una unidad lo suficientemente subrepticia como para que la prensa colombiana nunca se enterase de su participación. Sin embargo, Busby no estaba tan seguro de lo que opinarían sus compatriotas. Presentía que no sería muy factible que el general Colin Powell, jefe supremo de las Fuerzas Armadas norteamericanas, lo autorizara.

—Nos harían falta tipos de la Delta, pero nunca lo permitirán —dijo Busby.

—¿Por qué no? —replicó Jacoby—. Creo que usted se equivoca. Si lo pide, se lo concederán.

Es más, el general Wayne Downing, jefe del Comando de Operaciones Especiales, ya había expresado su interés en una misión parecida algunos años antes. En el cuartel general de Fort Bragg en 1989, le había preguntado a uno de los hombres de Centra Spike que le describiera el tipo de misiones que la Fuerza Delta podría realizar en Colombia.

—¿Cuáles son las posibilidades de actuar sin que muera alguno de los nuestros? —preguntó el general Downing.

—Casi ninguna —fue la respuesta.

Así que el general no habló más del tema. Un sargento muerto de la Fuerza Delta levantaría una tormenta de mierda en Washington, dando lugar a un escrutinio exagerado sobre las actividades de su unidad. A eso el general no estaba dispuesto.

—Ninguno de esos narcos se va a rendir así como así —le

dijo el hombre de Centra Spike—. Si ustedes intervienen, tendrán que capturarlos limpiamente, o matarlos a todos.

Pero aquello no había mermado el interés del general Downing y éste pidió ser informado de las oportunidades que pudieran presentarse. En la reunión que tenía lugar en Bogotá, la respuesta de Jacoby alentó al embajador.

—No hará daño preguntar —dijo Busby.

—No les diga que quiere que ellos se encarguen de Pablo personalmente —sugirió Jacoby—. No funcionaría. Dígales que lo que usted necesita de ellos es entrenamiento y consejos.

Todos los allí reunidos estuvieron de acuerdo en que la Fuerza Delta era la solución.

7

Cuando Pablo se fugó a pie de La Catedral, el optimista Gobierno de Gaviria inició un proceso de escisiones continuadas. Con cada salida del sol comenzaba una nueva investigación. El Ministerio de Justicia acusaba al Ejército de haberse dejado sobornar y permitir la fuga de Pablo. Una de las versiones que más circularon fue la de que los soldados que cercaban La Catedral recibieron inmensas sumas de dinero, y que Pablo salió de allí vestido de mujer. El presidente Gaviria había despedido a todos los carceleros y pasado a retiro a todos los oficiales del Ejército que habían estado involucrados en el desastre, como así también al general de la Fuerza Aérea cuyos pilotos habían hecho esperar en tierra a las fuerzas especiales durante horas en Bogotá cuando debían proceder de inmediato a asediar la prisión. Pero ahora los que exigían eran los generales, que deseaban ver rodar las cabezas de los responsables del poder ejecutivo.

¿Y de quién era la cabeza que sobresalía a la espera del hachazo?

El joven viceministro Eduardo Mendoza se quedó pasmado: todos los dedos ansiosos de culpar le apuntaban a él. ¿No debía él encarcelar a Pablo desde el principio? ¿Cómo no sospechar que había sido él quien había volado hasta La Catedral para darle el soplo al capo? ¿No había sido él quien había ordenado al general apostado allí fuera que esperase a lanzar el asalto al día siguiente, y después había entrado a consultarlo con Escobar?

La acusación nació de la prensa, y pronto se anunció diariamente una nueva investigación oficial y, en todos los casos, Mendoza era el blanco. La primera, que duraría cuatro meses, fue la investigación del Senado; cuatro meses con Mendoza apareciendo por televisión día tras día, y con los generales y los carceleros que dejaron escapar a Pablo. Más adelante, la Procuraduría Financiera anunció que investigaría todos y cada uno de los contratos a los que Mendoza había dado el visto bueno para construir la nueva cárcel para Pablo. Pero por alguna razón, la diferencia entre la «cárcel» ya existente y la que Mendoza aspiraba a construir se mezcló de una forma retorcida, y a los ojos de la prensa Mendoza se convirtió en el arquitecto del lujoso alojamiento de Pablo. Fue entonces cuando la Procuraduría decidió investigar al viceministro por su supuesta negligencia. Y finalmente llegó la acusación más estremecedora. Gustavo de Greiff, el fiscal general, anunció que daría comienzo a una investigación criminal y que su blanco era nada más y nada menos que Eduardo Mendoza. En el país de las sospechas el viceministro de Justicia tomó de pronto el cariz del personaje más sospechoso de todos.

Pasado poco más de una semana después de haber salvado el pellejo, recibió una llamada del jefe del gabinete del presidente Gaviria.

—Eduardo, ha llegado la hora —le comunicó su amigo con pesar.

Se le pidió la renuncia no sólo a él, sino al general que se negó a lanzar el asalto y también al comandante en jefe de la Fuerza Aérea, cuyos aviones se demoraron durante horas antes de cumplir con su cometido de transportar a las fuerzas especiales hasta La Catedral. Los carceleros que apuntaron con sus armas a Mendoza e incluso el coronel Navas fueron arrestados bajo sospecha de haber aceptado sobornos.

Mendoza se vio de pronto desempleado y rechazado, un paria. Se sentía como si toda la rabia y la vergüenza de un país por la fuga de Pablo le hubiera caído encima precisamente a él. El deshonor fue todavía peor que su experiencia en La Catedral. Todos los días, durante meses, Mendoza y su abogado se presentaron ante la comisión de investigación del Senado y prestaron oído a los insultos y las acusaciones de los representantes del pueblo. Mendoza fue denostado ante su familia y sus amigos, fue humillado. Tanto, que mentalmente se fue preparando para ir a la cárcel.

Pablo, para qué negarlo, se había fugado con toda tranquilidad. Él y su hermano Roberto habían partido con un grupo de sus hombres colina arriba, pasando el emplazamiento de las cabañas camufladas. Habían cortado un agujero en la alambrada y cruzado al otro lado; todo aquello en presencia de un buen número de soldados demasiado amigos o demasiado intimidados para detenerlos. El «túnel» al que los internos se referían en las conversaciones interceptadas era, naturalmente, un término sarcástico para referirse al camión cubierto que había sido utilizado para el contrabando de mujeres, armas, dinero, cadáveres y alcohol, que pasó delante de las narices —unas narices eficientemente desinteresadas— de los carceleros y las patrullas del Ejército.

En una cinta magnetofónica que hizo enviar a un grupo

selecto de periodistas de radio y televisión, Pablo dio su propia versión de la noche de su fuga y explicitó las razones que lo llevaron a ello. Se quejó de que él y sus hombres (los internos) habían cedido generosamente «la mitad del control de la prisión y, por tanto, de sus derechos» cuando el Gobierno decidió construir la nueva muralla en torno a La Catedral. Pero lo que más le sorprendió y entristeció fue que una numerosa fuerza militar se hiciera presente en la cárcel el día 22 de julio. Pablo negó haber cogido a Navas y a Mendoza de rehenes, y que hubieran sido amenazados (lo que equivalía a llamar «mentiroso» a Mendoza). Su comunicado concluía del siguiente modo: «En lo que respecta a la agresión de la que fuimos objeto, no tomaremos represalias de ningún tipo, al menos por ahora, y nos mostramos dispuestos a continuar con el proceso de paz y entregarnos a la justicia, con la condición de que se nos garantice la permanencia en la cárcel de Envigado, como también el que a partir de ahora el control de la prisión pase a manos de los cascos azules de las Naciones Unidas». El comunicado acababa con la siguiente rúbrica: «Selva Colombiana, jueves 24 de julio de 1992. Pablo Escobar y sus camaradas».

El día siguiente a la fuga, los abogados de Pablo le hicieron entrega al Gobierno de una oferta de rendición que, fundamentalmente, pedía que se le permitiera volver a La Catedral ateniéndose a las mismas condiciones, y sin nuevas acusaciones en su contra. Para satisfacción de la embajada de Estados Unidos, Gaviria se había negado de plano, pero entonces De Greiff, el fiscal general, enmarañó las cosas al anunciar que él sí estaba dispuesto a negociar.

Al día siguiente un extraño comunicado fue transmitido por Radio Caracol, la cadena nacional de radio, por alguien que se hizo llamar *Dakota* y que afirmaba estar hablando en nombre de Los Extraditables. Entre otras cosas, Dakota afirmó que el Ejército había recibido mil millones de pesos para que la institución permitiera la huida de Pablo; que las amenazas proferidas por Popeye (tales como: «Siempre he querido matar a un viceministro», divulgadas por Mendoza tras su liberación) habían sido el resultado de «los nervios»; y, mientras que se tomarían represalias en contra de los altos cargos, no habría tales represalias contra la población. El comunicado afirmaba asimismo que no existían túneles debajo de La Catedral, y que setenta hombres armados se habían unido a Pablo después de que éste abandonara la cárcel temprano aquella mañana. Dakota dijo además que las muertes que llevaron a Gaviria a tomar la decisión de trasladar a Pablo a una prisión distinta (las de los hermanos Moncada y Galeano) no eran más que parte de una guerra interna del cártel de Medellín y que Pablo no llegaba a comprender por qué el Gobierno «se involucraba en ello».

Como si eso no fuera suficiente, la embajada de Estados Unidos recibió un fax el día de la fuga. El mensaje dejaba traslucir el inconfundible estilo de Escobar, una horrible amenaza hecha con la mayor educación:

Los Extraditables manifestamos que: si algo llegara a sucederle al señor Pablo Escobar, haremos de ello responsable al presidente Gaviria y, una vez más, realizaremos atentados en todo el país. Nuestro blanco será la embajada de Estados Unidos en Colombia, y lo haremos con la mayor cantidad de explosivos que jamás se haya visto. Por lo que manifestamos que: la culpa de todo este incidente corresponde al presidente Gaviria. Si Pablo Escobar o cualquiera de los otros apareciera muerto, realizaremos atentados de forma inmediata en todo el país. Muchas gracias.

Para saber qué era cierto y qué no, y sacar algo en claro de aquel embrollo, la embajada tuvo la suerte de contar con el apoyo de Centra Spike que ya sobrevolaba las alturas de Medellín. Cualquier duda que quedase sobre la existencia del supuesto túnel se esfumó cuando los operadores de la unidad de vigilancia electrónica interceptaron a Pablo hablando a lengua suelta por un teléfono móvil. Centra Spike estableció con exactitud su paradero dentro de un área de seis kilómetros de la prisión, en un barrio residencial llamado Tres Esquinas. Asumiendo, evidentemente, que el Gobierno aún no hubiera puesto en marcha unidades de vigilancia electrónica que lo rastrearan, Pablo se despachaba a gusto utilizando hasta ocho móviles distintos.

No sorprendió a nadie que se viera a sí mismo como la víctima en aquel revuelo. Había quedado muy conforme con el trato al que había llegado con el Gobierno, y lo último que deseaba era estar fuera de nuevo y llevar una vida de prófugo. Sus llamadas no dejaban dudas de que estaba desesperado por regresar. Lo cual fue confirmado por la larga disertación (interceptada por Centra Spike) a la que sometió a sus abogados, dos días después de la fuga.

Pablo no creía que el Gobierno tuviese la intención de transferirlo a Itagüí, una cárcel de máxima seguridad de Medellín, de la misma manera que había dudado de las promesas del viceministro Mendoza, la noche de la fuga. Pablo creía que la razón esgrimida por Gaviria para el traslado era una estratagema, principalmente porque para un mafioso como él las muertes de Galeano y de Moncada no eran más que un asunto de negocios, un asunto privado. En lo que sí creía e insistía, era que, detrás de la nueva muralla de La Catedral, lo que en verdad había era un plan para asesinarlo instigado por los norteamericanos.

—Dejemos algo en claro —explicó Pablo—. La situación surgió porque dispararon y todo eso, y nosotros defendíamos nuestras propias vidas; pero nuestra intención siempre fue la de cumplir con el Gobierno hasta el final. Es posible que hayamos hecho entrar una o dos personas a escondidas a la cárcel, no lo voy a negar.

Lo mismo ocurre en todas las cárceles del país y del mundo, pero eso no es culpa mía. Es culpa del que los deja entrar. Así que si esa gente entró [en La Catedral] y hubo tiros y eso, y nosotros teníamos información de que los gringos estaban tomando parte en la operación, pensamos primero en nuestras vidas, ¡tenemos familias!

Aceptar cumplir la condena en cualquier otro sitio que no fuera La Catedral ponía en riesgo su seguridad, y eso fue lo que Pablo explicó.

—Ya, ya —respondió uno de los abogados—. Eso fue lo primero que le dejé bien claro al presidente.

Pablo se opuso a los intentos de Mendoza de construir una nueva cárcel alrededor de la ya existente:

—Nosotros delineamos los planos de la cárcel —dijo Pablo—. Ya había sido acordado. La diseñamos, adaptamos el mapa… Lo único que no negociamos en su momento fue una cárcel distinta de la que tenemos. Y necesitamos que el presidente prometa públicamente que no nos sacará del país.

—Eso ya lo ha dicho. Dijo que se los protegería, y que la promesa de protegerlos se mantenía en pie —respondió uno de los abogados—. Eso ya lo ha reiterado.

—El problema radica en que yo tengo cierta información. Acerca de que había metidos unos gringos —prosiguió Pablo—. Así que lo que tenemos es una fuerza combinada. El Ejército y los gringos buscan la reelección de Bush, así que necesitamos su garantía [la del Gobierno de Gaviria] al respecto. Hágame un favor, dígale al señor presidente que yo sé que no ha sido debidamente informado. Ahora andan diciendo que cometo crímenes desde la cárcel.

Pablo pasó a explicar que si se lo condenaba por otro

crimen mientras estuviese preso, «pueden [el Gobierno] tenerme encerrado aquí para el resto de mi vida, pero no me podrán sacar de aquí, porque ése es el trato que hice con el Gobierno».

—De acuerdo —dijo el abogado.

—De todos modos acepte mis disculpas —concluyó Pablo, suavizando la frase con una típica deferencia.

—No señor, estoy encantado de poder ayudar a resolver esto. Y haremos todo lo posible. Estamos muy interesados en que esto llegue a buen término.

—Todos estamos dispuestos a regresar —agregó Pablo—. No habrá más actos de violencia de ninguna naturaleza, aunque ciertas personas rencorosas han estado haciendo algunas llamadas telefónicas. Alguna gente quiere sembrar el caos. De cualquier manera, estamos más que dispuestos a regresar y resolver todo este asunto. Dígale al presidente que nos inquietó que los gringos tomaran parte en el asalto.

—Vimos las cintas en las que podían verse los uniformes grises y demás —dijo otro de los abogados.

Pablo y sus secuaces creían que la CIA utilizaba agentes que vestían uniformes grises.

—¿De los gringos? ¿Cuántos? —preguntó Pablo.

—Pues pudimos ver algunos en la televisión. Esta misma tarde pedimos las cintas de un telediario de la noche.

Pablo sabía que la acusación de que soldados norteamericanos hubieran participado en el asalto a la prisión le habría creado a Gaviria tremendos problemas políticos.

—Hay dos cosas que son muy importantes —dijo, dirigiéndose a Santiago Uribe (sin ningún parentesco con Roberto Uribe)—. Cuando usted tenga la oportunidad de opinar, afirme que lo que más nos preocupó era la presencia de los gringos, que el Ejército y los gringos se hubieran unido. ¿Cómo van a explicar algo así?

—Claro. Nosotros nos estamos encargando, y los medios ya están hablando de ello.

—Bien. Y otra cosa más. El presidente deberá decirlo oficialmente, y comprometerse oficialmente. Es un trato, en este caso, firmado por el ministro que se comprometerá a que si mañana o pasado mañana yo mato al director de la cárcel y me condenan a treinta años más, no me trasladarán de aquí. Ése es el compromiso.

—Ya, ya —dijo Uribe.

—Muy bien, caballeros, buena suerte.

8

No existe evidencia de que soldados norteamericanos y agentes de la CIA —vestidos de gris o no— hayan tomado parte en el asalto. Pero si aquél era uno de los temores de Pablo, su fuga haría realidad aquel temor. Cuatro días después de evadirse de La Catedral, un equipo de efectivos de la Fuerza Delta, liderados por el coronel Jerry Boykin, aterrizó en Bogotá. La petición que el embajador Busby hiciera a Washington para que le enviasen a la Fuerza Delta fue resuelta sin el más mínimo inconveniente. El Departamento de Estado lo había aprobado y lo había trasladado a la Casa Blanca. El presidente Bush consultó la petición con el comandante en jefe de las Fuerzas Armadas, Colin Powell, y más tarde dio orden al secretario de Defensa Cheney para que le brindase a Busby todo lo que necesitara.

Ochenta hombres en excelente forma física y con ropas civiles fueron recibidos en el aeropuerto de El Dorado por funcionarios diplomáticos de rango medio. Se desplazaron hacia el centro de Bogotá con rapidez, por carreteras que durante el día habrían estado atascadas de tráfico. El embajador Busby,

Toft y Wagner los esperaban en la cámara acorazada de la quinta planta. Busby y Boykin eran viejos amigos, y después de unos pocos minutos de charla personal, el embajador comenzó a relatar la situación. En el mejor de los casos, se la podía calificar de «confusa». Los hombres del coronel Boykin habían aceptado la misión con el aliciente de ir tras el capo ellos mismos, especialmente teniendo en cuenta los lamentables antecedentes de los colombianos en los meses anteriores a su rendición. La especialidad de la Fuerza Delta eran los ataques rápidos, mortíferos y preferiblemente a traición. Entrenaban constantemente y podían atacar cualquier blanco en cualquier sitio y a cualquier hora del día. Sus órdenes típicas solían responder a las preguntas *quién* y *por qué,* pero nunca *cómo.* Su comandante, el general William F. Garrison, era un veterano de aquel tipo de operaciones encubiertas desde que en Vietnam trabajara en el programa Phoenix, cuyo objetivo era asesinar líderes del Vietcong como represalia a las muertes de jefes de aldeas que no se mostraban entusiasmados por el comunismo. A Garrison no le temblaba el pulso a la hora de realizar una misión asesina, pero el plan de la Fuerza Delta había sido vetado por el comandante del Ejército de la Zona Sur, el general George Joulwan, cuando éste y Boykin se encontraron antes de autorizar el despliegue de la unidad de elite.

—No, vosotros no lo vais a hacer —le había insistido el general Joulwan al coronel Boykin.

Joulwan conocía de sobra a aquellos hombres y cuán fácil era volar por debajo del radar del Estado Mayor para tipos como ellos —especializados en operaciones de las que nunca existieron— y, además, sabía cuánto deseaban ellos mismos sacar de circulación a Pablo. En lo que a él concernía, el escándalo político y legal que sobrevendría a tal misión eclipsaría todos los beneficios de realizarla.

No obstante, si los colombianos recibieran el entrenamiento, el apoyo de los servicios de inteligencia y después salieran y mataran a alguien mientras buscaban a Escobar, los militares norteamericanos habrían actuado dentro de los límites de la ley. Oficialmente, los efectivos de la Fuerza Delta no participarían en asaltos: lo que el general Joulwan quería era que sus hombres fueran y les enseñaran a la policía colombiana cómo atrapar a aquel hijo de perra.

Busby ilustró la urgencia de la situación. Él y su particular equipo de diplomáticos habían estado trabajando cuarenta y ocho horas seguidas desde que Pablo se fugara. Steve Murphy —el agente de la DEA que había desgastado su diccionario bilingüe de tanto traducir artículos— había subsistido a base de café y rosquillas y sin dormir durante tantas horas que, al sentir las curiosas palpitaciones de su corazón, se tomó un descanso para hacerse una revisión cardíaca en la enfermería de la embajada. Le advirtieron que redujera el consumo de azúcar y de cafeína.

Hacía cuatro días que Pablo andaba libre y ya estaría reuniendo los medios para sobrevivir en la clandestinidad. Si no lo capturaban pronto, o sea, en el siguiente par de días, las autoridades se verían ante una tarea aún más difícil.

Al día siguiente, un lunes, el coronel Boykin y el embajador partieron para entrevistarse con el presidente Gaviria e informarle que Estados Unidos ofrecería dos millones de dólares de recompensa por cualquier información que ayudase a las autoridades a capturar a Escobar. Cuando éstos se fueron, dos oficiales de alto rango acudieron a reunirse con los norteamericanos recién llegados; se trataba del coronel Luis Montenegro y del teniente coronel Lino Pinzón, escogido para dirigir la búsqueda.

—Usted se quedará con estos hombres; ellos le ayudarán a localizar a Escobar —le dijo Montenegro al remilgado teniente coronel Pinzón.

Para evitar avergonzar a los oficiales colombianos, que los superaban ampliamente en jerarquía, los efectivos de la Fuerza Delta aumentaban sus rangos. Gary Harrell, uno de los combatientes más afamados del Ejército norteamericano, ostentaba el rango de teniente coronel y su personalidad agresiva complementaba su físico de gladiador. Harrell era un campesino, un hombre de estilo directo y contundente y con un apretón de manos inverosímil. Lo presentaron a los colombianos como «el general Harrell», pues era capaz de llenar la habitación con su seguridad, su liderazgo y su contagiosa capacidad de motivar a sus hombres hasta lograr que hiciera lo que antes habían creído imposible. El encuentro entre Harrell y Pinzón fue un fracaso, agravado además por la negativa de los norteamericanos a permitirle a Pinzón acceder al centro de operaciones ubicado dentro de la cámara blindada. Sin embargo, aquello no molestó a Montenegro, que estaba encantado de recibir el apoyo de los norteamericanos. Montenegro no dejaba de repetir: «No me dejen solo»; pero Pinzón se sintió ofendido. Pinzón era un hombre de aspecto digno y elegante, que siempre llevaba su pelo canoso recién cortado. Se le atribuía un cierto don para seducir a las mujeres, jugaba bien al tenis y en su equipo de asistentes siempre tenía a una manicura y a una pedicura. Los agentes de la DEA que habían trabajado con él veían en Pinzón a un dandi astuto, con más interés en ascender que en cumplir con su deber, pero no les caía mal. Sin embargo, aquellos delicados rasgos de personalidad eran anatema para los hombres de la Fuerza Delta, que de inmediato catalogaron a Pinzón de «funcionario»; es decir, el tipo de oficial que se contentaba con la imagen de alguien que hace su trabajo pero que no se ensucia las manos. Harrell era un hombre que respetaba únicamente los resultados, con el legendario desprecio de su unidad por el rango o los privilegios de la oficialidad. Si alguna vez hubo dos hombres destinados a colisionar, eran aquellos dos.

A Pinzón y a Montenegro se les avisó que la embajada había encontrado a Pablo en una finca en la cima de un cerro de Tres Esquinas. Aquello no convenció a Pinzón. Su propio servicio de inteligencia le había informado de que Pablo aún se encontraba en las inmediaciones de la cárcel, probablemente bajo tierra. Pero Montenegro estuvo de acuerdo en que si llegase a interceptarse otra llamada proveniente del mismo sitio, las fuerzas comandadas por Pinzón tendrían que prepararse para actuar. Cuatro miembros de la Fuerza Delta los acompañarían para prestar su ayuda en el ataque.

Uno de los primeros efectivos de la Fuerza Delta que acudiría a Medellín sería un hombre al que los colombianos conocerían como «el coronel Santos», pues ninguno de los militares destinados a la operación utilizó su nombre verdadero. Mientras Boykin era el comandante en jefe y Harrell estaba a cargo de las operaciones en Medellín, fue Santos, con rango de sargento brigada, quien acabaría quedándose durante la mayor parte de la cacería humana y supervisando los efectivos de la Fuerza Delta y de los SEAL que entraban y salían en constante rotación. Santos también actuaba de enlace entre la embajada y el Bloque de Búsqueda. Era un hombre esbelto que había crecido en Nuevo México hablando castellano e inglés, un ex deportista y atleta estrella con un físico privilegiado. Santos había sido uno de los primeros candidatos aceptados para la Fuerza Delta cuando ésta se formara en 1978, y el primer miembro de origen hispano.

En la que sería la última entrevista antes de ingresar en la unidad, el general Charlie Beckwith había intentado picarlo.

—Joder, sargento, ¿así que es un «espalda mojada»*?

* Ciudadano norteamericano de padres mexicanos. (N. del T.)

¿Qué le hace pensar que seríamos tan tontos como para elegir a alguien como usted para una unidad de elite como ésta? Usted no es norteamericano, ¡es un puñetero azteca!

Aunque Santos sabía que estaba siendo provocado deliberadamente, el insulto le tocó una fibra muy íntima.

—Nací y me crié en el sistema norteamericano y soy un ciudadano norteamericano, señor —dijo con calma.

—Vale, sargento —comentó el otro oficial allí presente (el comandante del escuadrón, el coronel Lewis H. *Bucky* Burruss)—. ¿Y si le dijera que lo ha hecho muy bien, pero que hemos decidido no aceptarlo? Si de verdad quiere entrar en la unidad, tendrá que volver a hacer todas las pruebas de nuevo, ¿está dispuesto, sargento?

—Sí, señor.

—¿Por qué?

—Porque quiero servir en una unidad como la suya, señor.

—Bien, sargento azteca, faltan tres días para que llegue la nueva tanda de reclutas —dijo Beckwith—. Prepárese, va a hacer las pruebas de nuevo. Puede retirarse.

Santos salió de la habitación, en silencio pero temblando. Las pruebas físicas de selección habían sido las más arduas que había pasado en su vida. El panorama de tener que volver a repetir todo aquello era desalentador e indudablemente injusto. Todavía se encontraba en el pasillo intentando poner aquellos sentimientos en orden cuando la puerta del despacho se abrió una vez más y le ordenaron que se volviera a sentar.

—Muy bien, sargento —dijo Beckwith—. Ha sido aceptado. No tendrá que volver a hacer las pruebas.

La tarde del día siguiente, Santos y otro soldado se embarcaron hacia Medellín en un avión cargado hasta el techo de material secreto de alta tecnología, equipos GPS de posicionamiento por satélite, sistemas de exploración infrarrojos y cámaras de vídeo con teleobjetivo para vigilancia a distancia (nocturna y diurna). La idea era unirse a las fuerzas colombianas, localizar exactamente el sitio del que provenían las llamadas utilizando las coordenadas suministradas por Centra Spike, colocar las cámaras en posición y comenzar la vigilancia con la esperanza de que hubiera algún indicio de la presencia de Pablo. El sistema electroóptico de exploración infrarroja descubriría el interior de la vivienda y enviaría las imágenes térmicas a tiempo real al Bloque de Búsqueda; cualquier duda que la policía colombiana tuviera sobre el blanco se disiparía.

Santos y su compañero descargaron todo el equipo en el extremo más alejado de la pista de Rionegro, un aeródromo perdido en las afueras de Medellín. Se suponía que habría agentes de la policía esperándolos; sin embargo, al llegar Santos y su compañero, la pista estaba desierta. Los dos norteamericanos se sentaron sobre su equipaje millonario y esperaron.

Media hora más tarde, los dos militares comenzaron a inquietarse. No era el mejor auspicio: allí estaban, dos militares extranjeros en misión secreta, con los equipos más sofisticados de su unidad, desarmados, sin escolta, en el corazón del territorio narco, sin una mísera radio… Ni siquiera se habían puesto de acuerdo en qué decir para ocultar su verdadera identidad. Los integrantes del Bloque de Búsqueda tardaron horas en recogerlos: se habían equivocado de aeródromo.

La Escuela Carlos Holguín, una antigua academia de entrenamiento de la policía, situada en la ladera de una zona residencial con vistas a la parte oeste de la ciudad, contaba con amplias instalaciones y abundantes zonas verdes, rodeadas de altas cercas y alambradas de espino. Allí pasaron la noche Santos y su compañero, en sacos de dormir echados en el suelo de uno de los almacenes de la academia.

Por la mañana, Santos se entrevistó con el coronel Pinzón y en ese corto lapso quedó muy claro que Pinzón no estaba contento de verlo. El teniente coronel del Ejército de Colombia daba la impresión de juzgar el apoyo de la Fuerza Delta como un insulto a su capacidad de liderazgo y una amenaza a su carrera. Y cuando el «general» Harrell apareció por la tarde, las cosas se pusieron aún más tensas.

Javier Peña, un agente de la DEA ya veterano en Colombia y que había tratado regularmente con Pinzón, era un temerario y un jovial entrometido que se mantenía al tanto de todo lo que sucediera y un chicano* de Austin, estado de Texas, que sirvió durante un tiempo como el único agente de origen hispano de la DEA en Medellín. «Hombre, sí que se podría decir que estaba ocupado», solía decir. Bajo y de gran bigote, era un tipo que amaba su trabajo de policía secreto y competía con las esponjas por su capacidad de absorber, en este caso, información. Cuanto más peligroso era su trabajo, más parecía gustarle. Él y Santos se cayeron bien de inmediato, y además eran los únicos que hablaban un español fluido. El primer día de su encuentro, Peña se llevó a Santos a un sitio apartado de los demás y le dijo:

—Santos, esto va fatal, tío, desde que llegasteis actuáis como si fuerais los dueños del país. Y después queréis hacer las cosas a vuestro modo, y Pinzón y el coronel [Harrell] ya están a punto de liarse a puñetazos.

Pero Pinzón y Harrell no podían librarse el uno del otro. La Fuerza Delta puso en posición a dos de sus hombres en la torre de observación que el propio Pablo había construido en

---

* Inmigrante mexicano que entra ilegalmente a los Estados Unidos cruzando el Río Grande. (N. del T.)

La Catedral por su vista panorámica de la totalidad del valle urbano de Medellín. Uno de ellos, el sargento brigada Joe Vega, un levantador de pesas de anchas espaldas y cabello negro, grueso y largo, en Colombia detentaba el falso rango de capitán. La Catedral ya era territorio ocupado por la policía colombiana, que se había mudado y vivía allí a todo lujo. Y como era de esperar, en la suite de Pablo se había aposentado el comandante del destacamento. El «capitán» Vega tenía a su disposición un teléfono móvil, un ordenador portátil para ayudarlo a corregir las coordenadas de Centra Spike en el mapa, una cámara de vídeo de 8 mm provista de varias lentes de gran aumento para acercarse visualmente al objetivo, y un dispositivo para captar imágenes infrarrojas y poder transmitírselas a Harrell y a Santos, que se encontraban en su nueva base, en la academia de policía de Holguín. A partir de entonces aguardarían hasta que Pablo hiciera una nueva llamada.

Aquella noche no lo hizo, pero al otro día, a primera hora de la tarde, Centra Spike captó otra llamada desde Tres Esquinas e informó de su ubicación. En lo alto de la torre de observación, Vega localizó rápidamente las coordenadas en su mapa y transmitió la imagen del explorador infrarrojo a Harrell, quien a su vez intentó mover a Pinzón y a sus hombres para que entraran en acción. El colombiano respondió a la noticia con desdén, como si se tratase de otro dato cualquiera que se sumaría a los demás. Durante el día llegaban docenas de pistas, le explicó Pinzón al comandante de la Fuerza Delta y, a pesar de que a Harrell le carcomía la urgencia por actuar, Pinzón fue muy específico al afirmar que no le daba a aquel informe más importancia que a cualquiera de los otros.

Cuando la embajada se enteró de que Pinzón no había movilizado sus tropas, se hicieron llamadas al Palacio Presidencial, y Gaviria en persona dio la orden para que el Bloque de Búsqueda se pusiera en marcha. Enconado por que la Fuerza Delta lo había pasado por alto y por ende la autoridad que representaba, el teniente coronel Pinzón se tomó horas para preparar a sus tropas. Y no lanzó la incursión hasta el día siguiente por la mañana: envió a trescientos de sus hombres por la ladera de la colina —para el espanto de Harrell— en una caravana de furgonetas que podían ser vistas y oídas a millas de distancia. Las recomendaciones de los hombres de la Fuerza Delta para que se enviara en cambio una unidad menos numerosa y menos llamativa fueron totalmente ignoradas. Era como acercarse montado en un bulldozer y esperar tomar por sorpresa al ciervo. Desde su torre de La Catedral, mientras hablaba por teléfono con el mayor Steve Jacoby, que se hallaba en la embajada, Vega pudo divisar la procesión de luces del convoy que trepaba hacia la cima de la montaña.

A Pablo no le hizo falta que nadie le diera el soplo: ningún habitante de la montaña podía evitar ver u oír el estruendo que se acercaba. Los hombres de Pinzón pasaron más de una hora rastrillando la colina sin resultados positivos, y después se marcharon. Lo que sí encontraron fue una finca que reunía todas las características del típico escondrijo de Escobar: mobiliario más lujoso de lo que correspondía al barrio, incluido el reluciente baño con bañera —una bañera profunda: Pablo era muy maniático respecto de su aseo. La investigación probó que había utilizado aquel lugar como primer paso en su fuga.

Al día siguiente por la mañana se interceptaron más llamadas, pero eran los hombres de Pablo quienes las hacían con objeto de conseguirle a Pablo una nueva guarida, además de discutir detalles acerca de los documentos y las armas necesarias. Mientras tanto, Pinzón fue visitado por unos norteamericanos, a quienes recibió en su pijama de seda.

—¿Y cómo saben que Pablo está allí? —dijo incrédulo Pinzón.

Pero Harrell no estaba autorizado a desvelar esa información. Así que hizo falta la presión directa de Bogotá para que actuase, y una vez más el coronel Pinzón envió la manifiesta caravana a que subiera por los caminos de la colina. En esa ocasión, los soldados pasaron toda la mañana y casi el resto del día inspeccionando las viviendas puerta a puerta, infructuosamente. Pinzón continuaba convencido de que era una tarea inútil y se quejó a Peña: «Estos tipos de la Fuerza Delta van a lograr que me despidan».

Llegado el fin de la semana, las tropas de búsqueda se encontraban con las manos vacías. Era evidente que Pablo había levantado campamento definitivamente. Ahora las posibilidades de encontrarlo pronto eran mucho menores. Harrell informó de la terrorífica actuación de Pinzón, de su displicencia, de sus campañas y de sus tácticas. Pinzón, por su parte, se quejó de la Fuerza Delta a sus superiores. A partir de entonces, el teniente coronel Pinzón del Ejército colombiano sería conocido por su nombre de guerra: *Pijamas* Pinzón.

9

Pero, en Bogotá, el embajador Busby tenía sus propios problemas. Como era de esperar, la invitación del Gobierno colombiano a participar en la captura de Escobar había sido transmitida por todo el Pentágono, y la reacción había sido abrumadora. Al final de la primera semana, la sala de conferencias de la embajada ya estaba repleta. Cada detector de señales, aparato de vigilancia y de captación de imágenes en al arsenal norteamericano aterrizó en Medellín. La Fuerza Aérea mandó aviones RC-135, aeronaves de transporte Hércules C-130 modificadas para la toma de fotografías de alta resolución, aviones U-2 y SR-71.* La Armada envió aviones espías Orion P-3.** La CIA, que ya hacía volar sobre Medellín su propio bimotor De Havilland, ahora había ofrecido un Schweizer, una máquina fuera de lo común, no distinta de un planeador gigantesco, que podía mantenerse en el aire flotando sobre el objetivo durante horas y horas, y suministrar imágenes FLIR de alta definición (una tecnología infrarroja que atraviesa las nubes con la misma facilidad con que atraviesa la oscuridad). Todo aparato que significara una ventaja potencial sobre el «enemigo» era destinado a Medellín, cuyo ambiente era el de una subasta en la que los que pujaban querían demostrar quién sería más eficaz y quién obtendría antes los resultados buscados; incluso los aparatos provistos de sistemas de búsqueda de objetivos militares se utilizaban para aumentar al máximo la vigilancia fotográfica. Había por entonces tantos aviones espías sobrevolando Medellín al mismo tiempo —el máximo llegó a ser de diecisiete— que la Fuerza Aérea norteamericana debió enviar un avión AWAC, una especie de torre de control volante dotada de su propio radar, para controlar las trayectorias de flotillas enteras de vuelos militares. Solamente trasladar al personal, los equipos técnicos y de mantenimiento para todo aquel despliegue requirió diez aviones de transporte Hércules C-130.

Toft, jefe de la DEA en Colombia, había pasado años enteros aprendiendo a moverse con comodidad en la sociedad colombiana, pero su entusiasmo inicial al recibir toda aquella ayuda militar se agrió muy pronto. Y es que la información

---

* Tanto el U-2 como el SR-71 (también llamado Blackbird), son aeronaves militares especializadas en misiones espía, fotografía de alta definición y localización de objetivos.

** Similares al que causara el reciente conflicto entre Estados Unidos y la República Popular China.

es tan buena como quienes la interpretan. Y el despliegue produjo muchas falsas alarmas: algunos equipos de vigilancia interceptaban llamadas en las que un interlocutor llamaba a otro «doctor», y asumían que se trataba de Escobar, aunque aquella deferencia informal fuera la más común de toda Colombia.

Esa exaltación, unida al influjo incesante de tecnología y de especialistas, también puso nerviosos a los hombres de Centra Spike, que dependían de su capacidad de fundirse con el entorno: ahora les era difícil hasta encontrar un sitio en el que aparcar sus pequeñas avionetas Beechcraft. El mayor Jacoby se impuso al embajador Busby para que éste permitiera que Centra Spike mantuviera sus dos aparatos a 10.000 metros de altura, y que ordenara que todos los demás vuelos no superaran el techo de los 8.000 o volaran a unos 20.000 metros como el avión espía U-2.

Se suponía que la superpoblación de espías en territorio colombiano debía causarle problemas a Pablo en Medellín, aunque en realidad sólo provocó una crisis en Bogotá. Una noche, durante la misma semana en que la Fuerza Delta le daba codazos a Pijamas Pinzón para que pusiera en marcha a sus hombres, unos de los aviones recién llegados, un RC-135, percibió algo que consideró interesante y bajó de los 300 metros para inspeccionar de cerca, con tan mala suerte que la prensa colombiana pudo fotografiarlo nítidamente aunque fuera de noche.

La protesta generalizada acabó llevando al ministro de Defensa, Rafael Pardo, a sentarse en la desagradable silla desde la que tendría que responderle al mismo comité del Congreso que tenía contra la pared a Mendoza. Muchos congresistas insistían en la destitución inmediata del viceministro de justicia y del mismísimo presidente Gaviria, pues la prensa colombiana había tildado de «invasión» a la inmensa actividad militar norteamericana en Medellín. Pardo admitió que los norteamericanos habían sido invitados a ayudar, pero que los aviones que habían sido descubiertos no violaban la prohibición que existía acerca del despliegue de tropas en suelo colombiano. Nada dijo Pardo acerca de la Fuerza Delta.

Era el equivalente a estar en guerra con la prensa. Radio Medellín comenzó a difundir los números identificadores de los aviones norteamericanos, incluyendo uno de los aparatos de la CIA, que fue despachado nuevamente hacia el norte de inmediato.

Wagner, el jefe del destacamento de la CIA en Bogotá, se puso furioso. Jacoby se sumió en la frustración, y el presidente Gaviria, que tenía presente que él, en persona, había pedido la ayuda de Estados Unidos, se quejaba al embajador: «¡Esto es una locura!».

Antes de que acabara la semana, Busby había enviado a todo el mundo de nuevo a sus bases en el país del norte, con la excepción de Centra Spike, la CIA y la Fuerza Delta. Busby había visto que la eficacia de Pinzón dejaba mucho que desear. Incluso con la más precisa información para poder capturar a Pablo, la tarea resultaría imposible hasta que Colombia no lograra reunir una fuerza de elite flexible, fiable, decidida, invisible y rápida. Lo que los colombianos necesitaban era algo como una Fuerza Delta propia y autóctona.

Los colombianos tuvieron que deshacerse de Pijamas Pinzón, y si hubo o no un *quid pro quo* que formalizara el trato, el hecho es que el coronel Harrell fue enviado de nuevo a la base de las fuerzas especiales en Fort Bragg.

El «capitán» Vega permaneció apostado en lo alto de La Catedral, y el «coronel» Santos hizo lo mismo en la base del Bloque de Búsqueda en la Escuela Carlos Holguín, a la espera de un hombre que, según todos los involucrados, era el que hacía falta para que todo tomara forma definitiva: el coronel Hugo Martínez.

10

Al recibir en Madrid la noticia de que Pablo se había fugado, el coronel se sintió fascinado. Nadie mejor que él sabía la fantochada que había sido aquel encarcelamiento. Después de dos años de perseguirlo sin pausa, Martínez opinaba que el «sometimiento» de Pablo a las autoridades había sido la fuga más ingeniosa del resbaladizo capo de Medellín.

Para el coronel todo aquello había significado una derrota, y hasta sus amigos en el cuartel general de la PNC se burlaban diciéndole que no llegaría a general hasta que capturase a Escobar. Al principio, ese comentario había sonado como una broma, pero a medida que pasaban los años y los ascensos no llegaban, el coronel llegó a pensar que la broma tenía mucho de cierto. Su carrera había quedado estancada en el rango de coronel durante seis años, mientras que otros coroneles como él, con igual responsabilidad y experiencia, ya lo habían superado. Su futuro y su vida se habían unido inextricablemente a los de Pablo. Y si el hijo de perra seguía en la cárcel, un militar de carrera como él no sabría cuándo podría seguir adelante con su vida, si es que eso sucedía alguna vez. Y es que su esfuerzo no había pasado desapercibido entre sus superiores; de hecho, se le había asignado un puesto en Madrid como oficial de enlace con el Ejército español.

En circunstancias normales, aquel puesto habría sido ansiado por muchos, una posición con los beneficios adicionales de la seguridad, el relativo lujo y la gran cultura de la madre patria. Pero la mejor parte de sus nuevas responsabilidades era que él y su esposa, su hija y sus dos hijos más jóvenes, todos excepto Hugo*, se alejarían de una vez por todas de la gé-

---

* Hugo, el mayor de ellos, se había quedado en Colombia pues aún cursaba sus estudios en la Academia de la Policía en Bogotá.

lida sombra que se había posado sobre ellos cuando Martínez había aceptado hacerse cargo del Bloque de Búsqueda en 1989.

La memoria de Pablo era tan peligrosa como su alcance asesino. Cuando la familia voló hacia España en 1991, se encontró una bomba que se activaría tras el despegue del aparato que los llevaría hasta allí. La línea aérea se enteró de ello por un soplo que le llegó minutos después de que el avión hubiera despegado. Los pilotos mantuvieron la nave a baja altitud hasta descender en un aeródromo cercano, donde la bomba fue desactivada. En Madrid, en el transcurso de la primavera de 1992, fue hallado un coche bomba aparcado fuera de la embajada de Colombia, en un sitio por el que Martínez pasaba a diario de camino al trabajo. La embajada estaba tan segura de que la bomba iba dirigida al coronel, que le pidieron que se mantuviera alejado del edificio.

Así que cuando a Martínez le llegó la noticia de que Pablo andaba suelto una vez más y de que sus superiores querían que fuera él quien encabezara la búsqueda, Martínez curiosamente se sintió agradecido. Mientras Pablo Escobar siguiese vivo, el coronel y su familia estarían en peligro. Los destinos de aquellos hombres tan distintos estaban íntimamente ligados. Martínez hizo planes para regresar a Colombia de inmediato. De un modo u otro, la pesadilla tocaría a su fin.

Cuatro días después de la fuga de Pablo, Steve Murphy, Javier Peña y otros agentes de la DEA pasaron el día recorriendo La Catedral. La cumbre y su «cárcel» se habían convertido en una especie de atracción turística para los más importantes miembros de los gobiernos de Colombia y de Estados Unidos. Wagner, jefe de la CIA en Colombia, la visitaría días después con una cámara de vídeo, acompañado por varios de sus ayudantes. La visita confirmó las peores sospechas y rumores acerca del supuesto encarcelamiento de Pablo, pero también les permitió una extraña oportunidad de poder otear la vida y mente del fugitivo más famoso del mundo.

Aunque los agentes norteamericanos sospechaban que el Ejército habría destruido o retirado la mayor parte de los documentos, disquetes y discos duros de los ordenadores de Pablo, los colombianos habían dejado atrás muchos objetos de interés. En primer lugar, el lujo en el que vivía, del que habían oído rumores, pero que una vez allí les pareció difícil de creer. Y si alguna vez alguien había dudado de quién estaba al mando de la prisión, dos cosas bastaban para disipar dudas: una pequeña mesa cubierta de teléfonos y una pequeña caja metálica montada en la pared del lado exterior del dormitorio de Pablo. Era la placa base en la que convergían todas las líneas telefónicas de La Catedral.

En una de las habitaciones de la suite, Pablo había instalado su despacho. En una de aquellas estanterías ubicada por encima de su escritorio, los agentes de la CIA hallaron una biblioteca de artículos periodísticos, recortados con esmero, pegados y ordenados en una fila de cajas-archivadores. También estaba allí la colección de las cartas que le enviaban sus admiradores. Una había sido escrita por una reina de un concurso de belleza local que se dirigía a Pablo como su «novio» y su «amante». En otra carta conmovedora, un hombre le suplicaba a Pablo que no le matara a más miembros de la familia, ya que casi había acabado con todos ellos. También hallaron la de la esposa de uno de sus carceleros, dándole las gracias por el reciente ascenso de su esposo. Pablo tenía copias de todas las acusaciones que contra él pendían, incluso de las más antiguas, las de su juventud. Y en los muros colgaba enmarcada una colección de fotos de los archivos policiales con todos y cada uno de sus arrestos: desde el adolescente delgado, de pelo alborotado que fuera arrestado por robar coches en Medellín, hasta la del hombre grueso y de espeso bigote que había sido arrestado por tráfico de drogas en 1976, su único arresto por traficar con cocaína. Los agentes encontraron asimismo el borrador de una carta escrita a mano que Pablo le envió al presidente Gaviria, pidiéndole que proveyeran de coches blindados a su esposa y sus hijos. Pablo había guardado una trascripción completa de los cargos contra Iván Urdinola, un traficante de heroína de la región del Cauca, además de fichas detalladas de los rivales del cártel de Cali, fotografías, direcciones, descripciones de sus vehículos y sus números de matrícula. Una de las paredes estaba adornada con la foto del famoso revolucionario argentino, Ernesto *Che* Guevara, junto a una ilustración de la revista *Hustler* en la que aparecían Pablo y sus secuaces tras los barrotes retozando en una orgía, y lanzándole dardos a una imagen del presidente Bush que aparecía en la televisión, como así también una foto del capo y del joven Juan Pablo, su hijo, posando frente a las rejas de Casa Blanca. Entre los vídeos de su predecible colección, se encontraban las tres partes de *El Padrino*, *Octagon,* con Chuck Norris, *Bullit*, con Steve McQueen, y una de Burt Reynolds, *Rent-a-Cop.* Su biblioteca personal constaba de cinco biblias y libros de Graham Greene y Nadine Gordimer. No era la colección de un lector compulsivo, sino la de alguien que compra libros al peso. Había libros del ganador del Premio Nobel, su compatriota García Márquez y, curiosamente, una colección completa de la obra del austriaco Stephan Zweig. El armario de su cuarto estaba repleto de idénticos pares de zapatillas de tenis Nike de color blanco y de una pila ordenada de vaqueros planchados.

Por encima de la cabecera de su cama gigantesca se extendía un barroco retrato de la Virgen María realizado sobre mayólica. Y al lado de la cama se alzaban pilas de un libro que el propio Escobar había mandado imprimir y encuadernar, donde aparecían cientos de caricaturas suyas de distintos periódicos.

En los muros colgaban fotografías de Pablo, de su familia y de sus secuaces recluidos en La Catedral, todas ellas tomadas en la espléndida cena de Navidad que Pablo celebró en la discoteca y el bar de la prisión. También se veían instantáneas del capo posando junto a algunas de las más grandes estrellas del fútbol colombiano. Una de ellas, enmarcada, lo mostraba perfectamente disfrazado de Pancho Villa, y en ella era evidente que se lo estaba pasando en grande. En otra, se los veía a él y a su sicario Popeye vestidos de gángsteres de los años de la Ley Seca con ametralladoras Thompson.

Los agentes de la DEA detallaron todo lo encontrado e incluso ellos mismos también se permitieron posar para sus propios álbumes de fotos: risueños como niños que invaden el cobertizo donde tiene su cuartel general la pandilla rival. Posaron sentados en la cama de Pablo, luciendo una de las gorras de piel que la madre le había regalado por su cumpleaños, y que él mismo llevaba puesta en una fotografía que había sido portada de la revista *Semana*.

Se trataba de las sobras de lo que los investigadores colombianos se habían llevado, pero ayudaban a redondear el fascinante perfil de un hombre que claramente disfrutaba de su papel de forajido célebre, y que a la vez luchaba con uñas y dientes por defender en público su inocencia. Era el tipo de hombre que se tomaba infinitas molestias para borrar toda evidencia de su pasado criminal, que alegaba ser inocente de delitos de narcotráfico, pero que, por otra parte, se disfrazaba de forajido famoso y colgaba en las paredes de su despacho fotografías de él mismo tomadas por la policía al arrestarle. Los objetos abandonados por Pablo delataban el alegre cinismo que ocultaba su figura pública de hombre inocente acosado injustamente por la justicia. Aquellos detalles sugerían una personalidad que creía en el crimen como un fenómeno normal, una sana salida para su imparable ambición, de modo análogo a su papel de padre dedicado y amante esposo que además pagaba a prostitutas adolescentes y reinas de concursos de belleza para satisfacer su mayor apetito sexual. Pablo estipulaba que el Gobierno y que las autoridades policiales no eran más que legítimos rivales en una continua partida de ajedrez.

Utilizando aquella nueva información y sus propios archivos, la CIA preparó un escueto «perfil psicológico» del célebre fugitivo: un resumen que intenta, apenas ocultando su desprecio, dar una somera idea del mundo interior del nuevo objetivo militar. Cualquiera que estuviese familiarizado con Pablo lo habría considerado francamente obvio: «Escobar tiene una gran dificultad en controlar su agresividad extrema». El perfil estaba en lo cierto, pero acababa con una sugerencia escalofriante de cómo se lo podría hacer salir a la luz:

Escobar parece poseer un sentimiento paternal profundo y verdadero por sus hijos, y se describe a la más joven, Manuela, como la favorita. Los padres de Escobar fueron raptados en una ocasión por una banda rival y Escobar aparentemente no escatimó esfuerzos para liberarlos. Acaso la preocupación por la seguridad de sus padres o la de sus hijos pudiera superar en prioridad a las rigurosas medidas de seguridad que tan conscientemente guarda, pero esto último no puede afirmarse.

Una semana después de que Pablo se hubiera fugado, la corte colombiana rechazó una apelación interpuesta por sus abogados. Con esta apelación esperaban que la fuga fuera considerada una consecuencia legítima de quien actúa porque teme por su vida. Pero ya no había vuelta atrás ni arre-

glo posible. El trato de Pablo con el Gobierno carecía totalmente de validez.

Así que, una vez más, Pablo se vio obligado a llevar una
vida de fugitivo, sólo que esta vez sus sabuesos estarían apo-
yados por Estados Unidos. Durante los seis meses siguientes,
la operación secreta norteamericana llegaría a emplear más
de cien personas, transformando a la embajada de Bogotá en
el destacamento de la CIA más grande del mundo.

Todos los hombres implicados en aquella cacería humana sabían que sólo acabaría de una manera. Y Escobar también era consciente de esto. Algo que todos comprendían pero que nadie expresaba en voz alta. Los colombianos habían
perdido la paciencia y se negaban a juzgarlo o a encerrarlo.
Y Pablo ya les había demostrado lo inútil que resultaría. No
podía ser extraditado, pues su política de «plata o plomo»
había hecho de la no extradición un derecho constitucional.
Así pues, ahora los perseguidores no se andarían con peque-
ñeces.

Cuando lo encontraran lo matarían. Lo cual era ya una
práctica común en toda Suramérica y que, como todo fenómeno cultural, tenía su propia expresión lingüística, la denominada ley de Fuga.

II

El verano de 1992 tocaba su fin, y los soldados, agentes, espías, pilotos, técnicos e informáticos norteamericanos estaban comenzando a familiarizarse con un personaje que había
crispado a los colombianos durante casi una década. En septiembre, más de un mes después de su fuga, Pablo ya se sentía
lo suficientemente seguro como para dejarse entrevistar por
Radio Cadena Nacional. Echando mano a un discurso labe-

ríntico y desafiante, Pablo negó una vez más su vida criminal. El periodista comenzó la entrevista con preguntas difíciles, pero rápidamente fue presa del carisma indiscutible del capo y la transmisión degeneró en la aduladora entrevista a un personaje de la farándula. Pablo mintió con fluidez y afabilidad. Estuvo filosófico, humilde y agudo. No parecía un hombre que se jugaba la vida a cada instante. Su tono de voz hizo enfurecer a sus perseguidores, que lo tomaron como una provocación.

—¿Lamenta haberse sometido a la justicia hace un año? —le preguntó el periodista.

—No, lo que sí lamento es haberme escapado —dijo, y pasó a explicar que lo había hecho porque temía por su vida—. ¿Se escaparía uno cuando ha llegado a una cárcel en la que se ha dejado encerrar voluntariamente?

—¿Era usted quien daba las órdenes en la cárcel?

—No, no daba las órdenes... [pero] no era un prisionero cualquiera: yo era el resultado de un plan de paz que no le costó demasiado al Gobierno [...]. En pocas palabras, ellos me dieron una prisión digna y condiciones especiales, que habían sido acordadas previamente entre el Gobierno, mis abogados y yo.

Pablo le quitó importancia a los lujos y a las fiestas de las que había gozado en La Catedral:

—Aunque fuera la mansión más hermosa del mundo, si uno no es libre de moverse porque hay guardias armados en las torres y soldados, seguirá siendo una cárcel —comentó Pablo—. Pero tampoco voy a dejar de aceptar la responsabilidad en el sentido de que permití colocar cortinas y algunos muebles lujosos y poco corrientes. Y estoy dispuesto a pagar por aquel error aceptando la celda más humilde de cualquier prisión de Antioquia, siempre y cuando se respeten mis derechos y se me garantice que no seré trasladado por ningún motivo.

—¿Vale su cabeza más que los mil millones de pesos que ofrece el Gobierno y más que los quinientos millones de pesos que ofrece Estados Unidos?

—Parece que mi problema se ha vuelto un asunto político, y podría llegar a influir en la reelección del presidente de Estados Unidos.

—En la actualidad, usted ha vuelto a ser el hombre más buscado del mundo. Lo buscan las autoridades colombianas, otros servicios secretos, los agentes de la DEA, el cártel de Cali, antiguos cómplices suyos, desertores de su organización y las víctimas directas e indirectas de sus acciones terroristas… De todos ellos ¿a quién teme más? ¿Cómo se defiende de ellos?

—No temo a mis enemigos porque sean más poderosos. Mi destino ha sido tener que enfrentarme a situaciones difíciles, pero siempre lo hago con dignidad.

—¿Qué es la vida para usted?

—Un período lleno de sorpresas agradables y desagradables.

—¿Alguna vez ha tenido miedo a morir?

—Nunca pienso en la muerte.

—Cuando escapó, ¿pensó en la muerte?

—Cuando escapé pensé en mi esposa, mis hijos, mi familia y todas las personas que dependen de mí.

—¿Cree en Dios y en el más allá? ¿En el cielo y el infierno?

—No me gusta hablar acerca de Dios públicamente. Para mí, Dios es algo personal y privado [...]. Creo que todos los santos me ayudan, pero mi madre reza por mí al Niño Jesús de Atocha y por eso le construí una capilla en el Barrio Pablo Escobar. La pintura más grande de la prisión era una imagen del Niño Jesús de Atocha.

—¿Por qué motivos se hubiera dejado matar?

—Por mi familia y por la verdad.

—¿Acepta haber cometido algún crimen o mandado matar a alguien?

—Esa respuesta sólo podría dársela a un sacerdote que me confiese.

—¿Cómo cree que acabará para usted todo esto?

—Nunca se sabe, pero espero que todo salga bien.

—Si dependiera de usted, ¿cómo le gustaría acabar su vida?

—Me gustaría morir de pie en el año 2047.

—¿En qué circunstancias cometería suicidio?

—Nunca he pensado en ese tipo de soluciones.

—De las cosas que ha hecho, ¿de cuáles está orgulloso y de cuáles se avergüenza?

—Estoy orgulloso de mi familia y de mi gente. Nada de lo que haya hecho me avergüenza.

—¿A quién odia y por qué?

—En mis conflictos intento no acabar odiando a nadie.

—¿Qué consejo les daría a sus hijos? ¿Qué haría si alguno de ellos se dedicara a actividades delictivas o criminales?

—Sé que mis hijos me aman y entienden mi lucha. Siempre deseo lo mejor para ellos.

—¿Qué significan su mujer y sus hijos para usted?

—Son mi mayor tesoro.

—¿Admite ser un mafioso? ¿Le molesta que digan eso de usted?

—Los medios de comunicación me han llamado eso miles de veces. Si eso me afectara, ya me habrían encerrado en un manicomio.

—¿Qué es lo que más le enfada y le hace perder el control?

—Uno puede enfadarse, pero no se debe perder el control. Lo que me hace enfadar son la hipocresía y las mentiras.

—¿Acepta que lo llamen «narcotraficante» o «criminal», o le da igual?

—Tengo la conciencia tranquila, pero respondería como lo hizo Cantinflas: «Es absolutamente inconcluyente».

—Se dice que usted siempre logra lo que desea...

—No lo he dicho, pero si así fuera, la vida sería color de rosa y yo me encontraría tomando café en la plaza de Rionegro o en el parque de Envigado. Lucho sin descanso, pero he sufrido mucho.

—¿Cuál es la clave para su inmenso poder?

—No tengo ningún poder especial. Lo único que me da fuerzas para seguir luchando es la energía de la gente que me quiere y me apoya.

—Con respecto a la corrupción, ¿hasta qué punto la hay en el Gobierno?

—La corrupción existe en todos los países del mundo. Lo importante sería averiguar sus causas para poder evitarla y acabar con ella.

—¿De qué se arrepiente?

—Todo ser humano comete errores, pero no me arrepiento de nada porque todo lo acepto como experiencia y todo lo malo lo canalizo para obtener de ello algo positivo.

—Si naciera otra vez, ¿qué haría? ¿Qué repetiría y a qué se dedicaría?

—No haría aquello que creí que saldría bien y salió mal, y repetiría todo lo que ha sido bueno y agradable.

—¿Qué dijeron su mujer e hijos cuando usted estaba en prisión y qué pensaban de sus actividades?

—Me quieren y siempre me han apoyado. Y aceptan mi causa porque la conocen y la entienden.

—¿Se considera usted un hombre corriente, o alguien de una inteligencia excepcional?

—Soy un ciudadano normal, nacido en el pueblo de El Tablazo, municipalidad de Rionegro.

—¿Alguna vez ha consumido usted drogas?

—Soy un hombre absolutamente saludable. No fumo y no bebo. Aunque con respecto a la marihuana, le respondo lo mismo que dijo Felipe González, el presidente del Gobierno español, cuando se le preguntó al respecto.

—¿No cree que fue un error por su parte haberse metido en la política?

—No, no creo que haya sido un error. Estoy seguro de que si hubiese participado en las siguientes elecciones habría ganado a todos los políticos de Antioquia por mayoría abrumadora.

—¿Por qué tiene tanto dinero? ¿Qué hace con él? ¿Es su fortuna tan inmensa como se dice en las revistas internacionales?

—Mi dinero obedece a la función social que yo cumplo. Está claro y todos lo saben.

—Si tuviera que describirse a sí mismo, ¿qué diría? ¿Quién es para usted Pablo Escobar?

—Es muy difícil describirse a uno mismo. Prefiero que me analicen otros y que otros me juzguen.

—¿Por qué se dedicó al narcotráfico?

—En Colombia algunos lo hacen como protesta y otros por ambición.

—¿Se cree más grande que Al Capone?

—No soy muy alto, pero creo que Al Capone era uno o dos centímetros más bajo que yo.

—¿Se considera el hombre más poderoso de Colombia, el más rico o uno de los más poderosos?

—Ni lo uno ni lo otro.

—¿Le pareció un elogio que la revista *Semana* lo describiera como un Robin Hood?

—Era un punto de vista interesante y me produjo cierto sosiego.

—¿Es de temperamento orgulloso y violento?

—Aquellos que me conocen saben que tengo un gran sentido del humor, y siempre tengo una sonrisa a flor de labios, incluso en los momentos más difíciles. Y le diré algo: siempre canto cuando me ducho.

LOS PEPES

Octubre de 1992-octubre de 1993

I

El 30 de enero de 1993, una bomba estalló en Bogotá, abrió un cráter de varios metros de profundidad en el asfalto y la acera, y arrancó como de un inmenso mordisco parte de una tienda de libros. Incluso para el hartazgo de violencia en la capital asediada, aquello fue una pesadilla. Se estimó que la bomba de la librería contenía unos ciento diez kilos de dinamita. Dentro de la tienda se hallaban bandadas de niños con sus padres comprando útiles escolares para el nuevo curso; tras la explosión, lo que quedó fueron miembros arrancados por todas partes. Murieron veintiuna personas en total y setenta más resultaron heridas. Bill Wagner el jefe del destacamento de la CIA en Colombia, sintió el golpe del espanto al atravesar el cordón policial y enfrentarse a las consecuencias del atentado. En una boca de tormenta por la que corría la sangre vio la mano amputada de un niño y pensó: «Voy a encargarme de que matemos a este hijo de puta aunque sea lo último que haga en esta vida».

Pese a la determinación de Estados Unidos y de Colombia, los seis meses de búsqueda no habían causado más que frustraciones, la pérdida de cientos de vidas, un gasto de cientos de millones de dólares y el despliegue de unidades de elite y de espionaje. La eficiencia que le imprimiera Martínez a las operaciones y el entrenamiento suministrado por la Fuerza Delta mejoraron la velocidad y la eficacia del Bloque de Búsqueda, cuyo cuartel general se había establecido en la Escuela Carlos Holguín en Medellín. De algún modo, la academia se había convertido en el hogar del «coronel» Santos, el sargento al mando, y los demás hombres de la Fuerza Delta que por allí pasaban en sus rotaciones. Y habían logrado algunos triunfos; el más notable, el 28 de octubre de 1992, cuando Brance *Tyson* Muñoz, uno de los sicarios más conocidos de Pablo, murió en un proverbial «enfrentamiento con la policía». La verdad es que había poco más que celebrar.

El Bloque de Búsqueda había averiguado el paradero de Tyson gracias al programa de recompensa de la embajada norteamericana. El embajador Busby había intentado conseguir que el Gobierno colombiano ofreciera dinero por «soplos», pero los colombianos lo rechazaron, aduciendo que cualquier cantidad que ellos ofrecieran sería superada por Escobar. «Si ofrecemos un millón de dólares por su cabeza, él ofrecerá diez por la nuestra», esclareció un miembro del Gobierno. Así pues, la embajada siguió adelante por su cuenta, y por cualquier información útil ofreció una recompensa de doscientos mil dólares y la posibilidad de comenzar una nueva vida en Estados Unidos. Por la televisión se emitían anuncios con las caras de Pablo y de sus lugartenientes más importantes. El soplo que llevó a la captura de Tyson había sido la primera respuesta a aquella táctica.

Tyson era un famoso asesino, apodado así por su parecido con el boxeador norteamericano Mike Tyson. Se le atribuía una ferocidad y una lealtad total al patrón, a quien conocía desde la adolescencia. El sicario había aumentado de peso y se había dejado el cabello largo para despistar. Aun así, fue delatado por el amigo de un mafioso que trabajaba para Tyson. El informante vivía en un edificio al otro lado de la calle donde el célebre sicario habitaba, y dijo a la policía que podía verle ir y venir.

Diez días después de conocerse el domicilio de Tyson, la operación comenzó a la una de la mañana con la clave «La fiesta comenzó» susurrada por las radios. El Bloque de Búsqueda se encontró con un apartamento infranqueable debido a una gruesa puerta de acero, pero la hicieron volar arrancándola de sus goznes. La carga utilizada fue un poco exagerada y la puerta salió despedida con gran fuerza, cruzó todo el apartamento e hizo un agujero en la pared exterior, cayó nueve pisos y finalmente aterrizó con un gran estruendo. Tras la explosión entraron en la vivienda veintiséis agentes. Tyson intentó salir por una ventana trasera para huir por la escalera de incendios, pero la ventana tenía rejas y quedó atrapado. Murió de un balazo entre los ojos.

A fines de 1992, doce de los peces gordos de la organización de Pablo, incluyendo a Tyson, habían muerto en sendos «enfrentamientos con la policía», o sea, el Bloque de Búsqueda. Pero aquellas victorias tenían un precio. El mismo día que murió Tyson, cuatro policías fueron cosidos a balazos como represalia, y en los dos días siguientes morirían cinco más. Durante los primeros seis meses de la cacería cayeron en Medellín más de sesenta y cinco agentes, muchos de ellos miembros del Bloque de Búsqueda, cuyas identidades, se suponía, eran «secreto de Estado». Aquellos hombres murieron a menudo en sus propias casas o de camino al cuartel general del Bloque de Búsqueda, lo que demostraba que Pablo no sólo conocía sus identidades, sino sus horarios de trabajo y sus domicilios. Pablo ofrecía una gratificación de dos mil dólares por cada policía muerto, y su método funcionaba de maravilla.

Las muertes convulsionaron a todos los involucrados en la búsqueda de Escobar. Toft, el jefe de la DEA en Colombia, se sentía tan deprimido por la cantidad de funerales, que dejó de acudir hasta que el rango del agente muerto hiciera imposible eludirlo. Eran truculentos. Además, allí no se embalsamaba a los fallecidos, como en Estados Unidos, así que la capilla especial que la policía había construido en Bogotá para dar abasto a tan oscura oleada a menudo apestaba a descomposición. Los colombianos, hombres y mujeres, tendían a demostrar el dolor más que los norteamericanos, por lo que los funerales producían desgarradores testimonios de congoja y de rabia. Las mujeres aullaban y los hombres respiraban hondo, lloraban y más tarde se retiraban a emborracharse hasta caer desmayados. Después de acudir a un funeral en el que una viuda embarazada, con su otro niño en brazos, se echó sobre el ataúd y se negó a soltarlo, el habitualmente estoico Toft regresó a su apartamento blindado y se puso a llorar.

Pablo mantuvo una presión atroz e incesante sobre sus agresores. El 2 de diciembre, un coche bomba poderosísimo explotó en las cercanías del estadio de fútbol de Medellín y mató a diez policías y a tres civiles. Diez días después, un oficial de alto rango del servicio de inteligencia fue asesinado. Tocando el fin de aquel nefasto mes, la policía descubrió un coche que contenía ciento cincuenta kilos de dinamita, aparcado fuera del cuartel general de la PNC en Antioquia.

Mientras tanto, en Washington reinaba la impaciencia. Unos meses antes, en septiembre, el Departamento de Justicia norteamericano había acusado al hermano de Tyson, Dandeny Muñoz, por el atentado del vuelo de Avianca en 1989 (destinado a asesinar al entonces candidato a la presidencia César Gaviria). Con la guerra contra el narcotráfico en su punto más cruento, no cabe ninguna duda de que al presidente Bush le hubiera gustado ver el titular que anunciaba la muerte del capo en los días previos a las elecciones, dispuestas para el 3 de noviembre de 1992. Sería un signo tangible de que se estaba haciendo algún progreso. Pero la fecha de la elección llegó y pasó, Bush perdió ante Clinton, y Pablo continuaba prófugo. Clinton llegó al poder en enero, rodeado por un déficit incontrolable, y pronto comenzó a recortar presupuestos. El nuevo presidente estaba menos dispuesto a encarar la guerra contra el narcotráfico desde una perspectiva militar, y eso significaba que, muy probablemente, los días del embajador Busby estuvieran contados. Pocos en Bogotá creían que el nuevo Gobierno estadounidense compartiría por mucho tiempo la vehemencia de los que apoyaban el inútil —y aparentemente interminable— cerco creado para dar con Pablo Escobar.

La preocupación también crecía en la propia Colombia. La respuesta inmediata del pueblo a la nueva campaña terrorista de Pablo había sido la rabia; querían que fuera apresado y castigado. Pero a medida que los meses iban pasando, la sangre seguía corriendo y el número de muertos aumentaba sin cesar, por lo que la ira se fue transformando gradualmente en resignación, y después en impaciencia. Si el Gobierno no podía atrapar a Pablo y el coste de la búsqueda era tan elevado, entonces ¿para qué continuar?

En la quinta planta de la embajada, todos aquellos factores combinados colaboraron a crear la sensación de que se les acababa el tiempo. El Bloque de Búsqueda del coronel Martínez no lograba controlar aquellos últimos cien metros.

Al menos ésa fue la evaluación que hizo el «coronel» Santos, que había pasado los últimos seis meses encerrado dentro de la Academia de Policía Carlos Holguín. La academia disponía de grandes edificios con aulas, barracones, un campo de entrenamiento, uno de fútbol y una pista de atletismo. Los hombres de la Fuerza Delta destinados allí ocupaban una serie de habitaciones pequeñas donde dormían en catres o colchonetas hinchables. En un cuarto contiguo establecieron su despacho: un escritorio, algunas sillas y un ventilador. Cubrieron las paredes con fotografías gigantes de la ciudad de Medellín y de las zonas circundantes. Cuando Centra Spike les daba las latitudes y longitudes de un objetivo, Santos y sus hombres marcaban el lugar exacto en sus mapas. El coronel Martínez recibía de buen grado la información y siempre se mostraba dispuesto a actuar basándose en ella, pero era demasiado orgulloso para permitir a los norteamericanos planear junto con él las operaciones.

Para Santos y los demás hombres (normalmente un escuadrón de seis que rotaba cada mes) evitar el tedio se había convertido en un reto. Pasaban la mayor parte del tiempo haciendo ejercicios dentro de los terrenos del cuartel general, impartiendo clases a los agentes de Martínez o condenados a la soledad y aislamiento de aquellas pequeñas habitaciones, jugando a los naipes o a los videojuegos, pero siempre contando los días para salir de allí y regresar a casa. Los que compartían el pequeño espacio eran, por lo común, dos agentes de la CIA y un técnico de Centra Spike, y cuando los agentes Murphy o Peña cumplían con sus guardias vivían allí también. Los terrenos de la academia estaban protegidos por dos cercas concéntricas de alambre y sobre ellas un espiral de alambre de espino. Fuera de la cerca exterior a pocas manzanas, se alzaba un puesto de control que únicamente permitía el paso a vehículos autorizados. A los norteamericanos se les permitía salir del perímetro vallado para hacer compras en las tiendas y frecuentar ciertos restaurantes. Pero siempre dentro de los límites del puesto de vigilancia, pues tenían terminantemente prohibido salir de las instalaciones del cuartel general.

Pero los norteamericanos se escapaban de todos modos, y no solamente para los asaltos del Bloque de Búsqueda. Los funcionarios de la embajada recibieron evidencia innegable de ello cuando una mujer joven llegó a la puerta de la embajada con un bebé y el nombre de un sargento pelirrojo de la Fuerza Delta: ella decía que el padre era él, y el cabello pelirrojo del niño añadió bastante credibilidad a la historia. El soldado fue enviado de regreso a Estados Unidos y expulsado de la unidad. El que aquellos hombres se estuviesen escapando a pesar de las alambradas no debió de haber sorprendido a nadie: los miembros de la Fuerza Delta eran escogidos entre cientos de candidatos por su independencia y sus habilidades en el combate. Eran hombres arriesgados, concienzudamente entrenados para lograr lo que se propusieran. Y, la verdad, había muy pocas posibilidades de que se quedaran allí tranquilamente jugando a las cartas durante semanas y semanas mientras a un par de millas ocurría todo lo que estaba ocurriendo. Fue entonces cuando se les asignó una nueva tarea: se los convirtió en observadores adelantados. Se les suministraban las coordenadas recientes de un objetivo importante y los norteamericanos se dirigían hacia un sitio en la ciudad o en la sierra desde el que podían ocultarse y observar con seguridad la supuesta guarida. Aquellas operaciones adelantadas a veces duraban varios días. A menudo acompañaban al Bloque de Búsqueda en sus operaciones, manejando aparatos GPS (un sistema de posicionamiento por satélite) con los que estaban más familiarizados que los colombianos. Acompañar en sus asaltos al Bloque de Búsqueda les granjeó el respeto de Martínez y sus hombres, pues las operaciones eran realmente peligrosas. ¿Pero cómo podían los norteamericanos pedirles a los colombianos que corrieran riesgos que ellos mismos no corrían?

Hasta los agentes de la DEA, Peña y Murphy, sentían la obligación de unirse a las incursiones. Solían montar en los helicópteros con Martínez o con el oficial suyo que liderara el asalto. Algunas veces el Bloque de Búsqueda pedía a los agentes que los acompañaran con una cámara de vídeo para que grabasen la entrega del dinero a los informantes. Tales eran las sospechas de corrupción que se les pedía a los norteamericanos que mantuviesen la cámara filmando y apuntando a la bolsa de dinero desde el momento que dejaban la base hasta que se le entregaba al informante. En una ocasión, cuando se corrió la voz de que Murphy se había escapado de la academia se le envió un mensaje muy claro desde la embajada: «Si vuelve a suceder, regresará a Estados Unidos antes que su equipaje».

La competencia entre las distintas unidades y servicios secretos en Medellín era feroz. Cada «agencia» estaba dispuesta a probar que sus hombres, sus equipos y sus métodos eran los más valiosos. La cacería de Pablo se había convertido en un concurso y su ganador se convertiría en el prototipo de unidad y obtendría la financiación correspondiente para tales despliegues en el futuro. Los dos oponentes más encarnizados eran la CIA y Centra Spike. El servicio secreto dirigía dos tipos de vigilancia aérea: la del silencioso Schweizer (el planeador de alas anchas especializado en captar imágenes fotográficas de alta definición), y su propia versión de lo que Centra Spike denominaba en clave Majestic Eagle, o sea, el rastreo de las señales electrónicas que emite un objetivo y su localización. Y aunque las avionetas Beechcraft de Centra Spike realizaban exactamente la misma tarea, en el Pentágono y la Casa Blanca los que se llevaban los laureles eran aquellos que entregaban antes la información recién recogida.

Peña recuerda haber visto a los hombres de la CIA y de Centra Spike corriendo a los teléfonos para informar cuanto antes. Sin embargo en Washington a veces se confundía la fuente de la nueva información. En una ocasión el mayor Jacoby de Centra Spike se ofuscó cuando ciertos datos recabados por su unidad aparecieron en un informe de la CIA como si los hubiesen conseguido ellos mismos. Esto provocó una enérgica queja de Jacoby al embajador. En cuanto a Centra Spike, la eficacia de la radiotelemetría era muy superior al de sus rivales. Los equipos de la CIA habían costado mucho más y su despliegue era también mucho más costoso. Habían sido diseñados para localizar aeródromos clandestinos de narcos y de guerrilleros en la selva, mientras que los de Centra Spike habían sido perfeccionados sobre la marcha, precisando las posiciones de objetivos puntuales y muy reales. En 1990, cuando Pablo comenzó a utilizar teléfonos móviles digitales con sistema de cifrado, Centra Spike necesitó únicamente quince días para adaptarse a ellos. Ahora con Pablo fugitivo una vez más, los dos grupos competían cabeza a cabeza, y puesto que los dólares del presupuesto se tornarían más escasos en 1993 y en los años siguientes, era bastante duro ver a la CIA hacerse con los méritos de Centra Spike, ya que la disolución de la unidad era una amenaza para la supervivencia del Ejército.

Así que Busby autorizó una competición. Las dos unidades medirían sus fuerzas para ver quién hacía mejor el trabajo de localizar con la mayor precisión varios objetivos. Varios objetivos falsos fueron colocados por todo Medellín y ambas volaron una serie de misiones de prueba a finales de 1992. Las capacidades de las dos unidades no tenían comparación. Centra Spike fijó el origen de la señal en un radio de menos de doscientos metros; el mejor resultado de la CIA no bajó de un radio de siete kilómetros, aun utilizando tres métodos de telemetría distintos. Eso resolvió el conflicto y apaciguó los ánimos: la CIA decidió no competir con Majestic Eagle, el sistema de radiotelemetría de Centra Spike. Éstos, a su vez, consiguieron otra victoria al obtener un presupuesto aún mayor que el Congreso, y confiaban tener nuevos equipos al año siguiente, equipos que duplicarían su precisión.

Además, había poco que se le pasara por alto a sus operadores. Sobrevolando Medellín en sus avionetas Beechcraft, Centra Spike controlaba docenas de canales de comunicación simultáneamente y a veces lo que los hombres oían los dejaba azorados. Una vez, después de interceptar una corta transmisión de radio de Pablo, se enviaron las coordenadas que habían calculado a los efectivos del cuartel general por medio de una línea telefónica segura. Al cabo de unos minutos, después de que la información fuera compartida con el coronel y éste lo hiciera con sus oficiales de confianza, Centra Spike interceptó otra llamada, pero esta vez desde el interior de la academia. Por lo visto alguien del cuartel general del Bloque de Búsqueda estaba llamando a Pablo para alertarle de que debía alejarse del sitio donde se encontraba. Evidentemente había un soplón en el círculo de oficiales más allegados al coronel Martínez.

Los operadores de Centra Spike grabaron la conversación que contenía una advertencia («Ya salen. Van a por ti») dirigida a uno de los hombres de Pablo, un tal Pinina. Varios días más tarde, después de que la operación para capturarlo hubiera fallado, un técnico de Centra Spike visitó a Martínez en la academia y le puso la cinta para que la oyera. El coronel no llegó a reconocer la voz, pero sabía que tenía que ser uno de los oficiales de su comandancia. Así que los echó a todos, excepto a los dos o tres de mayor confianza. El resto fue asignado a otras tareas en Bogotá. Ocho días más tarde, Martínez dio las instrucciones de una operación pendiente a su subalterno más inmediato, el mayor Hugo Aguilar. Al momento el coronel recibió otra llamada de Centra Spike: los operadores de las avionetas Beechcraft habían interceptado otra llamada de advertencia hecha a Pinina desde el cuartel general, la Academia de Policía Carlos Holguín.

—Si no es usted el traidor —le comentó el norteamericano—, tiene que ser uno de los que está a su alrededor ahora mismo.

Martínez se puso furioso y se asustó. Sólo habían pasado dos minutos. Sabía que podía confiar en Aguilar. O quizá no. Mandó llamar al mayor a su despacho y lo puso a prueba. Aguilar pareció enfadado. Juró al coronel que no había sido él el autor de tal llamada y se mostró ofendido. Martínez se sintió avergonzado. Aguilar le dijo que había hecho partícipes de los planes del coronel a tres oficiales inmediatos, pero que nadie más lo sabía. La información no había salido fuera de la plana mayor del Bloque de Búsqueda.

El coronel sufría una mezcla de miedo y desconcierto. Si en su propio cuartel general no podía mantener una conversación con el oficial en quien más confiaba sin que Pablo lo averiguara dos minutos más tarde, ¿qué esperanza había de llegar a atraparlo? En menos de media hora Martínez se encontraba en un helicóptero con destino a Bogotá, y allí entregó una vez más su renuncia. Les explicó a los generales que la situación estaba completamente fuera de su control, que la captura de Escobar era un caso perdido y que no quería tener nada más que ver. Los generales no aceptaron su renuncia y le ordenaron regresar a Medellín a poner en orden el entuerto.

Cuando Martínez regresó al día siguiente, Aguilar lo estaba esperando junto al helicóptero para comunicarle que habían descubierto al soplón. Al marcharse Martínez hacia Bogotá, Aguilar había salido hecho una furia a enfrentarse a los oficiales con los que había hablado. Los tres habían negado la acusación y no sin enfado, pero mientras hablaban notaron la presencia de un policía auxiliar, un agente de las fuerzas regulares, asignado a vigilar el perímetro de la base, y que estaba lo suficientemente cerca como para escucharles. Allí había estado también cuando los cuatro hombres habían hablado antes.

—Tiene que ser ese tipo —dijo Aguilar.

Antes de acusar al hombre, prepararon una trampa. Con el coronel en el cuartel al día siguiente, recrearon una situación similar. Aguilar salió de la oficina de Martínez y consultó las órdenes con sus tres oficiales, colocándose lo suficientemente cerca del agente para que éste los pudiera oír. Efectivamente, minutos más tarde Centra Spike grabó otra llamada telefónica en la que constaba la información falsa. El guardia fue acusado y confesó. Presa del pánico y temiendo por su vida, explicó que había sido reclutado por un subteniente, uno de los hombres que habían sido desterrados por Martínez hacía nueve días. Incluso les informó de que le habían pagado para matar al coronel, que le habían entregado una pistola con silenciador y que unas noches antes hasta se había subido a un árbol desde el que veía al coronel sentarse a leer hasta altas horas. El policía estaba demasiado lejos y no se sintió lo suficientemente confiado de su puntería. Al temer que un disparo fallido sería contestado con fuego y que moriría, había decidido pasar un par de días practicando con la pistola antes de intentarlo de nuevo. Quería haberlo hecho la noche previa, pero el coronel aún no había regresado de Bogotá.

Martínez sabía que los norteamericanos desconfiaban de todos y cada uno de los colombianos, de él inclusive, así que las llamadas a Pablo lo habían angustiado. Cuando el soplón fue descubierto, Martínez sintió más alivio por poder quitarse de encima la sombra de la sospecha, que por haber escapado por los pelos de una bala asesina. De cualquier modo, el incidente probó otra vez cuán insidiosa era la influencia de Pablo en las propias filas del Bloque de Búsqueda.

Tras haber extirpado al soplón, quedaban ciertas razones para creer que Pablo aún tenía fuentes en el cuartel general. Un asalto a gran escala llevado a cabo el 5 de noviembre en una zona al oeste de la vieja Hacienda Nápoles, no había producido resultado alguno pese a que el coronel creía que Pablo se había ocultado por allí, y otra redada realizada dos días más tarde fue igual de ineficaz. No obstante, a lo largo de aquel mismo período las operaciones contra miembros de mediana importancia del cártel eran habitualmente exitosas. Los logros confirmaban la precisión de la información y de la telemetría, pero cuando se trataba de Pablo los asaltos siempre llegaban demasiado tarde.

Durante las vacaciones navideñas a finales de 1992, Pablo envió otra oferta de rendición en una carta a dos senadores colombianos afines. En ella ofrecía entregarse si el Gobierno accedía a darles albergue a él y a sesenta miembros de las «ramas militar y financiera» de su organización. El sitio previsto por Pablo era la academia de la policía de Medellín; allí sería supervisado por un grupo de efectivos del Ejército, la Armada y Fuerza Aérea colombianas. En la carta también exigía que todos los miembros del Bloque de Búsqueda fueran dados de baja. Además, en dicha carta acusaba al coronel Martínez de torturar sistemáticamente a aquellos a quienes arrestaba para obtener más información. Pablo, el humanitario, exigía la investigación de aquellas «violaciones a los derechos humanos» y después planteó el desafío: «¿Qué haría el Gobierno si se colocara una bomba de diez mil kilos de dinamita en la Fiscalía?». Y concluía con la promesa de una nueva ola de secuestros y una amenaza a los miembros de la «comunidad diplomática» y advertía que colocaría bombas en la cadena de radio y televisión estatal (Intravisión), las oficinas de Hacienda y el periódico *El Tiempo*.

Gaviria respondió a principios de enero considerando «ridículas» aquellas demandas y entendiendo las acusaciones de Pablo respecto a las violaciones a los derechos humanos como una táctica de relaciones públicas. Sin embargo, las amenazas esparcieron el pánico por toda la oficialidad de Bogotá. El fiscal general Gustavo de Greiff pidió a Busby que lo ayudara a trasladar a su familia a Estados Unidos para que sus vidas no corriesen peligro.

A pesar de todo el dolor que Pablo había causado, el coronel Martínez no podía evitar admirar el talento de aquel hombre. Pablo, su enemigo, parecía no perder nunca los estribos, especialmente cuando se veía en peligro. En aquellos momentos, por lo que constaba en grabaciones secretas con sus secuaces, Martínez notaba cómo Pablo irradiaba una calma imperturbable. El capo poseía un gran talento para barajar varios problemas a la vez y nunca hacía un movimiento que no hubiese pensado concienzudamente. Era flexible y creativo. Durante los meses que Martínez impuso un bloqueo de todos las centrales de telefonía móvil en Medellín con el objeto de entorpecer la comunicación entre Pablo y su organización, éste pasó automáticamente a comunicarse por radio o por medio de una serie interminable de correos para que aquel que recibía el recado no supiera cuál había sido su origen, pero Pablo no olvidaba rubricarlos con su huella digital de modo que no cupiesen dudas de quién era el autor. Tenía además un buen conocimiento de la naturaleza humana, podía calcular de antemano cómo otros irían a reaccionar, y a partir de allí trazar sus planes. El coronel además admiraba la mente de Pablo, pues al conversar por líneas abiertas con su familia utilizaba claves improvisadas que requerían datos específicos, lugares y eventos. A menudo la fluidez con la que Pablo manejaba tal información confundía incluso a sus secuaces, que no podían seguir la ágil mente de su jefe.

Había otra característica de Pablo que todos apreciaban: en sus mensajes escritos, sus llamadas por radio y por teléfono, se sentía a gusto. Creía que podía jugar a aquel juego indefinidamente y que podría mantenerse un paso por delante del coronel durante todo el tiempo que fuera necesario, hasta que el Gobierno de Gaviria, el fiscal general De Greiff, o quizá el Gobierno que le sucediera, capitulara y cumpliera con sus exigencias. Por muchos recursos que se utilizaran contra él, Pablo no parecía perder jamás la calma. Turbaba percibir aquella tranquilidad en alguien acosado de un modo tan absoluto, aunque quizá se pudiera hacer algo al respecto.

2

En enero, un día después de la terrible explosión de la librería de Bogotá, la hacienda La Cristalina —propiedad de la madre de Pablo— fue quemada hasta los cimientos. Más tarde explotaron dos coches bomba en el barrio de El Poblado, en Medellín, frente a los bloques de apartamentos en los que permanecían la familia inmediata de Pablo y otros parientes. Una tercera bomba estalló en una finca de Pablo, hiriendo a su madre y a su tía. Algunos días más tarde, otra de sus casas de campo fue incendiada. Todos eran actos criminales e iban contra la ley. Sus objetivos eran ciudadanos que, pese a su parentesco con Pablo, no eran criminales de por sí. Nadie murió ni fue herido de gravedad, pero el mensaje estaba claro. En la eterna y telegráfica prosa de la policía, el agente de la DEA Javier Peña explicaba:

La PNC cree que los atentados con bombas fueron cometidos por un nuevo grupo de individuos conocido como Los Pepes (Perseguidos por Pablo Escobar). Este nuevo grupo [...] ha prometido tomar represalias contra Escobar, su familia, y quienes le apoyan cada vez que éste lleve a cabo un acto terrorista en el que resulte herida gente inocente [...]. Es obvio que la PNC y el GDC [Gobierno de Colombia] no pueden aprobar la conducta de Los Pepes, aunque secretamente puedan aplaudir tales represalias.

Oficialmente, la embajada guardó silencio con respecto a la aparición de Los Pepes en el panorama colombiano, pero la pandilla de la quinta planta de la embajada —Busby, Wagner, Jacoby y Toft, los agentes de la DEA, Centra Spike y los elementos de la Fuerza Delta— no se mostró disgustada. ¿Qué mejor que un grupo parapolicial autóctono cuyo enemigo declarado es el enemigo público número uno? Hasta entonces, los perseguidores de Pablo habían luchado en desventaja. Pablo se había protegido tras la ley y los «derechos» que no cesaba de sacar a relucir. ¿Por qué no crear un poco de temor a los suyos para variar? ¿Por qué no pegarle donde más le duele?

Lo que hacía falta era algo de mano dura que no viniera de las fuerzas de seguridad. Hacían falta tipos rudos y prácticos a los que no les importara cruzar la línea de la legalidad de vez en cuando, la misma legalidad que Pablo ignoraba con tanta despreocupación. Ciertamente, al capo no le faltaban enemigos, pero a todos ellos nada los unía: iban desde las familias más ricas de Bogotá, hasta los matones de las pandillas rivales de Pablo en Medellín y en Cali. ¿Qué pasaría si alguien les diera un poco de aliento y los ayudara a organizarse con dinero, información, entrenamiento, estrategia y liderazgo?

Los Pepes eran el grupo ideal. Tan ideal... que parecían hechos a medida.

Después de seis meses de frustraciones, la cacería necesitaba un cambio de tercio. Si Pablo se sostenía gracias a una organización vertical, una montaña de familiares, banqueros, sicarios y abogados, entonces quizá la mejor manera de llegar hasta a él era quitarle la montaña de debajo de los pies.

El atentado de la librería había acabado con casi todo el

apoyo popular con el que Pablo podía contar fuera de Medellín. El Gobierno, haciéndose eco de la indignación popular, declaró a Pablo «enemigo público número uno». Dejaron de lado los remilgos y ofrecieron por cualquier información que condujera a su captura la suma sin precedentes de cinco mil millones de pesos (seis millones y medio de dólares). El agente Peña sintió el cambio de humor en la Academia de Policía Carlos Holguín, donde cumplía con una de sus rotaciones mensuales. El día del atentado de la librería, Peña se cruzó con un grupo de los oficiales más allegados a Martínez, que acababan de salir de una reunión con su jefe.

—Las cosas van a ser muy distintas de ahora en adelante —le dijeron los militares.

La cacería, ya de por sí sangrienta y terrible, se iba a tornar más oscura aún.

En las semanas que siguieron, los cadáveres de aquellos que hacían negocios con Pablo comenzaron a aparecer por todo Medellín y por Bogotá. Víctimas a veces de Los Pepes, otras del Bloque de Búsqueda. Ante las fieras perspectivas, algunos de sus colaboradores más cercanos ya habían negociado una rendición: el 8 de octubre, el hermano de Pablo, Roberto, y Jhon Velásquez, alias *Popeye,* se habían entregado para ser inmediatamente encerrados en Itagüí, la cárcel de máxima seguridad de Medellín. Pero en la mayoría de los casos en los que la policía intervenía, los informes indicaban «muerto en un enfrentamiento».

Las fuerzas oficiales desplegadas para dar con Pablo no siempre se tomaban el trabajo de disfrazar su preferencia por eliminarlo sin más en vez de capturarlo con vida. De hecho, a Santos, a Vega, y a los demás elementos de la Fuerza Delta en la academia de Holguín no les molestaba aquella actitud: de hecho la compartían. La debacle en la que acabó el primer encarcelamiento de Pablo había dado una imagen indeleble de lo fútil que sería llevarlo ante la justicia. Según el punto de vista de los norteamericanos, estaban presenciando una carrera entre el fiscal general De Greiff, que deseaba negociar la rendición de todos los narcos del país, y la embajada y la policía, que querían ver a Pablo muerto.

Naturalmente, nadie iba a decirlo. A lo largo de aquellos meses, en los memorandos de la DEA los agentes utilizaban una variedad de eufemismos casi ridículos. En uno de ellos, fechado en septiembre, se señalaba que la PNC y la embajada de Estados Unidos deseaban que Escobar fuera «localizado» antes de que hiciera otro trato con el Gobierno, «lo cual equivaldría a dar comienzo a una nueva farsa». En otro memorando cursado por el agente Murphy en octubre, éste escribió: «Cabe destacar el optimismo de la PNC en la captura a Escobar, en tanto y en cuanto puedan "ganar" algo de tiempo evitando que se entregue al Gobierno. El GDC continuará apoyando con toda la ayuda de la que disponga».

Si la cacería iba a volverse truculenta, los norteamericanos que se encontraban allí sabían de sobra cómo llevarla a cabo. Wagner, el jefe del destacamento de la CIA en Colombia, no era un novato en el lado oscuro de la política suramericana. Wagner había comenzado su carrera en Chile en 1967. Pero dejó el país poco antes del derrocamiento del presidente socialista Salvador Allende en 1973, una operación encubierta llevada a cabo por Augusto Pinochet y orquestada por la CIA. También había servido en Uruguay luchando contra los Tupamaros, la sofisticada guerrilla urbana; y más tarde había establecido un destacamento de la CIA en Haití antes de llegar a jefe interno de la oficina de la Agencia en Miami, donde había ayudado a supervisar las operaciones norteamericanas en veintiséis países, incluida Cuba. Durante su permanencia en Miami, tuvieron lugar golpes de estado pacíficos en el Estado antillano de Granada (1979) y en

Surinam (1980). Era un hombre reservado, pero con mucho mundo, un coleccionista de armas ávido y un amante de la naturaleza, aunque su aspecto —su tez pálida, sus gafas y su informalidad— no lo delatara. Sin embargo debajo de su apariencia relajada, no había en Wagner nada de pasivo. Sabía cómo jugar fuerte, tanto en las calles como en Washington. Había sido destinado a tareas de lucha contra el narcotráfico en el cuartel general de Langley, estado de Virginia: era el comienzo de la década de los ochenta, y la Agencia no se mostraba demasiado interesada en los narcóticos, pero en sólo un par de años Wagner los había convencido para que fuera considerada una de sus principales tareas. Uno de sus objetivos en Colombia era establecer un vínculo entre el tráfico de cocaína y las guerrillas FARC y ELN, vínculos que justificarían un cambio de rumbo de la guerra contra el narcotráfico: el problema de las fuerzas de seguridad sería a partir de entonces un asunto de importancia militar. Ése era el panorama que vislumbró Wagner al llegar a Colombia en enero de 1991, y la fuga de Pablo un año y medio más tarde había acelerado la transición. Ahora Wagner contaba con el tipo de recursos que Colombia necesitaba para declararle la guerra a los narcos. Para él, la cacería en la que se habían involucrado era un trabajo de tiempo completo.

Y no estaba solo. El general William F. Garrison, del Mando Conjunto de Operaciones Especiales —la autoridad suprema de la Fuerza Delta y Centra Spike—, tenía una dilatada experiencia en llevar a cabo operaciones encubiertas para el Gobierno de Estados Unidos. Había tomado parte en el oscuro Programa Phoenix* en Vietnam y se le conocía como el

* Las patrullas del Vietcong asesinaban regularmente a aldeanos anticomunistas para someter a la población. Cuando esto sucedía, el Ejército norteamericano maquinaba (indirectamente) las muertes de importantes oficiales, creando todavía más terror en el bando comunista. *(N. del T.)*

hombre que podía hacer invisible lo que fuera necesario. Las operaciones denominadas técnicamente «de contrainsurgencia», por definición siempre coqueteaban con la ilegalidad, ya fuera en el Congo, El Salvador o Nicaragua. Los escuadrones de la muerte son un concepto horrible, pero nada los superaba en su capacidad de causar pavor en las mentes y los corazones de marxistas potenciales. Por otra parte, Busby tampoco era ningún novato. Había ejercido de embajador itinerante en el área de actividades antiterroristas, y creía que fines virtuosos a veces exigían métodos terribles. Había visto personalmente las ventajas de jugar sucio, y aquélla era una tentación que siempre estaba al alcance de la mano. Siempre ha habido en el mundo hombres poderosos y de buenas intenciones, que creen que proteger la civilización justifica incursionar en la ilegalidad.

Matar a Pablo era un objetivo muy específico, que por entonces ya tenía poca relación con la cocaína. «Se le han subido los humos», dijo uno de los involucrados, y había que detenerlo. Y si no se podía lograr por medio del lenguaje limitado de un despliegue ordenado, entonces había que hacer uso de los otros métodos. Si se hacía con discreción, ¿quién se enteraría salvo aquellos que tenían más que perder de conocerse la verdad?

Cuando Los Pepes surgieron, lo que no faltaban eran sospechosos. Pablo había mantenido guerras con otros traficantes y delincuentes durante toda su vida adulta. Sus largas campañas de intimidación y asesinato habían dejado a cientos, quizá miles, de familiares llenos de rencor, algunos muy ricos y muy poderosos. Y no había que descartar que la violencia fratricida era poco menos que una manera de entender la vida en Colombia. Allí el homicidio gozaba de abundancia de motivos, pues cada cadáver podía ser la consecuencia de una docena de resentimientos y otros tantos autores. Si una bomba hacía explosión o un primo muy querido era raptado o uno de los socios clave de Pablo aparecía muerto, uno se preguntaba si se trataba de una disputa familiar, un asesinato aleatorio o un ajuste de cuentas perpetrado por un cártel rival. ¿Había sido ordenado por el mismo Pablo después de haber reñido con la víctima (como sucediera con los hermanos Moncada y los Galeano)? ¿O sería alguna facción del cártel de Medellín aprovechándose de la vulnerabilidad de Pablo? ¿Se trataba de un escuadrón rebelde del Ejército o de la policía? ¿O de una operación de uno de los grupos paramilitares que se especializaban en aterrorizar y asesinar? ¿La DEA? ¿La CIA? ¿La Fuerza Delta? ¿O quizá una guerrilla? Acaso las FARC o el ELN, exigiendo un impuesto por ingresos en negro o vengando algún desprecio, o quizá sólo aprovechándose de la situación para contribuir a la continua inestabilidad de la nación. ¿Quién podía saberlo?

Dado su impecable sentido de la oportunidad, lo más probable fuera que detrás de Los Pepes se encontraran las familias Moncada y Galeano, a quienes Pablo había declarado abiertamente la guerra, y la PNC que había perdido cientos de oficiales asesinados por los sicarios de Pablo a lo largo de los años. Las ejecuciones de los hermanos Moncada y los Galeano habían creado una guerra civil dentro del cártel de Medellín. Pero justamente por haber hecho negocios con Pablo durante años, Dolly Moncada, Mireya Galeano y el hermano de Mireya, Raphael, conocían muchos de los secretos de Pablo: dónde había invertido su dinero o quiénes eran sus asesores de mayor confianza. Y lo cierto es que se los veía motivados. A las pocas semanas de la fuga de La Catedral, un memorando de la DEA señalaba que ambas familias estaban reclutando sicarios para «hacerle la guerra a Escobar», y ofrecían veinte millones de pesos (veintinueve mil dólares) a aquellos dispuestos a unirse a ellos. En un memorando del 16 de octubre de 1992 escrito por Murphy se dejaba claro que Marta Moncada, una hermana de los hombres ejecutados, cooperaba activamente en la búsqueda de Pablo. En otro orden de cosas, la periodista Alma Guillermoprieto, en un artículo de 1993 para la revista *The New Yorker*, escribía que entre los líderes de Los Pepes se encontraba una hermana de los difuntos Galeano, y que sus «tropas» habían sido reclutadas del mismísimo Bloque de Búsqueda. Ambas familias mafiosas, los Moncada y los Galeano, querían venganza, eran ricas y poderosas, pero no lo suficientemente fuertes como para enfrentarse por sí solas a la organización de Pablo. Así que, ¿por qué no aliarse con los pesos pesados?

El tráfico diario de informes secretos de Bogotá a Washington, DC, durante el otoño y el invierno del período 1992-1993, indica cómo Los Pepes comenzaron a tomar forma poco después de la fuga de Pablo. En agosto, unas dos semanas más tarde, la embajada de Estados Unidos trasladó a Washington a una reciente e importante fuente de información: Dolly Moncada, la viuda de William Moncada, el segundo de los dos hermanos que Pablo había ejecutado porque supuestamente le estaban robando. Tras la desaparición de William, Pablo le había hecho saber a Dolly que debía entregarle todos los bienes que tuviera, además de amenazarla con declararle la guerra a ella y a su familia.

Pero Dolly era una mujer peligrosa. Cuando ella desapareció a mitad de agosto, Pablo fue a buscarla. Su antigua residencia de Medellín fue saqueada y los caseros tomados como rehenes; los secuestradores escribieron la palabra *guerra* en los muros. El 4 de agosto, una bomba explotó en un centro comercial propiedad de las familias Moncada y Galeano. Tres semanas después, el socio del difunto marido de Dolly, Norman González, fue secuestrado, mantenido cautivo y torturado durante más de trece días. Sus verdugos utilizaron drogas y golpes de picana (una especie de electrodo aplicado a los genitales y las mucosas) para que confesara el paradero de Dolly, pero González lo desconocía. Pablo entonces ofreció una recompensa de tres millones de dólares a cualquiera que ayudara a localizarla.

En vez de someterse a Pablo, la ofendida y furiosa Dolly hizo un trato con el Gobierno colombiano. A cambio de protección para ella y su familia en Estados Unidos, Dolly le entregó todos sus bienes al Estado colombiano y comenzó a cooperar en la búsqueda. Por su parte, el Gobierno colombiano accedió a retirar los cargos de blanqueo de dinero que pendían contra su hermana.

El hombre que ayudó a organizar la entrega de Dolly y su posterior viaje a Estados Unidos fue Rodolfo Ospina, nieto y tataranieto de presidentes de Colombia, quien se había involucrado personalmente en el tráfico de cocaína a mediados de la década de los setenta, pero que pronto cayó en desgracia y debió alejarse de Pablo. Ospina había sobrevivido a dos intentos de asesinato por parte del capo. A poco de ocurrida la fuga, Ospina se puso a disposición de las autoridades para ayudar a esclarecer las muertes de los hermanos Moncada y Galeano. Cuando se supo en Medellín que Ospina cooperaba con el Gobierno (y fue de inmediato), Ospina también debió ser trasladado a Estados Unidos. Pablo reaccionó poniéndole un precio de tres millones de dólares a su cabeza.

Ospina recibió un nombre en clave, *Juan Diego,* y el número SZE-92-0053, y demostró ser un aliado valiosísimo. Explicó por qué Moncada y Galeano habían sido asesinados. Los hombres de Pablo habían descubierto un alijo secreto donde las dos familias habían escondido veinte millones de dólares en metálico. El dinero había permanecido allí tanto tiempo que se había cubierto de moho. Fue entonces cuando Pablo los invitó a una reunión en La Catedral y allí se volvió contra ellos. Un cable de la DEA informaba sobre el relato de Ospina acerca de lo ocurrido:

> Escobar argumentó que mientras él y sus hombres permanecieran en la cárcel necesitarían dinero para financiar la onerosa guerra contra el cártel de Cali. Galeano y Moncada preferían guardar su dinero hasta que se enmoheciera antes que utilizarlo para ayudar a otros mafiosos, como Escobar [...]. Escobar convenció a miembros del cártel, quienes sentían verdadero afecto por Moncada y por Galeano, de que si no se los mataba el cártel de Medellín entraría en guerra consigo mismo y que entonces todos morirían [...]. Moncada y Galeano murieron; fueron colgados de los pies y quemados. El informante afirma que ése es el método favorito de Escobar para liquidar a sus enemigos. Los cuerpos fueron enterrados dentro o en las inmediaciones de la prisión. Más tarde, Escobar invitó a William Moncada y al hermano de Galeano y también los mató.

La estrecha relación de Ospina con Moncada y con Galeano lo convirtió en una fuente de información reciente y muy útil, pues aquél tenía multitud de razones para cooperar. Además del precio de su cabeza, su hermano estaba a punto de ser deportado de Estados Unidos a Colombia. La cooperación de Ospina obtuvo para su hermano un año de prórroga en los trámites de deportación. A fines de octubre, el fiscal general De Greiff llamó a la embajada de Estados Unidos y solicitó una reunión con el informante estrella de los norteamericanos. De Greiff voló a Estados Unidos, donde el testimonio de Ospina ayudó a consolidar aquellas cuatro nuevas acusaciones de asesinato en contra del capo del cártel de Medellín.

Pero Pablo devolvió el golpe. El 16 de diciembre, Lisandro Ospina, otro de los hermanos del informante, fue secuestrado. Lisandro tenía veintitrés años y estudiaba en el MIT, el prestigioso Instituto de Tecnología de Massachusetts, y no tenía relación alguna con las actividades delictivas de su hermano. Lisandro acababa de terminar un semestre en aquella universidad de Boston y se encontraba en Colombia pasando unas vacaciones. Treinta hombres armados lo rodearon mientras el estudiante se encontraba comprando ropa en Bogotá y se lo llevaron. Sus captores lo mataron poco después.

Ospina, furioso, les pidió a los agentes en Washington que lo dejaran regresar a Colombia para vengarse personalmente de Pablo, pero le convencieron de que no lo hiciera. Sin embargo, pudo desahogarse de otro modo.

Durante meses, en una serie de informes rendidos a los agentes de la DEA, Ospina fue trazando una campaña a gran escala contra Pablo. Impaciente por lo que él consideraba tácticas legales de buen gusto, Ospina opinaba que la cacería humana necesitaba salirse de las restricciones de la ley, por lo que esbozó una *vendetta* extralegal que bien puede haber sido el germen de Los Pepes. En aquellos textos constaba incluso la necesidad de reivindicar sus acciones terroristas.

SZE-92-0053 afirma que la captura de Pablo Escobar debería ser planeada teniendo en cuenta los siguientes cinco objetivos. Primero [...] si es que no hay acusaciones pendientes en su contra en Colombia, se debería arrestar o eliminar [...] a miembros clave de la organización de Escobar. [Segundo] SZE pasó a dar los nombres de los abogados que llevan los asuntos criminales de Escobar, y cuyas muertes harían estragos en la organización de Escobar. Tercero, el informante citó propiedades y bienes de importancia que pertenecen a Escobar y que deberían ser destruidos.

Ospina pasó a enumerar a los miembros clave de la plana mayor de Escobar, hombres «indispensables para su supervivencia», y a cinco abogados que, según él, «se encargaban de los asuntos criminales y financieros de Escobar. Son los mismos letrados que negocian (en su nombre) y están al corriente de sus actividades puesto que es a ellos a quienes consulta antes de llevar a cabo cualquier acción». Esos hombres deben ser eliminados, dijo. El cuarto paso, según Ospina, implicaba la destrucción de las posesiones de Pablo, y pasó a enumerar las propiedades y bienes más preciados por el capo: sus coches antiguos, sus casas de campo, sus apartamentos, sus aviones y aeródromos:

> SZE afirma que para sacar a Escobar de la clandestinidad hace falta provocarle, o enfurecerle tanto que por la desesperación quiera devolver el golpe. El informante afirma que entonces quizás Escobar cometa errores. El informante recomienda la incautación de los bienes de Escobar o su destrucción física, como medio de conseguir enfurecer a Escobar.

Y finalmente Ospina expresó que aquellas acciones debían contar necesariamente con la colaboración de los medios colombianos. Añadió que Pablo había logrado un tremendo control de los medios durante su campaña en contra de la extradición: «Escobar controla los medios por el miedo y los sobornos, y ha llegado a confundir al pueblo colombiano de que no es más que un ciudadano colombiano víctima de la injusticia, y no el peligro que encarna en realidad».

Ospina también sugirió que la destrucción de la organización del capo diese cabida a traficantes colombianos encarcelados que estuvieran dispuestos a facilitar información útil. Ese incentivo se ofreció a Carlos Lehder, el otro ex capo del cártel que creía que Pablo lo había entregado a las autoridades para que fuera extraditado a Estados Unidos. El narco encarcelado describió los métodos de los que Pablo se servía para evadir la captura, cómo se movía de una casa franca a otra y nunca se alejaba de las inmediaciones de Medellín. Lehder dio a los agentes la oportunidad de meter las narices en los hábitos y preferencias de su antiguo socio:

Escobar es indiscutiblemente una persona de gueto, no es un campesino ni alguien criado en la selva. Teme más a las guerrillas comunistas y nacionalistas que al Ejército, así que no se aleja del valle medio del río Magdalena, una zona libre de guerrillas. Ya que las guerrillas pululan en la alta montaña, uno podría descartar que se escondiera allí [...]. Siempre procura mantenerse dentro del área de cobertura de su teléfono móvil para no perder contacto con la central de Medellín. La distancia es de unos cien kilómetros, así puede llamar en cualquier momento.

Por lo general, suele ocupar la casa principal con algunos de sus sicarios, un operador de radio [con un receptor de onda BHF, *big high frequency*], cocineros, putas y mensajeros. Los medios de transporte más habituales suelen ser jeeps, motocicletas y en ocasiones un bote. Jamás lo he visto montar a caballo. Escobar se levanta a la una o dos de la tarde y se acuesta a la una o dos de la madrugada.

Cuando se encuentra fugitivo se rodea de entre quince y treinta guardaespaldas armados y con *walkie-talkies*, que realizan dos turnos de doce horas cada uno. Dos de los hombres se sitúan en la entrada principal de la finca, algunos a lo largo de la carretera, y el resto, en el perímetro de la casa principal (a una distancia de un kilómetro y medio). Uno frente a su puerta [...]. La casa principal siempre consta de dos o tres salidas a sendas que se adentran en el bosque y por tanto acceden a un segundo escondite o a un río donde se encuentra el bote, o acaso una tienda con provisiones y radios. Escobar es un hombre obeso, ni mucho menos un «cachas» o un atleta. No podría correr más de quince minutos sin sufrir problemas respiratorios. Lamentablemente, ni la policía ni los militares han usado perros contra él.

Cuando los vigías del perímetro más alejado veían aproximarse un vehículo o un avión volando bajo o un helicóptero, «chillaban como locos por esos *walkie-talkies* —recordaba Lehder—, y entonces Pablo huía de inmediato. Hasta que el Bloque de Búsqueda no se redujo y se volvió más sigiloso, Pablo siempre supo que se acercaban».

Lehder respondió con una sugerencia propia para cercar a su viejo socio:

> La única solución realista y *de facto*, según mi análisis, es un nuevo gobierno militar o, como poco, una brigada de guerrilleros controlada por la DEA, que sea independiente de los políticos, la policía y el Ejército [...]. Existe un gran número de gente colombiana de todo tipo y origen que estaría dispuesta a asistir, apoyar, financiar y hasta participar en la creación de una milicia civil [...]. Los ricos, los pobres, los campesinos, la izquierda, el centro y la derecha están dispuestos a cooperar. Porque cada día que Escobar ande suelto ganará en poder y se volverá más peligroso.

Cuando Lehder se refirió a una «milicia civil» no hizo falta hacer un esfuerzo de imaginación para saber a lo que se refería. Hablaba una lengua muy conocida por el Comando de Operaciones Especiales de Estados Unidos. La tarea de organizar fuerzas autóctonas para combatir a los insurgentes era una de las doctrinas fundacionales de la guerra encubierta que libran las fuerzas especiales: exactamente lo que el presidente John F. Kennedy tenía en mente cuando creó a los Green Berets, o Boinas Verdes*. Durante los treinta años siguientes, el cuartel general de operaciones especiales y su escuela en Fort Bragg, Carolina del Norte, habían adquirido gran experiencia en aquel tipo de actividades, operando desde Vietnam hasta El Salvador. Y era una de las especialidades del general Garrison.

Y, si los norteamericanos estaban buscando una «milicia civil» preparada para retar a Pablo Escobar a su mismo nivel, no hacía falta que buscasen mucho. Colombia tenía una larga tradición en los denominados «escuadrones de la muerte». Uno de los más conocidos era el de Fidel Castaño, alias *Rambo*: un asesino carismático, contrabandista de diamantes y ex narcotraficante, que había mantenido vínculos cercanos con las familias Moncada y Galeano. Castaño era famoso por su brutalidad. Se rumoreaba que había sido el responsable de la masacre de cuarenta y cinco campesinos en el golfo de Urabá en 1988. Después de que Pablo se fugara, el propio Castaño se puso en contacto con el Bloque de Búsqueda para ofrecer sus servicios. En un telegrama escrito por Peña y recibido en el cuartel general de la DEA el 22 de febrero de 1993, el agente describió a Castaño como un «individuo cooperador»:

Como consecuencia de un desacuerdo con Escobar, Castaño se puso en contacto con la PNC/Fuerza operativa de Medellín [Bloque de Búsqueda] y ofreció sus servicios para intentar localizar a Escobar. Castaño notificó a la PNC de que su desacuerdo con Escobar surgió cuando Castaño le dijo a Pablo que no estaba de acuerdo con la campaña terrorista del capo,

* Unidad de operaciones militares y paramilitares, especializada en guerra de guerrillas, sabotaje y actividades de contrainsurgencia. *(N. del T.)*

a saber: las bombas y los asesinatos de policías. Castaño también estaba preocupado porque Escobar pudiera hacerlo matar en cualquier momento como con los hermanos Moncada y los Galeano.

En diciembre de aquel año, Castaño guió al Bloque de Búsqueda en una infortunada incursión, donde el bote que transportaba a tres de los oficiales más importantes del coronel Martínez dio una vuelta de campana. Dos de los oficiales se ahogaron mientras las unidades encargadas del asalto cruzaban el río Cauca. Según los presentes, Castaño se jugó la vida intentando salvar a aquellos hombres y logró rescatar a uno de las aguas; tal fue su heroísmo que Castaño se ganó la confianza del Bloque de Búsqueda. El carismático líder paramilitar contribuyó con brío y audacia, además de sus valiosos contactos en el submundo de la droga. Era evidente que pocos de los antiguos aliados estaban dispuestos a ponerse de su parte.

El agente Peña escribió:

Fidel Castaño se había puesto en contacto telefónico con el clan de los Ochoa (Jorge, Fabio y Juan David) que por entonces ya se encontraba en prisión. Castaño le pidió a los Ochoa que abandonaran a Escobar y que se unieran a él. Castaño les explicó que Escobar no dudaría en matarlos como lo había hecho con los Moncada y los Galeano. Los hermanos Ochoa dijeron que recientemente le habían entregado a Escobar medio millón de dólares, pero que estaban considerando abandonarlo [...]. Castaño le dijo a la PNC/Fuerza operativa de Medellín [Bloque de Búsqueda] que los Ochoa nunca traicionarían a Escobar por miedo y porque ellos «siempre mentían para permanecer neutrales con todo el mundo».

Con Castaño, Ospina y las familias Moncada y Galeano de su parte, la búsqueda había ganado aliados dispuestos a aceptar las sangrientas reglas de las guerras en el mundo criminal de Medellín. Otros acabaron uniéndose al esfuerzo gracias a un decreto judicial que amnistiaba a los narcotraficantes y a cualquier criminal que ayudara a la policía en la cacería.

Uno de los que se acogió a la amnistía fue el piloto que se llamaba a sí mismo *Rubin*, y que se había hecho traficante a través de su amistad con los hermanos Ochoa dieciséis años antes. La primera impresión que Rubin tuviera de Escobar no había cambiado; todavía lo consideraba un matón callejero de baja estofa que a fuerza de brutalidad se había metido en el negocio de la cocaína. Durante los años en que él y los Ochoa habían trabajado para Pablo, Rubin repitió una y otra vez que «Pablo no es amigo de nadie». De hecho, cuando un amigo cercano, casado con una de las hermanas Ochoa, fue raptado en 1985, Rubin sospechó inmediatamente de Pablo. Los Ochoa se negaron a creerle, por lo que Rubin comenzó a husmear por su propia cuenta. Cuando hubo obtenido pruebas que vinculaban a Pablo con el secuestro, Rubin recibió una llamada del capo:

—¿Qué tal va tu investigación?

—Estamos muy cerca ya —respondió Rubin.

—Quiero que dejes de investigar —dijo Pablo—. El tipo está en manos de una gente muy peligrosa y quizá te metas en problemas.

Rubin comprendió de inmediato. Dejó de husmear y se tomó la advertencia tan al pie de la letra que se fue de Medellín llevándose a su familia. Durante meses se mudaron constantemente y evitaron utilizar el teléfono. Después de más de un año, Pablo dio con él —el amigo de Rubin había muerto— y le pidió un millón de dólares.

—No te daré un centavo —dijo Rubin.

—¿Sabes lo que estás haciendo? —le preguntó Pablo.

—Sí. Sé que voy a tener que esconderme durante el resto de mi vida.

Poco después, el agente Peña de la DEA se puso en contacto con Rubin. Peña le preguntó si estaría dispuesto a sumarse a la lista de informantes en Medellín. Rubin estuvo de acuerdo y se unió a la campaña para atrapar a Pablo: su pasado criminal en Colombia fue borrado de los archivos policiales.

A finales de aquel mismo año, se había reunido un notable elenco de personajes que ayudarían en la búsqueda, algunos en Estados Unidos y otros en Medellín. En Estados Unidos se encontraban Ospina, Dolly Moncada, Lehder y otros; entre los que se hallaban en Medellín: Castaño y su hermano Carlos, Marta Moncada, hermana de los narcos asesinados por Escobar, Mireya y su hermano Raphael Galeano, los traficantes Eugenio García, Luis Ángel, Óscar Alzate, Gustavo Tapias, Enrique Ramírez y un sinfín de colaboradores más. Junto a todos ellos, no hay que olvidar a Leónidas Vargas, un traficante que constaba en la lista de «Cerebros criminales» de la DEA y conocido ex sicario de la familia Galeano; y a Diego Murillo, hombre obeso de dientes salidos, con un rostro desfigurado por las cicatrices y con cojera, al que se conocía por el alias de *don Bernardo* o *don Berna*.

Aunque originalmente fueran reclutados como informantes, el nuevo grupo de Murillo comenzó a matar apenas se inició la búsqueda de Pablo. Don Berna y sus secuaces se hospedaban en una casa cercana al cuartel general del Bloque de Búsqueda pero fuera de su perímetro, y contaba con tres vehículos a su disposición. Los agentes de la DEA y los efectivos de la Fuerza Delta los veían a menudo, en corro, junto a los oficiales más allegados a Martínez. En ciertas ocasiones, los hombres de don Berna actuaban de escoltas de

Peña y Murphy cuando éstos dejaban la base (incumpliendo órdenes) para reunirse con otros informantes. El grupo de don Berna se especializaba en obtener información a fuerza de intimidación y era financiado con dinero de la DEA.

De aquel modo, y hasta finales de 1992, la «milicia civil» trabajó discretamente, pero en enero de 1993 se tomó la decisión de adoptar un papel más visible, tal y como Ospina había aconsejado. Alguien le había sugerido a aquel grupo de criminales colombianos que se pusieran un nombre, del mismo modo que Pablo había creado Los Extraditables, y previamente, Muerte a los Secuestradores. Un nombre que representara a la célula de ciudadanos colombianos dispuesta a destruir a Pablo Escobar; una fuerza que le metería miedo a aquellos criminales y familiares del fugitivo, aunque quizá no al mismo Pablo. Para aumentar la amenaza, el grupo necesitaba medios. La primera aparición de la célula fue electrizante y desató una rueda nacional de adivinanzas para ver quién atinaba a dar con la identidad de aquella gente. El embajador Busby se percató de que aquello tenía todo el aspecto de una clásica operación psicológica del Ejército, pero no sabía quién estaba detrás. Otros concluyeron de inmediato que Los Pepes eran sencillamente los rivales caleños de Pablo.

Sin embargo hubo una persona para quien todo aquello no tenía nada de misterio. El día después de que sus propiedades fueran voladas en pedazos, Pablo envió una nota donde rechazaba de plano admitir la existencia de Los Pepes:

[...] Personal bajo su supervisión ha hecho detonar coches bombas frente a los edificios de El Poblado donde viven algunos de mis parientes. Quiero informarle que sus atentados terroristas no harán que abandone la lucha en la que me he embarcado. Y mi punto de vista no va a cambiar. Sus amenazas y coches bomba contra mis familiares se sumarán a los cientos de jóvenes que ha asesinado en Medellín en su cuartel general situado en la Academia de la Policía Carlos Holguín. Espero que el pueblo de Antioquia averigüe lo que hace usted con la dinamita que requisa y los crímenes que realizan esos hombres que se cubren la cara con pasamontañas*. Usted forma parte del Gobierno, y quiero advertirle que si llega a ocurrir otro incidente de esta naturaleza, tomaré represalias contra los parientes de los miembros del Gobierno, quienes toleran y no castigan los crímenes que usted comete. Y no olvide que usted también tiene una familia.

El coronel no necesitaba que se lo recordaran: su familia había vivido amenazada durante años. Hacía justamente cuatro meses, tres agentes de la policía asignados a su escolta habían muerto, cosidos a tiros, en Medellín. El ataque había sido un mensaje muy personal de Pablo. Los agentes se dirigían en ese mismo momento a recoger de la escuela al hijo menor del coronel.

Pero Martínez no iba a dar marcha atrás. Los Pepes le habían dado nuevos bríos a una campaña que parecía estancada. Pablo era cercado por una selección de enemigos formidables. Hasta ahora los intentos de capturarlo habían sido dirigidos a localizarlo y, efectivamente, a destronarlo de su montaña de asistentes financieros, legales y logísticos. Pero las tácticas habían cambiado. Tanto oficial como extraoficialmente, los enemigos de Pablo habían comenzado a minar aquella montaña.

* Típico atuendo paramilitar. *(N. del T.)*

En febrero de 1993, Los Pepes comenzaron a matar en serio. El día 3, el cuerpo de Luis Isaza, un jefe poco importante del cártel, apareció sin vida y con una nota colgada del cuello en el que podía leerse: «Por trabajar con el narcoterrorista y asesino de niños Pablo Escobar. Por Colombia. Los Pepes». Aquel mismo día, otros cuatro jefes de segundo orden aparecieron muertos en Medellín. Y al día siguiente dos más: dos hombres conocidos por sus relaciones comerciales con Pablo. Más cadáveres al día siguiente, y al siguiente, y al siguiente, hasta una media de seis muertos por día.

Era una sangría controlada, porque todos tenían una cosa en común: Pablo Escobar. Entre las víctimas cayó un antiguo director de la PNC vinculado públicamente al cártel de Medellín. El 17 de febrero uno de los muertos fue Carlos Ossa, el hombre que, según se creía, financiaba los gastos fijos de Pablo. Ossa, muerto por varios disparos en la cabeza, se había hecho cargo de las ocupaciones de otro hombre de confianza en el cártel desaparecido misteriosamente. El mismo día que se encontrara el cadáver de Ossa, un almacén del Gobierno donde se guardaba la colección de coches antiguos y de lujo de Pablo, se incendiaba hasta los cimientos. El lote, valorado en más de cuatro millones de dólares, incluía un modelo Pontiac que Pablo había comprado erróneamente, creyendo que había pertenecido a Al Capone.

A medida que se sucedían los asesinatos y las entregas voluntarias de los temerosos, Los Pepes ofrecieron recompensas en metálico por cualquier información sobre Pablo y sus colaboradores más cercanos, amenazando a viva voz a la familia del capo. Sólo unas pocas semanas después de que hubiese surgido, el grupo paramilitar había asustado a Pablo más que nada de lo que hasta entonces hubiera hecho el Gobierno.

El 19 de febrero, el agente Peña se enteró de que Pablo intentaba enviar a sus hijos a Miami, por medio de la fiscalía de Medellín. María Victoria ya había comprado los billetes de avión para Juan Pablo, Manuela y la novia de Juan Pablo, Doria Ochoa. Estaba previsto que el vuelo de Avianca despegara de Medellín a las nueve y treinta de la mañana.

El embajador Busby reaccionó deprisa. Desde un primer momento había estado buscando la manera de presionar a Pablo, métodos que hicieran que el capo fugitivo asomara la cabeza, por decirlo de algún modo. Ahora que Los Pepes sembraban el terror en el territorio de Pablo, la familia del fugitivo se encontraba en el lugar más vulnerable y bajo una gran presión. De ninguna manera se le permitiría la tranquilidad de protegerla y arroparla en Estados Unidos. Aquel sábado, por la mañana temprano, en su residencia, Busby se entrevistó con el ministro de Defensa, Pardo, y explicó que no quería que la familia de Pablo dejase el país.

—¿Tienen visados? —preguntó Pardo.

Pues sí, los tenían. Busby explicó que no eran criminales, por lo que no había razones para negárselos. Los dos hombres consideraron las opciones. Si los Escobar habían solicitado visados de turista, quizá éstos pudieran ser revocados con el argumento de que salvar el pellejo no entraba dentro de la definición de *turismo*. Busby estaba a punto de cancelar los visados con aquel argumento, cuando un asistente le sugirió: «¿Por qué no picamos a Pablo?». Así que, en vez de negárselos, la embajada rechazaría las solicitudes alegando que jóvenes de menos de dieciocho años no pueden viajar a Estados Unidos sin ambos progenitores.

El agente Peña se encontraba en el aeropuerto cuando los niños, acompañados de Doria Ochoa, llegaron rodeados de guardaespaldas. Manuela, de sólo nueve años, llevaba consigo un perro pequeño que parecía de peluche. Se les permitió subir al avión antes de que la policía pasara a la acción. Tres de los guardaespaldas fueron arrestados, y los otros cuatro huyeron. La policía hizo bajar a los tres niños y a su escolta del avión, lo cual creó un tumulto en el aeropuerto y provocó la aparición de una jauría de periodistas y cámaras. Doria Ochoa discutió violentamente con el agente Peña, que acabó por quitarles los pasaportes. Juan Pablo, alto y gordinflón, se unió a la algarabía. Entretanto, en medio de todo aquel revuelo, el agente Peña vio fugazmente a Manuela sentada en el suelo del aeropuerto, mimando y arrullando a su perrito, como si no quisiera ver lo que allí ocurría. Peña sintió pena por la niña, que llevaba un pañuelo cubriéndole la cabeza y las orejas, y el agente recordó la bomba de hacía unos años antes, que según se sabía le había dañado el oído. Al fin, Peña les devolvió los pasaportes a Juan Pablo y a Doria Ochoa, y la policía colombiana le explicó a la joven que no se les permitiría coger el vuelo.

La embajada norteamericana publicó anuncios en los que se explicaba que Juan Pablo y Manuela podían obtener sus visados únicamente si ambos progenitores se presentaban personalmente a solicitarlos en la embajada de Estados Unidos.

Por aquel entonces, Pablo ya intuía el interés de Estados Unidos en su persecución. Estaba tan bien relacionado con la policía colombiana que era imposible que no conociera la verdad. Entre las posesiones que el Bloque de Búsqueda encontró en otro operativo fallido durante el mes de marzo, se hallaban fotografías aéreas detalladas que la embajada le había suministrado al Bloque de Búsqueda poco después de que Pablo se fugara. Descubrimientos como aquéllos eran desalentadores para los hombres de la bóveda acorazada de la embajada. ¿Cómo confiar en algún colombiano? Pocos días después de que se encontraran dichas fotografías aéreas, la prensa bogotana publicó un reportaje en el que se afirmaba que Pablo ya había sido encontrado por el Bloque de Búsqueda en enero, pero que los policías habían aceptado seiscientos sesenta y seis mil dólares por dejarlo marchar. La reacción inmediata del fiscal general De Greiff fue acusar al coronel Martínez de corrupción, pero la historia era falsa. En ciertos momentos, parecía que sólo Los Pepes compartían la determinación de los norteamericanos de atrapar a Pablo.

Por su parte, Pablo había intentado todo lo que estaba a su alcance para no despertar la ira de Estados Unidos, y lo que veía le inquietaba sobremanera. El embajador Busby recibió por correo un recorte de periódico en un sobre que por la caligrafía parecía haber sido remitido por el fugitivo en persona. El artículo en cuestión trataba de la decisión de la prohibición de viajar a los hijos de Escobar. Entre las citas de los apologistas de Pablo se había subrayado una frase: «¿… puede considerarse válido cancelar los visados de unos niños porque se está persiguiendo al padre?». El 2 de marzo, Busby recibió una carta manuscrita de Pablo, acompañada de su firma y la impresión digital de su pulgar. Por lo visto, algún fiscal neoyorquino había comentado que en los atentados con explosivos a las torres gemelas del World Trade Center no podía descartarse a ningún enemigo de Estados Unidos. En aquella larga lista constaba, naturalmente, el cártel de Medellín.

Señor embajador:

Después del atentado terrorista ocurrido en Nueva York, ninguno de los cuerpos policiales ha descartado la posibilidad de que el cártel de Medellín fuese uno de los principales sospechosos.

Quiero decirle que yo no he tenido nada que ver con esa bomba, porque en su país su Gobierno no ha estado tomando parte en las explosiones, secuestros, torturas y masacres de mi gente y mis aliados.

Si todo este tipo de acciones no ocurrieron cuando estaba en vigor el tratado de extradición, no hay razones para que esto vaya a ocurrir ahora que no lo está.

Puede ir quitándome de la lista, porque de haberlo hecho, le estaría diciendo por qué y lo que quiero.

Con todo mi respeto,

Pablo Escobar

Pero el baño de sangre no cesaba. El 28 de febrero, el hermano menor de un hombre que había realizado transacciones inmobiliarias con Pablo, fue raptado y asesinado. Al día siguiente, el agente inmobiliario Diego Londoño se entregó a la policía aseverando que Los Pepes habían intentado matarlo a él también. Aquel día el cuñado de Pablo, Hernán Henao, alias *HH,* fue muerto cuando el Bloque de Búsqueda lanzó un asalto contra su apartamento en Medellín. Dos semanas antes, el Bloque de Búsqueda ya había despachado a dos de los principales sicarios de Pablo en «enfrentamientos», y Los Pepes, por su parte, habían sacado de circulación a otro de los socios importantes del capo. Pablo hizo detonar otro coche bomba el 15 de abril, que mató a once personas e hirió a más de doscientas, y en represalia inmediata Los Pepes volaron en pedazos las fincas de dos de los banqueros de Pablo.

Quienes también se habían convertido en objetivos de la policía y de Los Pepes eran sus abogados. El otoño anterior, el Bloque de Búsqueda había atacado una finca propiedad del letrado Santiago Uribe. Los policías se encontraban registrando el lugar cuando Uribe en persona llegó en su coche. Al ver lo que sucedía, dio la vuelta e intentó huir. Fue arrestado, llevado al interior de su propia casa e interrogado. Uribe negó conocer el paradero de su cliente fugitivo. Entre sus muchos archivos, los efectivos del Bloque de Búsqueda encontraron cartas y cintas que pertenecían a Pablo, y que le vinculaban al narcotráfico, al soborno de funcionarios y a varios asesinatos. Entre ellos el más reciente, el de la juez Myrian Vélez, uno de los jueces «sin rostro» de Medellín, que había sido designada —en secreto supuestamente— para investigar la muerte de Guillermo Caño, director del periódico *El Espectador*. La juez Vélez había estado preparándose para imputar a Pablo por «autoría intelectual» del asesinato.

En la carta, Pablo negó toda responsabilidad por la muerte de Vélez, pero señaló: «Creo que nos han hecho un favor porque ella tenía ambiciones de ocupar cargos más importantes en el poder judicial y hubiera sido muy difícil persuadirla de actuar como es debido [o sea, dejarse sobornar]». En fin, todas aquellas pruebas que vinculaban a Pablo a un asesinato y a otros crímenes hubieran acabado desestimadas en un tribunal por haber sido obtenidas ilegalmente. El memorando de la DEA en el que se suscitaba el incidente señalaba: «Al concluir el registro, cuando Uribe ya se marchaba de la finca, el oficial de la PNC a cargo de la operación transmitió un mensaje en el que observaba que ellos [la PNC] continuarían persiguiendo a Escobar y que preferían que no se entregase».

Otro de los abogados de confianza de Escobar, Roberto Uribe, también había comenzado a sentir que le apretaban las clavijas. Desde aquella reunión en la Hacienda Nápoles, Roberto Uribe le había tomado afecto al capo, y se había convencido de que todas las acusaciones que pesaban sobre su jefe carecían de fundamento, o quizá que Pablo se había visto obligado a hacer ciertas cosas para protegerse. Uribe no había visto al capo desde la famosa fuga, pero había hablado con él por teléfono. Pablo le había comunicado que sus únicas opciones eran llegar a un nuevo acuerdo con el Gobierno o convertirse en un fugitivo de por vida. Uribe juzgó que su deber profesional era lograr negociar con el Gobierno para que Escobar se rindiera, pero hasta entonces no había habido progreso alguno en sus tentativas. El abogado estaba convencido de que al Gobierno ya no le interesaba que Escobar se entregara. Todas las negociaciones al respecto se barajaban en la ilegalidad.

Las estimaciones citadas se basan en parte en las propias experiencias de Uribe con el Bloque de Búsqueda. Después de que su despacho fuese registrado, Roberto Uribe accedió a desplazarse en su propio automóvil al cuartel general de la unidad en la Academia de Policía Carlos Holguín para contestar a algunas preguntas.

—¡Usted es un criminal —le dijo Martínez—, un terrorista!

En el relato de los hechos que le hiciera más tarde a un juez, Uribe afirma que los hombres del coronel colocaron una pistola y un cartucho de lo que parecía ser dinamita en su coche y lo arrestaron. Un juez lo liberó y luego lo sobreseyó de los cargos.

Todo aquello no tenía comparación con lo que ocurría ahora que Los Pepes habían entrado en escena. Todo era mucho peor. El 4 de marzo, uno de los abogados del equipo legal de Pablo, Raúl Zapata, apareció asesinado. Sobre su cuerpo habían dejado una nota en la que se amenazaba a los otros cuatro abogados. Dos de aquellos que figuraban en la lista murieron unas semanas más tarde cuando salían de la cárcel de Modesto en Bogotá. Una de las víctimas era el representante legal de Roberto Escobar, hermano de Pablo. Cualquier protesta generalizada por aquellas muertes fue acallada con mucho por otra gigantesca explosión en Bogotá el 15 de abril; de ella se responsabilizó a Pablo. Un coche bomba que contenía más de trescientos kilos de dinamita explotó en una intersección muy concurrida, el resultado: once muertos y más de doscientos heridos. El telediario de la noche abundó en imágenes de vehículos en llamas, víctimas atrapadas entre los escombros chillando para que las socorrieran y cuerpos ensangrentados.

Los Pepes no tardaron en contestar. Volaron por los aires tres fincas cuyos dueños eran miembros de la familia Escobar. Y el 16 de abril, en un taxi aparcado en un descampado cercano a un club de campo, la policía halló el cadáver torturado del abogado más sobresaliente de aquellos que defendieron a Pablo, Guido Parra. Dentro del mismo maletero en el que habían embutido a su padre se encontraba el cadáver de Guido Andrés Parra, de dieciocho años. Parra había sido el artífice de la rendición de Pablo a las autoridades, casi dos años atrás, el mismo que había consultado con las familias de los periodistas secuestrados, con el presidente y que había confesado cuánto temía a su jefe. Parra había sido raptado de su apartamento en Medellín por quince hombres armados hasta los dientes, llegados hasta allí en tres coches. Los cuerpos del padre y del hijo habían aparecido amordazados con cinta plástica y fulminados de varios disparos a la cabeza, junto con una nota que ponía: «Por su profesión, fueron responsables de los secuestros de Pablo Escobar». Llevaba la firma de Los Pepes y contenía una posdata: «¿Qué te parece la respuesta a las bombas en Bogotá, eh, Pablo?». A un kilómetro y medio de allí se descubrió el cadáver del taxista con una nota en la que se le acusaba de trabajar para el cártel de Medellín.

Los tres abogados más conocidos de Pablo, Santiago Uribe, José Lozano y Reynaldo Suárez renunciaron públicamente a su trabajo como representantes de Escobar. Lozano cometió el error de continuar haciéndolo en secreto, por lo que lo acribillaron de veinticinco balazos en el centro de Medellín mientras paseaba con su hermano, que sufrió heridas de gravedad. En julio, otros siete abogados que trabajaban para Pablo o para el cártel, renunciaron a sus puestos (Uribe lo hizo por segunda vez) después de haber sido amenazados con sufrir «verdadero daño o la muerte» a manos de Los Pepes. Nadie dudó de que lo harían. Roberto Uribe, el letrado que el coronel Martínez había intentado arrestar, solicitó la protección del fiscal general De Greiff, se ocultó y pasó parte de aquel tiempo en Estados Unidos y en la costa colombiana del Pacífico tumbado en la playa o mirando la televisión, aislado y sin poder comunicarse con su familia o sus amigos.

Durante los meses de primavera y verano, a medida que la anarquía iba en aumento, nadie en Washington parecía cuestionarla, del mismo modo que no se cuestionaba el compromiso adquirido por los norteamericanos en la campaña para dar caza a Pablo. Los supervisores del Gobierno de Clinton acababan de ocupar sus puestos y apenas tenían conocimiento de la oscura presencia militar norteamericana en Colombia. Siempre moría gente a manos de una facción u otra allí en Suramérica, así que los informes acerca de explosiones y de asesinatos de Colombia no revestían mayor importancia. Además, ningún funcionario ya fuera colombiano o de la embajada de Estados Unidos se quejaba o rendía explicaciones al respecto. A nadie parecía importarle, excepto a Pablo, que el 29 de abril escribió una carta a De Greiff:

Los Pepes tienen su cuartel general y sus mazmorras en la casa de Fidel Castaño en la avenida de El Poblado [Medellín] cerca del club de campo [...]. Allí se tortura a sindicalistas y a abogados. Nadie ha registrado su casa o incautado sus bienes [...]. El Gobierno ofrece recompensas por los cabecillas del cártel de Medellín y por los líderes de la guerrilla, pero no ofrece recompensas por los jefes paramilitares o por los jefes del cártel de Cali, responsables directos de algunas de las bombas que han explotado en la ciudad de Medellín.

Las fuerzas de seguridad no han logrado descubrir nada en el caso de las bombas de El Poblado, nada en la investigación de los sindicalistas asesinados y nada en lo que respecta a las masacres en las que han muerto miles de antioqueños. Sigo dispuesto a entregarme si me dan garantías públicas y por escrito [...].

Atentamente,

Pablo Escobar

En la embajada de Estados Unidos, a los analistas de Centra Spike el claro patrón de las acciones perpetradas por Los Pepes no les pasaba inadvertido. El escuadrón de la muerte estaba machacando toda la infraestructura administrativa y secreta del cártel, eliminando a aquellos encargados del lavado de dinero, a los banqueros, letrados y a los familiares no directos de Pablo, como si Los Pepes tuviesen en su poder los mismísimos organigramas que Centra Spike y la CIA habían preparado laboriosamente durante los seis meses anteriores. Y lo que es más, los ataques a menudo correspondían con la identificación reciente de blancos que Centra Spike había entregado al Bloque de Búsqueda a través de Wagner, el jefe de la delegación de la CIA en Colombia. Lo curioso no era a quién mataban Los Pepes, sino precisamente a quién no mataban. Evidentemente había personajes clave en el círculo íntimo de Pablo a quienes los norteamericanos vigilaban constantemente, a menudo por medio de cámaras de vídeo y escuchas altamente sofisticadas. Aquellos personajes no sólo eran claves para recabar información, sino que cualquiera que los visitara, los amenazara o decidiera matarlos aparecería de forma indefectible en el intenso escrutinio norteamericano. Precisamente aquéllas eran las personas a quienes Los Pepes dejaban en paz.

Suministrar información clave para un asesinato, como por ejemplo desvelar el domicilio de un objetivo que acto seguido moría asesinado, era una clara violación del decreto del Poder Ejecutivo, o Directriz 12.333. No todos los norteamericanos en Bogotá estaban dispuestos a jugarse la carrera y correr el riesgo de acabar en prisión, en virtud de una interpretación de 1989 de la Consejería Legal del Departamento de Defensa. Así que se anduvieron con cuidado. El mayor Steve Jacoby le entregó la información recabada por Centra Spike a Wagner. Y lo que sucediera de allí en adelante, ya no se consideraba, al menos oficialmente, responsabilidad del hombre de Centra Spike sino de la CIA. En nombre de ésta, Wagner enviaba a su vez al Gobierno de Colombia aquella información que él estimaba relevante, aunque existía otro canal extraoficial. Los informes diarios iban a parar a un libro rojo en la embajada que toda visita oficial podía consultar. Los policías colombianos eran visitantes asiduos, y todo el mundo estaba satisfecho con los resultados de Los Pepes. Un memorando de la DEA a Washington resume la actitud oficial de la embajada:

Los ataques perpetrados por Los Pepes demuestran su intención de tomar represalias contra Escobar toda y cada vez que éste lleve a cabo un atentado terrorista en contra del GDC o de los ciudadanos de Colombia. Aunque ni la PNC ni la BCO [Bogotá Country Office/embajada de Estados Unidos] aprueben las citadas acciones, quizá éstas persuadan a Escobar por miedo a perder a miembros de su propia familia. Además, el citado tipo de acciones hará profunda mella en las propiedades de Escobar y en sus secuaces.

El hecho es que nadie en Washington prestaba demasiada atención a los sucesos de Colombia. Con cada cambio en el Gobierno se abría una ventana por la que la hermandad de las «operaciones encubiertas» podía acceder a Colombia. Al presidente Clinton le llevó semanas cubrir los cientos de puestos de su equipo de Gobierno, y a estos nuevos funcionarios les llevó meses tomar las riendas de sus cargos. Los militares de carrera y los burócratas vislumbraron la interrupción en la supervisión de sus propias actividades y, como era costumbre, se aprovecharon de ello; no debió ser una coincidencia, pues, que Los Pepes salieran al candelero a los pocos días de que Clinton ocupara la Casa Blanca.

Posteriormente a que los cuerpos de Parra y de su hijo fueran encontrados, el presidente Gaviria se vio obligado a denunciar públicamente al grupo paramilitar, y ofreció un millón cuatrocientos mil dólares de recompensa por cualquier información que condujera al arresto de Los Pepes. La declaración del presidente fue seguida de un comunicado de Los Pepes, anunciando que el grupo se disolvería después de haber «contribuido» en la lucha contra Escobar.

Durante el otoño anterior, Rodolfo Ospina —el informante SZE-92-0053 de la DEA— había nombrado a seis miembros de la organización de Pablo para que fueran eliminados de una forma u otra. Llegado el verano, tres de ellos se habían entregado: Roberto Escobar, José Posada (cuyo reemplazo, Carlos Ossa había muerto asesinado) y Carlos Alzate. Mario Castaño había muerto. De los cinco abogados que Ospina había nombrado, todos habían muerto o renunciado públicamente. Y, pese a que Los Pepes anunciaran su disolución, otros veinte miembros de la organización de Pablo fueron asesinados en los tres meses siguientes, incluido su cuñado Carlos Henao y su primo Gonzalo Marín. Un sobrino de Pablo fue secuestrado y nunca más se volvió a saber de él.

A fines de junio, muchos de los parientes de Pablo habían huido del país o lo estaban intentando. Estados Unidos hizo todo lo posible para negarles la entrada a cualquier país en el que pudieran refugiarse. A comienzos de julio, el presidente de la vecina Perú anunció que su país no permitiría la entrada a los parientes de Escobar, ni siquiera como turistas. Entretanto, el otro hermano de Pablo, Argemiro, y su hijo, como así también su hermana Luz María, su esposo y sus tres hijos, fueron descubiertos en Costa Rica, de donde fueron deportados oficialmente para acabar una vez más en Medellín. Cuando los pasos de Nicholás Escobar —el hijo de Roberto— y la familia de aquél fueron rastreados en Chile, la embajada de Estados Unidos hizo demostración de su fuerza y, en contra de los intereses del Gobierno chileno, prevaleció el poder norteamericano hasta conseguir echarles. La familia de Nicholás Escobar apeló a las cortes chilenas, pero sólo se le concedieron algunas semanas. Las tentativas para expulsar al hijo de Roberto (el hermano de Pablo que aún estaba entre rejas) cubrieron las páginas de la prensa colombiana; la embajada norteamericana fue de pronto duramente criticada por «acosar» a ciudadanos colombianos. Tras el intento fallido de apelar a las cortes de Chile, Nicholás y su familia volaron a Fráncfort, donde, para la consternación de los funcionarios norteamericanos, el Gobierno alemán rehusó cooperar con el seguimiento y la vigilancia electrónicos. Otros familiares también lograron escapar del cerco. A mediados de junio la esposa de Pablo, María Victoria, presentó una demanda exigiendo que el Gobierno colombiano permitiera que sus hijos dejaran el país. La petición fue denegada.

Pablo por su parte se ofreció a entregarse una vez más, justo antes de que el Bloque de Búsqueda matara a Mario Castaño, alias *el Chopo,* el hombre que había reemplazado a Tyson Muñoz como jefe de todos los sicarios del cártel. La nueva oferta de rendición fue dada al obispo católico de la ciudad de Bucaramanga. Las diferencias en esta oportunidad eran las siguientes: que su familia recibiera protección por parte del Gobierno, que se le diera a él una celda privada con cocina (para cocinar su propia comida y evitar así ser envenenado) y el permiso para habla con su familia tres veces por semana. El presidente Gaviria reiteró la negativa del Gobierno a aceptar la rendición de Pablo sin importar en qué condiciones. Sin embargo, el fiscal general De Greiff expresó su discrepancia:

—No veo ninguna dificultad en cumplir con esas condiciones, no las juzgo como privilegios, sino como una solución.

De Greiff se enfrentaba cada vez al presidente. El fiscal, asiduo fumador de pipa, creía que por su propia cuenta podría orquestar una solución a la plaga del narcotráfico. Los Pepes, que él había creado por medio de las amnistías prometidas, eran el palo, y su habilidad para suministrar protección y perdones legales, la zanahoria. A medida que la búsqueda de Pablo se iba transformando en una misión para matarlo, De Greiff utilizó su influencia con el fin de presionar en la captura de Pablo o en su rendición, pero intentando evitar que lo mataran. De Greiff se convirtió en el «poli bueno», como contrapunto del coronel Martínez, que encarnaba al «poli malo». La fiscalía asumió la responsabilidad de proteger a la familia inmediata del capo, y de poner a su disposición los guardaespaldas (pagados y alimentados por la familia Escobar) que protegerían el edificio de apartamentos en el que vivirían en Medellín. Y como si eso fuera poco, De Greiff inició, al menos públicamente, una investigación para dar con los culpables de las acciones de Los Pepes.

A principios de agosto, los supervisores civiles del nuevo Gobierno de Clinton ya habían notado cómo el trabajo sucio de Los Pepes encajaba con la misión militar norteamericana, y los representantes del Departamento de Justicia y del Pentágono comenzaron a viajar a Bogotá en busca de respuestas. En el mes de agosto, Brian Sheridan, adjunto al ministro de Defensa, visitó Bogotá. Sheridan, que supervisaba el desarrollo y la financiación de la guerra contra el narcotráfico librada por su Gobierno, interpeló al embajador Busby directamente sobre el escuadrón de la muerte. El embajador le informó que no había motivos para preocuparse ni tampoco ninguna evidencia que vinculara a Los Pepes con la Fuerza Delta, Centra Spike, el Bloque de Búsqueda o el Gobierno de Colombia.

Pero lo cierto es que había numerosos motivos por los que preocuparse. La DEA había informado desde la primera aparición de Los Pepes que «[las pruebas] sugerían que la policía cooperaba con Los Pepes en algún grado, incluso compartiendo información», según el texto de un memorando firmado por el agente Murphy. Funcionarios de alto nivel de la DEA sabían que su informante, Rodolfo Ospina, había contribuido a la formación de Los Pepes, y sabían además que Los Pepes tenían alguna conexión con el Bloque de Búsqueda, porque Ospina lo había dicho. La versión del informante Ospina sobre cómo y quién dio vida a Los Pepes se esbozó con gran número de detalles en un memorando secreto enviado a Joe Toft; memorando escrito por Gregory Passic, jefe de investigaciones financieras de la DEA, más de un mes antes de la interpelación de Sheridan. Habiendo identificado a Ospina por su clave de informante de la DEA, SZE-92-0053, Passic relacionó la versión de aquél con un encuentro entre dos oficiales del Bloque de Búsqueda (los mayores González y Rieno)* en los meses posteriores a la fuga de Pablo. «SZE hizo las presentaciones entre miembros de las familias narco-

---

* Uno de los dos oficiales de Martínez que muriera ahogado. *(N. del T.)*

traficantes Galeano y Moncada y la PNC de Medellín, para que asistieran voluntariamente a localizar a Escobar —escribió Passic—. SZE observa que algunos de los supervivientes de las familias Galeano y Moncada se habían metamorfoseado en Los Pepes. Dado que el informante había presentado a algunas de esas personas a la PNC el año pasado [antes de que Los Pepes se dieran a conocer públicamente] esa conexión existe. SZE señala que Los Pepes están formados por Fidel Castaño, Carlos Castaño, Mireya Galeano, Raphael Galeano, Freddy Paredes y Eugenio Ramírez, todos ellos financiados por el cártel de Cali. SZE desconoce el grado de implicación de la PNC en las actividades de Los Pepes, pero afirma que existe, definitivamente, una alianza entre el cártel de Cali, la PNC y Los Pepes para intercambiar información sobre Escobar y sus secuaces.»

El embajador Busby no estaba al tanto de todo esto, pero había visto lo suficiente como para expresar sus inquietudes en un cable secreto que llevaba por título «Desenredando la maraña de Los Pepes», fechado el 1 de agosto, días antes del encuentro con Brian Sheridan. A lo largo de todo el texto, el embajador se refiere a sí mismo en tercera persona:

El GDC [Gobierno de Colombia] ha estado preocupado durante mucho tiempo por la supuesta cooperación de la policía con Los Pepes. Asimismo el fiscal Gustavo de Greiff ha informado al embajador Busby que tiene en su poder nuevas pruebas «de buena fuente» que vincularían a miembros clave de la fuerza operativa de Medellín/Bloque de Búsqueda, encargada de la captura de Pablo Escobar, con actividades criminales y violaciones de derechos humanos perpetrados por Los Pepes desde comienzos de febrero. Nuestras propias fuentes han insinuado que la policía ha colaborado con el grupo paramilitar en ciertas áreas, incluyendo compartir información.

El cable fue enviado al Departamento de Estado, en vez de al Pentágono, con instrucciones para no compartirlo con otros servicios. Por eso mismo, Sheridan no lo vería hasta meses después. En este cable, el embajador Busby reflexionaba acerca de los vínculos circunstanciales entre el Bloque de Búsqueda y Los Pepes. El embajador señalaba que se había entrevistado con el presidente Gaviria el 13 de abril para expresar sus «más serias reservas respecto del grupo paramilitar». El embajador solicitó que todo contacto de la policía con Fidel Castaño cesara, y Gaviria le aseguró que así se haría. El cable señalaba a continuación que cuando el presidente Gaviria decidió tomar medidas contra Los Pepes, mandó llamar a un alto mando de la policía y le ordenó que «lo hiciera saber». Busby señaló:

> La actitud de Gaviria ante la necesidad de transmitir un mensaje a Los Pepes a través de un importante mando de la policía, indica que el presidente creía que la oficialidad de la policía era un canal de comunicación con Los Pepes.

El mensaje llegó a su destino. Al día siguiente de que Gaviria lo enviara, Los Pepes anunciaron que el grupo se disolvería. Sin embargo, el escuadrón de la muerte prosiguió con sus salvajes tareas, y la evidencia de un vínculo directo entre Los Pepes, el coronel Martínez y el Bloque de Búsqueda no dejaba de aumentar. Busby escribía:

> El 29 de julio el fiscal general De Greiff comunicó al embajador que la fiscalía poseía la suficiente información para expedir órdenes de captura contra el comandante de la fuerza operativa de Medellín, el coronel Hugo Martínez, contra un mayor y contra cuatro o cinco oficiales de menor rango. Los cargos incluían corrupción, narcotráfico y una serie de violaciones de

los derechos humanos, tortura y muy posiblemente asesinato. Según De Greiff, había testigos «muy buenos» [...]. De Greiff afirma que mientras que algunos miembros del Gobierno sospechaban que Los Pepes pudieron haberse formado con el apoyo tácito de la policía de Medellín, y que el Bloque de Búsqueda estaba cooperando con Los Pepes al compartir información, «éstos llegaron demasiado lejos». Recordó que después de los primeros ataques inofensivos a fincas y a apartamentos en el mes de marzo, Los Pepes comenzaron a perseguir y asesinar a figuras clave del cártel de Escobar. A esas alturas, siempre según De Greiff, ciertos oficiales de la policía estaban demasiado involucrados con Los Pepes como para retirarse. Los testimonios de los testigos indican que no sólo ciertos miembros del Bloque de Búsqueda y Los Pepes llevaban a cabo operaciones conjuntas (algunas de las cuales derivaban en secuestros y probablemente en asesinatos), sino que eran los líderes de Los Pepes, más que la policía, quienes tenían la última palabra.

Gaviria había intervenido para evitar el arresto de Martínez y sus hombres por miedo a que «la policía no obedeciera» la orden, explicaba el cable. Al presidente le preocupaba que un escándalo público que involucrara al coronel y al Bloque de Búsqueda acabara definitivamente con la búsqueda de Pablo, concediéndole otra victoria más al capo. «Sería terrible que después de todas las muertes y la agitación que se desencadenó en el país, Escobar saliera victorioso», enfatizaba Gaviria en el cable. No obstante, el presidente había prometido que tarde o temprano se procesaría a Martínez y a los demás inculpados, «aunque se hayan convertido en héroes nacionales».

El embajador Busby escribió que personalmente había alentado a De Greiff a tomar acciones inmediatas contra Martínez: «si la evidencia era cierta [...] la investigación seguiría su curso y el GDC mantendría la unidad del Bloque de Búsqueda». Si «los oficiales deshonrados» conservaran sus puestos, «no tendríamos otra opción que restarle nuestro apoyo a la fuerza operativa». El cable concluía de la siguiente manera:

> Las sutiles amenazas de restar nuestro apoyo si no se tomaban medidas inmediatas parecen haber sido escuchadas [...]. Los sicarios de Escobar tienen muchas razones para odiar a Martínez y al Bloque de Búsqueda, y no dudarían en mentir si consideraran que así pudieran vengarse. Sabemos que Escobar ha intentado demostrar los vínculos entre el Bloque de Búsqueda y Los Pepes en el pasado, y esto podría ser parte de una nueva campaña. Por otra parte, es difícil creer que los policías que han intentado durante años pescar a Escobar sin lograrlo y que han presenciado el derramamiento de sangre de cerca, no se hayan visto tentados a adoptar «la postura más fácil». Como lo hicieran Los Pepes, con el apoyo del cártel de Cali. Los puntos clave son: distanciarnos de los policías acusados —haciendo que los transfieran— hasta que el asunto se aclare, y continuar con la investigación.

El embajador no lo sabía, pero el Gobierno colombiano recibía consejos muy distintos de la DEA. Un día después de que Busby escribiera su cable, Toft, jefe de la delegación de la DEA en Colombia, y el agente Bill Ledwith se reunieron con De Greiff. Según un cable de la DEA que informó sobre aquel encuentro, ambos norteamericanos insistieron en que el coronel Martínez no debía ser relevado:

> Es obvio que las implicaciones que penden sobre el Bloque de Búsqueda y el descrédito que sufriría el GDC de salir a la luz tal información acabarían con el Gobierno de Gaviria. Ade-

más, esa información podría ciertamente volver a elevar a Escobar al estatus de héroe nacional [...]. Cabe citar que la BCO [Bogotá Country Office/embajada de Estados Unidos] ha mantenido una larga y fructífera relación profesional con el coronel Martínez.

Los agentes de la DEA insistieron en el continuado servicio de Martínez en la campaña para capturar a Pablo, cómo había encabezado la primera guerra y cómo había sido llamado desde España para retomar el mando de las operaciones contra Escobar. Informaron a De Greiff de las penalidades que Martínez había sufrido, los atentados contra su persona y su familia, pero por encima de todo enfatizaron que Martínez obtenía resultados.

Es de sumo interés el hecho de que el coronel Martínez ha diezmado y prácticamente puesto de rodillas al cártel de Medellín. Hasta el día de hoy la BCO [Bogotá Country Office/embajada de Estados Unidos] continúa apoyando la gestión del coronel Martínez y de sus subordinados.

Y al parecer fue aquella la opinión que prevaleció. Martínez no fue transferido, ni él ni sus hombres fueron imputados por la vinculación del Bloque de Búsqueda con Los Pepes ni lo serían nunca. Sin tener en cuenta la inquietud expresada en el memorando del embajador Busby, la unidad de Martínez prosiguió, como si tal cosa, contando con el apoyo absoluto de Estados Unidos. El jefe de la DEA en Colombia, Toft, nunca informó al embajador Busby de su reunión con el fiscal general.

En el verano de 1993, a pesar de haber hecho pública su disolución, Los Pepes continuaron con sus sangrientos cometidos, a veces hasta grados perversos. El 14 de julio, un

semental premiado propiedad de Roberto Escobar fue robado, y su jockey y su entrenador muertos a tiros. El semental
de nombre *Terremoto,* un caballo que valía millones de dólares, fue encontrado tres semanas más tarde amarrado a un
árbol al sur de Medellín, en perfecto estado de salud, pero
castrado.

LA MUERTE

Octubre de 1993-2 de diciembre de 1993

I

El coronel Martínez no protestó cuando se enteró de que sus superiores tramaban reemplazarlo y que habían llegado incluso a elegir sucesor. Martínez, incluso, se ofreció a quitarse de en medio, pues al celebrarse el primer aniversario de la fuga de Escobar, las razones para abandonar parecían superar las razones para aguantar. El coronel José Pérez, su supuesto reemplazo, era un oficial respetado que había estado al mando de un programa de erradicación de plantaciones de amapola; lo que evidenciaba los buenos términos en los que se hallaba con la embajada de Estados Unidos. Martínez pensó que quizá por una vez le harían caso, que aceptarían su renuncia y que podría seguir con su vida. El coronel pidió ser transferido a Bogotá, aduciendo estrés producto de las largas separaciones de su familia, establecida de vuelta en la capital para mayor seguridad.

Pero el estrés no era únicamente una excusa. La cacería había causado estragos en las familias, y quizá la que más lo sufriera fuera la del coronel. Sus hijos habían sido forzados a abandonar la escuela durante largos períodos para ocultarse, y el coronel apenas veía a su esposa, que, comprensiblemente, lo culpaba de los problemas matrimoniales y los que surgían con sus hijos. A pesar de cuánto deseaba acabar la tarea que se le había encomendado, y de cuánto había de fracaso en la renuncia al puesto, el coronel lo habría hecho con gusto.

Pero una vez más su petición fue rechazada. Pérez nunca llegó, y la guerra siguió su curso. El coronel y sus hombres se habían trabado en una batalla a muerte con Pablo y sus sicarios. Cierto día se festejaba la confirmación de la muerte de un hombre de Escobar ante un prisionero. Éste, uno de los recientemente capturados sicarios del capo, mostró una gran tristeza. Martínez, que siempre se comportó como un hombre educado, se disculpó por la euforia, a lo que el prisionero respondió:

—No hace falta. Así reaccionamos nosotros cuando muere uno de los suyos.

El número de víctimas era escalofriante, pero la policía se podía permitir perder más hombres que Pablo. Llegado el verano de 1993, el otrora poderoso cártel de Medellín se encontraba arruinado. Las fincas de Pablo se hallaban vacías, saqueadas y quemadas. Su más preciada propiedad, la palaciega Hacienda Nápoles, había sido convertida en un cuartel general de la policía. Muchos de sus antiguos aliados, a cambio de que el Gobierno hiciera la vista gorda de su propio tráfico, lo habían abandonado y se habían ofrecido a desvelar información sobre su paradero. Pero el hombre en cuestión seguía prófugo, huyendo de escondite en escondite e intentando mantener unido un imperio que se desmoronaba.

Siempre hubo quienes se negaron a creer que, con todos los recursos y apoyos a su disposición, Martínez no hubiera encontrado a Escobar si de veras lo hubiera deseado. En un artículo de la revista *Semana* donde se hacía un sondeo entre los funcionarios del Gobierno para saber cuál era el motivo del fracaso del coronel, «la corrupción» fue la respuesta más repetida. La segunda razón era «la ineficiencia». Algunos de los oficiales de Martínez no dudaron en quejarse de que la frustrante e interminable búsqueda estaba arruinando sus carreras.

Los norteamericanos proveían dinero, asesoramiento e información, y su apoyo era lo que mantenía a Martínez al mando, pero así y todo, Martínez se sabía un sospechoso potencial ante los norteamericanos. A finales del verano de 1993, el «coronel» Santos, el oficial al mando de la Fuerza Delta en la Academia de Policía Carlos Holguín, y el agente Peña de la DEA, llevaron al coronel la grabación hecha por Centra Spike de una conversación por radio entre Pablo y su hijo. Martínez se entusiasmó, era la primera vez que oía la voz de Pablo en algo más de un año. Martínez quería que sus hombres la estudiaran y analizaran. Los gringos le permitieron oírla pero se negaron a dejarle una copia.

Martínez se enfadó profundamente. Peña y Santos se disculparon profusamente, pero estaban cumpliendo órdenes.

—Mire, coronel —le dijo Peña—, a mí esto me molesta tanto como a usted. Si de verdad le apetece echarnos de aquí, joder, échenos. Nos iremos ahora mismo.

Pero en secreto Peña le permitió al coronel hacer una copia de la cinta. Sin embargo, Martínez siguió enconado por el desaire oficial. Desde hacía ya mucho tiempo había aceptado la tecnología e incluso había permitido que en su unidad el papel secreto de los gringos se acrecentara. El 14 de julio, en la Academia de Policía Carlos Holguín, Martínez había conocido al coronel John Alexander del Comando Conjunto de las Fuerzas Especiales, con base en Fort Bragg, y había autorizado a Centra Spike montar un puesto de vigilancia electrónica en la zona residencial de Medellín para complementar las escuchas de las avionetas Beechcraft. Martínez demostró un alto grado de cooperación cuando Alexander le sugirió que la Fuerza Delta tuviera un papel más activo en la «búsqueda de objetivos y los consiguientes planes operativos». Incluso el embajador en persona se había citado con Martínez en su cuartel general el 22 de julio —el primer aniversario de la fuga de Pablo— para pasar revista a las instalaciones y recalcar el compromiso que Estados Unidos había asumido, sin olvidar que a los norteamericanos les urgía que la captura se concretase.

Martínez estaba dispuesto a todo. Si sus superiores no le permitían renunciar, la única salida consistía en encontrar a Pablo y acabar con el asunto de una vez por todas. Cuando se enteró de que una unidad especial de la policía había tenido éxito en las pruebas de un nuevo detector portátil para el rastreo de llamadas, también lo mandó pedir. Pero había un inconveniente: en la unidad de vigilancia electrónica servía su hijo Hugo.

—Envía la unidad, pero no quiero que vengas tú —le dijo el coronel a su hijo.

Martínez estaba al tanto del trabajo de su hijo desde hacía tiempo y, sin darlo a conocer, había intervenido personalmente para evitar que la unidad de vigilancia electrónica fuera destinada a Medellín. La tarea era demasiado peligrosa. Tanto ir y venir del vigilado cuartel general podría dar al traste con la tapadera, por lo que la unidad debería vivir y trabajar de paisano en la ciudad. Dado el precio que Pablo había puesto a la cabeza de cada policía de Medellín, y la recompensa aún mayor por liquidar a un miembro del Bloque de Búsqueda, Martínez temía poner a su hijo en tal peligro.

—Es mi unidad, papá.

—Envía a otra persona.

—No, estoy dispuesto a ir. Nos dará la oportunidad a mi equipo y a mí de ponernos a prueba.

—La verdad es que no quiero que vengas. Eres un blanco ideal para él.

—No, papá, de verdad quiero involucrarme. Quiero ir, de veras.

Hugo explicó que él, su madre y sus otros dos hermanos habían estado viviendo bajo el terror de Escobar durante años. Un ejemplo de ello fue la ocasión en que, sabiendo que su conversación estaba siendo grabada y que tarde o temprano llegaría a oídos del coronel, Pablo había dicho: «Coronel, lo voy a matar. Voy a matar a toda su familia hasta la tercera generación, y después voy a desenterrar a sus abuelos, les meteré unos cuantos tiros y los volveré a enterrar».

«He estado involucrado desde siempre», suplicó Hugo y agregó que de aquella manera al menos tendría la oportunidad de defenderse. De todos modos, tendrían que resolverlo por el bien de la familia. «Así no tendremos esto siempre sobre nuestras vidas. Podemos hacerlo juntos.» Hugo le aseguró a su padre que él era un componente fundamental de la unidad de vigilancia: «Sin mí, no será tan eficaz».

El aspecto del joven Hugo no correspondía al de su padre. El coronel era alto rubio y delgado, frente a su hijo, un muchacho bajo, robusto y de tez morena. Compartía el agudo intelecto del coronel, pero también era un visionario, un líder carismático: el tipo de hombre que podría convencer a otros para que lo siguieran aunque únicamente él supiera el destino. Y sin duda el coronel tenía también algo de aquel carisma. Había logrado mantener unido al Bloque de Búsqueda durante años de grandes dificultades, y motivar a sus hombres en pos de una tarea a todas luces irrealizable. El coronel era distante y mandaba a sus colaboradores por medio de una férrea disciplina y el ejemplo. Hugo, sin embargo, por el entusiasmo. Y cuando abundaba en temas técnicos, que a menudo únicamente él comprendía, Hugo se ruborizaba de placer. Cogía papel y lápiz, se ponía a garabatear diagramas de sus ideas, se levantaba, gesticulaba, explicaba, exhortaba... Se podría decir que su fe en la tecnología era casi religiosa.

En el período de la primera guerra que librara su padre contra Pablo, Hugo estudiaba en la academia de la PNC en Bogotá. Acaso por vivir acuartelado con los demás cadetes, Hugo no percibió los cambios que las constantes amenazas del capo habían producido en su madre y sus hermanos. Le preocupaban su familia y el dilema en el que se encontraban le carcomía. Tras la graduación, el alférez Hugo Martínez fue enviado a la DIJIN, la Dirección Central de Policía Judicial e Investigación, que, principalmente, cumplía la función de rama investigadora del poder judicial colombiano.

Se le destinó a una unidad de vigilancia electrónica que había recibido un nuevo equipo de rastreo e interceptación de señales de manos de la CIA. La máquina, que parecía salida del decorado de una película de ciencia ficción de los años cincuenta, consistía en un cubo de metal de color gris, con unos treinta centímetros de lado, del que salían los cables que le suministraban electricidad y datos. Cubierto de antenas en la parte superior, en cada esquina y seis en el centro, el detector constaba además de una pantalla no mayor que la palma de una mano. En ella el operador percibía una oscilante línea verde, que indicaba no sólo la potencia, sino la dirección de donde provenía la señal. El aparato completo cabía dentro de una maleta mediana y debía ser utilizado conjuntamente con equipos más abultados —de fabricación francesa y alemana— que se alojaban en tres furgonetas de color gris. Dichos vehículos aparcaban en las colinas de las afueras de Bogotá y extendían sus propias antenas. No obstante, para el lego parecían vehículos de reparaciones de la compañía eléctrica. Las furgonetas localizaban el origen de la señal por triangulación y obtenían una primera posición circunscrita a una determinada zona de la ciudad. Entonces Hugo, acompañado de otro oficial, recorría las calles montado en un vehículo particular con sus cascos conectados a «la caja», que captaba la señal y la potencia de la misma, y las indicaba por medio de fluctuaciones en un pitido destinado a servir de localizador. Teóricamente, Hugo y su unidad tenían la capacidad de fijar con extrema exactitud el origen de una señal y saber de qué edificio y hasta de qué planta y apartamento provenía.

El cacharro jamás funcionó. Sí que lo hacía medianamente bien en terrenos planos y despejados, pero en medio de la ciudad, donde más falta hacía, el fárrago de cables, muros, y las muchas señales e interferencias lo inutilizaban. La unidad probó otros sistemas, entre ellos uno francés que pronto fue bautizado como «el gallo». Este artefacto —que no podía emplearse desde un vehículo— debía ser transportado en un caja que el infortunado operador colgaba de sus hombros por medio de un correaje. Y no sólo eso, sino que del artilugio salía un cable acabado en una antena manual, que más que una antena recordaba a una pistola de rayos intergaláctica. El operador debía mantener en alto su arma intergaláctica, lo que en una calle céntrica llamaba soberanamente la atención. La utilización de «el gallo» en una verdadera misión secreta en un barrio hostil, equivalía a llevar una diana de neón colgada en la espalda. Por todo esto, finalmente Hugo se decidió por el aparato de la CIA.

El progreso logrado en el rastreo de señales se demoró debido a que la renombrada unidad policial de interceptación y escucha estaba muy requerida. Cuando el presidente Gaviria supo que la PNC podía aparcar una furgoneta junto a un edificio y averiguar lo que se decía allí dentro, la unidad de Hugo fue asignada para espiar las conversaciones de los líderes guerrilleros llegados a la ciudad a otra de las interminables rondas de negociaciones para acabar con la violencia. La unidad espía pudo suministrar a los negociadores del Gobierno información «de dentro» acerca de las estrategias de la guerrilla, y alertar a los políticos de las nuevas propuestas antes de que éstas fueran hechas públicas. Como es lógico, aquella capacidad técnica poco tenía que ver con la localización de señales. Pero Hugo comprendió que, por más que él lo intentase, sus superiores mostraban poco interés en los aspectos específicos de su trabajo. Ellos únicamente reparaban en que aquella unidad de la PNC podía detectar más frecuencias que ninguna otra unidad de escuchas clandestinas en Colombia, que tenían movilidad y que eran fiables, y para los políticos aquello era suficiente. Así pues la unidad del alférez Hugo Martínez se forjó una reputación prodigiosa que superaba con mucho sus verdaderas capacidades de rastreo. Con el correr del tiempo, Hugo y sus hombres lograron tal destreza en el análisis de las conversaciones interceptadas, que llegaban a dirigir los equipos de asalto hasta el sitio indicado sin llegar a utilizar sus detectores.

La verdad era que no estaban utilizando ni tan siquiera mejorando su capacidad de rastreo de señales. La tecnología de la que disponían para tal fin aún les resultaba inservible, pero sus aciertos en materia de escuchas clandestinas disimularon esa impericia, y cada pequeño éxito les suponía una misión más importante. En 1991 y 1992, la unidad fue llamada para operar contra las guerrillas de la zona sur del país. Pero fue poco después de aquella misión cuando el superior de Hugo pudo regresar a Bogotá y reanudar las pruebas de los equipos de rastreo.

Así lo hicieron durante ocho meses y fueron mejorando. Combinaron los equipos electrónicos norteamericanos, franceses y alemanes, y desarrollaron técnicas basadas en ensayo y error. Hugo había sucumbido al embrujo de las extrañas cajas. Cuanto más trabajaba con aquellos equipos, más perspicaz se tornaba al discernir las sutiles variaciones en las imágenes del monitor y el pitido que surgía de los cascos. No era distinto de aprender un nuevo idioma o de aprender a moverse en un terreno por medio de un curioso sexto sentido. Hugo sentía que la caja le estaba diciendo lo que él necesitaba saber, pero aún no lograba comprender su idioma.

Durante los primeros meses posteriores a la fuga de Pablo, el coronel Martínez había prohibido el uso de teléfonos móviles en todo Medellín, y había clausurado las estaciones repetidoras de señal, lo cual obligaba a la población a utilizar las líneas de teléfonos corrientes además de reducir la comunicación por radio a una de «aparato a aparato» (es decir, los operadores de radio no podían servirse de las estaciones repetidoras y amplificadoras de señal, por tanto tampoco podían transmitir a una distancia mayor). Así pues la única manera posible de comunicarse por medio de dos radios era que entre el transmisor y el receptor hubiese una línea recta y despejada. Naturalmente, se buscaba aislar a Pablo. Y aunque él era lo suficientemente listo como para no usar las líneas de teléfono corrientes, si intentaba comunicarse a través de las ondas —sin interferencias de ningún tipo—, sería mucho más fácil encontrarle. Pablo superó el escollo con mensajeros. Luego, en la primavera de 1993, reanudó sus comunicaciones habituales por radio, cuando la preocupación creciente que le causaban Los Pepes le forzaron a tramar maneras de sacar a su familia del país. Pablo encontró sitios desde los que podía divisar la cima de Altos del Campestre —el edificio de apartamentos donde rodeada de escoltas vivía su familia— para hablar más que nada con su hijo Juan Pablo.

Aquél era el punto débil que el coronel esperaba explotar con su flamante y muy requerida unidad de vigilancia electrónica. Ésta llegó a Medellín con Hugo incluido, que había logrado vencer a su padre en su personal guerra de desgaste. Los policías les encontraron apartamentos y la CIA les proveyó de seis aparatos detectores, cada uno acompañado de su furgoneta Mercedes Benz. Se dispusieron tres unidades operativas, lo que renovó las esperanzas del Bloque de Búsqueda. Desde noviembre del año anterior una unidad de rastreo de la CIA había estado realizando la misma tarea, con resultados pésimos, pero la falsa reputación que se había forjado la unidad de Hugo la precedía, y llegó justo a tiempo para aprovecharse de un dato desconocido hasta entonces.

El fiscal de Medellín Fernando Correa, que disfrutaba reuniéndose frecuentemente con la familia de Escobar, había notado ciertas cosas. La familia se hallaba casi encarcelada en Altos del Campestre, y vivía aterrorizada por la amenaza de Los Pepes. Los familiares de Pablo empleaban sus energías en buscar una salida, pero se encontraban descorazonados. En aquella época, más o menos, María Victoria le escribió una carta a su marido:

> Te echo tanto de menos que me siento débil. A veces siento que una soledad inmensa me inunda el corazón. ¿Por qué la vida nos separa de esta manera? Me duele el corazón. ¿Cómo te encuentras tú? ¿Cómo te sientes? No quiero tener que dejarte, mi amor. Te necesito tanto, me gustaría llorar contigo... No deseo presionarte, ni quiero que cometas errores, pero si irnos se hace imposible, me sentiría más segura a tu lado. Podemos encerrarnos y protegernos, cancelar todo tipo de correspondencia, lo que sea. Las cosas se están poniendo demasiado tensas.

El regordete Juan Pablo, una bestia imperiosa de dieciséis años, que medía un metro ochenta y pesaba casi cien kilos, cumplía su papel de hombre de la casa, al menos en presencia del fiscal Correa, y parecía estar tomando todas las decisiones concernientes al bienestar de su familia, incluso las que debería tomar su madre. Juan Pablo pasaba horas observando el barrio con sus binoculares desde las alturas, encerrado en el apartamento, con la mirada atenta y nerviosa puesta en aquellos que por lo visto seguían el día entero los movimientos de su familia. Se encontraba en ello cuando de un coche salieron tres hombres y acto seguido dispararon un lanzagranadas contra el edificio de apartamentos donde él y su familia se refugiaban. Afortunadamente nadie salió herido de la explosión. Sin perder la calma, Juan Pablo tomó nota de lo sucedido y de la marca y el modelo del coche. También solía apuntar los modelos y las matrículas de los coches que, según sus sospechas, trabajaban para el coronel Martínez. Fotografiaba a los extraños que pululaban por allí; y con indignación exhortaba a los fiscales que los visitaban para que persiguieran y arrestaran a aquellos a los que él había descrito en sus notas. Al contrario que su madre, que estaba claramente aturdida por la situación, Juan Pablo parecía regodearse en ella. Juan Pablo disfrutaba tratando con Correa y con otros de los que representaban a la fiscalía y utilizaba el miedo que infundía la figura ausente de su padre para intimidarlos y, a sus ojos, cobrar él más importancia de la que realmente tenía. Recibía cartas escritas en clave de su padre, y respondía con misivas descontroladas, prepotentes y hasta desenvueltas, donde se le veía gozoso tomando parte en aquel juego del gato y el ratón. En una carta sin fechar escrita aquel otoño, Juan Pablo alardeaba de haberle plantado cara a un representante de la fiscalía:

Recordado padre,

Te envío un gran abrazo y los mejores deseos.

He notado que Corrales [Roberto Corrales, un enlace de la fiscalía] se encuentra de buen ánimo por los resultados de la lucha contra Los Pepes. La verdad es que no tiene otra opción [...]. En cuanto a nuestra partida del país, el fiscal [De Greiff] se hizo el tonto [...] para probarnos, para ver lo que diríamos y cómo reaccionaríamos. Me he puesto firme en lo de tus condiciones y los he convencido. Hasta les dije que habías planeado hacer un trato con los del cártel de Cali después de haberte entregado, porque estabas dispuesto a que de nuevo reinara la paz en el país.

Corrales fue muy maleducado conmigo. Estábamos hablando y de pronto comenzó a decirme: «Tengo que perseguir a tu padre porque ésa es mi obligación. No estoy ni en contra ni a favor [queriendo decir que no había tomado partido ni por unos ni por otros], soy una persona honrada y él [o sea, tú] sabe que me lo tomo muy en serio». Así que le dije que no hacía falta que me viniese con eso cada vez que se pasaba por aquí, porque ha venido tres veces y las tres veces me ha dicho lo mismo. Le dije que yo sabía que ésa era su responsabilidad, pero que él tenía que mostrar respeto porque se estaba refiriendo a mi padre. Le dije que no se preocupara, que mi padre ya se estaba encargando de aquellos que andaban tras él, y que el destino diría quién encontraría a quién antes.

Él me contestó: «Tengo miedo porque tengo que cumplir con mi trabajo y nadie me ha dicho que deje de buscar a tu padre. Hay cuarenta órdenes de arresto contra él». Y yo le contesté: «Su obligación no es tener miedo, su obligación es mostrarme un poco de respeto porque yo estoy con él [Pablo] y lo apoyo». Así que mejor que tenga cuidado, o se va a enterar. Después le dije que el fiscal es el tipo más falso del país; que cómo esperaba que le creyéramos cuando habla de que tú te entregues, si no tiene palabra; y que hasta ahora nos había protegido para engañarnos con sus falsas promesas. Y él me contestó: «No permito que nadie hable mal de mi jefe en mi presencia», y yo le dije: «Como miembro de esta familia tampoco le puedo permitir que usted hable mal de mi jefe, que es mi padre».

La carta de Juan Pablo citaba también cierta información acerca de dónde el coronel Martínez pasaba las noches en Medellín, y llenó dos páginas de descripciones de hombres y de automóviles que había estado catalogando desde su puesto de observación. Juan Pablo concluía la carta sugiriéndole al padre que le diera un susto a la cadena de televisión local que había emitido imágenes de Alto del Campestre: «Sería bueno que la gente de la tele se enterara de que no pueden hacer que el edificio salga tanto, que sea tan obvio, porque cuando vinieron aquí me dijeron que borrarían las imágenes y no lo hicieron. Cuídate. Te quiero y te recuerdo. Tu hijo».

En una visita oficial, Correa notó que Juan Pablo llevaba consigo un «busca», y que cuando sonaba (a intervalos regulares a lo largo del día), el joven dejaba abruptamente al apartamento. Correa supuso que para hablar con su padre. El fiscal había visto teléfonos móviles esparcidos por el apartamento, y en una de sus visitas había descubierto un transmisor/receptor de radio escondido en la trampilla del ascensor. El coronel Martínez le pidió a Correa que en su próxima visita apuntara la marca, el modelo y la gama de frecuencias en las que podía operar la radio. También le pidió a Correa que hiciera todo lo posible para fomentar conversaciones más largas entre Juan Pablo y su padre.

La radio de Juan Pablo funcionaba en una gama de frecuencias entre 120 y 140 megahercios. Con esa información y con una idea aproximada de cuándo padre e hijo hablaban, Hugo y las tres unidades móviles de rastreo se dispusieron a interceptar las llamadas y a encontrar a Pablo. Al principio intentaron trabajar conjuntamente con la unidad de la CIA. Hugo le dijo a su padre: «Conmigo allí, te enterarás de todo».

Pero uno de los primeros problemas a los que se enfrentó la nueva unidad al salir a las calles de Medellín, fue descifrar el engañoso lenguaje del que se servía Juan Pablo y su padre para engañar a sus perseguidores. Utilizaban palabras clave y frases para cambiar de frecuencia, lo que hacían rápida y constantemente. Al principio evitaban que las distintas unidades de vigilancia pudiesen tan siquiera obtener una idea general de dónde se encontraba Pablo, porque cada vez que padre e hijo cambiaban de frecuencia la señal se perdía temporalmente. Los vehículos detectores recorrían las calles de manera irregular y aleatoria, acelerando durante un par de calles en dirección a una señal, y después aparcando en cualquier parte cuando la perdían. Tras los primeros días vieron con claridad que con tantos muros, cables suspendidos entre acera y acera, rascacielos, y otras obstrucciones, el centro de Medellín era uno de los peores ambientes en los que utilizar la técnica de localización. Podían captar una señal seguros de que provenía de cierta dirección, luego perderla y, cuando la volvían a captar, la misma señal los guiaba en una dirección completamente distinta.

En las primeras semanas, el Bloque de Búsqueda, entusiasmado, siguió de cerca los intentos de Hugo y de las furgonetas a su mando. En una o dos ocasiones lanzaron asaltos, entrando por la fuerza a los hogares de aterrados medellinenses que nada tenían que ver con Pablo Escobar. Pero muy pronto, el entusiasmo por la nueva herramienta se marchitó. Las flamantes furgonetas y el equipo electrónico de la CIA se convirtieron en otra desilusión más. El coronel ordenó que siguieran adelante, pero todos suponían que la única razón para que las unidades móviles siguieran allí era que el hijo del coronel formaba parte de ellas. Para Hugo era humillante, porque sabía que eso era verdad. Pero no de la forma que sus hombres lo imaginaban.

Sin lugar a dudas, por la rápida serie de fracasos estruendosos y el pésimo resultado el coronel las hubiera retirado de inmediato. Pero Hugo tenía la intuición de su padre. Juntos se quedaban hasta bien entrada la noche mientras Hugo hilvanaba su discurso evangelizador, vendiéndole a su padre las sorprendentes virtudes del detector, cuán inteligente era su concepción y lo cerca que estaban de sacarle provecho. Y si los resultados no eran los esperados Hugo explicaba a su padre por qué exactamente había fallado el aparato; con su cabeza rapada de soldado inclinada sobre una hoja de papel, mientras dibujaba diagramas con flechas y llenaba los márgenes con cálculos. «No se trata de algo sencillo y directo», le explicaba Hugo a su padre. Éste escuchaba y escuchaba, después hacía alguna pregunta, hasta que fue convertido.

El resto del Bloque de Búsqueda pudo haber considerado que el uso de aquella tecnología era un capricho inútil, pero el coronel había visto la luz. Se había vuelto un creyente, y creía a Hugo, en parte porque era su hijo y, en parte porque necesitaba creer en algo. Tenía que haber una salida a aquel laberinto interminable. La búsqueda se había reducido a dos hombres y a sus hijos. Juan Pablo era el punto débil de su padre; quizá Hugo fuera la fuerza del coronel.

2

En julio de 1993, Eduardo Mendoza —el idealista viceministro de Justicia que Pablo tomó de rehén la noche de su fuga— vivía una nueva vida en Estados Unidos. Había pasado por cuatro meses de dolorosas y humillantes investigaciones televisadas ante el Senado colombiano. Fue sermoneado, insultado y tomado a risa, mientras intentaba explicar el cúmulo de circunstancias que lo hicieron quedar como el único culpable. Lo perdió todo. Cuando el Senado hubo acabado con él y se retiró a preparar su informe, Mendoza abandonó el país. Dejó el estéreo a su hermano y los libros de derecho a un amigo, el letrado que durante aquellos largos meses había estado a su lado intentando defenderle. Después, voló a Nueva York.

Endeudado, caído en desgracia y con un futuro oscuro delante de sí, pasó allí tres semanas buscando trabajo en firmas que representaban a empresas colombianas, con la esperanza de que su experiencia de nativo fuera considerada de utilidad. Pero no había demanda laboral de ex viceministros de Justicia manchados por la deshonra, así que nadie lo contrataría. Sus estudios no le servirían de nada. En el invierno de 1993 consiguió un empleo en un almacén de Miami, una empresa que fabricaba piezas para aeroplanos. Cierto día de verano, mientras conducía un coche abollado y escuchaba una emisora de noticias latina, se enteró de que lo habían citado oficialmente para una indagatoria en Bogotá.

Mendoza había ayudado a redactar los estatutos criminales de su país, así que sabía muy bien lo que una indagatoria implicaba. Era el equivalente a presentarse ante la Corte Suprema, sólo que en Colombia el interrogatorio lo llevaba a cabo un juez fiscal. Más aún que en el sistema norteamericano, tal citación marcaba el preludio de una acusación y el posterior encarcelamiento. Sus amigos le rogaron a Mendoza que no volviera. Había comenzado una nueva vida, y durante aquellos meses solitarios en Nueva York había conocido a Adriana Echavarría —una joven de padre colombiano y madre norteamericana— y se había enamorado. Adriana había crecido en Estados Unidos con su madre, y aunque había mantenido el contacto con la familia de Bogotá, la opinión que tenía de Colombia era como la de la mayoría de los norteamericanos: un sitio corrupto, violento y peligroso. Después de haber sobrevivido a una experiencia así, ¿qué clase de demente volvería, sabiendo que iba a ser interpelado e inmediatamente después, encerrado?

Pero Mendoza sabía que debía regresar, porque era inocente de todo lo que lo acusaban. Y la única esperanza de recuperar la vida que le habían arrebatado era probarlo. El Senado aún no había dado a conocer su informe. La investigación que realizó la Procuraduría Financiera acerca de los contratos firmados durante la construcción de la prisión no había revelado nada ilegal en la gestión de Mendoza. Irónicamente, el único fallo que había cometido había sido hacer retirar de La Catedral el lujoso mobiliario y los enseres en los meses previos a la fuga. Técnicamente, tal y como Pablo lo había decidido, los televisores de pantalla gigante, los equipos de audio, las camas de agua y otros lujos habían sido solicitado legalmente. La acción de Mendoza fue censurada y los artículos confiscados pasaron a manos de la familia de Pablo. La Procuraduría había encontrado negligentes a Mendoza y a otros tantos funcionarios del Ministerio de Justicia y del Ejército, pero no cómplices en la cadena de sucesos que dieron como resultado la fuga. Se recomendaba que le destituyeran del cargo, pero él ya había renunciado de *motu proprio*.

La indagatoria pertenecía a las más serias de las investigaciones llevadas a cabo por la fiscalía. Era la única que conllevaba la doble amenaza de los cargos criminales y el encarcelamiento. Si Mendoza se quedaba en Estados Unidos, sabía que el Gobierno colombiano haría lo posible para arrestarlo en Miami y desde allí extraditarlo, y eso sólo lo haría parecer aún más culpable. Sólo había dos opciones: podía dejar atrás su pasado para siempre y vivir como un fugitivo en Estados Unidos, o podía regresar y enfrentarse a los jueces.

Adriana y sus amigos opinaban que la primera parecía la mejor. Intentaron hacerle entrar en razón: Colombia era un país de locos, un hombre decente no podía sobrevivir allí. ¿Qué imperativo moral justificaba responder a las acusaciones de un país tan corrupto y descarriado? Pero Mendoza no podía darles la razón ni tampoco podía renunciar tan fácilmente a su país y a su pasado. El día que regresó a Bogotá, casi un año después de su encuentro con Pablo en La Catedral, Adriana lo llevó hasta el aeropuerto de Miami y durante un rato permanecieron abrazados dentro del coche. Mendoza estaba convencido de que estaba arruinando su futuro: la perdería a ella, su reputación..., lo perdería todo. Iba a acabar en la cárcel, pero sentía que no tenía alternativa.

Durante la primera jornada de la indagatoria llevó consigo un pequeño tubo de pasta y un cepillo de dientes. Los jueces lo acribillaron a preguntas desde las ocho de la mañana hasta la medianoche. Lo acusaron de haber sido el cerebro de la fuga, de haber construido una prisión ficticia para Pablo, de encubrir la existencia del supuesto túnel, de tramar y facilitar la fuga, ¿por qué, si no, había volado a La Catedral aquella noche? ¿Para qué hacía falta un viceministro para trasladar a un prisionero? Le preguntaron a Mendoza cuánto había recibido y dónde lo había escondido. Él se defendió como pudo: «Si hubiese estado orquestando la fuga, ¿para qué iba a ir a ayudarle a escapar? ¿Por qué no haberle dejado salir en cualquier otro momento, cuando él quisiera?», les replicó Mendoza. Al acabar la sesión, para sorpresa del ex viceministro, el presidente del tribunal le dijo simplemente: «Bien, señor Mendoza, lo veremos mañana por la mañana, a las ocho».

336

Mendoza había estado tan seguro de que acabaría entre rejas que ni se había preocupado de buscarse un lugar dónde pasar la noche, por lo que acabó durmiendo en el sofá de la casa de su abogado. Su único consuelo fue que Adriana viajó a Colombia para acompañarle en aquel difícil momento. Pese al miedo que le inspiraba el país y pese a que había estado en contra de que Eduardo volviese, Adriana había desafiado a su madre y cogido un vuelo a Bogotá. Ella se quedó en casa de su tía, se lo hizo saber y esperó a que él la llamara. Posteriormente al agotador interrogatorio del primer día, fue a encontrarse con ella brevemente. El coraje, el amor y la lealtad que demostró aquella muchacha lo dejaron estupefacto. Que ella estuviera allí representaban tanto lo bueno como lo malo de la vida. Mendoza decidió que si lograba salir airoso de todo aquello, le pediría matrimonio. Sin embargo, la perspectiva de desposar a aquella mujer inteligente, bella y leal era tan dulce que tornaba la posibilidad de su encarcelamiento en un destino aún más amargo. ¿Por qué le despojaban también de aquel futuro?

El interrogatorio se reanudó la mañana siguiente, y después de una larga jornada, se le solicitó que regresara una tercera vez. Mendoza visitó a Adriana, le contó las novedades del día y se fue a dormir al sofá de su amigo. Aquel tercer día, Mendoza notó un cambio de actitud en el tono de voz de sus jueces: ya no era un tono acusador. Las preguntas que le hacían ahora parecían querer obtener una mayor comprensión de los eventos e información. Mendoza les contó todo lo que recordaba acerca de su gestión de un año en el Ministerio de Justicia, y acerca de la noche de la fuga. Lo enviaron de nuevo a su casa y le pidieron que regresara una cuarta vez. Al final de cuarto día, el presidente del tribunal le dijo: «Bien, señor, le sugerimos que se suba a un avión, que se vaya y que se olvide de todo esto».

Para Eduardo Mendoza, aquél fue el día más feliz de su vida.

3

Mientras Mendoza pasaba por tal dura prueba en el verano de 1993, la mayor parte de los operadores de Centra Spike dejaron Colombia durante dos meses. La unidad debía unirse a la búsqueda del caudillo Mohamed Farrah Aidid.

La aventura somalí duró hasta el 3 de octubre, cuando la misión de las fuerzas operativas norteamericanas se encaminó hacia un feroz tiroteo de quince horas en las calles de Mogadishu; cuyo saldo fueron dieciocho norteamericanos muertos y un sinnúmero de heridos. La batalla tomó a la Casa Blanca por sorpresa y en las semanas siguientes, el Gobierno de Clinton comenzó a mirar con más recelo las operaciones encubiertas realizadas por su país en el resto del mundo.

En medio de aquel ambiente caldeado, la periodista Alma Guillermoprieto escribió un profético artículo para la revista *The New Yorker* publicado el 25 de octubre y llamado «Exit, *el Patrón*» (El Patrón deja la escena). En dicho artículo, se detallaba la caída en desgracia de Pablo Escobar. El texto periodístico exponía una sorprendente visión sobre los acontecimientos recientes en Colombia y era mucho más lúcido e intuitivo que todo lo que hasta entonces se hubiera publicado en Estados Unidos: a años luz, desde luego, de las versiones traducidas y abreviadas de la prensa colombiana que la embajada hacía llegar al Departamento de Estado. Guillermoprieto señaló a los Moncada, a los Galeano y a Fidel Castaño como los personajes ocultos tras Los Pepes, sin olvidar la campaña de terror ilícita que librara contra Pablo Escobar el coronel Martínez y el Bloque de Búsqueda de Medellín. La

periodista describe a su fuente como «un miembro recientemente alejado de Los Pepes», un hombre al que llama Cándido. En el citado artículo el entrevistado explica: «En la época en que Los Pepes comenzaron sus actividades, Medellín se
encontraba tan entrecruzada por patrullas del Bloque de Búsqueda y controles del Ejército que a cualquier grupo formado por ex compinches de Escobar —la mayoría de los cuales
están requeridos por las autoridades, naturalmente— le habría sido imposible operar contra él sin atraer la atención. La
solución más lógica era pedir a voluntarios de la policía y del
Ejército que "hicieran horas extra" contra el enemigo común
[...]. Cándido, que mostraba un entusiasmo casi infantil por
Los Pepes, como si aún formara parte de ellos, me explicó
que tanto el Bloque de Búsqueda como la policía local se sentían frustrados por las restricciones legales y logísticas en su
lucha contra Escobar, y que muchos de esos hombres estaban
ansiosos de unirse a una fuerza verdaderamente eficaz como
Los Pepes, que contaba con objetivos claros y precisos y que
con ejecuciones sumarias podía demostrar su eficacia».

El artículo de Guillermoprieto no lograba, sin embargo,
establecer un vínculo entre las sangrientas hazañas de Los Pepes y las unidades y servicios secretos que asistían al Bloque
de Búsqueda. Pero el eslabón le pareció evidente al general
de división del Pentágono, Jack Sheehan, que bajo el nombre
clave de J-3, era el director de todas las operaciones norteamericanas en activo en el extranjero, incluidas las «operaciones especiales». Sheehan tenía sobradas sospechas de que la
Fuerza Delta y Centra Spike se estaban extralimitando en el
cumplimiento de sus ordenes de despliegue; ordenes que los
confinaban a su base (la «base adelantada de operaciones» sita en la Academia de Policía Carlos Holguín) y restringía sus
actuaciones a entrenar al personal colombiano, recabar información y analizarla. Sea como fuere, el general de división

Sheehan no era un admirador de las operaciones especiales ni de los encargados de llevarlas a cabo. Y opinaba, además, que los generales del Comando Conjunto de Operaciones Especiales Downing y Garrison, junto con el embajador Busby, actuaban de un modo muy agresivo. Sheehan los llamaba «aprovechados», tipos que en su ansia por triunfar más de una vez tendían a abusar de la situación e ir más allá de los parámetros muy bien definidos de sus misiones. A Sheehan, que ya había oído rumores sobre los vínculos activos de la Fuerza Delta y los operativos del Bloque de Búsqueda, le preocupaba una posible relación directa o indirecta entre Los Pepes y Estados Unidos.

Que miembros de la Fuerza Delta anduvieran ejecutando con total impunidad a civiles en territorio colombiano era un temor no del todo improbable. Sheehan dudaba que estuviese ocurriendo, pero ¿quién se lo aseguraba? Los francotiradores de la Fuerza Delta eran los mejores del mundo, ni siquiera tenían que formar parte de una unidad de asalto colombiana para cumplir con su mortal función, y si los norteamericanos acordaban con los colombianos dejar que éstos se llevaran los laureles y a su vez aceptaban las responsabilidades de algunas muertes, ¿quién iba a saberlo? Pero lo que era aún más factible y hasta evidente, era que la información recabada y analizada por Centra Spike y la Fuerza Delta se utilizaba para guiar las actividades de Los Pepes. Aquello caía en la categoría de suministrar «información letal», algo permitido únicamente por autorización explícita del presidente y de lo que debía ser informado el Congreso. El Gobierno de Clinton ya había sufrido las consecuencias de las actividades de las unidades de operaciones especiales del general Garrison en Somalia. El alcance de la «orden de despliegue» al enviar unidades de elite a Colombia en 1992 nunca había sido específicamente delimitada. Aquellos hombres habían sido enviados a entrenar tropas, y si estaban participando en operaciones sobre el terreno, aunque fueran operaciones legítimas, estaban incumpliendo órdenes. ¿Qué pasaría si los hombres del «coronel» Santos cayesen muertos o heridos en uno de tales operativos? Pues sencillamente que en el Congreso norteamericano se armaría un gran revuelo, porque no se le había consultado. Pero más allá de aquellos reparos, Sheehan consideraba que lo que de veras estaba en juego era el control civil de las Fuerzas Armadas; algo que él y su superior, el general Colin Powell, jefe del Estado Mayor de la Defensa, se tomaban muy en serio.

Mientras la cacería de Pablo seguía su curso en Colombia, la presencia norteamericana en ese país había puesto en tela de juicio una serie de delicados asuntos en el Pentágono. Un ejemplo. Cuando se decidió que los pilotos de helicópteros del Bloque de Búsqueda del coronel Martínez necesitarían volar con gafas de visión nocturna, se enviaron pilotos norteamericanos a Medellín para realizar la instrucción. El ritmo de la búsqueda era frenético, con lo que cualquier tipo de entrenamiento se haría durante las horas de vuelo. Aquello suscitó una agria disputa sobre si el envío de instructores violaba la prohibición de que los efectivos norteamericanos participaran en las incursiones. Finalmente los pilotos fueron autorizados a realizar el entrenamiento.

Así que ahora ya había pilotos norteamericanos participando en las incursiones, lo que dejaba la puerta entreabierta al general Garrison, jefe supremo de operaciones especiales. Tras una serie de fracasos en 1992, Garrison quiso que los expertos operadores de Centra Spike y sus detectores portátiles acompañaran a los pilotos norteamericanos en los helicópteros del Bloque de Búsqueda. Dirigir una incursión hacia un punto de reunión específico requiere de una coordinación fluida entre el técnico y el piloto, un tándem que los norteamericanos habían llegado a perfeccionar. En aquel momento, Garrison vio la oportunidad de ir un poco más lejos y obtener la autorización oficial para que efectivos de la Fuerza Delta participaran en los operativos (libertad que ya se habían estado tomando durante meses, mientras los oficiales cómplices se guiñaban un ojo a lo largo de toda la cadena de mando). Con el argumento de que un piloto y un técnico norteamericanos necesitaban ser protegidos al realizar incursiones con el Bloque de Búsqueda, el general Garrison logró añadir al tándem una unidad de la Fuerza Delta que lo protegiera.

El Estado Mayor de la Defensa aprobó el pedido de Garrison, pero Keith Hall, un adjunto al Departamento de Defensa, se negó a dar su aprobación si antes no daba la suya a la Casa Blanca. Miembros del equipo de Hall se encontraban allí para reunirse con la plana mayor del presidente Clinton, cuando un coronel del Estado Mayor de la Defensa llamó para avisarles que Garrison había decidido no dar curso a la propuesta.

A medida que pasaban los días, los recelos de Sheehan crecían cada vez más. El general de división le comunicó sus preocupaciones a Colin Powell, y éste, antes de dejar su puesto a finales de septiembre, le dijo a Sheehan que investigara. Sheehan también compartió aquellas preocupaciones con Brian Sheridan, aquel adjunto al subsecretario de Defensa que se había reunido con Busby en Bogotá en agosto. Sheridan le dijo al general Sheehan que en el transcurso de una conversación con el embajador Busby éste le había asegurado que no había vínculo alguno entre Los Pepes y las autoridades policiales legítimas que perseguían a Pablo. Pero por seguir la pista del general, el político comenzó a revolver en el Departamento de Estado y descubrió el viejo cable de Busby acerca del grupo paramilitar en cuestión.

Tanto el cable de Busby como el artículo de la revista *The*

New Yorker parecían confirmar las más terribles sospechas. Después, en noviembre, dos analistas de la CIA se entrevistaron con el general Sheehan, el adjunto Sheridan y otros altos cargos para informarles de que Los Pepes no eran otros que el Bloque de Búsqueda de Martínez. Las tácticas del escuadrón de la muerte correspondían a las que utilizaba la Fuerza Delta, lo cual sugería que miembros del Bloque de Búsqueda eran quienes asesinaban y atentaban con explosivos escudándose tras el nombre de Los Pepes. Y eso significaba que Estados Unidos habían equipado, entrenado y, en parte, dirigido al grupo paramilitar. «Estos tipos se han descontrolado y nosotros somos los que los respaldamos», le dijo el analista de la CIA.

Algunos de los presentes criticaron el informe.

«¡Gilipolleces!», dijo uno, explicando que el embajador Busby había estado supervisando la situación y estaba convencido de que las fuerzas norteamericanas desplegadas allí no se habrían visto involucradas.

Pero el general Sheehan sí creyó el informe de la CIA y dijo que informaría a su superior, el jefe del Estado Mayor de la Defensa, y que, por tanto, todas las fuerzas especiales norteamericanas serían retiradas de Colombia. Brian Sheridan lo secundó y expresó cómo aquel escándalo, o tan siquiera la sospecha de una participación militar norteamericana en los escuadrones de la muerte colombianos, podría dañar el prestigio del presidente Clinton.

Era un viernes por la tarde, y la única esperanza de detener el retiro inmediato de las fuerzas norteamericanas consistía en encontrar a alguien del equipo directivo del Departamento de Estado que diese una contraorden al general Sheehan. Una joven que había participado en la reunión, la ayudante de un almirante de dos estrellas del equipo del secretario de Defensa, se quitó los zapatos y salió disparada por los pasillos para intentar detener la orden de Sheehan.

Cuando Busby se enteró de la decisión que Sheehan había tomado se puso furioso. Desde su punto de vista, Busby sospechó que los analistas que habían informado a los jefes del Estado Mayor de la Defensa pertenecían a la Dirección de Inteligencia de la CIA, no a la Dirección de Operaciones. Ambas ramas se enfrentaban a menudo y la que solía prevalecer era la de Operaciones. Sean cuales fueran las sospechas que albergaba el embajador Busby acerca de la identidad de Los Pepes, éstas carecían de la importancia necesaria para poner punto final a la búsqueda de Escobar. Una retirada de las fuerzas norteamericanas equivalía a detener la búsqueda, y aquello representaría otra victoria más para Pablo. El embajador estaba enojado por no haber sido consultado. Por otra parte, su amigo, el presidente Gaviria, había arriesgado mucho políticamente para apoyar la campaña contra Escobar y Busby sabía que el Gobierno de Gaviria no se recuperaría si los americanos le retiraban su apoyo justamente ahora. Si el general Sheehan se salía con la suya, la retirada cobraría la forma de una traición imperdonable por parte de los norteamericanos a sus amigos colombianos. Si la embajada no cumplía lo prometido, ¿qué aliado creería en ellos en el futuro?

Busby gozaba de un considerable poder en Washington y no se iba a quedar quieto, así que comenzó a hacer llamadas telefónicas. Según el general Sheehan, Busby llamó a Dick Clark, un adjunto del Consejo Nacional de Seguridad* en la Casa Blanca. Clark se puso en contacto con el subsecretario de Defensa Walter B. Slocumbe y se llegó a un acuerdo conciliador con el general Sheehan. Éste aún quería que la Fuerza Delta y Centra Spike fueran retiradas de Colombia, pero

* Organismo que aconseja al presidente en materia de inteligencia y defensa. (N. del T.)

accedió a quitarse de en medio durante un par de semanas. Aunque quisiera, Sheehan no podía pasar por alto la ironía de aquel trato: él, un general de división que defendía el control civil de las operaciones militares, se vio temporalmente en desventaja ante la jerarquía superior de un par de civiles.

Sheehan estaba convencido de que la intervención en Colombia había superado con creces el límite de la legalidad, y que iba camino de convertirse en un escándalo de primera magnitud en Washington. Aunque la sangre nunca llegaría al río, porque los acontecimientos que ocurrían en Colombia se le adelantarían.

4

Con posterioridad a los primeros fracasos de las unidades móviles de detección, los jefes de la unidad de vigilancia electrónica fueron dados de baja y el coronel Martínez puso a su hijo Hugo al mando. El Bloque de Búsqueda continuó sirviéndoles de escolta armada, aunque los trabajos de Hugo eran considerados un chiste de mal gusto. Y en lo personal Hugo era despreciado por los demás policías, que además se reían a sus espaldas.

Determinados a redimirse ante los ojos del Bloque de Búsqueda, Hugo y sus hombres comenzaron a trabajar por turnos las veinticuatro horas del día, repasando una y otra vez las frecuencias que utilizaba Juan Pablo para contactar con su padre. Ahora que Centra Spike ya no les ayudaba, los colombianos colocaron una antena en la cima de una colina en las afueras de Medellín que ayudaba a captar la señal de la radio de Juan Pablo. Aquel esfuerzo dio como resultado averiguar que el hijo del capo hablaba aproximadamente una hora al día con su padre, entre las 19.15 y 20.15 horas. Hugo dispuso que un escáner* rastreara las frecuencias más utilizadas por Juan Pablo, y que otro explorara todas las frecuencias de los 120 a los 140 megahercios. Noche tras noche Hugo y sus hombres no hacían más que escuchar.

A través del método de «ensayo y error» los colombianos descifraron las claves que padre e hijo utilizaban. Las frases «Subamos a la planta de arriba» o «La noche se acaba» en boca de Pablo significaban que debían cambiar a otra frecuencia preestablecida. Pero cuando la policía descifró las claves, pudieron seguir la señal por cualquier frecuencia que se transmitiera. Estaba claro que Pablo y su hijo creían que aquellas astutas precauciones evitaban que la policía escuchase sus llamadas más que unos pocos minutos cada vez.

Sin embargo, los colombianos sufrieron más percances. En su trabajo conjunto con la CIA, la unidad de Hugo logró localizar la dichosa señal: provenía del Seminario de San José, en Medellín. El avión de la CIA había asegurado que la señal del fugitivo provenía de ese barrio, y las señales interceptadas por unidades móviles de Hugo daban como guarida las instalaciones del inmenso seminario. Pablo mantenía desde siempre una muy cordial relación con la Iglesia católica de Medellín, y su hijo había asistido a la escuela primaria del seminario algunos años antes, lo cual significaba que Pablo conocía a gente que quizá pudiera ofrecerle refugio. El objetivo demostraba ser prometedor, por lo que el coronel planeó una redada a gran escala.

Al día siguiente, cuando la voz de Pablo se oyó en el éter para hablar con su hijo a la hora señalada, el detector confirmó que la señal provenía una vez más del seminario. La onda que aparecía en la pantalla y el pitido de sus cascos le

---

* Aparato rastreador de frecuencias. *(N. del T.)*

sugerían a Hugo que Pablo se encontraba en el edificio principal del seminario. La redada comenzó con furia mientras Pablo se encontraba hablando. La policía voló puertas, lanzó atronadoras granadas *flash-bang* y las tropas de asalto entraron estruendosamente… Pero Pablo seguía hablando tranquilamente como si nada sucediera. Por lo visto, dondequiera que se encontrara eso era exactamente lo que sucedía. Nada. Cuando los jefes de la redada informaron a Hugo de que no habían encontrado a nadie en el seminario, Pablo todavía seguía charloteando con su hijo.

—Está allí dentro —insistió Hugo, expresando la confianza en el detector y su propia pericia.

—No, teniente, allí dentro no está —dijo el mayor a cargo de la operación—. Los que estuvimos allí fuimos nosotros y ya hemos buscado.

Pablo continuaba hablando, sin ruidos de fondo y sin mostrarse sobresaltado. Hugo tuvo que aceptar que habían equivocado el lugar, por mucho margen. ¡No obstante, el detector señalaba directamente hacia el seminario! Los efectivos de la unidad de asalto, más seguros que nunca de que estaban perdiendo el tiempo y que los trastos de Hugo no valían para nada, continuaron inspeccionando los edificios por si Pablo se hubiese escondido en algún recoveco de las inmensas instalaciones. Durante los tres días venideros quinientos hombres procedieron a poner patas arriba el edificio religioso y la escuela adyacente. Taladraron agujeros en los muros y los techos. Entraron en los edificios contiguos, buscaron habitaciones secretas y túneles, pero no encontraron nada. El único resultado fue que toda una diócesis quedó furiosa por los destrozos.

Hugo, empero, seguía convencido de que había fallado por poco. Había oído toda la conversación de aquella noche hasta que el capo terminó de hablar y colgó como de costumbre. Al día siguiente Juan Pablo se conectó a la hora de siempre pero Pablo no lo hizo: aquel detalle le confirmó a Hugo que el operativo lo había asustado. Pero ¿por qué no lo habían encontrado?

Ése fue un fracaso muy sonado y Hugo se convirtió en el hazmerreír de la base de Holguín. Se desmoralizó, y la desilusión superó su habitual entusiasmo. Renunció a su puesto de jefe de las unidades de vigilancia electrónica, que quedaron al mando de los agentes de la CIA, y convenció a su padre de que le permitiera utilizar su pequeña furgoneta Mercedes Benz y dos hombres que operarían los equipos. Nada más. De todos modos, lo cierto es que la parte que más le gustaba de su trabajo siempre había sido utilizar los detectores.

Ahora se libraba una competencia entre dos bandos que rastreaban las ondas de radio en busca de Pablo: el de Hugo y el de la CIA. En las semanas siguientes, lograron interceptar la señal de Pablo en varias ocasiones y aunque los efectivos de la policía no tuvieran ninguna fe en los equipos, desde la superioridad de la PNC se les ordenó lanzar redadas constantemente. El coronel protestó, explicando que las fuerzas de seguridad necesitaban ordenar la información recabada y coordinar las acciones de sus hombres, verificar que los datos fuesen correctos y las circunstancias favorables. Pero a los superiores de Martínez la impaciencia los carcomía y hasta la embajada de Estados Unidos exigía más redadas.

La más espectacular ocurrió el 11 de octubre, después de que Centra Spike localizara a Pablo en una colina alta cerca del poblado de Aguas Frías, un barrio residencial de categoría. Desde la finca encaramada a aquella cima podía divisarse en línea recta el edificio de apartamentos en el que vivía la familia de Pablo, lo cual explicaba por qué la había elegido. Desde la operación fallida del seminario, la voz de Pablo no aparecía en ninguna frecuencia. De hecho el Bloque de Búsqueda temía que lo hubieran asustado tanto que ya no se volviera a comunicar por radio. Pero unos días más tarde se puso en contacto con su hijo a la hora prevista y no dio pruebas de que algo fuera de lo normal le hubiera ocurrido.

Pero la verdad era que Pablo se encontraba en baja forma. Tal y como la periodista Guillermoprieto había señalado, su otrora rico y poderoso imperio había sido diezmado y se hallaba bajo el feroz acoso de Los Pepes. En las dos semanas precedentes habían muerto cinco de sus familiares y varios de sus socios de confianza habían sido raptados y asesinados. Y los autores eran probablemente Los Pepes. Los secuaces del cártel que no estaban muertos se hallaban presos o a la fuga. En un último esfuerzo por reunir fondos para financiar la guerra contra el Estado y mantener a Pablo escondido, sus banqueros liquidaban sin cesar sus bienes diseminados por distintos países. En un parte de la DEA fechado en octubre se comunicaba que un doctor que atendía a la familia Escobar viajaba constantemente vendiendo las propiedades del capo: un terreno maderero de veintiocho mil hectáreas situado en Panamá, mansiones en la República Dominicana y dos solares de ocho hectáreas en el sur del estado de Florida. También se estaba intentando por todos los medios vender su colección de arte y sus joyas (incluida una colección de esmeraldas en bruto, cuyo valor se estimaba en unos doscientos mil dólares). Para Pablo la peor separación fue la de su hijo adolescente. Del mismo modo que Martínez daba caza a Pablo con su hijo Hugo al lado, Pablo y Juan Pablo tramaban diariamente modos de evadir a sus rivales. A esas alturas, Pablo y el muchacho se comunicaban unas cuatro veces al día, y el coronel sabía que mientras el Bloque de Búsqueda tuviese ubicado al hijo del capo, nunca perdería de vista al padre.

Durante dos días seguidos tanto Centra Spike como las unidades de telemetría colombianas daban como punto de emisión la cima de la colina de Aguas Frías. Era un paraje espectacular, una colina pequeña y densamente poblada de árboles, en la vasta Cordillera Occidental; un territorio escarpado y de una vegetación abundante. El acceso a la finca —un racimo de casas de campo alrededor de la casa principal— podía realizarse por un solo camino. Así que el coronel mandó a un equipo de técnicos en telemetría para que sobrevolaran el área en helicóptero. Cuando el helicóptero llegó al punto indicado, Pablo hizo otra llamada y el equipo señaló que la señal provenía de la finca que estaba directamente debajo de ellos. El mayor a cargo del vuelo temió lo peor y ordenó al piloto volver de inmediato a la base. Al aterrizar, el mayor le dio al coronel las buenas noticias y las malas: Pablo estaba en la finca, pero probablemente ya se habría marchado. El coronel decidió lanzar un asalto a la finca si Pablo volvía a romper el silencio aquella tarde.

Martínez presentía que a Pablo se le estaba acabando la suerte. De hecho, cuando el sargento Vega de la Fuerza Delta se marchó de Medellín cumpliendo con su rotación mensual, el coronel le advirtió:

—Se lo va a perder, Vega. Lo vamos a atrapar pronto.

A diario, Martínez consultaba sus piedras y otros objetos rituales en los que leyó las profecías del final de la aventura. Pero la certeza de que todo acabaría no era sólo intuición, también había sido un cálculo. El coronel comprendía que Pablo no podría aguantar mucho más tiempo: sus posibilidades de huir eran cada vez más limitadas, frente a los efectivos de Martínez cada día mayores. En Aguas Frías pareció que todos los esfuerzos se hubieran sincronizado. La unidad de vigilancia electrónica lo había encontrado en uno de sus posibles escondites y había notificado su presencia. Todos los aparatos detectores también lo aseveraban: aquel día lo cogerían.

La hora estipulada para la llamada de Pablo eran las 16.00

horas. Así pues, con la colina rodeada de helicópteros que sobrevolaban alejados para no ser oídos, y con policías apostados en las laderas, preparados para escalar y asaltar la finca a toda prisa, el coronel y sus oficiales de confianza se reunieron en el centro de operaciones en un círculo alrededor de un receptor, esperando que la voz de Pablo surgiera mezclada con el chisporroteo de la radio. Pero a las 16.00 horas no llamó. Los hombres contenían el aliento, listos para atacar. Pasaron cinco minutos y nada. Daba la impresión de que el fugitivo había puesto pies en polvorosa una vez más. Siete minutos después de la hora sonó la voz de Pablo y la fuerza de asalto irrumpió en la finca.

Pero Pablo no estaba allí.

El coronel acordonó la colina entera durante cuatro días estableciendo dos perímetros de centinelas, uno externo y otro interno, y controles de carretera y escuadrones de búsqueda… Al final del tercer día, helicópteros del Bloque de Búsqueda lanzaron gases lacrimógenos y taladraron el bosque que rodeaba la finca con sus ametralladoras. Más de setecientos policías rastrillaron sin éxito los alrededores con sabuesos. Pablo había escapado milagrosamente otra vez. Las unidades de asalto imaginaron que Pablo estaría en la casa principal, pero lo ocurrido —y de esto se enteraron al escuchar las llamadas que Pablo hizo los días siguientes al asalto a la finca— fue que para captar mejor la señal de su hijo, Pablo se alejaba a pie de la finca en dirección a los bosques colina arriba. Así que el capo había gozado de una platea preferencial para ver aterrizar los helicópteros, luego se había escondido en el bosque y al amparo de la oscuridad había sorteado a aquellos que lo buscaban. Más tarde le enviaría a su esposa una pila de la linterna con la que iluminó la senda por la que huyó. Le dijo a María Victoria que la guardara, «porque me salvó la vida».

A pesar del fracaso de la operación de Aguas Frías, la cantidad de pruebas de que Pablo se había ocultado allí llenó de orgullo a las unidades de vigilancia electrónica. En la casa principal se encontró la base de un radioteléfono del que faltaba el auricular portátil. La radio estaba sintonizada en la frecuencia que Pablo había estado utilizando durante las últimas cuatro semanas para hablar con Juan Pablo. La vivienda, a punto de derrumbarse, estaba provista del flamante baño al que la policía estaba acostumbrada. Al entrar en la casa, el equipo de asalto se encontró con dos mujeres que confirmaron la presencia de Pablo durante unos cuantos días, y agregaron —no sin cierto deleite— que Pablo había estado «de novio» con la más joven de ellas, de dieciocho años. La otra mujer ejercía de cocinera. Ambas insistieron en que Pablo no pudo haberse encontrado muy lejos cuando aterrizaron los helicópteros y les dieron a los efectivos del Bloque de Búsqueda una descripción. Al huir, Pablo llevaba puesta una camisa de franela roja, pantalones negros y zapatillas de deporte. El cabello lo llevaba muy corto, dijeron las testigos, y una barba tupida, sin bigote. Entre los objetos de la casa la policía halló: ocho «porros», una gran cantidad de aspirinas («lo cual sugiere estrés excesivo», según las especulaciones volcadas en el informe de la incursión escrito por la DEA), una peluca, un videocasete del edificio de apartamentos donde se alojaban su esposa e hijos, varias cintas de música, dos fusiles automáticos (un AK-47 y un Colt AR-15), algo más de siete mil dólares en efectivo y fotos de Juan Pablo y de Manuela. La policía también encontró documentos de identidad falsos y una lista de matrículas de coches, evidentemente compilada por Juan Pablo de vehículos que parecían pertenecer al Bloque de Búsqueda.

Esta documentación probaba que Pablo estaba pasando apuros y que la seguridad de su familia le preocupaba. Una de las cartas escritas por María Victoria expresaba que necesitaba dinero para seguir financiando a los efectivos de la fiscalía y a los guardaespaldas que los protegían a ella y a sus hijos. María Victoria se quejaba de que era muy caro alimentar a sesenta personas y que recientemente había tenido que comprarles camas. La carta también culpaba al coronel Martínez del reciente ataque con un lanzagranadas al edificio, cuya autoría Los Pepes habían reconocido. La policía también encontró cartas sin enviar dirigidas a antiguos socios de Medellín en las que exigía dinero y amenazaba: «Sabemos dónde están vuestras familias». Otra carta escrita por un amigo de Pablo, afirmaba la aceptación del pedido de asilo para María Victoria y los niños por Israel (información desmentida por aquel Gobierno). El agente Murphy de la DEA escribió entonces:

Una noticia optimista: la información obtenida durante la redada y las últimas interceptaciones de radio Title III [vigilancia electrónica] indican que Escobar ya no goza de la libertad económica que alguna vez tuvo. Aunque puedan seguir siendo terratenientes, Escobar y los miembros de su organización carecen cada vez más de dinero en metálico. Lo cual se deduce de cartas de extorsión requisadas en el lugar en cuestión, y del hecho que Roberto Escobar está despidiendo a algunos de sus trabajadores.

Al día siguiente de la redada, los equipos de escucha esperaron que Pablo volviera a comunicarse por radio, pero no lo hizo. Juan Pablo, frenético, intentaba contactar con su padre a las horas establecidas. Instaba a su padre a que simplemente pulsara el botón del micrófono para indicar que estaba vivo, si hablar era demasiado peligroso. Al no recibir respuesta, Juan Pablo comenzó a insultar y a amenazar al Bloque de

Búsqueda por la radio que —como bien había sospechado Juan Pablo— estaba escuchando la conversación.

Acababa octubre y Centra Spike había vuelto a entrar en escena, por lo que el Bloque de Búsqueda ahora recibía una cantidad ingente de información contradictoria. Cada vez que las unidades de asalto llegaban de las incursiones con las manos vacías, el coronel les llevaba a la sala de operaciones y les pedía las coordenadas de las posiciones de Pablo anteriores a la acción. Martínez solía sacar de su pila de fotografías aéreas la de la zona correspondiente y después sus hombres marcaban con un lápiz grueso la coordenadas donde supuestamente habían localizado a Pablo. Todas las marcas se restringían a una cierta área, pero las coordenadas nunca eran las mismas. Las que suministraban Centra Spike y Hugo por lo general estaban en total desacuerdo con las de la CIA. Sus agentes negaban que sus coordenadas fueran erróneas, y Hugo y Freddie Ayuso, el representante de Centra Spike, defendían las suyas. Dada la rivalidad entre la CIA y Centra Spike, Ayuso había comenzado a suministrarle información directamente a Hugo, un acuerdo que en principio movió a los agentes de la CIA a protestar y finalmente a abandonar Medellín, furiosos. Su abandono de la persecución importó poco por aquellos días, porque desde el asalto a la finca de Aguas Frías la voz de Pablo se había desvanecido de las ondas.

Tras quince meses de operaciones inútiles, Martínez y los suyos sufrían el ataque constante de los periodistas y los medios. ¿Cómo podían no encontrar a un hombre? El fiscal general De Greiff era su enemigo más locuaz. En público los llamaba ineptos y en privado presionaba para que Martínez fuese destituido y procesado con el resto de los criminales de Los Pepes. A mediados de noviembre surgieron nuevas acusaciones de corrupción que ponían en duda la integridad de Martínez y de otros miembros del Bloque de Búsqueda. En una conversación grabada entre un senador que actuaba como informante de la DEA y Gilberto Rodríguez Orejuela, uno de los capos del cártel de Cali, éste informó al político de «la cooperación» de su cártel con Martínez y con el general Octavio Vargas, superior directo de Martínez y el segundo mando más importante de la PNC.

«Rodríguez Orejuela aseguró [al informante] que tenían a criminales trabajando conjuntamente con el Bloque de Búsqueda e identificó a un tal Alberto y a un tal Bernardo —escribió el agente Murphy—. Rodríguez Orejuela describió a Bernardo como una persona feísima carente de tacto y de conciencia. El informante advirtió que Rodríguez Orejuela alegó haber acordado con el general Vargas y el coronel Martínez de la PNC una recompensa por la captura de Escobar. Según el capo de Cali, su organización estaba dispuesta a pagar diez millones de dólares por la captura de Pablo, vivo o muerto. De los diez millones ocho serían destinados al Bloque de Búsqueda y los dos restantes a los informantes que facilitasen su captura.»

Aquella información perturbó especialmente a Joe Toft, jefe de la delegación de la DEA, quien intuyó que el gran esfuerzo por capturar a Pablo quizá acabara fortaleciendo el nexo entre los narcotraficantes y las instituciones colombianas.

Entretanto, Hugo estaba a punto de rendirse. Había fallado, decepcionado a su padre y lo había expuesto a burlas y acusaciones de corrupción. Todo el inocente entusiasmo y la confianza del alférez se habían disipado. El maldito equipo que tanto defendía no producía los resultados esperados y quizá nunca lo hiciera.

Con lo que Hugo no contaba, sin embargo, era con un ferviente converso al que había deslumbrado.

—La única manera que tenemos de encontrarlo es con

tus detectores —le insistió su padre—. ¡La tecnología es nuestra única ventaja sobre él! ¡La tecnología!

Y seguidamente el coronel levantó el ánimo de su hijo enviándolo a por un objetivo más fácil. Martínez tenía un amigo radioaficionado en Bogotá que, durante meses, había estado escuchando las conversaciones de un hombre llamado Juan Carlos Zapata, un extravagante traficante bogotano que se había hecho construir un falso castillo en las afueras, al este de la capital. Zapata no era más que un intermediario del cártel de Medellín y, aunque hubiera dejado Bogotá y ahora viviera allí mismo, estaba lo suficientemente alejado del círculo íntimo del imperio de Pablo como para escapar a ambos azotes, el del Bloque de Búsqueda y el de Los Pepes. Comparativamente Zapata era un traficante de poca monta, pero el amigo de Martínez lo tenía localizado y conocía las frecuencias de radio que más usaba. Zapata representaba un objetivo real que Hugo podía vigilar mientras esperaba a que Pablo rompiera el silencio en el que se había sumido.

Lo primero que Hugo hizo fue estudiar las cintas, familiarizándose con la voz de Zapata y las palabras clave que utilizaba para realizar sus negocios. Rastrear a Pablo era en extremo difícil en especial porque el capo, lógicamente, era muy precavido y hablaba por muy poco tiempo, saltaba de una frecuencia a otra constantemente y nunca se quedaba quieto. A su lado, espiar a Zapata era un juego de niños.

Una de las desventajas de aquel cambio de rumbo era que el coronel no podía ofrecer a Hugo la protección necesaria. El Bloque de Búsqueda no perseguía a Zapata y, de hecho, a nadie en la PNC le importaba mucho pescarlo justamente entonces. Hugo y los dos hombres que completaban su pequeña unidad se pasaban el día recorriendo las calles en su furgoneta Mercedes Benz, mucho más expuestos de lo que hubieran querido estarlo. Se desplazaban y aparcaban en barrios marginales considerados de alto riesgo, zonas en las que Pablo aún seguía siendo una figura de culto y donde los policías caían como moscas. Cierto día, Hugo y sus hombres se quedaron quietos demasiado tiempo, escuchando una de tantas llamadas de Zapata. Al rato, un niño en patines se acercó a la furgoneta y le entregó un trozo de papel. Decía: «Sabemos lo que están haciendo. Están buscando a Pablo. Así que váyanse, o los mataremos».

Después de aquello, Hugo fue mucho más precavido, pero no pasaba un día en el que no jugueteara con su detector portátil, buscando la señal de Zapata y afinando el sintonizador y las antenas de su instrumento. Poco a poco llegó a discernir las variaciones más leves que aparecían en la pantalla, podía adivinar cuando una señal había rebotado contra un muro, los patrones que indicaban si la interferencia era causada por cables de electricidad o por una corriente de agua cercana. También podía «leer» por qué la señal llegaba con menos potencia, si la fuente se hallaba alejada o si su potencia era poca. Todo aquello ya lo había estudiado en el pasado, pero a medida que practicaba con las señales de Zapata, Hugo sintió que los meses de aprendizaje daban fruto de pronto. Tenía la certeza de que ningún técnico de los conocidos podía interpretar las señales del monitor con tanta precisión como él; lo que le permitió recobrar la confianza.

Zapata le facilitó la tarea. El traficante era un hombre muy supersticioso y día tras día hablaba durante horas con una bruja, en cuyas habilidades depositaba toda su confianza. Con los demás, sus conversaciones no pasaban de ser breves y aquella brevedad era fruto del secretismo con el que protegía sus transacciones. Zapata siempre supo que lo que hacía peligrar su vida era el contenido de sus llamadas y no otra cosa. Así que cuando hablaba con su bruja, se olvidaba cuánto podía delatar sin darse cuenta. Seguía conectado durante tanto tiempo que Hugo perfeccionaba su técnica de «detección». Finalmente, el coronel organizó un operativo para arrestar a Zapata, desplegó efectivos por todo el barrio y esperó a que el traficante llamara nuevamente a la bruja. Y Zapata lo hizo, pero curiosamente, desde un sitio distinto. La bruja le advirtió que tuviera mucho cuidado porque sospechaba que iba a suceder algo muy malo (algo que asustó hasta a Hugo). Por precaución se suspendió el operativo y, una vez más, Hugo tuvo que soportar en silencio el desprecio de los hombres que su padre lideraba.

—Fue sólo mala suerte —le dijo el coronel a su hijo—. Lo importante es que lo hayas encontrado. Cuando vuelva a llamar lo cogeremos y probaremos que tu detector sirve.

No había pasado ni una semana cuando Hugo volvió a localizar la señal. Una unidad de asalto irrumpió en la casa y mató a Zapata.

Hugo no podía contener su alegría por haberlo logrado. Su unidad y el detector que utilizaba habían creado mucha expectación, pero aquélla era la primera vez que localizaban un objetivo con él. Hugo volvió a pasearse con la cabeza bien alta en el cuartel de la Academia de Policía Carlos Holguín. La fecha: 26 de noviembre de 1993.

5

Aquella misma noche, la embajada de Estados Unidos averiguó que la esposa y los hijos de Pablo planeaban abandonar Colombia una vez más. Cada vez más desesperados, los Escobar intentarían volar a Londres o a Fráncfort. Habían permanecido bajo la protección de los agentes de la fiscalía encabezada por De Greiff las veinticuatro horas del día, desde que procuraran enviar a Juan Pablo y a Manuela a Miami en marzo de aquel mismo año. A partir de entonces, Los Pepes habían matado a parientes más o menos cercanos e incendiado la mayoría de las propiedades de la familia. El grupo paramilitar parecía estar deleitándose con los asesinatos selectivos de primos, cuñados, amigos e incluso de familiares residentes en Altos del Campestre, como para demostrar que podrían dañar a María Victoria, a Juan Pablo o a Manuela cuando les diese la gana. El ataque con el lanzagranadas en el mes de octubre y el golpe con una granada de mano que explotó en el portal de Altos del Campestre a comienzos de noviembre, eran más bien advertencias que verdaderos atentados contra sus vidas. También allí les estaban cerrando el cerco. Oficialmente, el Gobierno colombiano estaba dándole protección a la familia Escobar. Sin embargo, lo que también estaba logrando, y muy eficientemente, era impedir que escaparan. Mientras Pablo siguiese preocupado por la seguridad de sus seres queridos, continuaría llamando por radio.

La presión que sobre Pablo pesaba se había vuelto más insoportable aún a fines de octubre, cuando De Greiff amenazó con quitarles la protección de la fiscalía. El fiscal general, hábil fumador de pipa, jugaba a un juego muy delicado. Por un lado intentaba orquestar la rendición de Pablo antes de que los hombres de Martínez le echaran el guante; por otro lado también podía apostar fuerte frente a un jugador experto como Pablo, que en medio de la fuga había raptado a dos adolescentes pertenecientes a ricas familias bogotanas, y exigido cinco millones de dólares como rescate. De Greiff avisó a Juan Pablo de que si su padre no se entregaba antes del 26 de noviembre, tendría que retirarle la protección de la fiscalía. A partir de entonces, María Victoria, Juan Pablo y Manuela «tendrían derecho a la misma protección que cualquier otro ciudadano colombiano», afirmó el fiscal. Y todo el mundo sabía lo vulnerable que era el ciudadano colombiano corriente.

María Victoria quedó aterrorizada y en una carta fechada el 16 expresó a De Greiff que deseaba verlo en persona en Altos del Campestre. Le suplicó que alargara el plazo de la entrega de Pablo. Le escribió que su familia se sentía «angustiada» y «preocupada», aclarándole además que ella y sus hijos no eran responsables de que su marido se negara a entregarse y que no se los podía castigar por su actitud. Le recordó que ni ella ni sus hijos eran criminales y que ellos intentaban por todos los medios convencer a Pablo para que se entregara.

El mismo día De Greiff recibió una nota de Juan Pablo que comenzaba así: «Preocupación, desesperación y angustia: eso es lo que sentimos en estos momentos de tanta confusión...». Juan Pablo insistía al fiscal general para que investigara los secuestros y los asesinatos de varios allegados a su familia, a quienes él consideraba víctimas del Bloque de Búsqueda y de Los Pepes. En la carta continuaba diciendo que el 5 de noviembre un amigo de la infancia, Juan Herrera —que también vivía en Altos del Campestre—, había sido raptado y que probablemente estuviera muerto, aunque aún no se hubiera encontrado el cadáver. El 8 de noviembre, el administrador del citado edificio, y un buen amigo de la familia, había sido raptado y asesinado, y el día 10, proseguía la carta, hombres encapuchados secuestraron a su maestro particular, a quien también se creía muerto. El día 15, continuaba Juan Pablo indignado, la policía intentó raptar a uno de nuestros chóferes. Diez hombres armados se le acercaron por sorpresa, pero el chófer respondió a tiro limpio y logró escapar. Juan Pablo instó a De Greiff a aclarar aquellos crímenes con la misma vehemencia que el Estado demostraba en la persecución de su padre, Pablo Escobar.

Juan Pablo se había tornado gradualmente más autoritario. Había asumido el papel de protector, portavoz y heredero del capo. Se sospechaba que, junto con el narco, había estado personalmente involucrado en un atentado dinamitero que había matado a altos mandos del Bloque de Búsqueda en diciembre del año anterior. Por otra parte, en las negociaciones con la fiscalía, Juan Pablo no perdía oportunidad de defender el honor de su padre. En noviembre de 1993 (cuando mantenía varias charlas diarias con el progenitor por radio), Juan Pablo intentaba dar forma a un acuerdo secreto con el fiscal general para lograr una rendición. Tal era el secreto que rodeaba al pacto que De Greiff no compartió la información ni con el presidente Gaviria ni con la embajada de Estados Unidos. En el acuerdo, el fiscal general accedía a varias de las condiciones de Pablo. A saber: *a*) transferir a su hermano Roberto de la celda de aislamiento a un pabellón de la cárcel de Itagüí donde varios otros miembros del cártel se hallaban presos; *b*) ingresar a Pablo allí mismo inmediatamente después de su rendición; *c*) permitirle veintiuna visitas familiares al año. El acuerdo se frustró por desavenencias en la salida de la familia Escobar de Colombia. Pablo insistía en que no se entregaría hasta que María Victoria y sus hijos estuviesen en un sitio seguro. De Greiff, en cambio, prometía ayudar a la familia Escobar solamente después de que Pablo se entregara.

Rumores de aquellas negociaciones llegaron a oídos de la embajada de Estados Unidos a principios de noviembre y fueron recibidas con gran inquietud. En un memorando fechado el 7 de noviembre, el agente Murphy de la DEA escribía:

Es obvio que si lo antedicho es cierto, y la BCO [Bogotá Country Office/embajada de Estados Unidos] no tiene dudas acerca de su veracidad, entonces el GDC [Gobierno de Colombia] y en particular la fiscalía no ha sido leal a la BCO ni al resto del personal norteamericano. Si Escobar llegase a acceder a la fecha de partida de su familia —la única condición que resta por resolver—, la entrega de Escobar a las autoridades colombianas podría ser inminente.

Dicha entrega era justamente lo que los norteamericanos, la PNC y los demás enemigos de Pablo deseaban evitar. Mientras su esposa e hijos hacían las veces de carnada y Los Pepes acechaban, aguardando el momento preciso, Pablo se encontraba aislado y desesperado. Si lograba que su familia saliera sana y salva de Colombia, nadie podía prever lo que sucedería. Libre del temor por el bienestar de los suyos, quizá Pablo se esfumase de la faz de la tierra y desapareciese de las pantallas de Centra Spike. El Gobierno colombiano temía una nueva racha de bombas en Bogotá y una fase aún más sangrienta de guerra total.

Pablo y De Greiff lograron por fin un acuerdo. El fiscal general decidió creer la solemne promesa de Juan Pablo, que aseguró que su padre se entregaría antes de la fecha límite del 26 de noviembre en la fiscalía o en Altos del Campestre. De Greiff comenzó a trazar los preparativos para sacar a la familia de Escobar del país.

Pero cuando el embajador Busby se enteró del viaje inminente, puso manos a la obra. El ministro de Defensa, Rafael Pardo, le aseguró que el Gobierno se oponía a que la familia de Pablo dejase Colombia, pero la pura verdad era que no había razones legales para evitarlo. Así que el Gobierno se concentró en lograr que les dieran con las puertas en las narices cualquiera que fuera el destino escogido. María Victoria había comprado billetes para Londres y Fráncfort. Y puesto que si decidían viajar a Inglaterra el vuelo haría escala en Madrid, el ministro Pardo contactó con los embajadores de los tres países, solicitando formalmente que se les denegase la entrada y, a ser posible, se los repatriara.

El fiscal general estaba desafiando abiertamente la autoridad del presidente. Había dejado sentada su negativa a que los Escobar fueran tratados como rehenes y, dado que oficial y legalmente él representaba a un «poder independiente», estaba dispuesto a ayudar a la familia a salir de Colombia y así consumar su trato con Escobar. Cuando se corrió la voz de que la familia pensaba afincarse en Canadá, Pardo se comunicó con el embajador de aquel país para pedirle que se les prohibiese la entrada. El Gobierno colombiano se hallaba dividido y el embajador Busby dio apoyo incondicional a Gaviria, tratando él mismo con los gobiernos en cuestión y consiguiendo las promesas oficiales de no admisión.

Al mismo tiempo que se libraba la batalla diplomática, De Greiff informó a la embajada norteamericana de que Pablo estaba en Haití. Por otra parte, según fuentes extraoficiales se supo que Pablo había logrado salir de Colombia. La embajada rastreó al informante de De Greiff y averiguó que se hallaba en Miami, estado de Florida; acto seguido envió al agente Peña de la DEA a corroborarlo. A la luz de los acontecimientos que tuvieron lugar en los días posteriores, aquel soplo parecía haber sido una estratagema, un esfuerzo más para distraer a las autoridades y crear la confusión suficiente para que la familia Escobar pudiera salir discretamente de Colombia. Pero si el plan de Pablo era mantener un perfil bajo para que la treta haitiana surtiera su efecto, los acontecimientos conspiraron para hacerle aparecer por todo lo alto una vez más en las ondas de radio de Medellín.

6

Kenny Magee, agente especial de la DEA, mantenía una relación amistosa con el jefe de seguridad de American Airlines en el aeropuerto internacional de El Dorado, Bogotá. El ex agente de policía de la pequeña ciudad de Jackson, Michigan, había llegado a la capital colombiana cuatro años antes, y en su juventud había tenido problemas con la asignatura de castellano. Magee recordó la conversación con su profesora:

—Jamás tendré que hablar ese idioma.

—Nunca se sabe —replicó ella.

Aquel sábado, 27 de noviembre, Magee se personó en el aeropuerto acompañado de dos coroneles de la PNC vestidos de paisano y de los agentes Murphy y Peña de la DEA. Magee había comprado plazas en ambos vuelos de la tarde, los mismos que habían escogido los familiares de Pablo. Los vuelos partirían con diez minutos de diferencia, pero nadie sabía cuál era el que la familia iba a tomar, así que Magee y sus acompañantes se metieron las tarjetas de embarque en los bolsillos y se sentaron a esperar que los parientes del capo aparecieran.

No fue difícil descubrirlos, pues los rumores de sus planes no habían llegado solamente a la PNC y a la embajada norteamericana. Cuando el avión que los transportó desde Medellín a Bogotá aterrizó pasado el mediodía, los Escobar se toparon con unas tres docenas de periodistas que los esperaban dentro de la terminal. La pequeña aeronave, un vuelo comercial regular, permaneció en la pista, alejada, hasta que todos los pasajeros excepto la familia Escobar descendieron del aparato. Miembros del destacamento de guardaespaldas de la fiscalía llevaron las maletas al autobús de Avianca que los esperaba con el motor en marcha. Detrás de ellos, una veintena de guardaespaldas armados como para librar una guerra escoltaban a la familia, que incluía a la oronda novia de Juan Pablo, una muchacha mexicana de veintiún años. Los cuatro viajeros se taparon la cabeza con chaquetas para evitar ser fotografiados, subieron al autobús y fueron conducidos a una entrada alejada del aeropuerto donde sin ser molestados podrían pasar las seis horas de espera que restaban hasta la partida del vuelo.

Cinco minutos antes de la salida del avión de Lufthansa que los sacaría de aquel infierno, la familia surgió de la estancia y, rodeada de guardaespaldas, cruzó la terminal. Todos llevaban la cabeza cubierta menos Juan Pablo, que amenazó a grito limpio a la banda de reporteros que los asediaban. Justo detrás, Magee y los policías colombianos los siguieron y tomaron sus asientos en *business class*. Era la primera vez que Magee veía de cerca a la familia: María Victoria era una mujer baja y rellenita que llevaba gafas y vestía de manera conservadora y elegante, y la diminuta Manuela, de ocho años, era una monada que no se despegaba de su madre. Juan Pablo y su novia, algo mayor que él, no permanecieron junto a la madre, sino que se sentaron por su cuenta. Magee llevaba puestos vaqueros, una camisa de manga larga y al hombro colgado un bolso cuyo interior alojaba una cámara de fotos oculta. Con ella comenzó a tomar fotografías de los Escobar a escondidas, mientras un periodista ambicioso se sentaba junto a Juan Pablo e intentaba entrevistarlo sin mucho éxito.

El avión hizo una breve escala en Caracas. El despliegue de seguridad era tan impresionante que Magee lo juzgó más digno de un primer mandatario. El vuelo a Fráncfort duró la noche del sábado y la mañana del domingo: nueve horas durante las que los Escobar casi siempre durmieron. Juan Pablo se hundió en su asiento y echó la cabeza hacia atrás, durmiendo y mirando el techo alternativamente, mientras su novia dormía con la cabeza sobre su hombro. En los otros dos asientos, Manuela descansaba acurrucada contra su madre. Cuando María Victoria hablaba con ella lo hacía en susurros.

Lo que la familia no sabía era que una hora antes de la partida de su vuelo, un portavoz del Ministerio del Interior alemán había enviado un comunicado en el que anunciaba que la familia Escobar tenía prohibida la entrada a la República Federal. La reacción no se hizo esperar. Poco después, Pablo, visiblemente enfadado, llamaba al Palacio Presidencial, echando a perder la cortina de humo de su fuga a Haití.

—Soy Pablo Escobar, quiero hablar con el presidente —le dijo a la operadora.

—Vale, espere, por favor, tengo que localizarlo —dijo la mujer, pero inmediatamente pasó la llamada a la PNC. Allí, un agente que actuaba como operador del palacio cogió la llamada y dijo—: No podemos encontrarlo, por favor llame en otro momento.

El agente creyó que no era más que una broma y colgó sin pensárselo dos veces. El teléfono volvió a sonar.

—Soy Pablo Escobar. Es necesario que hable con el presidente. Mi familia está volando a Alemania en este mismo momento. Necesito hablar con el presidente ahora mismo.

—Recibimos muchas llamadas de chiflados —dijo el agente—. Tenemos que verificar de algún modo que usted es quien dice ser. Nos llevará unos minutos dar con el presidente, así que por favor llame de nuevo en un par de minutos.

El policía informó a sus superiores de quién estaba llamando al palacio. El presidente Gaviria fue notificado, pero dijo que no hablaría con Escobar por teléfono. Y cuando Pablo llamó por tercera vez, aquellos que le perseguían desde hace meses rastrearon la llamada con sus equipos electrónicos.

—Lo siento, señor Escobar —dijo el agente—. No hemos podido encontrar al presidente.

Pablo se puso como loco. Insultó al agente y amenazó con hacer detonar un autobús lleno de explosivos frente al palacio y dinamitar edificios por todo Bogotá. Dijo que volaría por los aires la embajada germana y que comenzaría a cazar alemanes como represalia si se le negaba la entrada a su familia. Minutos más tarde profirió las mismas amenazas a la embajada de la República Federal Alemana y a las oficinas de Lufthansa en Bogotá.

Nadie había logrado localizar el origen de la llamada, pero no cabía duda de que Pablo aún se encontraba en Medellín.

El avión aterrizó en Fráncfort el domingo por la tarde y tuvo que rodar por la pista hasta un lugar desierto, lejos de los ansiosos periodistas que pululaban por toda la terminal. El presidente Gaviria ya había hablado telefónicamente con funcionarios de los gobiernos de España y de Alemania para que a los Escobar se les denegara la entrada en aquellos países. Les explicó que si la familia de Escobar lograba salir definitivamente de Colombia y asegurarse la residencia, aquello podía desatar una nueva y terrible ola de atentados con bombas por parte de Pablo. Una petición tal de parte de un jefe de Estado no era algo que una nación extranjera pasara fácilmente por alto. Además, poco tenían que ganar aquellas naciones si le facilitaban la entrada a la familia de un criminal tan notorio. Funcionarios del Ministerio del Interior alemán se acercaron hasta el avión en su propio automóvil para dar curso a los pasaportes (incluso los de Magee y sus pares colombianos). Luego todos fueron llevados a un despacho de la terminal internacional. María Victoria, que llevaba consigo ochenta mil dólares y una cantidad considerable de oro y de joyas, pidió hablar con un abogado, y se puso en contacto con uno. Sin perder tiempo solicitaron asilo político, y pasaron otra larga noche a la espera del fallo del juez.

En la terminal principal, Magee fue abordado por dos colegas de la DEA afincada en Alemania. Los tres norteamericanos decidieron quedarse juntos y ver qué ocurriría. El lunes por la mañana temprano, la petición de asilo fue rechazada.

Un grupo numeroso y bien armado de policías alemanes escoltó a la familia hasta un avión con destino a Bogotá, que había debido demorar su partida durante dos horas. La policía también obligó a tres hombres que tildaron de «matones» a que se subieran al avión: eran los guardaespaldas personales de la familia. Magee subió de un salto a un coche y se alejó de la terminal en dirección al avión acompañado de cuatro agentes de la policía de inmigración alemana, que vigilarían a los Escobar hasta asegurarse de que regresaran a Colombia. El agente de la DEA se sentó cerca de la familia, unas dos filas más adelante y al lado opuesto del pasillo. Luego, durante el largo trayecto de regreso, se unió a los policías alemanes en la sección de fumadores de la nave. Allí se enteró de que éstos le habían retirado los pasaportes a la familia, y estuvieron de acuerdo con que Magee fotografiara los documentos. Magee extendió los pasaportes encima de la estrecha pila de unos de los lavabos y tomó una foto de cada. Al abrir la puerta para salir, mientras se metía los pasaportes en los bolsillos, se topó con Juan Pablo que aguardaba de pie en el pasillo. Magee se sobresaltó, pero resultó que el joven, como cualquier otro pasajero, solamente deseaba usar el servicio.

Tanto él como los demás miembros de la familia estaban exhaustos; habían pasado el fin de semana subiendo y bajando de aviones y no habían logrado nada. Así pues, el vuelo de Lufthansa aterrizó en territorio colombiano y la familia de Pablo fue puesta en manos de las autoridades colombianas una vez más. Magee revisó los asientos que la familia había ocupado y encontró varios sobres grandes en los que se habían escrito cifras importantes, dos tarjetas de crédito y una nota que habían dejado atrás y que decía en inglés: «Tenemos un amigo en Fráncfort. Dice que nos espera para ayudarnos [...]. Decidle que se ponga en contacto con Gustavo de Greiff». Magee dedujo que se trataba de una nota que los Escobar esperaban entregar a alguien en el aeropuerto alemán, pero ni siquiera habían podido llegar a la terminal.

La familia pasó a disposición de las autoridades. En ese momento el ministro de Defensa dio una orden terminante a De Greiff para que se les quitara toda protección. La familia de Pablo fue escoltada por la PNC hasta el Hotel Tequendama, de Bogotá, un complejo moderno que además consta de tiendas y una torre de apartamentos. Harta, exhausta y amedrentada, María Victoria le suplicó al Gobierno que no la enviara de nuevo a Medellín, que la enviaran a cualquier país del mundo, pero que no la retuvieran en Colombia. Afirmó que estaba harta de los problemas de su marido y que sólo quería vivir en paz con sus hijos.

Poco después de que el contingente llegara al hotel, sonó el teléfono de la habitación. Era Pablo que le quería dar un mensaje conciso a su hijo:

—Quédate allí. Presiona a las autoridades para que os dejen marchar al exterior. Llama a organizaciones de derechos humanos, a las Naciones Unidas, a quien sea...

Y como si quisieran apretarle aún más las clavijas al fugitivo, Los Pepes esperaron justamente hasta la llegada de la familia de Pablo para hacer público otro comunicado. En él afirmaban que durante bastante tiempo habían respetado los deseos del Gobierno y que ahora reanudarían los atentados y asesinatos contra Pablo Escobar.

El capo respondió con evidente amargura. El 30 de noviembre escribió una carta a mano dirigida a aquellos que según sus sospechas formaban el grupo paramilitar. Entre los destinatarios se encontraban el coronel Martínez y «los efectivos de la DIJIN en Antioquia» (el Bloque de Búsqueda), Miguel y Gilberto Rodríguez Orejuela, supuestos jefes del cártel de Cali, y Fidel y Carlos Castaño. En dicha carta Pablo acusaba al Gobierno de hipócrita y de cebarse en su familia.

Luego se quejó de que no se respetaba ninguno de sus derechos: «He sufrido diez mil redadas y vosotros ninguna. Se me han confiscado todos mis bienes, los vuestros no han sido tocados. Vuestras cabezas nunca tendrán precio, porque el Gobierno nunca aplicará una justicia anónima y salvaje a policías terroristas y criminales». Selló la carta con la impresión de su pulgar y la envió a los pocos testaferros que aún le quedaban para que la hicieran pública.

A aquellas alturas del conflicto, las lamentaciones de Pablo sonaban a gloria a sus perseguidores. Finalmente tenían a la familia de Pablo donde querían: lejos de la protección del fiscal general De Greiff. Y a los ojos de Pablo, eso significaba estar a merced de Los Pepes. Todos sabían que la situación de su familia acabaría por desquiciar a Pablo. La policía del hotel informó que oyeron a Manuela cantando un villancico mientras caminaba por el hotel vacío (cuando los huéspedes se enteraron de la presencia de la familia Escobar hubo un éxodo masivo). Manuela había cambiado el estribillo original por uno propio que acababa con «Los Pepes quieren matar a mi padre, a mi familia y a mí».

7

Posteriormente al exitoso rastreo y operación contra Zapata, el coronel le concedió a Hugo unos días para visitar a su mujer y a sus hijos en Bogotá. Pero después de pernoctar la noche del sábado en su hogar, comenzó la saga de la familia Escobar y su intento de quedarse en Alemania. María Victoria y los niños se encontraban hospedados en el Hotel Tequendama, y el coronel sabía que Pablo los llamaría. El coronel ordenó que Hugo y sus hombres regresaran de inmediato al cuartel general. Fueron decepciones para Hugo haber pasado únicamente el sábado con su familia y quedarse sin vacaciones, pero también le entusiasmó la noticia. Su éxito reciente le había vuelto a dar confianza, y no había duda de que Pablo volvería a aparecer en sus monitores en los próximos días.

El coronel Martínez tomó las medidas necesarias para no dejar escapar aquella oportunidad. Por ello, y por desconfiar de sus colegas en Bogotá, colocó a alguien de su plena confianza en la centralita del complejo del hotel. El agente había sido compañero de su hijo en la sección de inteligencia, y había vivido durante un tiempo en Tequendama. Todas las llamadas del hotel pasaban necesariamente por centralita, así que se concibió una manera de avisar a Hugo cuando se sospechara la llamada de Pablo. El método consistía en demorar al pasar la llamada a la habitación de María Victoria o acaso desviarla a una habitación equivocada o lo que fuera necesario para poder avisar a Hugo. De aquel modo, los operadores aéreos y los de tierra podrían comenzar a rastrear antes incluso de que comenzara la charla.

Pablo se lo puso fácil: en los cuatro días siguientes llamaría al hotel seis veces. Y aunque las primeras conversaciones fueron muy cortas —Pablo quería saber cómo resistía la familia la presión y recordarle a Juan Pablo que siguiera intentando sacar a la familia de Colombia—, Centra Spike logró localizar el origen de la señal en un barrio de clase media de Medellín llamado Los Olivos; un barrio de casas de dos plantas y algunos edificios de oficinas ubicado cerca del estadio de fútbol local. Por su parte, Pablo hacía todo lo posible para dificultar la tarea de sus enemigos. Él sabía que todas sus llamadas estaban siendo rastreadas por lo que hablaba desde el asiento trasero de un taxi en movimiento. Utilizaba un radioteléfono de alta potencia que emitía a través de un potente transmisor que sus hombres trasladaban de un lado a otro constantemente.

En la tercera semana de noviembre, más de un mes después de la afortunada huida de Aguas Frías, el capo había fijado su residencia en una casa en la calle 79, precisamente en el número 45D-94; una vivienda de ladrillos, de dos plantas, sencilla y con una palmera achaparrada enfrente. Era una de sus muchas propiedades en la ciudad: Pablo siempre había llevado recortes de la página de ofertas inmobiliarias en su agenda, y constantemente compraba y vendía escondites, y antes de ocuparlos los hacía amueblar y reformar (instalaba un baño nuevo). De aquel modo se sentía «en casa» aunque de hecho no tuviera una. A Pablo no le molestaba saber que cada vez que hablaba lo escuchaban el Gobierno colombiano y los gringos, con sus aviones espías y sus recursos de alta tecnología. No le molestaba, hacía años que vivía con ello. Así que lo utilizaba a su favor sembrando desinformación para mantener a aquellos tontos corriendo de un lado a otro, en cualquier dirección menos en la correcta. El juego no consistía en que no escucharan sus llamadas —eso era imposible—, sino evitar ser localizado. El taxi que utilizaba como cabina telefónica portátil, era conducido por su único guardaespaldas y compañero, Alvero de Jesús, alias *Limón*. El taxi amarillo solía estar siempre aparcado en la calle frente a la casa.

Por las conversaciones telefónicas y las cartas que había escrito en los últimos meses, era evidente lo encolerizado que se encontraba debido a las circunstancias y los poderes que constreñían sus movimientos. Pero también había algo de orgullo en todo aquello. El mismo hombre que había posado disfrazado de Pancho Villa y de Al Capone era el hombre más buscado del mundo y lo había sido durante los últimos dieciséis meses (y más de tres años si se tiene en cuenta la primera guerra). A pesar de la carnicería que había originado y de los muchos millones que se habían gastado para dar con él, aún estaba vivo y aún andaba suelto. Muchos querían verlo muerto: los gringos, sus rivales del cártel de Cali, y los lacayos de éstos, el Bloque de Búsqueda y Los Pepes. Según huía por Medellín de guarida en guarida, lo único que lo consolaba era la gente sencilla de su ciudad natal que aún creía en él. Todavía lo llamaban el Doctor o el Patrón. Aún recordaban los proyectos de viviendas y los campos de fútbol que había construido, las donaciones a la Iglesia y la caridad. Era la misma gente que sentía muy poco aprecio por el Gobierno y sus fuerzas de seguridad, para Pablo un peligro cada día más cercano. Y aunque su organización había sido diezmada y tantos amigos habían muerto o estaban encarcelados, Pablo todavía creía que podía enderezar aquel entuerto, y que entonces, ajustaría las cuentas pendientes. Juan Pablo le había dicho con desprecio al fiscal general unos meses atrás que su padre ya se estaba encargando de aquellos que andaban tras él, y que el destino diría quién encontraría a quién antes. Los enemigos de Pablo Escobar, pues, lamentarían el día en que lo traicionaron, y él podría volver con su familia. Vivir la vida que tan implacable y despiadadamente había ansiado: ser un señor, el acaudalado y respetado don Pablo, el paladín de los pobres, defensor de la fe y terror de las calles.

Pero antes tenía que poner a salvo a María Victoria y a los niños. ¿Por qué era un crimen cuando Pablo secuestraba y mataba a sus enemigos, y justicia cuando era la policía quien secuestraba y mataba a sus familiares y amigos? Su familia estaba en peligro, y eso era responsabilidad de él. Cualquier daño que sufrieran los suyos le causaría un dolor terrible, pero también sería la peor de las afrentas, porque si Pablo Escobar ni siquiera podía proteger a su familia, sus amigos y enemigos sabrían que estaba acabado. Hacía un año y medio que no los veía.

Juan Pablo había asumido las responsabilidades de la crisis, y cada día el capo dependía más de su hijo para proteger a María Victoria y a Manuela. Tenía que sacarlos de Colombia no sólo para protegerlos, sino para sentir que tenía las manos libres.

Con su familia en un lugar seguro, él podría devolverles a sus enemigos todo el dolor que quisiera. Una campaña de dinamita y asesinatos que pondrían al Gobierno de rodillas y echaría a correr como ratas a los advenedizos de Cali. Ya lo había hecho antes, y sabía perfectamente bien cómo arrancar sangre a la elite de Bogotá; cómo forzarlos a una guerra tan cruel, cuyo horror los haría desistir. Lo había llevado a cabo hace tres años, cuando le suplicaron que dejara de asesinar y le ofrecieron lo que él quisiera con tal de detenerle. Así volvería a ser quien era.

Hugo rastreó la primer llamada que Pablo hiciera al Hotel Tequendama el lunes y el resultado no dio en el blanco. Sin embargo, el martes los puestos de escucha de Centra Spike y del Bloque de Búsqueda cuyas antenas vigilaban desde las colinas que rodeaban Medellín fijaron el origen de la señal en el barrio de Los Olivos. El coronel sabía que faltaba poco. Lo primero que hizo fue pedir autorización para acordonar las quince manzanas, más o menos todo el barrio, y luego registrar las casas puerta por puerta. Pero se le negó el permiso, fundamentalmente porque Santos, de la Fuerza Delta, y otros de la embajada opinaron que no funcionaría: Pablo era un experto en esfumarse pese a cercos como aquél. Rodear el barrio sólo le advertiría de la presencia de policías y militares, así que el coronel infiltró discretamente, poco a poco, a cientos de hombres en el barrio de Los Olivos.

Hugo se ocultó con otros treinta y cinco policías y sus vehículos en un aparcamiento cuyos altos muros imposibilitaban la vista desde la calle. Escuadrones similares se hallaban recluidos en otros apartamentos del barrio. Esperaron toda la noche del martes hasta el miércoles. Tuvieron que mandar a pedir la comida y había un solo retrete para todos los hombres. Hugo, se pasó prácticamente todas aquellas horas metido en su coche, esperando que Pablo volviera a llamar. Comió y durmió en el coche. El miércoles, 1 de diciembre, Pablo volvió a llamar y habló durante bastante tiempo con su hijo, su mujer y su niña; todos ellos le desearon un feliz cumpleaños. Acababa de cumplir cuarenta y cuatro años y lo celebró con marihuana, una tarta y un poco de vino.

Hugo salió a toda prisa del aparcamiento en busca de la señal y descubrió que el origen era un punto en medio de la calle, cerca de una rotonda de tráfico. La conversación acababa de terminar, pero no había nadie allí. Hugo estaba seguro de que su aparato no había fallado. Seguramente Pablo había estado hablando desde un coche en movimiento. Hugo regresó al aparcamiento descorazonado y sus hombres se desilusionaron una vez más. Permaneció allí hasta las ocho de la mañana del jueves, cuando su padre dio la orden de regresar al cuartel general, darse un baño y descansar. Hugo llegó a su apartamento en Medellín, se duchó, se echó en la cama y cayó dormido.

Aquel jueves 2 de diciembre de 1993, Pablo se despertó, como solía, un poco antes del mediodía. Comió un plato de espagueti y echó su grueso cuerpo de nuevo en la cama; pero esta vez con el teléfono inalámbrico. Siempre había sido un hombre pesado, pero en su vida de prófugo había aumentado unos diez kilos, y todos en la zona abdominal. Lo cierto es que *fugitivo* no describe la vida de Pablo con precisión. La mayor parte del día la pasaba tirado en la cama, comiendo, durmiendo y hablando por radioteléfono. Contrataba a prostitutas, la mayoría adolescentes, para matar el tiempo. No se podía comparar con las espléndidas orgías que montara en el pasado, pero su dinero y su notoriedad todavía le permitían ciertos lujos. Ya no encontraba vaqueros de su talla, y los que podía abotonarse alrededor del perímetro creciente de su tripa tenían de más unos quince centímetros de pierna. Los largos vaqueros celestes que se había puesto aquel día habían sido vueltos dos veces. Llevaba chanclas y un polo azul suelto.

Pablo era propenso a los desórdenes gástricos y quizás aquel día estuviera sufriendo los excesos de la velada de cumpleaños. Las otras dos personas que solían estar con él, su mensajero Jaime Rúa y su tía y cocinera, Luz Mila, habían salido después de prepararle el desayuno. A la una, Pablo intentó varias veces llamar a su familia haciéndose pasar por un periodista de radio, pero el operador de la centralita del Tequendama, siguiendo las advertencias del coronel Martínez, le contestó que había recibido órdenes de no pasar llamadas de periodistas. Le dijeron que no colgase y, después, que volviera a llamar. En el tercer intento Pablo «consiguió» hablar brevemente con Manuela, María Victoria y finalmente su hijo.

María Victoria habló entre sollozos. Se sentía deprimida y pesimista.

—Qué resaca, mi amor —comentó Pablo categóricamente, pero ella no dejaba de llorar—. Sí, todo esto es insoportable, ¿qué piensas hacer?

—No lo sé.

—¿Qué dice tu madre?

—Era como si se hubiera desmayado —dijo María Victoria explicando la reacción de su madre al verlos partir el viernes hacia Alemania—. No me ha llamado. Le dije adiós y después...

—¿Todavía no has hablado con ella?

—No, está tan nerviosa —explicó María Victoria; todos los asesinatos del año anterior casi la habían matado de pena.

376

A Hugo lo despertó una llamada del coronel:

—¡Pablo está hablando! —exclamó. Y el alférez, algo cansado de la rutina, se vistió y salió hacia el aparcamiento donde los otros hombres también se estaban reuniendo.

—¿Y qué piensas hacer? —le preguntó Pablo cariñosamente a su mujer.

—No lo sé, esperar a ver qué pasa. A saber adónde nos llevan, creo que va a pasar algo.

—¡No!

—¿No? —preguntó María secamente.

—¡Eh, no me hables así! Dios santo…

—¿Y tú qué?

—Aaah… —exclamó Pablo pensativo.

—¿Y tú?

—¿A qué te refieres?

—¿Qué vas a hacer tú?

—Nada… ¿Qué necesitas? —preguntó para evitar hablar de él mismo.

—Nada —contestó su mujer.

—¿Qué quieres?

—¿Me lo preguntas en serio? —dijo ella con pena.

—Bueno, si necesitas algo llámame, ¿vale?

—Vale.

—No te olvides de llamarme. No te puedo decir mucho más. ¿Qué más puedo decirte? He hecho lo que debía, ¿no?

—Pero ¿cómo estás tú? ¡Ay, Dios, no tengo ni idea de cómo estás!

—Hay que seguir. Piénsalo bien —respondió Pablo, como sugiriendo que estaba a punto de rendirse—. Falta muy poco, ¿no es cierto?

—Sí —suspiró su mujer sin entusiasmo alguno.

—Piensa en tu hijo también, y en todo lo demás, y no decidas nada demasiado rápido. ¿Vale?

—Sí.

—Llama a tu madre otra vez y pregúntale si quiere que te vayas con ella o qué.

—Vale.

—No te olvides de que puedes llamarme al «busca».

—Vale —dijo María Victoria.

—Vale —dijo Pablo.

—Adiós.

—Hasta luego.

El que habló después fue Juan Pablo. Un periodista le había entregado una lista de preguntas que su padre debía contestar. Cuando Pablo se encontraba en un aprieto solía utilizar a los medios para hacer llegar sus mensajes y hacer saber sus condiciones. Otras veces, cuando estaba disgustado con esos mismos medios, directamente mandaba a matar a directores y a periodistas por igual. Juan Pablo quería que su padre lo aconsejara acerca de cómo contestar al cuestionario.

—Mira que esto tiene importancia en Bogotá —aclaró Pablo.

—Sí, sí.

Pablo sugirió que quizá pudiesen vender los derechos del reportaje a publicaciones extranjeras, lo que les daría la oportunidad de hacer conocer las dificultades a las que se enfrentaban y quizás así encontrar un país que los acogiera. De momento, Pablo solamente quería oír las preguntas, luego llamaría para ayudar a su hijo a contestarlas.

—Esto también es publicidad —explicó Pablo—, explicarles las razones y otros asuntos. ¿Entiendes? Tienen que estar bien contestadas y bien organizadas.

—Sí, sí —dijo el hijo y leyó la primera pregunta—: «Cualquier país que los acoja exige como condición la rendición inmediata de su padre. ¿Estaría dispuesto su padre a entregarse si usted y su familia reciben asilo en algún lugar?»

—Sigue.

—La próxima es: «¿Estaría su padre dispuesto a entregarse antes de que les concedieran a usted y su familia el asilo en el extranjero?».

—Sigue.

—Hablé con el periodista y me dijo que si había preguntas que no quisiera contestar que no me preocupara, y que si quería agregar alguna que lo hiciera.

—Vale, la siguiente.

—«¿Por qué cree que varios países le han denegado la entrada a su familia?» ¿Sí?

—Sí.

—«¿A qué embajadas ha acudido en busca de ayuda para dejar Colombia?»

—Vale.

—«¿No piensa usted en la situación de su padre, un hombre al que se le acusa de innumerables crímenes, asesinatos de figuras políticas, un hombre de quien se dice que es el mayor narcotraficante del mundo...?» —Juan Pablo dejó de leer.

—Sigue.

—Pero son muchas, unas cuarenta.

Pablo dijo que llamaría a lo largo del día:

—Quizá me pueda comunicar por fax.

—No —dijo Juan Pablo aparentemente juzgando el uso del fax demasiado peligroso.

—No, ¿eh? Vale, vale. Buena suerte —concluyó Pablo y cortó.

Hugo y sus hombres no habían llegado a reunirse a tiempo para localizar la señal, pero los puestos de rastreo fijos de Centra Spike y el Bloque de Búsqueda habían triangulado sus lecturas y calculado que provenían de Los Olivos, el mismo barrio del que la señal había salido antes. La unidad de Hugo volvió a su escondrijo y esperó que Pablo hiciese la llama-

da que había prometido. Si Pablo iba a contestar a cuarenta preguntas iba a estar al teléfono un buen rato.

—Cuántas son —dijo Pablo temiendo que la llamada fuera a ser demasiado larga. Había llamado a las tres en punto.

—Un montón —comentó Juan Pablo—. Unas cuarenta más o menos.

Juan Pablo le fue pasando las preguntas del periodista. La primera trataba de qué condiciones harían falta para que su padre se entregara.

—Dile que tu padre no se puede entregar a menos que garanticen su seguridad.

—Vale.

—Y lo apoyamos plenamente...

—Vale.

—... por encima de cualquier otra consideración.

—Sí.

—Mi padre no se va a entregar antes de que nos hayamos afincado en otro país, ni mientras la policía en Antioquia...

—La policía y el DAS serían mejores —interrumpió Juan Pablo—, porque el DAS también está buscándote.

—No, sólo la policía.

—Ah, vale.

—... ni mientras la policía en Antioquia...

—Sí.

—Vale, cambiémoslo por «las fuerzas de seguridad en Antioquia...».

—Sí.

—... sigan secuestrando...

—Sí.

—... torturando...

—Sí.

—... y masacrando en Medellín.

—Bien, ya está.

—Vale, la siguiente.

Inmediatamente después de que su amigo el operador de la centralita del hotel le hubiese avisado, Hugo ya había salido del aparcamiento en pos de la señal. Pablo acababa de llamar. Habían reconocido la voz enseguida y seguía haciéndose pasar por un periodista. Según las instrucciones, lo hicieron esperar y luego lo comunicaron.

Todos los hombres del aparcamiento siguieron a Hugo y el resto del Bloque de Búsqueda salían de dondequiera que se estuvieran ocultando. Hugo se sentía a la vez entusiasmado y nervioso: los que le seguían eran efectivos de su padre, policías experimentados y veteranos. Desde que encontrara a Zapata, el Bloque de Búsqueda lo despreciaba un poco menos, pero Hugo sabía que si fallaba de nuevo con todos aquellos hombres a su mando nunca más lo tomarían en serio.

El pitido de sus audífonos y las ondulaciones de la pantalla llevaron a Hugo a un edificio de oficinas a pocas calles del aparcamiento. Hugo no dudaba de que Pablo estaba hablando desde allí con su hijo. Indicó dónde y como un rayo la fuerza de choque irrumpió destrozando la puerta principal y desplegándose velozmente por todo el edificio.

Pablo seguía hablando como si nada, tranquilamente. Hugo no daba crédito: ¿cómo pudo fallar su detector? Evidentemente no se encontraba en el edificio que los policías acababan de ocupar. Sintió pánico. Respiró hondo un par de veces para recobrar la calma y reconoció que mientras Pablo siguiera hablando se lo podía encontrar. Sentado en el asiento del acompañante de la furgoneta Mercedes Benz, Hugo cerró los ojos por un instante y volvió a escrutar la pantalla con sumo cuidado, fue en esa segunda mirada cuando vio el levísimo pico en la línea verde y horizontal de la pantalla. La línea ocupaba la pantalla entera, lo que significaba que el origen de la señal era inmediato, pero la ínfima ondulación indicaba algo más. Por experiencia Hugo sabía que esa variación indicaba una señal rebotada, pero era tan imperceptible que se la había pasado por alto. Cuando una señal rebotaba sobre la superficie del agua, la línea verde culebreaba, pero allí no había culebreo alguno.

—¡Aquí no es! —gritó Hugo por la radio—. ¡Vámonos!

A su izquierda Hugo reparó en una zanja de desagüe paralela a la calle en la que se encontraban: el agua corría lentamente a lo largo de un profundo canalón de cemento. Para cruzar al otro lado, de donde provenía la señal, el chófer tendría que subir un par de manzanas, girar a la izquierda y luego cruzar un puente. Tras pasar al otro lado del canalón, Hugo vio que sólo un coche lo había seguido. Una de dos, o no lo habían oído o lo estaban ignorando.

Mientras tanto, Pablo continuaba conversando con su hijo.

Juan Pablo repitió la pregunta de por qué tantos países le habían denegado la entrada a él y a su familia.

—Esos países nos han negado la entrada porque no conocen toda la verdad —dijo Pablo.

—Sí —respondió Juan Pablo mientras tomaba notas.

—Vamos a golpear las puertas de las embajadas de todo el mundo porque estamos dispuestos a luchar sin descanso —dijo Pablo y continuó—: porque queremos vivir y estudiar en otro país, sin guardaespaldas y a ser posible con identidades distintas.

—Ah, para que lo sepas, recibí una llamada de un periodista que sostenía que el presidente Alfredo Christiani de Ecuador, no, creo que es El Salvador...

—¿Sí? —lo apremió Pablo, consciente de que la conversación había durado varios minutos.

Veinte segundos era la norma. Pablo miró hacia la calle y a los coches que pasaban mientras escuchaba.

—Pues ha ofrecido darnos asilo. Oí el comunicado... El periodista me lo leyó por teléfono.

—¿Ah, sí?

—Dijo que si de algún modo ayudaba a pacificar el país, estaba dispuesto a darnos asilo, porque muchos países del mundo reciben a dictadores y a personas malvadas, ¿por qué no iba su país a recibirnos a nosotros?

—Bueno, pero ya veremos, porque ese país está un poco escondido.

—Pero al menos es una posibilidad y lo ha dicho el presidente.

—Mira, respecto a El Salvador...

—¿Qué?

—En caso de que pregunten, diles que la familia agradece las palabras del presidente, y que todo el mundo sabe que él ha llevado la paz a su país.

—Vale.

Pablo se quedó mirando por la ventana. Cuando Juan Pablo le leyó la pregunta acerca de las experiencias de la familia mientras estuvo bajo la protección del Gobierno, su padre le dijo:

—Ésa respóndela tú.

—«¿Quién pagó la manutención y el alojamiento, ustedes o la fiscalía?»

—¿Y quién los pagó?

—Nosotros —dijo Juan Pablo—. Pues, también había alguna gente de Bogotá a los que les pagaban [De Greiff], pero nunca lo gastaban todo porque nosotros comprábamos la comida, los colchones, los desodorantes, y casi todo.

Juan Pablo recitó un par de preguntas más pero su padre cortó abruptamente la conversación:

—Dejémoslo ahí.

—Sí, vale —dijo Juan Pablo—. Buena suerte.

—Buena suerte.

Según el detector, la señal provenía de un sitio que estaba justo delante de él. En la pantalla, la línea se alargaba y el pitido de sus audífonos se hacía más intenso a medida que subían por la calle. Continuaron hasta que la señal llegó al máximo y luego comenzó a perder algo de fuerza, así que dieron la vuelta y volvieron en sentido contrario más lentamente. La línea verde se alargó una vez más hasta tocar los bordes de la pantalla.

Hugo y su compañero se encontraban frente a una hilera de casas de dos plantas. Nadie podía saber en cuál se encontraba Pablo. Varias veces subieron y bajaron por la calle. Hugo dejó de fijarse en la pantalla y comenzó a observar las casas detenidamente, una por una.

Y entonces lo vio. Era un hombre gordo asomado a la ventana de la segunda planta. Llevaba el pelo negro, rizado y largo, y barba. Como una descarga de alto voltaje, lo que vio dejó a Hugo seco. Sólo había visto a Pablo en fotos y, salvo el bigote, siempre había estado bien afeitado, pero la policía sabía que se había dejado crecer la barba, y además hubo algo de la visión del hombre de la ventana que hizo que Hugo lo viera todo muy claro: el tipo estaba hablando por teléfono contemplando desde arriba el tráfico de la calle. El hombre se metió de pronto en la casa. Hugo creyó ver un gesto de sorpresa.

La cara de Pablo Escobar tomó forma lentamente en el cerebro de Hugo y por un segundo se sintió confuso e incrédulo: ¿Por qué justamente él? ¡Pero había sido él quien lo había encontrado!

Años de lucha, cientos de vidas perdidas, miles de redadas inútiles, incontables millones de dólares, de pistas falsas y de horas y hombres, todas las meteduras de pata, los fallos, las falsas alarmas... y allí estaba. Por fin. Un solo hombre en un país de treinta y cinco millones de habitantes, una tarea literalmente más difícil que la de encontrar aguja en pajar. Hugo había encontrado a ese hombre rico, despiadado y disciplinado, que por sí solo había tenido en su puño al submundo criminal de su país durante casi dos décadas; un hombre que, en aquella urbe de millones, era adorado como una leyenda. Hugo sacó medio cuerpo por la ventana y le gritó al segundo vehículo:

—¡Ésta es la casa!

La vivienda se encontraba a mitad de la manzana. Hugo sospechó que la furgoneta blanca recorriendo lentamente la calle habría asustado a Pablo, así que le ordenó a su compañero que condujera hasta la esquina. A gritos por la radio pidió que lo comunicaran con su padre.

—¡Lo tengo localizado! —le dijo Hugo a su padre.

El coronel Martínez supo que era cierto. Ésas eran las tres palabras que no había oído nunca. Y supo que Hugo no las hubiera dicho si no lo hubiese visto con sus propios ojos.

—Está en aquella casa —había dicho su hijo.

Hugo le explicó a su padre que únicamente él y otro vehículo estaban en posición. Estaba seguro de que Pablo los había visto y que sus pistoleros no tardarían en llegar. Hugo quería salir de allí cuanto antes.

—¡No te vayas a mover de allí! —sonó el trueno de la orden del coronel a su propio hijo—. Parapétense delante y detrás de la casa y no lo dejen salir.

El coronel avisó a todas las unidades que se encontraban en la zona, inclusive aquellas que todavía seguían destrozando las puertas del edificio a pocas calles de allí.

Los dos compañeros de Hugo saltaron del coche y se colocaron a ambos lados de la puerta principal. Hugo dio la vuelta con la furgoneta y entró por el callejón, contando las casas dio con la parte trasera de la de Pablo. Muertos de miedo pero con las armas cargadas, esperaron.

Fueron unos diez minutos.

La puerta principal era pesada, de hierro. Martín, uno de los tenientes asignado al equipo de asalto del Bloque de Búsqueda, se plantó, alerta, mientras sus hombres golpeaban la puerta con una pesada masa de acero. Martín no se había puesto el chaleco antibalas aquel día, y durante unos segundos, mientras la masa percutía contra la puerta, sintió la ansiedad del arrepentimiento. Fueron necesarios varios golpes para derribar la puerta que los separaba de Pablo.

Martín entró corriendo en la casa, seguido de cinco hombres de su unidad. De inmediato comenzaron a sonar los disparos. En medio del barullo y la confusión, Martín hizo una veloz composición de lugar: planta baja... vacía como un garaje..., taxi amarillo al fondo..., escalera hacia la segunda planta... Al subir las escaleras, uno de los hombres tropezó y todos sus compañeros se detuvieron en seco: pensaron que le habían disparado.

Limón saltó desde la ventana de atrás al tejado apenas el equipo de asalto hubo irrumpido por el frente. La vivienda constaba de un tejado posterior rodeado de tres muros, y por la construcción misma de la casa se podía acceder a él dando un brinco de unos tres metros desde la ventana posterior. Limón saltó, cayó sobre las tejas y comenzó a correr, al punto los hombres del Bloque de Búsqueda desplegados en el callejón detrás de la casa abrieron fuego. Docenas de hombres con armas automáticas se habían apostado a todo lo largo de la calle, algunos de ellos de pie encima de sus vehículos para mejorar su posición de fuego. Un tirador incluso había trepado al tejado de la casa contigua.

Limón recibió varios impactos mientras corría, y su propia inercia, unida a la de los disparos, hizo que cayera del tejado al césped.

El segundo en salir fue Pablo. Se detuvo para quitarse las

chanclas de dos patadas y luego saltó al tejado. Tras ver lo que le había sucedido a Limón, se mantuvo junto a uno de los muros, el cual le ofrecía algo de protección. El agente apostado en la casa de al lado no tenía el campo libre como para disparar, así que hubo una pausa en el tiroteo mientras Pablo se deslizaba hacia el callejón con la espalda pegada al muro. Ninguno de los policías en la calle podía verlo, pero al llegar al final del muro, Pablo reconoció su oportunidad.

Se dirigió hacia la cimera del tejado, con la intención de saltar y guarecerse al otro lado. La andanada de disparos fue atronadora, y antes de llegar a la cimera, Pablo cayó tendido boca abajo, desplazando varias tejas.

Pero los disparos continuaban. El equipo de Martín, que aún se encontraba dentro de la casa, comprobó que la primera planta estaba vacía. El teniente asomó la cabeza para echar un vistazo al tejado, atisbó un cuerpo, pero una nueva andanada de disparos hizo que tuviera que esconderse rápidamente otra vez. Los seis hombres se echaron cuerpo a tierra a esperar mientras los innumerables proyectiles que entraban por la ventana taladraban las paredes y el techo. Martín creyó que era el blanco de los guardaespaldas de Pablo y chilló por su radio: «¡Socorro! ¡Socorro! ¡Necesitamos que nos cubran!».

En la calle y el callejón posterior todo el mundo estaba disparando hasta vaciar los cargadores y los mordiscos de los impactos iban deshaciendo rápidamente los muros que rodeaban el tejado donde yacía Pablo. A los hombres del Bloque de Búsqueda les llevó varios minutos darse cuenta de que ellos eran los únicos que estaban disparando, y finalmente los disparos cesaron.

El tirador del tejado gritó: «¡Es Pablo! ¡Es Pablo!». Y los hombres subieron a ver. Alguien encontró una escalera y la colocó debajo de la ventana desde la que habían saltado Limón y el capo y por ella bajaron los del equipo de asalto. El mayor Aguilar levantó el cadáver por el hombro y le dio la vuelta. La cara ancha y barbuda estaba hinchada, salpicada de humores, y coronada por una mata de rizos negros que chorreaban sangre. El mayor cogió la radio y habló directamente con el coronel Martínez, con tanto entusiasmo que hasta los efectivos que llenaban la calle lo pudieron oír:

—¡Viva Colombia! ¡Hemos matado a Pablo Escobar!

LAS SECUELAS

Según los policías allí presentes, al cruzar corriendo el tejado Pablo recibió los impactos de los hombres que disparaban desde el callejón y del mayor Hugo Aguilar, que se había subido al tejado de la casa contigua. El teniente Hugo Martínez, que observaba desde la calle, dijo que Pablo salió chillando: «¡Policías, hijos de puta!».

Habría sido un final digno de él, y hasta quizá sea cierto. Pero después de muchos años viviendo a la fuga, Pablo Escobar nunca se había enfrentado a tiros con sus perseguidores: siempre huyó. Su reacción habitual cuando la policía le caía encima era desaparecer por la puerta trasera o, como en este caso, por la ventana, y cuanto más rápido mejor. Nunca había intentado emprenderla a tiros pues sabía lo inútil —de hecho, fatal— que había resultado para tantos de sus sicarios. Es posible que Pablo se diera cuenta de que estaba rodeado y que, habiendo visto morir a Limón, decidiera jugársela y defender su vida a disparos. Sin embargo, que Pablo hubiera salido a tiro limpio, como el malo de una película de vaqueros, habría tenido muy poco que ver con el Pablo real.

La autopsia reveló que Pablo recibió tres disparos. Uno atravesó su pierna derecha; entró por detrás algo más arri-

391

ba de la articulación y salió por delante de la extremidad unos cinco centímetros por debajo de la rótula. Otro proyectil lo alcanzó en la espalda por debajo del omóplato derecho y se alojó en el cuerpo. El tercer disparo dio en el centro de su oreja derecha y el orificio de salida se abrió unos centímetros por delante de su oreja izquierda, atravesándole el cerebro.

Es muy probable que los dos primeros impactos lo hubiesen tumbado, pero no lo habrían matado. El tercero, sin embargo, acabó con él instantáneamente. Así que los tres proyectiles impactaron contra él al unísono o el disparo fatal fue hecho una vez que Pablo hubo caído. Darle de lejos a un hombre que escapa corriendo en el orificio del oído demuestra una extraordinaria puntería o muy buena suerte; pero fue un disparo igual de sorprendente el que mató a Limón, que quedó seco tras recibir un impacto en mitad de la frente. Es decir, lo más probable es que ambos hombres fueran abatidos de sendos disparos a la cabeza cuando ya estaban heridos.

El coronel Martínez señaló que un disparo hecho desde noventa centímetros habría dejado quemaduras y restos de pólvora en la piel de Pablo (marcas que no aparecieron en las fotografías de la autopsia). Sin embargo, un disparo hecho desde una distancia de noventa a ciento veinte centímetros coincide perfectamente con la distancia de un «tiro de gracia» descerrajado por un hombre de pie a un hombre tendido en el suelo. Una prueba de un disparo hecho a aquella distancia sería un chorro de sangre. Curiosamente, horas después del tiroteo, el agente Steve Murphy recuerda haber visto a un miembro del Bloque de Búsqueda intentando vender su camisa y sus pantalones a doscientos dólares por estar salpicados de la sangre de Pablo.

Matar a Pablo había sido el objetivo de aquella misión

desde el comienzo. Nadie quería ver a Pablo preso de nuevo. Siete años después de los acontecimientos, el coronel Óscar Naranjo, que por entonces ocupaba el cargo de jefe de inteligencia de la PNC, aseguró que Pablo fue ejecutado a quemarropa después de haber sido herido.

—Hay que tener en cuenta que la ansiedad de los hombres era mucha —dijo Naranjo—. Tras una larga cacería humana, Escobar se había convertido en un trofeo. Y si se hubiese capturado vivo, pues... nadie hubiera querido hacerse responsable del desastre que sobrevendría.

Respecto a la salida de Pablo pistola en mano y a los disparos, las fotos de la escena del tiroteo en el tejado muestran dos armas junto al cadáver, pero la policía admite haber alterado la escena del crimen al menos en un aspecto: le afeitaron los extremos del bigote para dejarlo con aquel bigote «hitleriano» que aparecería en todos los periódicos al día siguiente de su muerte. Era la última indignidad que le reservaron al hombre que los había avergonzado durante tanto tiempo.

Aquella mañana, el coronel se sentía especialmente bajo de ánimos. Cuando le dio la orden a su hijo y a sus hombres para que se fueran a descansar fue porque creyó que Pablo había vuelto a escapar, sólo que aquella vez había sido culpa suya. En muchas, de hecho en casi en todas las redadas, el coronel se había sentido presionado a poner en acción a sus hombres prematuramente. Y aquello era algo que no iba con él: era un hombre precavido. Si hubiera podido, habría preferido llevar a cabo menos y más escogidas operaciones, pero sus superiores de Bogotá y los norteamericanos se mostraban descontentos si el Bloque de Búsqueda no echaba abajo puertas. Como si el empleo de la fuerza fuera un sinónimo de estar haciendo progresos. Los norteamericanos en particular siempre insistían en que los colombianos actuaran más rápido, aunque la ubicación de los objetivos que aquellos localizaban para el Bloque de Búsqueda no fuera nunca lo suficientemente precisa. El coronel tenía la sensación de que los norteamericanos podían fijar los escondites de Pablo con una exactitud mucho mayor, pero que no lo hacían por la sencilla razón de que eso delataría la precisión de sus instrumentos. La información de los norteamericanos situaba a Pablo en un área de unos cientos de metros, lo que en Medellín podía incluir una manzana entera. Sin embargo con la ayuda de su hijo, el coronel estaba seguro de poder reducir aún más ese perímetro: ésa era la razón de que se hubiese negado a lanzar una redada total durante las llamadas previas de Pablo al Hotel Tequendama. No lo haría hasta que Hugo hubiese fijado la señal con total precisión. Lo que apenaba al coronel era que su prudencia y la demora consiguiente habían dado a Pablo la oportunidad de huir.

En cuatro ocasiones el coronel había desafiado órdenes directas de Bogotá para entrar en acción. En los pasillos del poder, los políticos interpretaban aquella renuencia de otro modo. Martínez sabía que hablarían a sus espaldas, afirmando que se había vendido y que había aceptado el dinero de Pablo. Pero lo que el coronel buscaba era lanzar una redada con «error cero».

Así que esperó, y cuando la voz de Pablo volvió a sonar por el monitor, Martínez no pudo contener su alegría. Llamó a Hugo que se hallaba dormido profundamente en su apartamento e hizo regresar a los otros hombres a sus puestos de guardia. La mujer del coronel estaba en Medellín de visita y juntos planeaban regresar a Bogotá aquella misma tarde, pero ahora el viaje se había demorado. Pablo le había prometido a su hijo que lo volvería a llamar.

Cuando lo hizo, el coronel siguió de cerca por radio el asalto al edificio de apartamentos, y cómo Hugo por su la-

394

do había avistado al propio Pablo en la ventana. Por encima del caótico ruido de fondo del asalto, que podía oírse por la radio de la policía, el coronel logró distinguir la voz de su hijo pidiendo refuerzos. El coronel ordenó de inmediato que el grueso de la fuerza se desplazara a apoyar a su hijo, y después sudó frío durante los diez minutos que los demás hombres tardaron en llegar. Oyó el comienzo del tiroteo y posteriormente recibió la jubilosa confirmación de éxito del mayor Aguilar.

De fondo, el coronel oyó a sus hombres disparando sus armas a modo de festejo. Les comunicó la noticia a sus superiores y poco después la noticia daba la vuelta al mundo.

El ministro de Defensa, Rafael Pardo, regresaba de un almuerzo cuando al entrar a su oficina vio todas las luces de su teléfono titilando a la vez. La mayoría de ellas eran líneas directas con los generales del alto mando, así que algo importante había sucedido. Pardo cogió la llamada del comandante en jefe del Ejército, que aquel día se encontraba en Medellín dando una conferencia.

—Ministro, han matado a Escobar.

—¿Qué pasó?

—Murió en una operación [del Bloque de Búsqueda].

—¿Lo han confirmado? —quiso asegurarse Pardo, que en el pasado había recibido similares informes prematuros—. Consígame las huellas digitales.

—Pero ministro, estoy seguro. Lo tengo delante de mí.

—Consígame las huellas digitales de todos modos.

Pardo llamó al presidente Gaviria.

—Señor presidente, creo que hemos matado a Escobar.

—¿Lo han confirmado?

—Todavía no. En veinte minutos la confirmación.

Pero el ministro de Defensa sabía que era cierto. Al colgar con el presidente, llamó a su secretaria.

—Tráigame el comunicado de prensa de la muerte de Escobar.

—El de «muerte en un enfrentamiento con la policía» o el de «muerte por causas naturales».

—El de «muerte en un enfrentamiento con la policía» —anunció Pardo triunfal.

Acto seguido abrió una caja que había sobre su escritorio, sacó un puro cubano inmenso y lo encendió. Luego puso los pies encima del escritorio, se echó hacia atrás y disfrutó de unos momentos privados de victoria.

El embajador Morris D. Busby llamó a Washington y pidió hablar con Richard Canas, jefe de la lucha antidroga del Consejo Nacional de Seguridad cuya sede ocupaba un viejo edificio del poder ejecutivo en la acera opuesta de la Casa Blanca. Canas hablaba con un periodista cuando fue interrumpido:

—Es Busby —le dijo su secretaria.

—Cogimos a Escobar —le informó éste a Canas cuando acabó con el periodista.

—¿Estás seguro? —dijo Canas.

—Noventa y nueve por ciento.

—No me alcanza. ¿Lo ha visto alguno de tus hombres?

—Dame unos minutos.

Unos días antes de que mataran a Pablo, Javier Peña había partido hacia Miami, así que fue Steve Murphy quien sería enviado a Medellín. Peña había viajado para verificar las fuentes que aseveraban que Pablo se había refugiado en Haití. Los viajes al norte del país con destino al cuartel general del Bloque de Búsqueda, en la Academia de Policía Carlos Holguín, se habían convertido en un suplicio para ambos agentes de la DEA. Steve tenía que dejar a su esposa en Bogotá cada vez que viajaba, y si bien admiraba a los miembros de la Fuerza Delta y de los SEAL que rotaban alternativamente por la base, no disfrutaba la vida de privaciones que los soldados de elite norteamericanos soportaban allí: dormir en colchonetas hinchables, vivir hacinados en unos pocos cuartos comunicados en los barracones... Los comandos pasaban horas leyendo, jugando a las cartas o con la consola de videojuegos, o comiendo pizza y viendo películas en vídeo. De vez en cuando, aburridos, los soldados de la Fuerza Delta se llevaban una caja de granadas y las hacían estallar en un campo de tiro cercano para matar el tedio. Murphy había sido policía durante casi veinte años y nunca había perdido el entusiasmo, pero en aquellos días de finales de 1993 empezó a sentirse quemado por su trabajo.

El cuartel general de la Academia de Policía Carlos Holguín era lo suficientemente pequeño como para que todo el mundo se enterara cuándo sucedía algo fuera de lo normal. El agente Murphy y un miembro de los SEAL se encontraban sentados fuera de sus habitaciones aquel jueves cuando percibieron un tráfico más intenso que entraba y salía del despacho del coronel. Murphy se acercó y asomó la cabeza dentro. El coronel tenía un teléfono en una mano y el auricular de la radio en la otra.

—¿Qué pasa? —le preguntó Murphy a uno de los oficiales colombianos del despacho.

—Es el hijo del coronel. Cree que ha encontrado a Pablo.

Luego vino el grito del coronel:

—¡Dime exactamente dónde estás!

Y tan pronto se oyó la voz del mayor Aguilar gritando: «¡Viva Colombia!» por la radio, Murphy salió disparado hacia las dependencias de los norteamericanos para informar a su jefe, Joe Toft.

Pero Toft ya lo sabía y simplemente dijo:

—Será mejor que muevas el culo, vayas hasta allí y vuelvas con las fotografías.

El vehículo del coronel estaba a punto de salir de la base. El norteamericano le hizo señas. El coche se detuvo y Murphy partió en él.

Cuando llegaron a Los Olivos, los hombres del coronel estaban colocando barricadas en las calles, pues apenas se rumoreó que Pablo había muerto habían comenzado a congregarse los curiosos. Murphy entró en la casa y subió a la primera planta, allí le indicaron que mirase por la ventana hacia el tejado. Vio el cuerpo de Pablo tumbado sobre las tejas. Alrededor de él los miembros de la unidad que llevó a cabo el asalto echaban tragos de una botella de Johnnie Walker. El Bloque de Búsqueda lo celebraba por todo lo alto desde hacía un buen rato. Habían disparado tantos tiros al aire después de que Pablo hubiera sido abatido que los vecinos se pusieron a agitar pañuelos blancos por las ventanas. Hugo creyó que era una manera de festejar el éxito del Bloque de Búsqueda, pero más tarde cayó en la cuenta de que los pañuelos significaban que ellos también se rendían.

Murphy gritó a los hombres que rodeaban el cuerpo y éstos levantaron sus ametralladoras como lo hacen los cazadores alrededor del ciervo macho que acaban de abatir. El agente de la DEA inmortalizó el momento. Luego bajó al tejado y sacó más fotografías del cuerpo hinchado de Pablo, de su cara ensangrentada y más fotografías de policías junto al trofeo.

Luego le pasó la cámara a uno de los francotiradores y posó junto al cuerpo también.

Pero antes de que pudiera irse, un oficial colombiano le confiscó el carrete. Cuando se lo devolvieron, ya había sido revelado, pero faltaban varios de los negativos. La imagen de Murphy con su camisa roja posando junto al cadáver causaría un escándalo en Colombia, pues sugería que habían sido los norteamericanos quienes habían seguido el rastro y finalmente matado a Pablo. Aquella instantánea como tantas otras de aquel carrete acabarían adornando las paredes de los despachos de muchos militares y funcionarios de Washington que habían contribuido al éxito de la misión.

Momentos antes de que Murphy lo llamara, Joe Toft había recibido la noticia de su amigo Octavio Vargas, general de la PNC.

—¡Joesito! —exclamó Vargas al teléfono, evidentemente jubiloso—. ¡Lo hemos cogido!

Toft inmediatamente salió al pasillo de la cuarta planta de la embajada y gritó para que todos lo oyesen:

—¡Han matado a Escobar!

Después subió corriendo a la quinta planta para confirmárselo personalmente al embajador. Busby estaba eufórico, así que llamó a Canas, el funcionario del CNS.

—Confirmado —le dijo—. Escobar ha muerto. Ya podemos olvidarnos de él.

Canas salió de su despacho botando como un niño. Abandonó el edificio y cruzó la calle en dirección a la Casa Blanca para compartir las buenas noticias, pero todos estaban demasiado ocupados como para prestarle atención. Por fin pudo reunirse con el segundo jefe del Consejo Nacional de Seguridad, Dick Clark, y juntos le enviaron un mensaje escrito al jefe de ambos, Anthony Lake.

Mientras tanto, en Colombia, Busby disfrutaba de una sensación de satisfacción profunda. Después de veinte años de dedicarse a su original actividad, sintió que aquélla había sido la hazaña más impresionante en la que nunca hubo participado. Se había mantenido firme en la persecución de Pablo durante dieciséis largos, frustrantes y sangrientos meses. Nunca cesó el esfuerzo militar, diplomático y de las fuerzas de seguridad a lo largo de dos gobiernos, y en dos países distintos. Habían dedicado a aquella cacería tales cantidades de dinero y tantos hombres que quizá nunca llegaría a saberse el total a ciencia cierta. Había sido horrible. Habían muerto cientos de personas, policías, miembros del cártel y las víctimas inocentes de los atentados de Pablo. Busby reflexionó sobre todos los servicios de inteligencia y unidades militares que habían unido sus fuerzas con una osadía sin precedentes, tantos cadáveres, y ahora… ¡aquel hijo de puta ya no molestaría más!

Por la tarde, Busby se trasladó al Palacio Presidencial para felicitar a Gaviria en persona. El presidente no podía dejar de sonreír. Los periódicos habían sacado ediciones extraordinarias. El titular de *El Espectador* ponía: «FINALMENTE SÍ CAYÓ», y Gaviria le firmó una copia al embajador norteamericano.

La página, amarillenta ya, está guardada con otros recuerdos dentro de una funda de almohada en casa de Busby en el estado de Virginia. Se ha retirado del Departamento de Estado, pero aún colabora como asesor para varios servicios y administraciones del Gobierno.

«Sé que es impropio celebrar la muerte de un ser humano, pero el despliegue que se llevó a cabo para cazar a Pablo Escobar fue un logro increíble —comentó Busby—. Cuando pienso en todo el personal y las fuerzas que participaron, todo aquel poderío dirigido a encontrar a un solo hombre… lo único que puedo decirle es que no hubiera querido estar en el lugar de Escobar por nada del mundo.»

El ex embajador afirmó desconocer cualquier vínculo entre Los Pepes y el Bloque de Búsqueda tal y como lo señalara el cable de la DEA de entonces, e insiste que la afirmación a lo sumo podría traducirse en una sospecha. «Si yo hubiese tenido la certeza de que tal conexión existía —recalcó—, hubiera cancelado toda la operación sin más.»

Las cadenas de televisión colombianas filmaron cómo

los efectivos policiales bajaban el cadáver de Pablo del tejado amarrado a la camilla y cómo fue cargado en una ambulancia de la policía. Grabaron su cara hinchada y cubierta de sangre, y su bigote «hitleriano». El cuerpo fue llevado al instituto forense, y también allí se les permitió a las cámaras grabar y fotografiar el cuerpo desnudo estirado en la mesa de autopsias. Para el regocijo de quienes lo mataron, se habló muchísimo del curioso bigote.

Entre los militares especializados en «operaciones especiales encubiertas» la muerte de Pablo fue considerada un éxito. Según reza la leyenda, los miembros de la Fuerza Delta estuvieron directamente involucrados. Si así fue, quizá tomaran parte en la planificación, pero no hay pruebas de ello. Algunos de los miembros del Bloque de Búsqueda que entrevisté dijeron que sí había norteamericanos entre los efectivos de la unidad de asalto, otros sostienen que no. Es posible que sí estuviesen allí y hasta que hayan matado al capo sin ser vistos. El Bloque de Búsqueda y la embajada norteamericana sabían desde hacía días en qué barrio se escondía Pablo. Quizá supieran hasta la casa, y si lo sabían la Fuerza Delta pudo haber colocado francotiradores para eliminar al fugitivo cuando saliese. Los francotiradores de la misteriosa unidad están entre los mejores del mundo; aquello explicaría la precisión de los disparos fatales.

Al repasar las fotos de la autopsia que mostraban la entrada del disparo mortal en la cabeza del capo, un miembro de la Fuerza Delta comentó: «Buena puntería, ¿a que sí?».

El «coronel» Santos de la misma unidad asegura que se encontraba en Estados Unidos cuando Pablo cayó, pero durante la cacería humana docenas de efectivos de la unidad y soldados de los SEAL habían estado destinados en Medellín. Un miembro del «Equipo Seis» de los SEAL relató que había pasado toda la jornada en el cuartel general «leyendo, estudiando español y jugando con su consola. Era como estar en el camarote de un barco». Cuando hubo llegado la noticia de que Pablo había sido abatido, dijo: «No nos dejaron salir ni a respirar durante un par de días. Estaban paranoicos por la posibilidad de que se descubriera que estábamos allí. Después volamos a Bogotá y de allí a casa».

Analizando la operación, los operadores de Centra Spike se convencieron finalmente de que el teniente Hugo Martínez había encontrado a Pablo no por su maestría en el manejo del detector portátil, sino por un golpe de suerte. La unidad espía ya había informado al coronel en qué barrio encontrarían a Pablo y, desde el punto de vista norteamericano, los hechos fueron los siguientes: el Bloque de Búsqueda había recorrido atolondradamente el barrio durante suficiente tiempo, detrás de las imprecisiones técnicas de Hugo y de su detector, hasta que casualmente se toparon cara a cara con el capo.

Las cintas de las escuchas demuestran que Hugo se equivocó al creer que Pablo los había visto por la ventana. En los diez minutos que trascurrieron mientras Hugo esperaba que llegaran los refuerzos (para lidiar con la posible llegada de los sicarios del cártel), Pablo hizo varias llamadas cortas, en las que no demostró haber notado que la policía hubiera rodeado la casa.

Poco importa cómo se habían «cerrado» aquellos últimos cien metros; el hecho es que los jefes de Centra Spike estaban encantados con los resultados. Se había hecho justicia en contra de los peores pronósticos. Haber matado a Pablo no acabaría con el tráfico de cocaína a Estados Unidos; todo el mundo sabía que ni siquiera los menguaría. Pero los norteamericanos se habían embarcado en aquella empresa creyendo que lo que estaba en juego era algo más importante: el acatamiento de la ley y su defensa por el bien de la democracia y de la civilización. Pablo era demasiado rico, demasiado poderoso y demasiado violento; un tirano en potencia que había sido al que una sociedad democrática imperfecta, pero al fin y al cabo libre, se había enfrentado. Y Estados Unidos había ayudado a acabar con él. Centra Spike había aprendido mucho en aquellos dieciséis meses y su trabajo en Colombia aún no había acabado: todavía quedaban el cártel de Cali y los distintos grupos guerrilleros.

Pero aquel día merecía ser celebrado. Hubo fiestas en Medellín, en Bogotá y en Cali. Las botellas de champán se envolvían en banderines con las inscripciones «P. E. G. HA MUERTO» y luego se descorchaban.

El mayor Steve Jacoby les confesó luego a los hombres de su unidad que al llegar a su casa había bajado del estante la polvorienta botella de coñac Rémy Martin por la que había pagado trescientos dólares allá en 1990, cuando Centra Spike había puesto a Pablo en su mira. Jacoby se bebió más de la mitad de la botella él solo.

A la muerte de su hijo, Hermilda Escobar predijo una hecatombe. «Que dios se apiade de nosotros —dijo—, porque van a ocurrir cosas terribles con la guerrilla y con el que traicionó a mi hijo. Lo que va ocurrir... y no es que yo quiera que suceda... Yo los perdono. Perdono de todo corazón a los que me han hecho tanto daño al quitarme a mi hijo. Los perdono.»

Un periodista preguntó si habría represalias en respuesta a la muerte de Pablo.

«Las habrá —aseguró—. Pero le pido a Dios que los ayude [a los asesinos de Pablo] y que no tengan que pasar por todo lo que pasó mi pobre hijo.»

Después de que Pablo cayera, Hugo entró corriendo en la casa y encontró el radioteléfono del capo. Ése era su trofeo, y con él llamó a su superior, el mayor Luis Estupinán, y le dio la enhorabuena.

Aquella noche, los hombres del Bloque de Búsqueda de Medellín celebraron su victoria hasta la madrugada, pero Hugo y su padre no se unieron a la fiesta. Tales demostraciones no eran del gusto del coronel, y cuando se comenzó a disparar otra vez, el coronel puso fin a la fiesta de inmediato. Al día siguiente por la mañana, Martínez, su hijo y la plana mayor del Bloque de Búsqueda fueron homenajeados en Bogotá.

Por la noche, en el hogar familiar, el hijo más joven del coronel, Gustavo, de diez años, inspeccionaba una pila con los artículos personales de Pablo que su padre había traído consigo. En la bolsa había una pequeña arma y mientras Gustavo la examinaba se disparó. Estaba cargada.

Gustavo no sufrió daño alguno, pero la bala le pasó lo suficientemente cerca como para rozarle la piel del abdomen. Fue como si Pablo hubiese disparado un último tiro desde la tumba. El coronel reunió los efectos personales del capo, los metió de nuevo en la bolsa y los entregó aquella misma noche al cuartel general de la PNC en Bogotá, como si aquellas cosas llevaran consigo una maldición.

La muerte del capo aún le quita el sueño. Martínez sintió una gran satisfacción personal por haber acabado con el narco. Finalmente fue ascendido a general, aunque había pagado un precio elevadísimo. Los años que pasó persiguiendo al capo fueron años de vida que perdió junto a los suyos.

«Cuando pienso en Pablo Escobar, lo veo como un episodio que alteró por completo mi modo de vida —dijo en su pueblo natal de Mosquera—. Lo que yo quería hacer con mi mujer y mis hijos también cambió considerablemente. No lo culpo como persona ni nada por el estilo. Sin embargo, por haber tomado parte en las operaciones abandoné a mi familia y a mis hijos, quienes me necesitaban en aquella etapa tan crucial de sus vidas. El reto me recuerda algo negativo de mi vida de policía, negativo en cuanto a la satisfacción personal. Hubo muy pocas satisfacciones resultado de todas aquellas operaciones, porque yo fui la víctima de todo lo que ocurre a una persona cuyo nombre es de dominio público.»

Martínez fue acusado de aceptar sobornos del cártel de Cali y de estar involucrado en las actividades ilegales de Los Pepes, acusaciones que él niega rotundamente.

«Lo más triste es que había mandos de la policía que creían que era cierto, y además nos lo hacían saber —afirma Martínez, que estima que aquellas acusaciones fueron fruto de la astucia de Pablo—. [Pablo] Me acusó de dirigir las operaciones de Los Pepes. Pablo Escobar nos acusó a mí, al general Vargas y a miembros del cártel de Cali de formar parte de Los Pepes. Y las acusaciones salieron publicadas en los medios, casi todo el mundo se enteró de ellas, y quizás aquellas acusaciones dieron lugar a rumores de que nosotros teníamos algo que ver con ellos.»

Existen pruebas sólidas de una variedad de fuentes que señalan la probabilidad de que el Bloque de Búsqueda haya cooperado con Los Pepes. Antes de morir asesinado en 1994, Fidel Castaño admitió que él había sido uno de los líderes del escuadrón de la muerte y Martínez admite que aquél colaboró con sus hombres. Los norteamericanos destinados en el cuartel general del Bloque de Búsqueda de la Academia de Policía Carlos Holguín recuerdan que Diego Murillo, alias *don Berna,* y otro de los líderes de Los Pepes, trabajaban codo a codo con los miembros del Bloque de Búsqueda. Murillo llegó a conocer tanto a Javier Peña, el agente de la DEA, que le obsequió con un reloj de oro. Quizá Martínez desconociera los esfuerzos extracurriculares de los hombres bajo su mando, pero resulta muy improbable. Lo que sí es más posible es que hoy, años después, el general querría ser recordado como el hombre que dirigió a las fuerzas de la ley que persiguieron a Pablo, y como el hombre que ganó una batalla a muerte contra el criminal más peligroso del mundo y prefiera que las actividades de Los Pepes permanezcan en la sombra. Martínez afirma que la contribución del escuadrón fue inconsecuente: «Eran un estorbo, una distracción», aclara. Curiosamente el general es el único que sostiene tal afirmación. «Los Pepes fueron una pieza clave —puntualiza un soldado norteamericano que tomó parte en la cacería—, pero usted nunca averiguará toda la verdad acerca de ellos, porque nadie se la va a contar. Sólo obtendrá conjeturas.»

Nadie ha sido jamás procesado por los crímenes de Los Pepes. En el recuento oficial del DAS, las bajas «del cártel de Medellín» durante la segunda guerra y las muertes atribuidas a Los Pepes han sido agrupadas (acaso de forma reveladora) bajo el epígrafe de bajas causadas por el Bloque de Búsqueda: un total de ciento veintinueve (los miembros de Los Pepes presumen de haber matado ellos solos al menos unos trescientos). Ciento veintisiete personas murieron en los atentados dinamiteros de Pablo. Ciento cuarenta y siete agentes de la policía perdieron la vida durante la campaña para atraparlo. Y ciento treinta y dos miembros del cártel fueron arrestados (muchos de los cuales ya se encuentran en libertad).

Ambos, el coronel Martínez y su hijo, fueron condecorados por la policía como reconocimiento a sus esfuerzos. A Hugo se le ofreció un puesto en el exterior y residió dos años en Washington trabajando para la embajada colombiana. Cuando lo entrevisté ya había alcanzado el rango de capitán y era comandante del destacamento de la policía de la ciudad de Manizales. Posteriormente fue reasignado a su antigua unidad de vigilancia electrónica y ahora reside en Bogotá.

Después de que el coronel fuera ascendido a general en 1994, dirigió durante un año la DIJIN. Durante un período fue instructor en jefe de la PNC; más tarde su inspector general; y en 1997 siguió los pasos de su hijo y se estableció en Washington, donde ocupó el cargo de agregado militar de la embajada de Colombia. Al año, cuando el general José Serrano ocupó el cargo más importante de la institución, Martínez dejó el cuerpo de policía y se retiró, ya que no coincidía en sus puntos de vista con el nuevo jefe de la PNC, el antiguo compañero cuyo uniforme había inspirado al general a unirse al cuerpo tantos años antes. En la actualidad Martínez es dueño de una pequeña granja y pasa los días entre su residencia en el campo y Bogotá.

Durante un tiempo, por razones de seguridad, consideró dejar Colombia con su mujer y su familia y establecerse en otro país. Juntos recorrieron Suramérica, visitaron Brasil, Uruguay, Argentina y Chile y decidieron que sería en los últimos dos países del cono sur donde se sentirían más a gusto. Pero en el 2000, en la misma época en que Martínez comenzaba a informarse para emigrar de su país, los medios informaron de que la viuda de Pablo Escobar y su hijo habían sido arrestados en Argentina. Por lo que paradójicamente el sitio que el general supuso más seguro resultó ser el mismo sitio en el que se ocultaba la familia de Pablo.

Por extraño que parezca, Martínez demostró sentir lástima por ellos:

—Justamente cuando yo intentaba buscar un sitio donde sentirme seguro, ellos también lo hacían. Me duele ver que todavía están sufriendo por algo que sucedió hace tanto tiempo. Ellos también desean alejarse de todo aquello.

En los días que siguieron a la muerte de Pablo, su mujer e hijos fueron entrevistados hasta el hartazgo por un equipo de periodistas de una cadena de televisión bogotana, en su suite del Hotel Tequendama. Demacrada pero serena, María Victoria se presentó como otra víctima de la violencia de su país:

—No existe ningún saldo positivo de todo esto. No sé si se han dado cuenta, pero nosotros también somos una familia que ha pasado la misma desesperación que las demás familias colombianas. Y estoy muy preocupada porque no creo que, psicológicamente, mis hijos logren salir airosos de esta situación tan compleja.

La pequeña Manuela, desde el quicio de una ventana, defendió a su padre:

—Ustedes no pueden decir nada acerca de mi padre..., nada de nada, porque nadie lo conoce, únicamente Dios y yo... Y para mí, mi padre es una persona inocente. Es muy doloroso que el presidente de Colombia haya felicitado a los que... [mataron a mi padre] por haber cazado al hombre más buscado del mundo. Y no creo que haya sido necesario que mi padre muriera.

El otrora vehemente Juan Pablo, ahora un joven de aspecto apagado, declaraba que quería poder vivir una vida normal en el futuro.

—No quiero morir violentamente. Quiero darle paz a mi país [...]. La verdad es que hemos estado aquí demasiado tiempo y ya no aguantamos más. Estamos desesperados. Lo que más desea la gente en las fiestas navideñas es libertad y todas las cosas maravillosas que el mundo nos ofrece. Lamentablemente, el destino ha querido que nos veamos confinados a este lugar. Estamos llegando al límite de la desesperación. Mi hermanita no lo aguanta más porque esto es una cárcel [...]. Ya no nos queda mucha esperanza.

Al poco tiempo de la muerte de su padre, el adolescente hizo una visita inesperada a la embajada de Estados Unidos en Bogotá. Pidió ver a Busby, pero éste se negó. No obstante, Busby llamó a Toft, de la DEA.

—Oye, Joe, el hijo de Pablo Escobar está abajo. No lo voy a ver, ¿vale?

Toft accedió a ver a Juan Pablo, sospechoso de ser cómplice de varias muertes y de instigar contra el Bloque de Búsqueda. Toft lo había oído despotricar en las escuchas, pero al entrar en la estancia Toft se encontró delante de un joven obeso, lleno de preocupación y derrumbado. Lo que más impresionó al jefe de la DEA fue el talante del muchacho en semejantes circunstancias: «Me dijo que él y su familia corrían peligro y que estaban solicitando visados para poder salvar sus vidas», recordaba Toft.

—¿Cuánto costaría conseguir visados? —le preguntó Juan Pablo.

—Ni toda la cocaína ni todos los narcodólares del mundo te los conseguirían —replicó Toft.

Al muchacho no pareció sorprenderle la respuesta.

—¿Está seguro de que no se puede hacer nada? —repitió—. ¿No hay nada que podamos hacer para ganárnoslos?

—No te daríamos visados ni aunque ayudaras a meter preso a todo el cártel de Cali.

Tras lo cual el joven se marchó.

Finalmente la familia logró huir a Buenos Aires, donde vivieron en relativa calma hasta ser arrestados en el 2000. Un contable con quien María Victoria había tenido un romance, al ser rechazado por ella, informó a las autoridades de que supuestamente la familia había estado blanqueando dinero. María Victoria y su hijo fueron acusados de asociación ilícita, y ahora se enfrentan a una condena en prisión o a ser deportados de Argentina.

Después del éxito alcanzado en Colombia, Centra Spike debió enfrentarse a las consabidas guerras burocráticas. Los antiguos jefes de la unidad de vigilancia y detección electrónica creen que la capacidad de obtener excelentes resultados con equipos más pequeños y de menor coste les llevó a ser acosados por la CIA y les convirtió en el blanco de investigaciones internas fabricadas por la Agencia (Centra Spike fue acusada de cometer fraudes en las cuentas de gastos y de «confraternizar»). Ciertas o no, aquellas acusaciones lograron que la unidad fuese disuelta. Se truncaron carreras y muchos de los hombres que participaron en la cacería de Pablo se han retirado del Ejército. Otros todavía realizan el mismo tipo de trabajo para el Pentágono como empleados contratados.

El Ejército aún posee la unidad conocida por aquel entonces como Centra Spike, pero sus antiguos responsables sugieren que su efectividad ha sido reducida drásticamente.

La muerte de Pablo Escobar quizá haya sido celebrada en los círculos de poder de Washington y de Bogotá, pero a muchos colombianos, especialmente los habitantes de Medellín, les causó una profunda pena. Miles de personas acudieron a su funeral y siguieron su ataúd por las calles. Aquellas personas se agolparon para acercarse, y algunos hasta abrían la tapa del féretro para tocarle la cara al Patrón.

Hubo cánticos de «Te queremos, Pablo», vivas por Pablo Escobar y gritos enojados dirigidos al Gobierno y promesas de venganzas. El pueblo de Medellín acompañó al cortejo hasta el cementerio, donde la hermana de Pablo le dijo a un reportero de televisión que su hermano no había sido un criminal y que todos los actos de violencia que se le atribuían eran indispensables para poder «defenderse» de la persecución del Gobierno.

La tumba de Pablo en Medellín sigue siendo cuidada hasta el día de hoy. Sobre la sencilla lápida puede verse una foto del capo con bigote, traje y corbata. Los arbustos florecidos enmarcan la tumba, y barras de hierro la cruzan transversalmente en un arco que sostiene sus tres floreros.

Eduardo Mendoza ha vuelto a trabajar para César Gaviria, ahora secretario general de la Organización de Estados Americanos (OEA). El ex presidente había perdido el contacto con su viejo amigo, pero logró dar con él cuando le pedí ayuda para escribir este libro.

Tal y como le habían recomendado los jueces a cargo de la agotadora indagatoria, el desilusionado ex viceministro de Justicia se marchó de Colombia, pero su inocencia ante la ley nunca significó que su honor no sufriese mácula. Desconocidos en restaurantes se le acercaban y le decían: «Lárguese, lo van a matar». Otros le soltaban: «Usted es un sinvergüenza». El Ejército aún culpaba a Mendoza por la fuga de Pablo. La institución sostenía que la única razón por la que Pablo se escapó fue porque tuvieron que asaltar la prisión para rescatar al joven viceministro. Nadie le dio trabajo y muchos de sus amigos dejaron de hablarle. Mendoza se había convertido en un paria.

Así que regresó a Nueva York. Se hospedó en el Club Atlético Neoyorquino durante varias semanas y después se matriculó para hacer un posgrado de literatura latinoamericana en la Universidad de Yale. Cuatro meses después se le acabó el dinero. Cuando se entrevistó con el decano para explicarle las razones de su partida, la facultad le ofreció una beca y así pudo estudiar tres años más hasta obtener su título de maestría.

Allí, una fría tarde de diciembre, le llegó la noticia de la muerte de Pablo. Acabadas las clases del día regresó a su apartamento —al que refirió como «mi celda monástica»— y revisó los mensajes del contestador. En general únicamente había un mensaje de Adriana, pero aquel día la voz grabada le adelantó que tenía veinticinco.

El primero era de su hermano:

—Han matado a Pablo Escobar —fue lo que decía.

Cada uno de los otros mensajes decía exactamente lo mismo, y en algunos de ellos se podía oír el barullo de fondo de la fiesta.

Mendoza reflexionó sobre lo mucho que había cambiado su vida desde el día en que aceptó ir a Envigado a «formalizar» el traslado de un prisionero. Con los años, Mendoza desarrolló un mayor rencor contra los funcionarios que lo utilizaron como cabeza de turco y lo hostigaron contra Escobar. Sus amigos lo habían tratado mucho peor que Pablo. Y la consecuencia de todo no fue nada más que tristeza. No sentía satisfacción alguna por la muerte de Pablo. Ahora no era más que una nota al pie de página de su vida, el último detalle de una historia que ya había acabado mal, pero no tan mal como pudo haber acabado. Para qué negarlo.

Después de ponerme en contacto con Mendoza, Gaviria contrató a su viejo amigo. Eduardo al final se casó con Adriana y hoy tienen mellizos, un niño y una niña. En la actualidad Eduardo Mendoza ejerce de abogado para la OEA.

Cuando le pregunté a Gaviria por qué su Gobierno trató tan mal a Mendoza, me contestó:

—Fueron tiempos difíciles para todos nosotros.

Roberto Uribe, el letrado de Medellín que había sido identificado por Los Pepes por trabajar para Pablo, aún se encontraba enclaustrado cuando oyó que su antiguo jefe había muerto. Hacía tiempo ya que Uribe había descorrido el harnero con el que Pablo le ocultaba el cielo. Ya no le cabía duda de que se trataba de un criminal sanguinario. Al enterarse de la noticia por la radio del coche, no sintió tristeza sino una sensación de alivio; la muerte de su ex jefe significaba que él sobreviviría.

Posteriormente a su euforia inicial, Joe Toft, jefe de la delegación de la DEA en Colombia, sintió algo parecido a un nudo en el estómago. Lo sintió todo el tiempo que pasó sonriendo, abrazando a colegas y hablando con la prensa colombiana. Él y Busby se trasladaron a toda prisa al Palacio Presidencial donde la fiesta se desarrollaba. Bebieron champán e intercambiaron sonoras muestras de agradecimiento y congratulaciones, abrazaron a colegas alcoholizados y se dieron mutuamente palmadas en la espalda. Pero a pesar de las demostraciones de poderío de su país, a Joe Toft aún le rondaba una inexplicable sensación de haber salido perdiendo. Pablo había muerto, pero los buenos de la película habían sido vencidos.

Era una sensación desagradable, pero Toft se sentía acechado por ella. Unas semanas después de la muerte de Pablo, el agente Kenny Magee hizo imprimir certificados oficiales para todos los agentes de la DEA involucrados en la cacería humana. El texto comenzaba así: «Por su dedicación desinteresada, voluntad y sacrificio, el criminal más buscado del mundo fue localizado y abatido». En la parte inferior, a la derecha había un hueco para la firma de Toft, a la izquierda un toque de ingenio: la firma y huella del dígito pulgar de Pablo Escobar. Un periodista colombiano recibió la copia que le correspondía por su labor y opinó que los certificados eran de pésimo gusto, en especial la huella digital. Sin embargo, Toft y muchos de los otros hicieron enmarcar los suyos.

El orgullo del agente de la DEA en Colombia se mezcló con el arrepentimiento. Sintió que para llegar a Pablo habían vendido su alma al diablo. Y es que desde hacía unos meses no dejaban de acumularse informes en su oficina, pruebas de que sus amigos en el Gobierno de Colombia aceptaban sobornos del cártel de Cali. Incluso se sospechaba que el general Vargas hubiese recibido dinero sucio, y que todos ellos habían sido los artífices en la sombra de los asesinatos de Los Pepes. Toft admiraba el concienzudo trabajo detectivesco que finalmente había hecho caer al capo, la habilidad casi mágica de los técnicos de Centra Spike, la paciencia y el coraje y tenacidad del coronel Martínez y del Bloque de Búsqueda. Al mirar hacia atrás Toft deseó que se hubiesen basado sólo en esfuerzos legítimos. No dudaba de que les habría llevado más tiempo, no cabía duda de ello, pero hubiera sido mejor.

Hubiera sido lo correcto, y Pablo hubiera acabado por caer en la trampa de todos modos. Pero a su pesar habían tomado un atajo terrible.

Toft, personalmente, se sentía culpable. Sabía que los agentes Peña y Murphy se habían reunido con don Berna y con otros enlaces de Los Pepes en la academia de policía que servía de cuartel general al Bloque de Búsqueda. Toft sabía que los golpes de Los Pepes seguían a rajatabla los informes de inteligencia que la embajada recibía de sus servicios, y que ésta a su vez transmitía al Bloque de Búsqueda. Sabía que las fuentes mismas de la DEA eran miembros fundadores del escuadrón de la muerte, y tal certeza lo desgarraba. En aquella época Los Pepes fueron desmantelando eficientemente el cártel de Medellín, quitándole la protección a Pablo capa tras capa. Pero a Toft no le tranquilizaba la conciencia tener que tolerar los métodos violentos e ilegales que aquellos hombres utilizaban. Así que en lo moral hizo de tripas corazón. Así que sus peores recelos y la peor evidencia se la guardó para sí mismo; de hecho, dentro de la embajada fue Toft quien más defendió el uso de la violencia desde el comienzo. Cuando Busby había aireado sus dudas acerca de la relación entre el coronel y Los Pepes, fue él quien había presionado para mantener al coronel al mando del Bloque de Búsqueda y quien le había asegurado al Gobierno de Colombia que no los dejarían en la estacada. Pero ahora que Pablo ya había muerto, lo que le preocupaba a Joe Toft era haber creado un monstruo aún peor. Quizá hubieran abierto un canal de comunicación entre el Gobierno colombiano y el cártel de Cali. Un vínculo que sería difícil y acaso imposible de cortar.

Después de entrevistarse con altos mandos de la policía colombiana, el agente Murphy lo había dicho con todas las letras en un memorando cursado al cuartel general de la DEA unos tres meses antes:

Como sostuviera una fuente de la PNC, a veces es necesario recurrir a gente de la peor calaña para atrapar a un criminal. [La fuente] Afirmó que durante esta investigación habían tenido que tratar «con el mismísimo diablo» [...] con Fidel y Carlos Castaño, los supuestos líderes del escuadrón de la muerte conocido como Los Pepes, y con los mayores narcotraficantes y banqueros más corruptos del mundo [...]. Y por más repugnante que pueda parecerle a la PNC este tipo de actividad, es a la vez necesaria.

Murphy prosiguió describiendo que el cártel de Cali se había involucrado en la cacería de Escobar por la sencilla razón de que era «bueno para los negocios». Murphy vaticinaba que la alianza entre el cártel de Cali y el Gobierno derivaría en el nacimiento de un «supercártel».

Si esto llegara a suceder el GDC y la PNC se verían prácticamente imposibilitadas de arrinconar a tal organización. Lo cual, además, tendría efectos devastadores para Estados Unidos.

Otros agentes de la DEA se sentían desolados por las mismas dudas. Cuatro meses antes, en el mismo cable en el que describía la formación de Los Pepes, Gregory Passic (jefe de investigaciones financieras de la DEA) escribía: «Luis Grajales [uno de los líderes del cártel] había informado [a Ospina] que el cártel de Cali fundamentalmente controla a todos los miembros del Gobierno, a excepción de [el fiscal general] De Greiff». Según el memorando, otro de los capos de Cali le dijo a Ospina que tenían un «archivo impresionante de cintas y vídeos, en su mayoría pruebas de pagos de sobornos a políticos y policías». En una de sus reuniones, los capos de Cali habían considerado los pros y los contras de adelantarle doscientos mil dólares a un general de la policía. El adelanto cubriría cuatro meses ya que, siempre según Passic, «un general de la policía recibía cincuenta mil al mes por: 1) asegurarse de seguir la persecución de Escobar y 2) mantener informado al cártel de Cali sobre las actividades de la DEA para con ellos».

Toft, naturalmente, había recibido su propia información un mes antes, cuando una de sus fuentes, el senador colombiano (luego asesinado), mantuvo aquella reunión con Gilberto Rodríguez Orejuela. El capo de Cali había descrito en detalle cuánto dinero recibían varios oficiales de la policía como premio por la persecución de Escobar. Para Toft la conexión con Los Pepes era más que obvia.

Pero ¿de qué le hubiera servido discutir? Si alguien en la posición de Passic lo sabía, ¿por qué tenía que ser él quien insistiese sobre el tema? Toft sospechó que si por ello hubiera armado un gran barullo y hubiera hecho saber que los norteamericanos se estaban acostando con el cártel de Cali y con una pandilla de asesinos, entonces la DEA se habría retirado de la cacería y Pablo seguiría fugitivo hasta el día de hoy. Así que Toft miró hacia otro lado. Hizo hincapié en que sus hombres no ayudaran directamente a Los Pepes en ninguna circunstancia, y se lo comunicó a Murphy, a Peña, a Magee y a los otros. Sin embargo sabía fehacientemente que toda la información que él proveyera a Martínez sería compartida por el escuadrón de la muerte. Matar a Pablo era un asunto asqueroso, pero la DEA tampoco tenía remilgos a la hora de cooperar con criminales para cumplir con una misión.

Sin embargo, Toft rumiaba sobre quién se beneficiaba, y el gran beneficiario era el cártel de Cali. Durante años ellos se habían concentrado en Escobar, y mientras tanto el cártel del sur había aprovechado la relativa paz para consolidar sus operaciones, fortalecer sus relaciones con el Gobierno colombiano y erigirse en monopolio de la cocaína. En definitiva, la victoria le dejó a Toft un sabor agridulce. Odiaba los estra-

gos que las drogas causaban en Estados Unidos, y siempre
creyó que él y todos los demás agentes de la DEA libraban
una guerra en defensa del futuro de su país. Creía en la causa que lo empujaba a seguir, se consideraba uno de sus ada-
lides. Había comenzado arrestando a «camellos» en las calles de San Diego y ahora había ayudado a sacar de circulación
al más importante de todos los traficantes de cocaína del mundo. Con todo, en su interior, Joe Toft sentía que lo único que
había logrado era empeorar la situación aún más.

Cuando llegó a Colombia por primera vez, al primer frente de la guerra contra el narcotráfico, las estadísticas lo dejaron pasmado. Las cantidades de cocaína que se incautaban
eran alucinantes. Pero le llevó años caer en la cuenta de que
aquellos grandes envíos no eran más que una ínfima fracción
de lo que se enviaba a Estados Unidos, y que los funcionarios
en los que él confiaba estaban ni más ni menos jugando al gato y al ratón. Complacían al Tío Sam y a la DEA interceptan-
do envíos aquí y allí, pero lo cierto era que estaban metidos
en el narcotráfico hasta las orejas. Fue entonces cuando Toft
comprendió que el verdadero poder en Colombia no era otro
que Pablo Escobar y cuán omnipresente e insidiosa era su influencia. El jefe de la DEA en Colombia sabía que atrapar a
Pablo sería difícil, pero sólo ahora que Pablo había muerto
se hizo cargo de la envergadura de la tarea que aún tenían
por delante. Haber matado a Pablo no había acabado con la
industria; sencillamente se la había cedido a líderes nuevos,
que muy probablemente hubieran aprendido de los errores
de Pablo. ¿Cuántos hombres harían falta para salir victorioso de una nueva guerra? ¿Cuántas vidas? ¿Cuánto dinero?
¿Hasta dónde llegaría la implicación de Estados Unidos? Todas aquéllas eran las preguntas que se anudaban en su estómago aquella tarde y noche, mientras los demás brindaban
por haberse librado de Pablo.

Unos meses después, a medida que la policía colombiana renovaba sus esfuerzos para cercar el cártel de Cali, Toft se convenció de que la victoria representaba otra nueva fachada. No creía que alguien con verdadero poder fuese a parar a la cárcel a menos que así lo decidiera. Los narcos estaban dispuestos a que los regañaran con una palmadita en la mano, si con ello lograban mantener en funcionamiento un negocio multimillonario. Es cierto que durante la cacería de Pablo, los envíos de cocaína se habían reducido. Las estimaciones más optimistas para 1993 calculaban que llegarían entre doscientas cuarenta y tres y trescientas cuarenta toneladas de cocaína a Estados Unidos. Y entre el 70 y el 80% provendría de Colombia. Los norteamericanos gastarían a finales de 1993 unos treinta mil ochocientos millones de dólares* en polvo blanco. Y lo peor: los precios seguían bajando. El hecho innegable era que en 1993 habría más cocaína y a precios más bajos que nunca. En efecto, durante el resto de la década los precios de la cocaína no hicieron más que bajar. Y el resultado final fue que si bien se habían gastado miles de millones de dólares en la guerra contra el narcotráfico, en Estados Unidos se podía conseguir toda la cocaína que se quisiera.

Por supuesto que matar a Pablo nunca había tenido nada que ver con el narcotráfico. Fueron su violencia y su ambición las que acabaron con él. Pero Toft era un agente de la DEA, un «poli», y nunca había perdido de vista la verdadera razón por la que estaba allí, mientras observaba las rondas de felicitaciones que duraron días..., semanas..., meses... Toft se volvió más y más cínico acerca de la importancia de su trabajo.

Seis meses más tarde se jubiló, dejó Colombia y dejó también una pequeña bomba de tiempo. Molesto por las alaban-

* Unos 6.160.000.000 millones de pesetas. (N del T.)

zas que el Gobierno colombiano recibía de su socio del norte, amargado por las traiciones silenciosas de su círculo de poderosos amigos colombianos, Toft apareció en un programa de televisión para acusar públicamente al presidente electo Ernesto Samper de pertenecer a la lista de los tantos otros «empleados» del cártel de Cali. Toft entregó al periodismo copias de escuchas secretas en las que Miguel Rodríguez Orejuela, uno de los narcos más conocidos del mundo, hablaba de transferir tres millones y medio de dólares a las arcas de la campaña de Samper. El presidente negó las acusaciones pese a que las cintas hayan sido autentificadas, y sostuvo que su comité de campaña nunca aceptó el dinero. Toft no le creyó. Tampoco le creyeron Busby ni los demás funcionarios de la embajada. Las «narcocintas» empañaron los cuatro años de mandato de Ernesto Samper y volvieron algo más tensa la relación entre los dos gobiernos.

Las cintas también lograron que se le declarara la guerra al cártel de Cali. Avergonzados por las revelaciones, Estados Unidos presionó a Colombia para que se tomaran medidas enérgicas. El supuestamente corrupto general Vargas fue reemplazado por el general Serrano, que desató una implacable caza de corruptos dentro de la PNC y una guerra sin cuartel contra los capos de Cali. En poco menos de dos meses se arrestó a Gilberto y Miguel Rodríguez Orejuela y a seis de sus tenientes.

En la actualidad, Joe Toft vive en Reno, estado de Nevada, y juega al tenis sin descanso. Su hija Jennifer ha seguido sus pasos y se ha convertido en agente de la DEA.

—No sé cuál será la moraleja de la historia —especula Toft—. Espero que no sea que el fin justifica los medios.

FUENTES

Comencé a escribir el presente libro en 1997, después de haber visto en la pared de un militar la foto enmarcada de un grupo de soldados sonrientes en torno al cadáver de un hombre gordo y ensangrentado.

—¿Qué es esto?

—Es mi amigo Pablo Escobar —me dijo mi informante—. La guardo para recordarme a mí mismo que cuando se nos suben los humos no hay dinero que valga.

Hasta entonces nunca había caído en la cuenta del grado de implicación del Ejército norteamericano en la cacería humana que acabó con la vida de Pablo Escobar. La mayor parte de este libro está basada en entrevistas realizadas a los norteamericanos y colombianos que tomaron parte en la persecución desde 1989 hasta el 2 de diciembre de 1993. De mi lista de entrevistados faltan muchos nombres, personas que han sido importantes fuentes de información y que en su mayoría pertenecen al Ejército. No me gusta tener que depender de voces anónimas, pero en este caso tuve la buena suerte de poder contrastar su información con miles de partes e informes procedentes de despachos tan diversos como el de la embajada norteamericana en Bogotá o los ministerios de Washington DC. Un buen número de aquellos informes y cables fueron escritos por personal de la embajada, pero la mayoría provienen de los agentes de la DEA. Toda esta información se convirtió finalmente en un documento que refleja el día a día de la persecución de Pablo Escobar a través de los ojos de los norteamericanos. La segunda parte de este libro se basa fundamentalmente en dichos testimonios. Durante la gestación de la obra, recibí autorización de la DEA para entrevistar a sus agentes: Joe Toft, Steve Murphy, Javier Peña y Kenny Magee, que fueron de gran ayuda en la reconstrucción del complejo rompecabezas. El ex embajador Morris D. Busby también colaboró y muy amablemente revisó un primer borrador de la historia, antes incluso de que fuera publicada como una serie de artículos en *The Philadelphia Inquirer*. El ex presidente César Gaviria, ahora secretario de la OEA, me permitió que lo entrevistara en varias ocasiones y que buscara en sus archivos personales. Y Eduardo Mendoza no solamente me contó su historia sino que además actuó como un asesor paciente, consejero de historia y economía colombianas, traductor ocasional, intermediario y amigo.

Para lograr revisar y seleccionar las ingentes cantidades de material sobre el tema que a lo largo de aquellos oscuros años produjeron los valientes periodistas colombianos, conté con los servicios de traductores e investigadores: Julie López, en Estados Unidos, y con Ricky Ortiz, María Carrizosa y Steve Ambrus en Bogotá. El periodista colombiano Gerardo Reyes, de *El Herald* resultó fundamental en mi segundo viaje a Colombia, en el año 2000. En el transcurso de la preparación del documental *Killing Pablo* realizado por KR Video Inc., colaboré con Chris Mills y Wendy Doughenbaugh de quienes aprendí mucho al verles repasar numerosos documentos fílmicos de las más variadas fuentes colombianas. Tuve, además, la fortuna de trabajar con Mike Boettcher, viajero incansable y periodista de la CNN, un extraordinario contador de anécdotas cuya riqueza de información y de fuentes fue tan inestimable como sorprendente. Vaya mi agradecimiento para todos ellos.

ENTREVISTAS

Joe Toft, Steve Murphy, Javier Peña, Kenny Magee, César Gaviria, Eduardo Mendoza, J. J. Ballesteros, Roberto Uribe, General Hugo Martínez, capitán Hugo Martínez, teniente coronel Luis Estupinán, Morris D. Busby, Judy Busby, Rafael Pardo, *Rubin* Octavio Vargas, general José Serrano, Mike White, Poncho Rentería, Robert Wagner, Gustavo de Greiff, coronel Óscar Naranjo, general Ismael Trujillo, mayor Luis Cepeda, sargento José Fernández, embajador Richard Gillespie, Diego Londono, general Jack Sheehan, Brian Sheridan, Walter B. Slocombe, Randy Beers, general George Joulwon, Anthony Lake, embajador Robert Gelbard, Mike Shechan, Richard Canas, general Colin Powell, Jim Smith, Janet Christ, W. Hays Parks, L. H. *Bucky* Burruss.

BIBLIOGRAFÍA

The Andean Cocaine Industry, Patrick L. Clawson y Rensselaer W. Lee Ill, St. Martin's Press, 1996. Excelente obra con innumerables datos estadísticos que detallan los esfuerzos por erradicar el tráfico de cocaína.

Bandoleros, gamonales y campesinos, Gonzalo Sánchez y Donny Meertens, El Áncora Editores, 1983. Fragmentos traducidos por Eduardo Mendoza.

Che Guevara: A Revolutionary Life, Jon Lee Anderson, Grove Press, 1997. Un clásico. La definitiva versión de la vida del Che y un enriquecedor retrato de Suramérica y Centroamérica durante las décadas de los años cuarenta, cincuenta y sesenta.

Clear and Present Dangers: The U. S. Military and the War on Drugs in the Andes, Washington Office on Latin America, 1991.

Cocaine Politics: Drugs, Armies and the CIA in Central America, de Peter Dale Scott y Jonathan Marshall, University of California Press, 1998.

Colombia: A Lonely Planet Survival Kit, Krzysmf Dyclyuski, Lonely Planet Publications, 1995. Una guía útil de viaje con resúmenes de la historia, geografía, flora, fauna y clima de Colombia.

Colombia and the United States: Hegemony and Interdependence, Stephen J. Randall, University of Georgia Press, 1992. Historia de las relaciones entre Estados Unidos y Colombia durante tres siglos.

Colombia: Democracy Under Assault, Harvey F. Kline, Westview Press, 1995. Resumen de la historia de Colombia desde la prehistoria hasta tres siglos después.

Colombia: The Genocidal Democracy, de Javier Giraldo, S. KJ., Common Courage Press, 1996. Obra polémica sobre la tradición de la violencia en Colombia y sus recursos para sanear los intereses capitalistas y de Estados Unidos.

Death Beat: A Colombian Journalists Life Inside the Cocaine Wars, María Jimena Duzon, HarperCollins, 1994. Capta el desespero y la excitación de una periodista en Colombia durante este período.

El Patrón, vida y muerte de Pablo Escobar, Luis Canon, Planeta Colombiana Editorial S.A., 1994. Uno de los mejores relatos de la vida de Pablo, aunque algo melodramático y tendente a repetir información de autenticidad cuestionable.

Gaitán of Colombia. A Political Biography, Richard E.

Sharpless, University of Pittsburgh Press, 1978. Excelente biografía del líder político colombiano asesinado en 1948.

Kings of Cocaine: Inside the Medellin Cartel —An Astonishing True Story of Murder, Money, and International Corruption, de Guy Gugliotta y Jeff Leen, Simon & Schuster, 1989. Retrato fidedigno de la guerra contra la droga, con descripciones coloristas de los principales personajes, Pablo incluido.

Mi hermano Pablo, de Roberto Escobar, Quintero Editores, 2000. Una curiosidad. Más una colección de anécdotas que una biografía.

Noticias de un secuestro, Gabriel García Márquez (traducido al inglés por Edith Grossman), Penguin Books, 1998. Compendio elocuente de los tortuosos secuestros, asesinatos y negociaciones llevadas a cabo por Pablo hasta 1991.

The Palace of Justice: A Colombian Tragedy, Ana Carrigan, Four Walls Eight Windows, 1993. Relato amargo de la debacle que siguió al M-19 en el Palacio de Justicia en 1985. Carrigan duda de la versión oficial de los hechos, incluidas las quejas de Escobar contra el gobierno.

Panama, Kevin Buckley, Touchstone, 1992. Terrorífica historia de las relaciones americanas con Manuel Antonio Noriega y el cártel de Medellín.

The White Labyrinth: Cocaine and Political Power, Rensselaer W. Lee III., Transaction Publishers, 1998.

Whitewash: Pablo Escobar and the Cocaine Wars, Simon Strong, Pan Books, 1996. Mejor libro encontrado sobre Pablo Escobar durante las guerras por el narcotráfico colombiano hasta 1991. Incluye un capítulo sobre la muerte de Pablo, pero omite el resto de detalles.

ARTÍCULOS

«The Bogotazo,» Jack Davis, CIA Historical Review Program, desclasificado en 1997.

«Escobar: 17 años de historia del criminal», *El Tiempo*, 3 de diciembre, 1993.

«Exit *El Patrón*», Alma Guillermoprieto, *The New Yorker*, 1993. Artículo incisivo, bien trabajado y oportuno.

«I Won't Study Law Because the Law Changes Every Day Here», *El Colombiano*, 9 de julio, 1991. Traducido por Ricky Ortiz.

«Implications for the United States of the Colombian Drug Trade.» A Special National Intelligence Estimate, CIA. Volumen II-Anexo del 28 de junio, 1983.

«Inside America's Troubled Wars Against the Cocaine Cartels», de Douglas Fish, *The Washington Post Magazine*, 21 de julio de 1996.

«On the Trail of Medellin's Drug Lord», de Andrew and Leslie Cockburn, *Vanity Fair*, diciembre de 1992.

«This Is How We Killed Galán.» Entrevista con Jhon *Popeye* Velásquez. *Semana*, 1 de octubre de 1996. Traducido por María Carrizosa.

«An Unforgettable Day», de Poncho Renteria, *Semana*, 6 de abril de 1993. Traducido por Stephen Ambrus.

DOCUMENTOS

«The Andean Strategy: Its Development and Implementation —Where We Are Now and Where We Should Be Going», T. K. Custer, departamento de Defensa, 15 de septiembre de 1991. No publicado.

«Chronology of Significant Drug-Related Events in Colombia, 1989-1993,» DEA (recopilaciones de los agentes del DEA en la embajada de Estados Unidos en Bogotá).

«Colombia and the United States Chronology,» Michael Evans, National Security Archive. (Archivo Cronológico.)

Memorandum of Law, Dept. of the Army, «Executive Order 12333 and Assassination», 2 de noviembre de 1989, W. Hays Parks.

National Security Decision Directive 221, 8 de abril de 1986. La Casa Blanca. Desclasificado 3/26/98.

National Security Decision Directive 18, 21 de agosto de 1989. La Casa Blanca. Desclasificado 5/5/94.

PRÓLOGO

2 de diciembre de 1993

El nombre completo de Pablo Escobar era Pablo Emilio Escobar Gaviria, pero para simplificar he optado por utilizar solamente su nombre paterno. No existe parentesco alguno entre Pablo Escobar y el presidente colombiano César Gaviria. La descripción de la llegada de Hermilda Escobar y de su hija al barrio de Los Olivos, fue extraída del material en vídeo de la televisión colombiana. **Durante la mañana se había sentido mal [...] se desmayó.** La entrevista televisiva realizada a Hermilda Escobar aquel mismo día. **Algunos decían que el hombre muerto [...] le tenían terror.** Informes televisivos, periodísticos y entrevistas a ciudadanos de Medellín. **Somos su familia [...] como el de Adolf Hitler.** El capitán Hugo Martínez, el mayor Luis Estupinán y secuencias de vídeo. **Fue difícil adivinar [...] ahora descansa en paz.** La entrevista televisiva realizada a Hermilda Escobar aquel mismo día.

EL ASCENSO DE *EL DOCTOR*: 1948-1989

I

En abril de 1948 no había en Sudamérica lugar más emocionante que Bogotá, Colombia [...] insurrecciones urbanas». Del libro *Gaitán de Colombia*, páginas 29 a la 34; y de *Che Guevara*, páginas 90 y 91. La descripción de Gaitán realizada por la CIA y el comentario sobre Fidel Castro fueron extraídas del libro *El Bogotazo*, páginas 76 y 78 respectivamente. *El Bogotazo* [...] con la historia profundamente problemática de Colombia. Extraído de las siguientes obras: *El Bogotazo*, páginas 78 a la 80; de *Gaitán*, páginas 178 a la 180. *Colombia: Democracy Under Assault*, páginas 40 a la 45. **Colombia se podría describir como una cantera de criminales [...] Él había poblado aquel paraíso con la raza de hombres más crueles de toda la creación.** De las siguientes obras: *Colombia: Democracy Under Assault*, páginas 26 a la 39; *Colombia: A Lonely Planet Guide*, páginas 10 a la 30; *Colombia: The Genocidal Democracy* (fragmento de la introducción de Noam Chomsky), páginas 7 a la 16; *Colombia and the United States*, páginas 90 a la 120. La información referida a los bandoleros proviene del libro *Bandoleros*. El relato acerca de Dios y los habitantes de Colombia me fue referida por Eduardo Cabal, un hombre de negocios bogotano. **Fue en el segundo año de *La Violencia* [...] Quería ser respetado, y querido.** La fecha de nacimiento de Pablo la obtuve del libro *Whitewash*, página 17. La mayoría de las informaciones, señalan que Pablo murió el 2 de diciembre de 1993, un día después de su 44 cumpleaños. Ver *Kings of Cocaine*, páginas 24 y 25, y *El Patrón*. La estimación de la fortuna de Pablo que apareciera en *Forbes* fue divulgada en el libro de los Cockburns *On the Trail*, página 96. Ver *Kings of Cocaine*, página 337. **Cuando aún era** un niño pequeño [...] Pero fue su hijo Pablo quien construyó finalmente esa capilla. Página 75. Pablo no creció en la pobreza [...] desdeñar el orden establecido en la manera de los años sesenta, o sea, fumando marihuana. Fuentes: *Whitewash*, páginas 17 a la 25, y mi entrevista con «Rubin», el piloto de Medellín contemporáneo de Pablo. La marihuana colombiana era, por supuesto, abundante y potentísima [...] tanto por hastío como por ambición. Conocí la costumbre de Pablo de fumar marihuana y su descripción física durante mis entrevistas con «Rubin», Roberto Uribe y los analistas de Centra Spike. Acompañado por su primo [...] se interpusieran entre él y ese sueño. De *Whitewash*, páginas 18 a la 29; *Kings of Cocaine*, páginas 24 a la 27; y *Mi Hermano Pablo,* páginas 13 a la 35. La tradición «paisa» respecto del contrabando la he sacado de *The White Labyrinth*, página 34, y de varios artículos periodísticos de investigación acerca de Pablo, en particular de los periódicos *El Espectador* y *El Tiempo.*

2

Pablo Escobar ya era un capo inteligente y con mucho éxito [...] aunque se consideraban sus amigos, seguían temiéndole». Transcrito de mi entrevista con «Rubin». Ver *The Andean Cocaine Industry*, páginas 37 a la 48 y *Kings of Cocaine*, páginas 28 a la 41. En abril [...] —Luis Vasco y Gilberto Hernández— eran asesinados. Ver *Whitewash*, páginas 40 a la 42. El episodio en el que Pablo contrata al hermano del juez fue relatado por Uribe. La noticia de las muertes de los dos agentes del DAS fueron extraídas de un artículo retrospectivo sobre la vida del capo que publicara *El Tiempo,* página 3B. Pablo estaba creando un estilo [...] las pérdidas se veían superadas, con mucho, por los beneficios. Extraído de *The Andean Co-*

caine Industry: «Plata o plomo», página 51; del capítulo del mismo libro dedicado a las prácticas mercantiles de Pablo, páginas 38 y 39; y de *Whitewash*, páginas 34 a la 65. **Y qué beneficios [...] Toda la nación estaba dispuesta a unirse a la fiesta de Pablo Escobar.** Ver *The Andean Cocaine Industry*, página 39; *Death Beat*, página 198; y *Colombia: Democracy Under Assault*, página 60. **Con sus millones [...] el gobierno de Bogotá apenas se enteró de lo que estaba ocurriendo.** De *Kings of Cocaine*, página 75, y de mis propias entrevistas a los analistas de Centra Spike. **Después de haber salido airoso de su primer arresto [...] ahora también era su ciudadano más popular.** Los detalles fueron obtenidos de *Whitewash*: de Hacienda Nápoles y del disipado estilo de vida que llevaba Pablo, páginas 41, 51, 52, y 68; la descripción de Mario Henao, página 41; y las relaciones de Pablo con la Iglesia, páginas 78 a la 81. Transcripciones de *Kings of Cocaine*: la referente al estilo de vida de Pablo en Hacienda Nápoles, página 11; y su relación con la Iglesia, páginas 111 y 112. Obtuve la descripción de Hacienda Nápoles del libro *On the Trail*, página 98. La implicación de Pablo en los servicios sociales provienen de *The Andean Cocaine Industry*, páginas 48 y 49. **En una entrevista para una publicación de [...] uno también se cruza con gente que es desleal».** De la entrevista que diera Pablo a la revista *Auto y Pista*, extraída de *Whitewash*, página 53. **En privado, hablaba en susurros [...] aquel infortunado sirviente había intentado sustraer.** Fuentes: los analistas de Centra Spike, Uribe, y los propios escritos de Pablo. «Rubin» contó la anécdota del sirviente ahogado. **La mayor parte de Medellín aceptaba su sistema de justicia privado [...] A cualquiera que se le opusiera se le tachaba de «desleal», de traidor a Pablo Escobar y a Colombia.** Elaborado con fragmentos de las anotaciones personales de Pablo y del propio Uribe. **Lógicamente, el paso siguiente [...] presidente de Colombia.** De *Death Be-*

at, páginas 19 y 20; *The Andean Cocaine Industry*, página 48; y de Whitewash, páginas 66 a la 75. **Después de varios años... un gran movimiento de divisas que por una vez fluía de norte al sur.** Fuente: Mi entrevista con Pardo en Bogotá. **Pero el mayor error de Pablo sería ambicionar un cargo público [...] ángeles sin juguetes, sin regalos y sin futuro».** Transcrito de una entrevista aparecida en *Medellín Cívica* en 1983 (aunque se desconoce su fecha) citada en *Kings of Cocaine*, página 93. **Pablo patrocinó exposiciones de arte... llevaba implícitas las bendiciones de la Iglesia.** Ver Kings of Cocaine, páginas 110 a 112. **El único indicio de interés personal en su nutrido orden del día [...] el fundamento de su actividad política.** Fuente: *Whitewash*.

Pág. 71. El texto ha sido completado con partes de mi entrevista a Uribe. No creo recordar que el programa *Miami Vice* mencionara específicamente a Pablo, pero había una reiteración en cuanto a colombianos violentos y bien vestidos, supuestos herederos de los peldaños más altos del escalafón ilícito del cártel. Cualquiera de aquellos personajes podría haber sido inspirado en Pablo. En *Kings of Cocaine* (página 11 del anexo fotográfico), se ve la imagen de la avioneta montada sobre la entrada principal a la hacienda. **Levantó pistas de patinaje [...]. No había fórmulas para frenar a Pablo.** *Mi hermano Pablo*, páginas 33 y 34.

3

El recientemente investido ministro de justicia [...] «La actitud de los políticos está muy alejada de las opiniones del hombre común y de sus aspiraciones», dijo. Extraído de las siguientes obras: *Whitewash*, páginas 90 a la 94; *Death Be-*

at, página 32; *Kings of Cocaine*, páginas 105 a la 110, y 116 a la 118. Del artículo «*Un Día Inolvidable*» de Rentería, aparecido en *Semana* el 6 de abril de 1983. Ver los anales del Congreso Colombiano del 23 de agosto de 1983, páginas 1185 y 1186. Ver: *El Espectador*, ediciones del miércoles 17 de agosto de 1983, páginas 1A a 10A; y del jueves 25 de agosto de 1983, páginas 1A a la 8A. **Pablo se quejó amargamente de su súbito cambio de fortuna [...] quizá no hubiera servido de nada.** Fuentes: Uribe; las cartas del propio Pablo; *Whitewash*, páginas 89 y 90; y *Kings of Cocaine*, páginas 138 a la 143.

4

Pablo había estado en lo cierto con respecto a una de sus presunciones [...] concluía el informe de la CIA. *Kings of Cocaine*, página 69. El informe «Implications for the U.S.», partes 1 y 2. **El nuevo embajador norteamericano en Colombia, Lewis Tambs [...] Menos de un mes después moría el ministro de Justicia Lara Bonilla.** Ver *Kings of Cocaine*, páginas 103 y 104, y el capítulo acerca de Hacienda Tranquilandia, página 133. *Whitewash*, páginas 94 y 95. **Su muerte dio lugar a una violenta reacción en contra del cartel de Medellín [...] y las consecuencias serían terribles.** La cita de Caño y las reacciones a la muerte de Lara Bonilla han sido extraídas de *Death Beat*, páginas 31 y 34 respectivamente. Otras fuentes citadas: *The Andean Cocaine Industry*, página 103; y *Colombia: Democracy Under Assault, páginas 61 y 62.* **Asesinar a un ministro era un acto de guerra contra el Estado [...] cumplir el tratado de extradición firmado con los Estados Unidos.** Fuentes consultadas: *Kings of Cocaine*, páginas 170 y 171; *Whitewash*, página 100; *The Andean Cocaine Industry*, página 50. **La participación de los norteamericanos en el asalto [...] su-**

pone la más flagrante violación de la soberanía de nuestra patria». Trascrito de una copia de la carta de Pablo a Tambs, perteneciente a los archivos de Gaviria. Inmediatamente después de haber enviado la carta, Pablo huyó del país [...] Eso atraería demasiada atención de sus amigos gringos, mucho más de la que él quería. Fuentes: «Rubin»; *The Andean Cocaine Industry*, página 42; *Kings of Cocaine*, página 172; y el libro *Panamá*, página 18. Fueran cuales fueran las intenciones de Gacha [...] El asesinato del ministro de Justicia fue una salvajada que su país nunca le perdonó. Obras citadas: *The Andean Cocaine Industry*, páginas 102 y 103; *Kings of Cocaine*, páginas 174 a la 177; *Death Beat*, página 36; *Whitewash*, páginas 100 a la 103; y los testimonios de «Rubin».Pablo no se rindió, pero la situación le amargó la vida [...] en la pequeña ciudad de Envigado donde nació. De los escritos del propio Pablo encontrados en una redada del Bloque de Búsqueda durante 1990. Cuando lo traicionó el ejército de Noriega, Pablo huyó [...] la embajada de Bogotá se había vuelto un destino de castigo. Testimonios de «Rubin»; *Whitewash*, páginas 104, 105 y 141; Panamá, 59, 60; *Kings of Cocaine*, páginas 154 a la 156 y 160 a la 169 (la foto de Pablo ayudando a descargar el avión de Seal en Nicaragua aparece en el anexo fotográfico). Los contratiempos de Panamá y el hecho de haber escapado por los pelos de la DEA [...] El terror había convencido a los secuestradores de que era mejor soltarlo. Fuente: *Kings of Cocaine*, página 185. Después de aquello Pablo regresó a casa [...] Pablo Escobar ya no volvería a dejar Colombia nunca más. *Whitewash*, página 142.

Durante el resto de su vida [...] Virgilio Barco, volvió a firmar el tratado. Obras citadas: *Whitewash*, páginas 138 a la 160; *Kings of Cocaine*, páginas 241 a la 250, y de la 300 a la 308. Pero victorias de ese estilo eran cada vez menos frecuentes [...] lo cosió a tiros al volante de su vehículo. De: *Whitewash*, página 152; *Kings of Cocaine*, páginas 283 a la 284. La sangrienta lucha de Pablo continuó imparable [...] Lehder no olvidaría la traición. *Whitewash*, páginas 154 y 155; *The Andean Cocaine Industry*, página 50. Aún así, los Estados Unidos no deseaban hacer tratos con Pablo Escobar [...] se procesaba cocaína en aquel país. Decreto del Poder Ejecutivo, Directriz 221, del 8 de abril de 1986. El secreto oficial sobre dicho decreto fue levantado el 26 de marzo de 1998, y la copia me fue facilitada por Michael Evans del Archivo de Seguridad Nacional de los Estados Unidos. En cuanto a las tropas norteamericanas que tomaron parte en operaciones antidroga, ver el número de *Military Review* de marzo de 1990. Dentro de su país, Pablo continuaba jugando fuerte [...] Ya que llevar al señor Escobar a juicio [...] acabará en un árbol genealógico[...]». El jefe del departamento antinarcóticos Jaime Ramírez fue asesinado. Fuentes citadas: *Whitewash*, página 152, y la cronología del Archivo Nacional de Estados Unidos. El embajador de Colombia tiroteado en Budapest era Enrique Parejo. El relato de los secuestros de Hoyos y del actual presidente Pastrana fueron extraídos de *Whitewash*, páginas 170 y 171. La nota de la amenaza fue transcrita de *Colombia: Democracy Under Assault*, página 61. A finales de 1987, los telediarios de Bogotá emitían noticias de asesinatos casi todos los días [...] Barco, ante la evidencia de una guerra abierta declaró el estado de sitio. Los encarecidos pedidos de Gillespie y las investigaciones del Consejo de Seguridad Nacional de los Estados Unidos se reproducen en *The Andean Strategy,* *capítulo 1; y el establecimiento del estado de sitio, en la cro-* *nología del Archivo Nacional de los Estados Unidos.* **En me-** **dio de aquel Apocalipsis [...] la policía se tornaba lo suficien-** **temente imprevisible para pillarle, literalmente, «en pelotas».** Basado en testimonios de Uribe. **Estaba librando dos guerras** **cada vez más salvajes [...] la cadena de** *drugstores* **propiedad** **los hermanos Orejuela, una empresa absolutamente legítima.** Obras citadas: *The Andean Cocaine Industry,* página 57; *Whi-* *tewash,* páginas 168 y 169. **En marzo de aquel año, unos mil** **efectivos de la PNC asaltaron una de sus mansiones en las** **montañas [...] pero el recio general a cargo de la captura de** **Escobar, salió indemne.** Ver los relatos de la redada y del aten- tado contra Maza Márquez en *Whitewash* (páginas 175 y 176) y en *Death Beat* (pàginas 131 a la 133). **Mientras aque-** **llas batallas proseguían encarnizadamente [...] Ambos esfuer-** **zos quedaron en agua de borrajas.** Basado en testimonios de Uribe; fragmentos de *Whitewash,* páginas 220 a la 222 y de *The Andean Cocaine Industry,* páginas 105 y 106. La sección en cuestión incluye los intentos que Escobar y otros líderes del cartel realizaban para contratar a una firma que emplea- ba a Jed Bush, y a otra, propiedad de Henry Kissinger, con el objetivo de ganar las voluntades del gobierno de George Bush en las negociaciones que los narcos estaban llevando a cabo. Se incluyen asimismo testimonios de los ex soldados de las SAS, liderados por Dave Thornkins y Peter MacAleese, que participaron en el intento de asesinato a Escobar, página 58. *Whitewash,* página 180. **El futuro que se le presentaba no era** **halagüeño [...] Galán representaba la caída de Pablo del Olim-** **po.** Basado en testimonios de Gaviria, Pardo, Uribe, y frag- mentos de *Death Beat,* páginas 152 a la 154, y de *Whitewash,* páginas 73, 84, 90 y 118. **Pablo y Rodríguez Gacha, otro po-** **deroso narco antioqueño, se reunieron [...] Se decidió matar** a Galán. Del artículo «Así matamos a Galán». El 18 de agosto, un sicario, armado con una pistola ametralladora Uzi, asesinó a tiros a Galán [...] pero derribar el avión de Avianca hizo de él el hombre más buscado del planeta. Los detalles de la muerte de Galán provienen de *Whitewash*, página 215, y del artículo «Así matamos a Galán».

LA PRIMERA GUERRA: 1989-1991

I

Con el tiempo, y aunque nunca se hubieran tratado, nadie llegó a conocer mejor a Pablo Escobar que el coronel Hugo Martínez [...] No se podía comprar ni intimidar a Franklin. Basado en testimonios del General Martínez y de los soldados de la Fuerza Delta. Los detalles de la muerte de Franklin, acaecida el 18 de agosto de 1989, fueron obtenidos del artículo «Escobar: 17 Años» y de *Whitewash*, páginas 217 y 218. Él había dirigido la redada que obligó a huir, en paños menores, a Pablo aquella primavera [...] pero a Uribe le confesó que la ejecución del coronel Franklin la había ordenado por aquel biberón. De testimonios de Uribe y de *Whitewash*, página 217. La muerte de Galán tuvo el efecto que se había pronosticado: el presidente Barco declaró una guerra total contra el cartel [...] aceptar aún más ayuda norteamericana en la lucha contra los narcos, una lucha cada vez más extendida y descomunal. De *Colombia: Democracy Under Assault*, página 62; *Whitewash*, página 220; y la cronología del Archivo Nacional de los Estados Unidos. Los narcos veían cómo el gobierno de Estados Unidos iba cerrando el cerco [...] El presidente Barco se había resistido a dar el visto bueno, pero el asesinato de Galán lo cambió todo. Fuentes: testimonios de integrantes de la Fuerza Delta; las Directrices del Consejo de Seguridad Nacional de los Estados Unidos números 221 y 18, esta última dictada el 21 de agosto de 1989. Asimismo de los artículos de *The Philadelphia Enquirer*: del 10 de junio de 1989, «U.S. Weighs Assassination of Foreign Drug Trafickers»; del 6 de septiembre, «Bush Outlines Drug Battle Plan/ All U.S Urged To Join The Fight»; del 10 de septiembre, «Wider Role Is Seen For U.S Troops/Military May Join Latin Drug Patrols». La cronología del Archivo Nacional de Estados Unidos. **Durante los cuatro meses que siguieron a la muerte de Galán, el gobierno de Barco extraditó a más de veinte supuestos traficantes [...] La unidad se llamaba «Bloque de Búsqueda» y el oficial designado para comandarla fue el coronel Martínez.** Testimonios del general Martínez; la cronología del Archivo Nacional de Estados Unidos; efectivos de la Fuerza Delta; y de *The Andean Cocaine Industry*, página 99. **Era un puesto que Martínez no había buscado ni tan siquiera deseado. De hecho, nadie lo quería, pues irradiaba tanto peligro [...] Y era cierto en parte porque contaban con una nueva clase de ayuda.** Basado en testimonios del general Martínez, del capitán Martínez, y los generales Trujillo, Serrano y Vargas.

2

Esta sección del capítulo está basada en entrevistas que yo mismo realicé a seis miembros (en activo y retirados) de Centra Spike. La cronología de la DEA. Testimonios del agente Murphy y el embajador Busby. El apartado acerca de los mercenarios ingleses ha sido extraído de *The Andean Cocaine Industry,* página 53.

En el otoño de 1989 la embajada de Estados Unidos en Bogotá no conocía el funcionamiento interno del cartel de Medellín [...] creían que había sido él quien había ordenado liquidar al candidato Galán. Basado en los testimonios de los soldados de Centra Spike. Los narcotraficante de Medellín habían sido incluidos en la lista anual de la revista *Forbes* por primera vez en el número de del 20 de julio de 1982. Se estimaba que Pablo poseía dos mil millones de dólares y que los tres hermanos Ochoa reunían una cantidad similar. Aparentemente por entonces la revista no había oído hablar de Gacha. También se cita el artículo de *The Philadelphia Enquirer* «Killing of Drug Lord Wins Praise», publicado el 17 de diciembre de 1989. Así que fue «El Mexicano» el primer objetivo de Centra Spike y, a decir verdad, no les costó mucho encontrarlo [...] La investigación concluyó que el coronel había actuado nada más que con prudencia. Tesimonios de los soldados de Centra Spike. La búsqueda de Gacha y de los otros líderes del cartel llegó a cobrar una importancia aún mayor para Estados Unidos cuando [...] Por tanto, a los narcos, en opinión del gobierno de Bush, se les podía matar legalmente. Alzate fue entrevistado por los agentes Peña y Carlos Texeira el 4 de abril de 1994 y la conversación resumida en un memorando de cuatro folios. El derribo del vuelo de Avianca tuvo repercusión internacional. Detalles de esta sección fueron extraídos de *The Andean Cocaine Industry*, página 52 y de *Whitewash*, páginas 225 y 226. La cita de «Los extraditables» fue transcrita del libro, página 222. Durante casi dos décadas, la orden para ejecutar ciudadanos extranjeros había sido regulada por la Directriz Presidencial 12.333 [...] *no constituiría asesinato que las fuerzas militares de Estados Unidos fuesen empleadas en contra de los*

combatientes de otra nación, guerrillas, terroristas u otra
organización cuyas acciones supusieran una amenaza a la
seguridad de Estados Unidos [bastardilla del autor]. Fuentes del pentágono y testimonios de los soldados de Centra
Spike. El episodio de la adquisición de los misiles «Stinger»
proviene de *The Andean Cocaine Industry*, página 53. **Se-**
manas después de la explosión del vuelo de Avianca, el pre-
sidente Bush hizo pública una declaración largamente me-
ditada [...] Si los colombianos decidían sencillamente matar
a los capos del narcotráfico que Centra Spike ayudaba a en-
contrar, que así fuera. Fuentes del Pentágono; testimonios
de los efectivos de Centra Spike y del memorando Parks. Textos de la Directriz Presidencial 12.333 y del memorando
Parks. La decisión del Departamento de Justicia fue comen-
tada en el artículo «Ruling Sees Wider Boundaries in Drug
War» publicado en *The Philadelphia Enquirer* el 17 de diciembre de 1989. **La situación en Colombia era ciertamen-**
te de guerra [...] Maza surgió de entre los escombros una vez
más sin un solo rasguño. Fuentes: cronología de la DEA; *The*
Andean Cocaine Industry, página 52; El artículo de *El Tiem-*
po «Escobar: 17 Años»; la versión del atentado del propio
Maza Márquez que apareciera en *Death Beat*, páginas 135
y 136. Duzan apunta que el atentado ocurrió un 10 de diciembre, pero tanto *El Tiempo* como la cronología de la DEA
registran la fecha del 6 de diciembre. **Las explosiones fueron**
vengadas con prontitud [...] aquello significaba una victoria
mayúscula para el Estado, para el presidente Barco y, aun-
que más reservadamente, para Estados Unidos. Basado en
testimonios de los militares de Centra Spike y de la Fuerza
Delta; *Whitewash*, páginas 227, 228. Artículos consultados:
«Killing of Drug Lord Wins Praise», publicado por *The Phi-*
ladelphia Enquirer el 17 de diciembre de 1989; «Body of
Trafficker Dug Up in Colombia/ Final Getaway for Cartel's

Enforcer», publicado por el *Washington Post* el 18 de diciembre; y «Drug Trafficker's Death Cheers Many Colombians», publicado en *The New York Times* el 17 de diciembre de 1989. **Tras la muerte de Gacha ocurrió algo curioso. Pablo Escobar recibió e hizo un torrente de llamadas [...] Al regresar a Bogotá le contó a los miembros de su unidad que la había dejado sin abrir en un estante de su piso de Maryland para bebérsela cuando Pablo Escobar hubiera muerto.** Basado en testimonios de los efectivos de Centra Spike. Las conversaciones entre Pablo y su hermano y los comunicados de «Los extraditables» fueron transcritos de *Whitewash*, páginas 223, 224.

4

A Pablo le empezaron a llover los problemas [...] también comenzaron a caer. Cronología de la DEA. **Pablo concluyó que había un espía [...] sus radioteléfonos y sus móviles.** Testimonios de los militares de Centra Spike. El diálogo de la cinta que fuera hecho público ha sido extraído de *El Patrón*, libro de Luis Canon. Pablo siempre negó con vehemencia su participación en la muerte de Jaramillo, *Whitewash* (páginas 236 y 237), argumentando que el asesinato había sido llevado a cabo por paramilitares de derechas, y afirmó: «Nunca he pertenecido a la derecha porque me parece repulsiva». El contenido de la cinta sin embargo contradecía dicha afirmación. **Todo aquello complicó bastante [...] ejecutado por los hombres del coronel.** Basado en testimonios de militares de Centra Spike; en la cronología de la DEA, y en entrevistas con miembros colombianos del Bloque de Búsqueda. El general Martínez negó que amenazara con volarle los sesos a los traidores; la historia me la contaron varios de sus hombres. El general Martínez negó asimismo las declaraciones de los militares de Centra Spike acerca de los remilgos para arrastrarse por el barro o recoger documentos de las letrinas de los militares colombianos; como así también que dos de sus prisioneros interrogados hayan sido lanzados de helicópteros. Martínez afirmó que aquellas acusaciones surgieron de declaraciones hechas por Escobar, y que él siempre defendió los derechos de los prisioneros. Escobar sí acusó al entonces coronel de lanzar a hombres de sus helicópteros, como se cita en *Whitewash*, en la página 263. Según lo que Martínez me dijo, los dos hombres que protagonizaron aquel incidente fueron puestos en poder de las autoridades y procesados por ayudar a un fugitivo. El militar de Centra Spike que yo entrevisté creyó (quizás equivocadamente) que los dos hombres habían muerto y le expresó sus temores a Jacoby, tal y como lo he hecho constar aquí.

Dos días antes de la muerte de su primo Gustavo, César Gaviria había asumido la presidencia de Colombia [...] sorprendido de seguir vivo y convencido de que, por alguna razón incomprensible, Pablo Escobar había decidido perdonarle la vida. Basado en testimonios del propio Gaviria y en *Noticia de un secuestro*, página 26. **Después de asumir Gaviria su mandato, Pablo cambió de tácticas [...] Además, el presidente extraditó a tres sospechosos de crímenes de narcotráfico durante los primeros dos meses de gobierno (el vigésimo quinto narco sospechoso desde la muerte de Galán en 1989).** Fuentes: cronología de la DEA y el artículo «Escobar: 17 Años», publicado por *El Tiempo*. **Pero Gaviria también hizo uso de la zanahoria. [...] El decreto fue visto como una simple reacción al secuestro, y no lo era; se trataba del primer paso de un plan que Gaviria había estudiado cuidadosamente.** Basado en testimonios del propio Gaviria; en *Noticia de un se-*

cuestro, páginas 70, 74 y 75; y en extractos de *Death Beat*, páginas 252 a la 256. **Pablo contestó con dos secuestros más a personalidades prominentes [...] —No se olviden de lo que les digo –se lamentó—. A mí no me matará la policía. Me matará Pablo Escobar porque sé demasiado.** Basado en testimonios de Gaviria y en la cronología de la DEA. Se consultaron las siguientes obras: *Noticias de un secuestro*, páginas 84 a la 86, y de la 90 a la 93; *Whitewash*, página 248; y *The Andean Cocaine Industry*, páginas 111 y 112. **Pero no hasta que hubiese fijado los términos exactos que pretendía [...] —No se olviden de lo que les digo –se lamentó—. A mí no me matará la policía. Me matará Pablo Escobar porque sé demasiado.** Testimonios del general Martínez. *Noticia de un secuestro*, página 95. El cuerpo desmembrado de Jaramillo, un periodista retirado de sesenta años no se encontró hasta octubre de 1997. **Pablo aún tenía razones para resistir, a pesar de que una vida a la fuga resultara miserable [...] hasta que la asamblea redactase y aprobara el documento, sus esfuerzos se verían coronados por el éxito.** De testimonios de Gaviria. **Así que los asesinatos continuaron. Durante los primeros meses de 1991 las muertes diarias rondaban la veintena en Colombia [...] Es lo que sucede cuando alguien tiene un corazón de piedra, como usted.** Testimonios de Gaviria. *Noticia de un secuestro*, páginas 126, 144 y 178. Cronología de la DEA. **Monica de Greiff, la ministra de Justicia renunció. Había recibido llamadas telefónicas escalofriantes, en las que los supuestos raptores [...] En otras palabras, el nuevo presidente le rogaba a Pablo que por favor parase de matar.** Del libro *Whitewash*, página 224, y de testimonios de Gaviria. **Los abogados del capo siguieron con las negociaciones. Pablo exigía que no se lo considerara un criminal sino un revolucionario [...] el «Don Pablo» que él siempre había querido ser. ¿Quién podía adivinar hasta dónde lo llevarían sus am-**

biciones entonces? Basado en mis entrevistas con Gaviria y con Mendoza. Entretanto, Gaviria aplicaba la política de la zanahoria y el palo, y Pablo también. El 30 de abril sus sicarios mataron a Enrique Low [...] «Yo era el único colombiano que no tenía un presidente a quien quejarse», diría más tarde. Gaviria. *Whitewash*, página 250 y *Noticia de un secuestro*, páginas 186 y 187. Pero sus esfuerzos finalmente dieron fruto [...] Y entonces, después de aquellos meses de incertidumbre y de muerte, Pablo se entregó. Fuentes: cronología de la DEA y el artículo de El Tiempo «Escobar: 17 Años».

5

Pablo orquestó el final de aquella pugna a través de un conocido y querido predicador católico de la televisión [...] Usted cumplió conmigo y se lo agradezco, haré lo mismo por usted. Le doy mi palabra de honor. Esta versión de la entrega de Escobar ha sido extraída de *Noticia de un secuestro*, páginas 280 a la 287. Las versiones periodísticas del 20 de junio de 1991 provienen de *El Tiempo*, *Nuevo Siglo* y *El Espectador*, y la del 21 de junio de *El Tiempo*. El relato de la visita a previa al sitio donde se construiría la prisión de La Catedral pertenece a *Mi hermano Pablo*, páginas 39 y 40. Todo había acabado, o eso se suponía [...] «Díganme ustedes si soy una persona alta y delgada. Para que un gringo diga que uno es alto uno debe ser muy alto». Basado en mis entrevistas con Gaviria y Mendoza. La transcripción de la confesión de Pablo fue extraída de la revista *Semana*, publicada el 11 de febrero de 1992 (traducción: Ricky Ortiz). Fragmentos de *The Andean Cocaine Industry*, página 112. De ese modo acabó la primera guerra. Pablo había caído precipitadamente desde una gran altura [...] Pablo concedió numerosas y entusiastas entrevistas, en las que siempre defendió su inocencia e hizo gala de su impresionante don para las relaciones públicas. De mis entrevistas con Gaviria, Mendoza y el general Martínez. En junio de 1991, le dijo a un periodista del periódico *El Colombiano* que pretendía estudiar periodismo durante su tiempo de condena [...] «el señor Escobar quizá debería reconsiderar su elección de carrera universitaria, dado lo peligrosa que se ha vuelto esta profesión en Colombia». Del artículo «No estudiaré derecho», publicado en *El Colombiano* (Traducción: Ricky Ortiz). Testimonios del agente Murphy.

ENCARCELAMIENTO Y FUGA: JUNIO 1991-SEPTIEMBRE 1992

I

Pablo había caído desde las alturas del Olimpo hasta lo más bajo, pero se había preparado un lugar confortable para aterrizar [...] además, tendría la oportunidad de comenzar a reconstruir su imperio de cocaína una vez más. Testimonios de Uribe. Durante los meses en los que había estado huyendo, escondiéndose y luchando contra el gobierno [...] Pablo posó para una serie de fotografías junto a María Victoria, con la madre del capo de pie, orgullosa, detrás de la pareja. Fuentes: Cronología de la DEA; *The Andean Cocaine Industry*, páginas 9 (gráfico) y 99. La descripción de la prisión se basa en un vídeo de la CIA, en fotografías de la DEA, en la descripción que hizo el agente Peña de su visita del 26 de julio de 1992; y en extractos de *Mi Hermano Pablo*, páginas 52 y 56. La Catedral tampoco era una prisión normal en muchos otros aspectos [...] Había hecho un trato con el Estado y te-

nía la intención de cumplirlo, si bien de vez en cuando engatusara a sus carceleros. Testimonios de Uribe; y *The Andean
Cocaine Industry,* página 113. Él mismo expresó su opinión
respecto a las excursiones en una conversación con sus abogados según una cinta grabada por Centra Spike. **Para matar el tiempo, los internos levantaban pesas, montaban en bicicleta y jugaban al fútbol [...] Pablo hizo tensar cables de
acero por encima del campo de fútbol para impedir el aterrizaje de helicópteros en la única zona llana de toda la prisión.**
Testimonios de Uribe y extractos de *Mi hermano Pablo,* páginas 52 y 58. **El aspecto legal también requería su atención
[...] Durante las visitas que Uribe acostumbrada a hacer a Pablo, los dos hombres tenían mucho que hablar.** De mis entrevistas con Uribe, y la cronología de la DEA. **El presidente Gaviria le asignó el «asunto Escobar» a un joven abogado de su
plana mayor que había estado implorándole por algo más
importante que hacer [...] así que se parapetaron detrás de
una preocupación excesiva por las libertades personales; lo
que proporcionó a Pablo y a sus secuaces espacio más que
suficiente para maniobrar.** De mis entrevistas con Mendoza,
Gaviria y Estupinán.

2

**A lo largo de todo el primer año del cautiverio, la embajada
de Estados Unidos, la prensa, y los muchos funcionarios del
gobierno [...] los asuntos del cartel; asuntos que había delegado en un puñado de poderosos tenientes, de los que comenzó a sospechar.** De mis Entrevistas con Gaviria, Busby, Mendoza, Estupinán, el general Martínez, Greiff y Pardo. **Pablo
había encomendado el cuidado de una gran parte de su imperio a los Galeano y los Moncada, viejas familias crimina-**

les de Medellín [...] Así fue como el exasperado presidente Gaviria se vio obligado a tomar cartas en el asunto. De mis entrevistas con Gaviria, Mendoza, Uribe, y de cables de la DEA. Los libros *The Andean Cocaine Industry* (página 48) y *Whitewash* (página 274) también fueron consultados.

3

De mis entrevistas con Mendoza, Gaviria y Pardo; los diálogos de aquellos días se basan en sus recuerdos. También fueron consultadas las actas de la investigación de la fuga, realizada por el Consejo de Seguridad Nacional de Colombia (pertenecientes a los archivos personales de Gaviria).

4

De mis entrevistas con Gaviria y Mendoza. Los diálogos se basan en sus recuerdos. También fueron consultadas las actas del Consejo de Seguridad Nacional de Colombia.

5

Fueron dos llamadas las que despertaron al embajador de Estados Unidos en Colombia, Morris D. Busby, muy temprano aquel miércoles 22 de junio de 1992 [...] Se sentía un patriota, era un creyente, y pocas circunstancias a lo largo de su carrera estaban tan bien definidas como el reto que representaba el hombre que él mismo consideraba un monstruo: Pablo Escobar. De los testimonios de Busby, Christ, Gaviria, Toft, Wagner, Mendoza, Pardo y cables de la DEA.

El día que Pablo Escobar salió caminando de su propia cárcel, los hombres de Centra Spike se hallaban una vez más en Estados Unidos [...] planeaban una ola de atentados con bombas en Estados Unidos y que incluso la vida del presidente corría peligro. De mis entrevistas con soldados de Centra Spike. Aparte de tales preocupaciones inmediatas, la guerra contra el tráfico de drogas se había transformado en un asunto prioritario para la seguridad nacional [...] Todos querían su trozo del pastel: la CIA, la NSA, el FBI, la ATF (la Administración para el consumo de Alcohol Tabaco y Armas de Fuego), la DEA y, sin olvidar al ejército, la armada y la fuerza aérea. Revista *Parameters*, testimonios de los efectivos de Centra Spike y fuentes del Pentágono. El mayor Jacoby regresó a Bogotá al día siguiente, el 23 de julio de 1992, y se incorporó a la reunión que había organizado el embajador [...] Todos los allí reunidos estuvieron de acuerdo en que la Fuerza Delta era la solución. Testimonios de Busby, de los soldados de Centra Spike y de fuentes del Pentágono.

7

Cuando Pablo se fugó a pie de La Catedral, el optimista gobierno de Gaviria inició un proceso de escisiones continuadas [...] armas, dinero, cadáveres y alcohol, que pasó delante de las narices –unas narices eficientemente desinteresadas— de los carceleros y las patrullas del ejército. De mis entrevistas con Mendoza, Gaviria y Pardo; del libro *Clear and Present*, página 12, y de *Mi hermano Pablo*, páginas 64 y 69. En una cinta magnetofónica que hizo enviar a un grupo selecto de periodistas de radio y televisión, Pablo dio su propia versión de la noche de su fuga [...] El comunicado acababa con la siguiente rúbrica: «Selva Colombiana, jueves 24 de julio de 1992. Pablo Escobar y sus camaradas». Dicho comunicado pertenece a los archivos de Gaviria y han sido traducidos por Julie López. El día siguiente a la fuga, los abogados de Pablo le hicieron entrega al gobierno de una oferta de rendición que, fundamentalmente, pedía que se le permitiera volver a La Catedral [...] Si Pablo Escobar o cualquiera de los otros apareciera muerto, realizaremos atentados de forma inmediata en todo el país. Muchas gracias. Basado en cables de la DEA, testimonios de Gaviria y de Greiff y, específicamente, de los cables de la DEA correspondientes a las fechas del 22 y 26 de julio. Para saber qué era cierto y qué no, y sacar algo en claro de aquel embrollo, la embajada tuvo la suerte de contar con el apoyo Central Spike [...] —Muy bien, caballeros, buena suerte. La transcripción de la conversación de Pablo pertenece a los archivos de Gaviria y han sido traducidos por Julie López.

8

Basado en testimonios de fuentes del Pentágono y en las entrevistas realizadas a militares de Centra Spike y de la Fuerza Delta, a Busby, Toft, Wagner, Joulwon, Murphy, Gaviria, Burruss y Peña.

9

De mis entrevistas con Busby, con los efectivos de Centra Spike, Toft, Pardo, Gaviria y Wagner.

Al coronel le fascinó la noticia, recibida en Madrid, de que Pablo se había fugado. Nadie mejor que él sabía qué fantochada había sido aquel encarcelamiento [...] las rigurosas medidas de seguridad que tan conscientemente guarda [...] De mis entrevistas con el general Martínez, el capitán Martínez, Murphy y Peña. También fueron consultados cables de la DEA, testimonios de Wagner, y un video y un perfil psicológico realizados por la CIA. Una semana después de que Pablo se hubiera fugado, la corte colombiana rechazó una apelación interpuesta por sus abogados... una práctica común en toda Sudamérica y que, como todo fenómeno cultural, tenía su propia expresión lingüística, la denominada 'Ley de fuga'. Cables de la DEA, testimonios de los militares de Centra Spike y de la Fuerza Delta, de Wagner y de Reyes.

Trascripción de la entrevista realizada por RCN el 8 de septiembre de 1992. Traducida por María Carrizosa.

LOS PEPES

Octubre de 1992
a octubre de 1993

Este capítulo está basado en informes y partes del Departamento de Estado (Ministerio de Asuntos Exteriores) y de la DEA, tal y como se indica en el texto; en la cronología de la DEA; en la cronología del Archivo Nacional de Estados Uni-

dos; y en entrevistas realizadas a Busby, Wagner, al general
Martínez, a los soldados de la Fuerza Delta y de Centra Spike, a Toft, Murphy, Peña, Uribe, De Greiff, Londono, Pardo
y Sheridan. La carta de Pablo al general Martínez fue obtenida del archivo personal de César Gaviria y traducida por Julie López. Las cartas de Pablo al embajador Busby pertenecen
al archivo personal del ex embajador norteamericano y fueron traducidas por Eduardo Mendoza. La carta de Carlos Lehder y los relatos de los informes rendidos por Ospina (SZE-
92-0053) a las autoridades norteamericanas pertenecen a los
archivos del destacamento de la DEA en Bogotá. Doce de los
hombres de confianza de Pablo murieron: Brance Muñoz y
sus hermanos Paul y Jhon, Jhony River, Jhon Tobón, Vilmar
Arroyava, William Trujillo, Juan Díaz, Jorge Zapata, William
Echeverri, Juan Muñoz y Carlos Arcila. Martínez afirma haber entregado los nombres de estos hombres al fiscal De Greiff
para iniciar acciones judiciales, pero sostiene que nunca se
hizo nada al respecto y sugiere que el ex fiscal general pudo
haber tenido algún tipo de relación con el escuadrón de la
muerte. De Greiff lo niega.

LA MUERTE

Octubre de 1993
al 2 de diciembre de 1993

I

El coronel Martínez no protestó [...] la fuerza del coronel.
Basado en testimonios del general Martínez; del agente Peña; de los soldados de la Fuerza Delta, del embajador Busby,
el capitán Martínez; y miembros del Bloque de Búsqueda; ca-

bles y partes de la DEA y del Departamento de Estado (Ministerio de Asuntos Exteriores). Las cartas a Pablo escritas por María Victoria y Juan Pablo provienen de los archivos de la embajada norteamericana en Bogotá y fueron traducidas por Julie López.

2

Mendoza.

3

Mientras Mendoza pasaba por tan dura prueba [...] las operaciones encubiertas realizadas por su país en el resto del mundo. Véase *Black Hawk Down*. Cuando escribí el libro acerca de la batalla del 3 de octubre de 1993 en Somalia, nunca antes había oído nombrar la unidad conocida como Centra Spike. Algunos de los hombres que sirvieron en esa unidad ultrasecreta también participaron en la batalla de Mogadishu, entre ellos: John Macejunas, Earl Filmore, Joe Vega y Dave McKinight. Earl Fillmore murió allí. **En medio de aquel ambiente caldeado [...] con ejecuciones sumarias podía demostrar su eficacia.** Basado en el artículo «Exit *el Patrón*», páginas 77 y 78. **El artículo de Guillermoprieto [...] Los acontecimientos que ocurrían en Colombia se le adelantarían.** Basado en testimonios de Sheenan, Powell, Sheridan, Slocombe y fuentes del Pentágono.

Cables de la DEA; y mis entrevistas con el capitán Martínez, el general Martínez, Estupinán, y los efectivos de Centra Spike y la Fuerza Delta.

Cables de la DEA y del Departamento de Estado; y mis entrevistas con Magee, Murphy, Peña, Busby, de Greiff, Rubin y Gaviria.

Escrito a partir de las secuencias de vídeo tomadas por las televisión colombiana en el aeropuerto (seleccionadas por Mills y Doughenbaugh), cables de la DEA, del Departamento de Estado. Testimonios de Magee, Busby, Toft, Peña, Murphy, Gaviria, la carta de Pablo a los Pepes y versiones de las llamadas de Pablo de los archivos personales de Gaviria, traducidas por Julie López.

El capitán Hugo Martínez, el general Martínez y los militares de Centra Spike. La descripción de la casa se corresponde con las fotos de la DEA, las secuencias del vídeo realizado por los equipos encargados del documental *Killing Pablo* y las fotografías de Akira Suwa del *Philadelphia Enquirer*. Cables, partes e informes de la DEA, testimonios de Cepeda y de Fernández. Los detalles de los últimos días de Pablo se extrajeron del capítulo diecinueve de libro *El Patrón*, y fueron traducidos por Ricky Ortiz. Las últimas conversaciones de Pablo constan en el archivo personal de César Gaviria y fueron traducidos por Julie López.

LAS SECUELAS

Según los policías allí presentes [...] los había avergonzado durante tanto tiempo. Testimonios del capitán Martínez; de miembros del Bloque de Búsqueda y de Naranjo. Las descripciones se basaron en las fotografías de la autopsia y los informes forenses correspondientes a Pablo y a Limón. Aguilar confirma que fue él quien disparó el balazo fatal en una entrevista al periódico *El Tiempo* realizada el 17 de noviembre del 2000. En el mismo artículo, el general Martínez asevera que el disparo debió de ser hecho desde más de «un metro» de distancia, y lo mismo me dijo a mí. La historia acerca de la ropa rociada de sangre me la contó el agente Murphy. El capitán Martínez me dijo que había sido Murphy quien le afeitó a Pablo un extremo del bigote, y que el otro extremo le fue afeitado por los miembros del Bloque de Búsqueda para completar el aire nazi. Murphy lo niega.

Aquella mañana el coronel se sentía especialmente bajo de ánimos ... Luego puso los pies encima del escritorio, se echó hacia atrás y disfrutó de unos momentos privados de victoria. Testimonios del general Martínez, el capitán Martínez y Pardo. **El embajador Morris D. Busby llamó a Washington y pidió hablar con Richard Canas, jefe de la lucha antidroga del Consejo Nacional de Seguridad [...] —Dame unos minutos.** De testimonios de Busby y de Canas. **Unos días antes de**

que mataran a Pablo, Javier Peña había partido hacia Miami, así que fue Steve Murpuy quien sería enviado a Medellín [...] aquel carrete acabaría adornando las paredes de los despachos de muchos militares y funcionarios de Washington que habían contribuido al éxito de la misión. De mis entrevistas con Murphy, Peña, efectivos de la Fuerza Delta, Toft, el general Martínez y el capitán Martínez. Momentos antes de que Murphy lo llamara, Joe Toft había recibido la noticia de su amigo Octavio Vargas, general de la PNC [...] «Si yo hubiese tenido la certeza de que tal conexión existía», recalcó «hubiera cancelado toda la operación sin más». Testimonios de Toft, Vargas, Busby, Canas y Gaviria. Le pregunté al ex embajador Busby si en su cable no expresaba su certeza acerca de la conexión entre Los Pepes y el Bloque de Búsqueda, Busby contestó que no, que nunca lo había sabido con seguridad. Las cadenas de televisión Colombianas filmaron cómo los efectivos policiales bajaron el cadáver de Pablo del tejado amarrado a la camilla [...] Estaban paranoicos por la posibilidad de que se descubriera que estábamos allí. Después volamos a Bogotá y de allí a casa». Basado en imágenes de la escena del tiroteo (compiladas por Mills y Doughenbaugh de los archivos de imágenes de las cadenas de televisión de Bogotá y Medellín) y en testimonios de militares de la Fuerza Delta. Analizando la operación, los operadores de Centra Spike se convencieron finalmente de que el teniente Hugo Martínez había encontrado a Pablo no por su maestría en el manejo del detector portátil [...] la polvorienta botella de coñac Rémy Martin por la que había pagado trescientos dólares allá en 1990, cuando Centra Spike había puesto a Pablo en su mira. Jacoby se bebió más de la mitad de la botella él sólo. Basado en testimonios de los soldados de Centra Spike, Murphy, y fotografías de la fiesta en Medellín de los archivos de la DEA. A la muerte de su hijo Hermilda Escobar predijo una hecatombe

[...] «Pero le pido a Dios que los ayude [a los asesinos de Pablo] y que no tengan que pasar por todo lo que pasó mi pobre hijo». De una entrevista televisiva a Hermilda. Después de que Pablo cayera, Hugo entró corriendo a la casa y encontró el radioteléfono del capo [...] Me duele ver que todavía están sufriendo por algo que sucedió hace tanto tiempo. Ellos también desean alejarse de todo aquello. General Martínez, capitán Martínez y cronología de la DEA. En los días que siguieron a la muerte de Pablo, su mujer e hijos fueron entrevistados hasta el hartazgo por un equipo de periodistas de una cadena de televisión bogotana [...] María Victoria y su hijo fueron acusados de asociación ilícita, y ahora se enfrentan a ir a prisión o a ser deportados de Argentina. De imágenes seleccionadas por Mills y Doughenbaugh. La versión de la visita de Juan Pablo a la Embajada fue relatada por ambos, Busby y Toft. Y Uribe me informó de las últimas desventuras de la familia. Después del éxito alcanzado en Colombia, Centra Spike debió enfrentarse a las consabidas guerras burocráticas [...] El ejército aún posee la unidad conocida por aquel entonces como «Centra Spike», pero sus antiguos responsables sugieren que su efectividad ha sido reducida drásticamente. Efectivos de Centra Spike y fuentes del Pentágono. La muerte de Pablo Escobar quizás haya sido celebrada en los círculos de poder de Washington y de Bogotá, pero a muchos colombianos, especialmente a los habitantes de Medellín, les causó una profunda pena [...] Los arbustos florecidos enmarcan la tumba, y barras de hierro la cruzan transversalmente en un arco que sostiene sus tres floreros. Fuentes: Reportajes periodísticos colombianos; imágenes seleccionadas por Mills y Doughenbaugh; fotografías de la tumba tomadas por Akira Suwa; y testimonios de Busby y Murphy. Eduardo Mendoza ha vuelto a trabajar para César Gaviria, ahora secretario general de la Organización de Estados Americanos... Cuando le pregunté a Gaviria por qué su gobierno trató tan mal a Mendoza, me contestó: «Fueron tiempos difíciles para todos nosotros». De mis entrevistas con Gaviria y Mendoza. Roberto Uribe, el letrado de Medellín que había sido identificado por Los Pepes por trabajar para Pablo, aún se encontraba enclaustrado cuando oyó que su antiguo jefe había muerto... Al enterarse de la noticia por la radio del coche, no sintió tristeza sino una sensación de alivio; la muerte de su ex jefe significaba que él sobreviviría. Basado en testimonios de Uribe. Posteriormente a su euforia inicial, Joe Toft, jefe de la delegación de la DEA en Colombia, sintió algo parecido a un nudo en el estómago [...] «No sé cual será la moraleja de la historia –especula Toft–. Espero que no sea que el fin justifica los medios». Testimonios de Toft, Murphy, Peña, Magee, cables de la DEA y el artículo «Inside América's Troubled Wars».

AGRADECIMIENTOS

Me gustaría agradecer a todas aquellas personas que desearon permanecer en el anonimato y sin cuya ayuda escribir este libro no habría sido posible. La cacería humana que acabó con la vida de Pablo Escobar es otra de esas complejas misiones en la historia reciente de las Fuerzas Armadas de Estados Unidos que —como mi anterior relato bélico, *Black Hawk Down*— podría haber permanecido en la sombra para la gran mayoría. La controversia de si Estados Unidos tiene o no derecho a asesinar a ciudadanos extranjeros fuera de su propio territorio merece ser estudiada y debatida con rigor, pero creo que esta historia en particular deja claro que en ocasiones debe hacerse.

Robert J. Rosenthal y David Zucchino, del *Philadelphia Enquirer,* me mostraron su entusiasmo desde el principio de este proyecto y me apoyaron durante su concreción. Una vez más querría agradecer a Morgan Entrekin por su cuidadosa edición y corrección del texto y constante apoyo; a Brendan Cahill, por su ayuda siempre cargada de optimismo y eficiencia; a Michael Hornburg, Beth Thomas y Bonnie Thompson por su diligencia a la hora de transcribir y editar; a Don Kennison, Chuck Thompson y Diana Marcela Álvarez por corregir las galeradas; y a toda la gente amable y talentosa de mi editorial Grove/Atlantic. Y una vez más gracias a mi agente literaria, Rhoda Weyr, cuyos consejos son siempre acertados.

Debo agradecerle al mayor Fernando Buitrago de la Policía Nacional de Colombia su inestimable ayuda en mi primer viaje allí, y a Jay Brent y Gerardo Reyes, cuya asistencia en mi segundo viaje fue inconmesurable. De la bogotana María Carrizosa sólo puedo decir que fue un hallazgo, y le doy las gracias a Adriana Foglia por haberme conducido hasta ella. Eduardo Mendoza me brindó su tiempo generosamente y su disposición para traducir textos de un momento a otro, lo que me permitió mantener conversaciones por correo electrónico con fuentes colombianas. El general Hugo Martínez demostró una educación y solicitud a toda prueba, incluso al contestar preguntas acerca de los temas más espinosos. En cuanto al ex presidente César Gaviria, actual secretario general de la Organización de Estados Americanos, también fue de gran ayuda.

Gracias a Arthur Ferguson de Ballard, Sphar Andrews & Ingeshall, LLP por haberme prestado parte de su despacho en Baltimore; a Michael Evans, del Archivo de Seguridad Nacional de Estados Unidos, por compartir conmigo sus investigaciones; al DEA (Departamento Estadounidense Antidroga) por permitirme entrevistar a los agentes que tomaron parte en aquella misión. Y por último, gracias una vez más a mi mujer Gail y a mis hijos por tolerar con entereza mis largas ausencias, incluso aquellas que ocurren en mi propio hogar.